【宋】陳彭年 撰

上海古籍出版社

前言

宋本《廣韻》流傳至今的大都爲南宋國子監刻本，清代張士俊澤存堂版和黎庶昌所刻《古逸叢書》本，都據南宋監本覆刻。現在所印的是宋孝宗乾道五年（公元一一六九）閩中建寧府黄三八郎書鋪所刊，名爲《鉅宋廣韻》。這個版本，在日本澁江全善和森立之編的《經籍訪古志》内曾有著録，惟在國内一直没有人談起。前幾年上海圖書館收得此書，據稱原爲清朱子清（澂）家物，書中有「徐乃昌讀」印記和顧澐題記。顧澐字若波（公元一八三五—一八九六），江蘇吴縣人，清季曾隨黎庶昌出使日本，此書即於光緒十五年（公元一八八九）自日本向山榮家收得。今上海古籍出版社得上海圖書館贊助，影印發行，以廣流傳，誠爲快事。

南宋閩中刻書事業極盛，黄三八郎書鋪所刻的書必多，而傳世爲人所知的只有清吴鼒所覆刻的《韓非子》一種。現在古籍出版社印出此書，嘉惠學者，在版本學上又增添了一種新的資料。案《廣韻》監本，每版二十行，此本每版二十四行。監本卷首陸法言序文前有北宋景德四年和大中祥符元年牒文，而此本以其爲書坊私刊，所以略去未刻。《四部叢刊》所收南宋巾箱本也是如此。就内容文字來看，本書與監本稍有不同。有監本不誤，而本書誤的，也有監本誤，而本書不誤的，兩者可以互校得失。本書不誤的，例如：

序文末「論曰」一節稱「或人不達文性，便格於五音爲定」。「定」字監本誤爲「足」。平聲東韻「忽」紐「繱」字注「又細絹」，「又」字監本誤作「文」。鍾韻「松」字注「松脂淪入地，千歲爲茯苓」，「茯」字監本誤作「伏」。支韻「鬌」紐注「直垂切，又大果切。三」，監本脱「三」字。平聲下先韻「煙」紐「胭」字注「胭項」，「項」字監本誤作「頂」。上聲旨韻「雉」紐「薙」字注「辛夷別名」，「名」字監本誤作「地」。入聲屋韻「穀」紐「瀔」字注

「《周禮》注云受三斗」，「三斗」監本誤作「二斗」。如此之類，不煩枚舉。

清代的《廣韻》刻本，一向稱張氏澤存堂本最善，可是張氏改動監本的地方很多。有些改對了，有些就改錯了。這個版本雖然也有錯字，但是可以用來參照黎刻《古逸叢書》本訂正張刻的錯誤。例如上聲紙韻「是」紐「氏」字注「又支精二音」，黎本同，而張氏誤改「精」作「指」。又上聲很韻「很」字注「俗作佷」，黎本同，而張氏誤改「佷」作「狠」。（原鈔配誤「佷」爲「很」。）張刻改字有與曹寅所刻《楝亭五種》本相合的，也有不相合的，各居一半；而出於手民刊刻的錯誤也不少。如平聲陽韻「亡」字注「逃也」誤爲「進也」，上聲獮韻「善」字注「吉也」誤爲「言也」都是。現在這個南宋刻本跟楝亭本和《四部叢刊》巾箱本都有很多相近的地方。如本書上聲止韻「伱」字注「秦人呼傍人之稱」下有「《玉篇》云：尒也」五字，賄韻「讃」字注「《説文》云：中止也。又胡對切」，都與楝亭本和巾箱本相同，而與張刻不侔。又本書入聲屋韻菊紐「鞠」字注「又姓，出東萊、平原二望，漢有尚書令鞠譚。又音麴。又蹋鞠」，巾箱本同，張刻作「又姓，出東萊。《風俗通》曰：漢有尚書令平原鞠譚。又音麴」。入聲沃韻「褥」字注

「小兒愛，一曰小兒也」（文字有誤），巾箱本也有「一曰小兒」四字，張刻注文則作「小兒衣也」。可惜楝亭本所據原書缺入聲一卷，而以元刻略注本補齊，無法比對。大體來説，本書跟楝亭本和巾箱本是比較接近的，例證很多，不必多舉。由此推測，三者當是同一系統的書。

在這裏，值得特別指出的是有一部分韻次的排列和韻目下所注的「獨用」、「同用」與監本和其他各本不同。今就本書目次敘列如下，並與監本相比較：

聲調	版本								
平聲（上、下）	〔本書〕	武分 文第二十 獨用	於斤 殷第二十一 獨用	余廉 鹽第二十四 添同用	他兼 添第二十五	胡讒 咸第二十六 銜同用	户監 銜第二十七	語𩏩 嚴第二十八 凡同用	符咸 凡第二十九
	〔監本〕	武分 文第二十 欣同用	許巾 欣第二十一						
上聲	〔本書〕	武粉 吻第十八 獨用	於謹 隱第十九 獨用	以冉 琰第五十 忝同用	他點 忝第五十一	下斬 豏第五十二 檻同用	胡黯 檻第五十三	宜奄 儼第五十四 范同用	防錽 范第五十五
	〔監本〕	武粉 吻第十八 隱同用	於謹 隱第十九	以冉 琰第五十 忝儼同用	他點 忝第五十一	宜奄 儼第五十二	下斬 豏第五十三 檻范同用	乎黯 檻第五十四	防錽 范第五十五
入聲		文弗 物第八 獨用	許訖 迄第九 獨用	與涉 葉第二十九 帖同用	他協 帖第三十	侯夾 洽第三十一 狎同用	胡甲 狎第三十二	魚劫 業第三十三 乏同用	房法 乏第三十四

從上列韻目和韻次來看，本書平聲上第二十一殷，音於斤切，與《切韻》相合，監本因避宋諱改爲欣，而本書仍作殷。本書文殷兩韻下與上聲吻隱兩韻下均注獨用，而監本文欣同用，吻隱同用。又本書上聲琰忝豏檻儼范諸韻韻次與平聲和入聲相應，書内也相同，而監本以琰忝儼豏檻范爲次，反與平聲入聲全不相應。本書琰忝同用，豏檻同用，儼范同用，而監本作琰忝儼同用，豏檻范同用，變動甚大。從四聲韻目相承的關係來看，這些韻的排列次序自以本書爲是。監本可能據宋人所修《韻略》而改。清人戴震著《聲韻考》，曾據宋代徐鉉所訂《説文解字韻譜》和吴棫《韻補》

校定《廣韻》四聲韻目獨用同用例，抉發隱微，考案舊次，使有倫序。戴氏所論正與本書相符合。戴氏所見《廣韻》傳本不過是明本、《楝亭五種》本和澤存堂本，今有此本得與戴書相印證，足見此本之可貴。

遺憾的是原書缺去聲一卷，藏者取元人所刻略注本配齊，未免美中不足。現在上海古籍出版社爲便於讀者使用，改用《四部叢刊》所收的巾箱本去聲一卷增補。巾箱本與此本相近，而且都是南宋刻本，這樣改一下，全書就成爲一部宋刻足本了，比配元刻本好。

本書序文末既有「己丑建寧府黄三八郎書鋪印行」一行題記，原刻當爲南宋孝宗乾道五年所刊無疑。但顧澐題識認爲「己丑」爲北宋仁宗皇祐元年（公元一〇四九），那是不對的。本書平聲東韻「桐」字注「又桐廬縣在嚴州」，巾箱本同，張刻「嚴州」作「睦州」。案嚴州舊稱睦州，宋徽宗宣和三年改稱嚴州。由此也可以證明本書刻於南宋。另外，日本澁江全善和森立之編的《經籍訪古志》根據此種版本平聲韻目文第二十獨用，殷第二十一獨用，又桓字不闕筆，認爲「並與元板合，殆元至元二十六年己丑（公元一二八九）所刊」，他又説：「元人以好古自居，遂改文欣爲文殷，尚忘去鉅宋字，抑亦何也？時宋亡僅十年，宋板元印當在此際，故致此掛漏歟？俟再考之。」案本書實有元代補板，但與黃三八郎書鋪題記的「己丑」無關，不宜牽涉爲一事。黃三八郎書鋪曾刻《韓非子》，題爲乾道改元中元日印行，觀本書序文刻板的字體筆法和刀刻的棱角酷似《韓非子》一書，由此足以證明本書爲乾道間刻本，澁江全善和森立之的推測也是不妥當的。

本書雖近於宋刻巾箱本，然畢竟不同處甚多，可資校勘。同時也可以藉此得知楝亭本與各本不同確有來歷。一九三六年我校勘《廣韻》的時候，只知道有《鉅宋廣韻》，而沒有看到原書，現在上海古籍出版社將此書影印出版，真是意想不到的事，欣喜之餘，所以稍事比勘，略抒管見，以供讀者參考。

周祖謨　一九八二年十月

鉅宋廣韻目次

鉅宋廣韻入聲卷第五

此鉅宋廣韻五卷日本藏有昌平學
藏者上題謂宋皇祐元年據己丑建寧
府黃三八郎書鋪印行一條今攷避宋諱
闕筆字有玄敬殷禎等字而英宗神
宗以下諸諱皆不缺筆間為仁宗時己
丑可据日本又有景德四年刊本即康
熙間張士俊所翻刊之本是又前此刊四
十一年也然景德本苑委先生刊之於京

逸叢書謂張本已正訛不少又排故正其行款是以知張刻實據于（改竄）景德本矣

光緒己丑閏十四甲子顧澐得於日本東都四山棠黄村家以梁天監小銅佛易之

鉅宋重修廣韻一部

凡二萬六千一百九十四言

注一十九萬一千六百九十二字

陸法言撰本

長孫訥言箋注

儀同三司劉臻

外史顔之推

著作郎魏淵

武陽太守盧思道

散騎常侍李若

國子博士蕭該

蜀王諮議參軍辛德源

吏部侍郎薛道衡

已上八人同撰集

郭知玄拾遺緒正更以朱箋三百字

關亮增加字　薛峋增加字

王仁煦增加字　祝尚丘增加字

孫愐增加字　嚴寶文增加字

裴務齊增加字　陳道固增加字

更有諸家增字及義理釋訓悉纂略備載卷

中勤成一部進上

勑賜絹五百疋

昔開皇初有儀同劉臻等八人同詣法言門宿夜永酒

闌論及音韻以今聲調既自有别諸家取捨亦復不同

吳楚則時傷輕淺燕趙則多傷重濁秦隴則去聲爲入梁益則平聲似去又支章移切脂旨夷切魚語居切虞遇俱切共爲一韻先蘇前切仙相然切尤于求切侯胡溝切俱論是切欲廣文路自可清濁皆通若賞知音即須輕重有異呂靜韻集夏侯該韻略陽休之韻略周思言音韻李季節音譜杜臺卿韻略等各有乖互江東取韻與河北復殊因論南北是非古今通塞欲更捃選精切除削疏緩蕭顏多所决定魏著作謂法言曰向來論難疑處悉盡何不隨口記之我輩數人定則定矣法言即燭下握筆略記綱紀博問英辯殆得精華於是更涉餘學兼從薄宦十數年間不遑修集今反初服私訓諸弟子凡有文藻即須明聲韻屏居山野交遊阻絶疑惑之所質問無從亡者

則生死路殊空懷可作之歎存者則貴賤禮隔以報絶
交之旨遂取諸家音韻古今字書以前所記者定之爲
切韻五卷剖析毫氂分別黍累何煩泣玉未得縣金藏
之名山昔怪馬遷之言大持以蓋醬今歎楊雄之口吃
非是小子專輒乃述羣賢遺意寧敢施行人世直欲不
出戶庭于時歲次辛酉大隋仁壽元年　訥言曰此製
酌古沿今無以加也然古傳之已久多失本源差之一
畫詎惟千里見炙從肉莫究厥由輒意形聲固當從夕
及其晤矣彼乃乖斯若靡馮焉他皆倣此頃佩經之隙
沐雨之餘揩其紕繆疇茲得失銀鉤劃閱晉豕成羣盪
櫛行披魯魚盈貫遂徵金篆遐泝石渠略題會意之辭
仍記所由之典亦有一文兩體不復備陳數字同歸惟

其擇善勿謂有增有減便慮不同一點一畫咸資別據其有類雜並爲訓解傳之不謬庶埒箋云于時歲次丁丑大唐儀鳳二年

前費州多田縣丞郭知玄拾遺緒正更以朱箋三百字其新加無反音皆同上音也

陳州司法孫愐唐韻序

蓋聞文字聿興音韻乃作蒼頡爾雅爲首詩頌次之則有字統字林韻集韻略述作頗衆得失互分惟陸生切韻盛行於世然隨珠尚纇虹玉仍瑕注有差錯文復漏誤若無刋正何以討論我國家偃武修文大崇儒術置集賢之院召才學之流自開闢以來未有如今日之盛上行下效比屋可封輒罄謏聞敢補遺闕兼習諸書具

爲訓解州縣名号亦據今時字體從木從才著亻著彳
施殳施攴安尒安禾並悉具言庶無紕繆其有異聞奇
怪傳說姓氏原由土地物產山河草木鳥獸蟲魚備載
其間皆引憑據隨韻編紀添彼數家勒成一書名曰唐
韻蓋取周易周禮之義也及案三蒼爾雅字統字林說
文玉篇石經聲韻聲譜九經諸子史漢三國志晉宋後
魏周隋陳宋兩齊書本草姓苑風俗通古今注賈執姓
氏英賢傳王僧孺百家譜周何潔集文選諸集孝子傳
輿地志及武德巳來創置迄開元三十年並列注中等
夫輿誦流汗交集愧以上陳天心又有元青子吉成子
者則汝陽侯燊之曾孫卓尒好古博通内外遁祿巖嶺
吐納自然抗志鈐鍵棲神梵宇淡泊無事希夷絕塵倏

忽風雲靈欻怡懌考窮史籍廣覽群書欲令清濁昭然
學之上有終日而忘食有連宵而不寐案搜神記精怪
圖山海經博物志四夷傳大荒經南越志西域記西壁
傳漢纂藥論證俗方言御覽字府及九經三史諸子中
遺漏要字訓義解釋多有不載必具言之子細研窮究
其巢穴澄凝微思鄭重詳思輕重斯分不令圂糅緘之
金篋珍之寶之而已哉寧辭阻險敢不躬談一訢愚心
克諧雅況依次編記而不別番其一字數訓則執優而
尸之劣而副之其有或假不失元本以四聲尋譯冀覽
者去疑宿滯者豁如也又紐其脣齒喉舌牙部仵而次
之有可紐不可行之及古體有依約之並采以為證庶
無壅而昭其馮起終五年精成一部前後總加四萬二

韻序 四

千三百八十三言仍篆隸石經勒存正體幸不譏繁于時歲次辛卯天寶十載也

論曰切韻者本乎四聲紐以雙聲疊韻欲使文章麗則韻調精明於古人耳或人不達文性便格於五音爲定夫五音者五行之響八音之和四聲間迭在其中矣必以五音爲定則參宮參羽半徵半商引字調音各自有清濁若細分其條目則令韻部繁碎徒拘桎於文辞耳

己丑建寧府黄三八郎書鋪印行

鉅宋廣韻上平聲卷第一

德紅 東第一獨用　都宗 冬第二鍾同用　職容 鍾第三
古雙 江第四獨用　章移 支第五脂之同用　旨夷 脂第六
止而 之第七　無非 微第八獨用　語居 魚第九獨用
遇俱 虞第十模同用　莫胡 模第十一　徂奚 齊第十二獨用
古膎 佳第十三皆同用　古諧 皆第十四　呼恢 灰第十五咍同用
呼來 咍第十六　職鄰 眞第十七諄臻同用　之純 諄第十八
側詵 臻第十九　武分 文第二十獨用　於斤 殷第二十一獨用
語袁 元第二十二魂痕同用　戶昆 魂第二十三　戶恩 痕第二十四
胡安 寒第二十五桓同用　乎官 桓第二十六　所姦 刪第二十七山同用
所閒 山第二十八

〇東 春方也說文曰動也从日在木中亦東風菜廣州記云陸地生莖赤和肉作羹味如酪香似蘭吳都賦云草則東風扶留又姓舜七友有東不訾又漢複姓十

三氏左傳魯卿東門襄仲後因氏焉齊有大夫東郭偃又有東宮得臣晉有東關嬖五神仙傳有廣陵人東陵聖母適杜氏齊景公時有隱居東陵者乃以爲氏世本宋大夫東鄉爲賈執英賢傳云今高密有東鄉姓宋有員外郎東陽無疑撰齊諧記七卷昔有東閭子嘗富貴後乞於道云吾爲相六年未薦一士夏禹之後東樓公封于杞後以爲氏莊子東野稷漢有平原東方朔曹瞞傳有南陽太守東里昆何氏姓苑有東萊氏德紅切十七 菄東風菜義見上注俗加艹 鶇鶇鶝鳥名美形出廣雅亦作鶫 䍶獸名山海經曰泰戲山有獸狀如羊一角一目目在耳後其名曰䍶又音陳音棟 倲儱倲儜劣皃出字諟 𠈈上同 𩜍地理志云東郡館名 ⿰忄仝古文見道經 涷瀧涷沾漬說文曰水出發鳩山入於河又都貢切 蝀螮蝀虹也又音董 凍凍凌又都貢切 鯟魚名似鯉 徚行皃 崠崠如山名 埬上埬地名 䰤蛞䰤科斗蟲也案爾雅曰科斗活東郭璞云蝦蟆子也字俗從虫 ⿰東鬼醜皃 ○同齊也共也輩也合也律歷有六同亦州春秋時晉夷吾獻西河地於秦七國時屬魏秦幷天下爲內史之地漢武更名馮翊又有九龍泉泉有九源同爲一流因以名之又羌複姓有同蹄氏望在勃海徒紅切四十五 仝古文出道書 童童獨也言童子未有室家也又姓出東莞漢有琅邪內史童仲玉 僮僮僕又頑也癡也又姓漢有交阯刺史僮尹出風俗通 銅金之一品 桐木名月令曰清明之日桐始華又桐廬縣在嚴州亦姓有桐君藥錄兩卷 峒崆峒山名 硐磨也 䑠䑠船 狪獸似豕出泰山 筒竹筒又竹名射筒吳都賦曰其竹則桂箭射筒 瞳目瞳 ⿰甬瓦⿰甬瓦瓦 ⿰同瓦上同 罿車上網又音衝 犝犝牛無角 筩竹筩 潼水名出廣漢郡亦關名又通衝二音 曈曈曨日欲明也又他孔切 洞洪洞縣名在晉州北又徒弄切 侗楊子法言云倥侗顓蒙 橦木名花可爲布出字書又鍾橦二音 烔熱氣烔烔出字林 ⿰童鳥⿰童鳥鶇水鳥黃喙喙長尺餘南人以爲酒器出劉欣期交州記 挏引也漢官名有挏馬

又音動　酮馬酪又音動　鮦爾雅云鰹大鮦又直冢直柳二切　甋井甓一云甃甓也　䍧無角羊　𦏁同上　眮目眶又徒揔切　董
草名又多動切　穜穜稑先種後熟謂之穜後種先熟謂之稑又音重　衕通街也　⿰革童鞁具飾也　⿸广同地下應聲　⿱穴同通窓也　哃哃喝
大言　⿰弓同弓飾　絧布名　⿰同阝鄉名　⿰童阝地名又姓　⿱鼓甬鼓聲　⿺虎鳥黑虎　⿰黑鳥黑皃　○中平也成也宜也堪也任也和也半也
又姓漢少府卿中京出風俗通又漢複姓有七氏漢有諫議大夫中行彪晉中行偃之後虞有五英之樂掌中英者因以爲氏古有隱者中梁子漢書藝文志有室中周著書十
篇賈執英賢傳云路中大夫之後路中爲氏張晏云姓路爲中大夫何氏姓苑有中壘氏中野氏陟弓切又陟仲切四　衷善也正也適也中也又衷衣褻衣也　忠
無私也敬也直也厚也亦州名本漢臨江縣屬蜀巴郡後魏置臨州貞觀爲忠州　⿱艹中草名又音沖　○蟲爾雅曰有足曰蟲無足曰豸又姓漢功臣表有曲成侯蟲達
直弓切七　沖和也深也　种稚也或作沖亦姓後漢司徒河南种暠　盅器虛也又敕中切　爞爾雅云爞爞炎炎熏也　⿱艹中草名又音
中　翀直上飛也　○終極也窮也竟也又姓漢有濟南終軍又漢複姓二氏東觀漢記有終利恭何氏姓苑云今下邳人也左傳殷人七族有終葵氏職戎切
十五　衆又之仲切　潨小水入大水又徂紅在冬二切　𣧩殁也　螽螽斯蟲也　⿰虫衆同上　鼨豹文鼠也　蔠蔠葵蘩露也
柊木名又齊人謂椎爲柊楑也　⿱雨衆小雨　⿰龜冬字書云龜名也　鴤鳥名　⿱竹終篋蔠戎人呼之　泈水名在襄陽　⿰豸衆獸如豹
○忡憂也敕中切三　沖沖融水平遠之皃又音蟲　盅器虛也又音蟲　○崇高也敬也就也聚也又姓鋤弓切四　崈上同　⿰崇刂
鍾屬蜀　⿰食崇饞⿰食崇貪食也出古今字音　○嵩山高也又山名又姓史記有嵩極玄子或作崧息弓切九　崧上同　⿰鳥戎似鴈鳥而小能捕雀也　娀

有娀氏女簡狄帝嚳次妃吞乙卯生契 菘菜名 硹地名在遼 ⿰彳戎姓也 䖝蟲名 髶細毛 ○戎戎狄亦助也說文作戒兵也又姓漢宣帝
戎婕好生中山哀王竟如融切九 戒上同 茙茙葵蜀葵也又虜姓後魏書官氏志云南方有茙眷氏改爲茙氏也 㭜木名 駥馬八尺也 ⿱⺮戎其末
小竹可爲矢 ⿰亻戎戎人身有三角也 狨細布 絨上同 ○弓弓矢釋名曰弓穹也張之穹穹然也其末曰簫又謂之弭以骨爲之滑弭弭也中央
曰弣弣撫也人所撫持也簫弣之間曰淵淵宛也言曲宛然也世本曰黃帝臣揮作弓墨子曰羿作弓孫子曰倕作弓又姓魯大夫叔弓之後居戎切六 躳身也親也又姓
出姓苑 躬上同 ⿰氵宮縣名在酒泉 宮白虎通曰黃帝作宮室以避寒暑宮之言中也世本曰禹作宮亦官名漢書曰少府官有守宮令主御筆墨紙封
書泥也又姓左傳虞有宮之奇 ⿰身宮謹敬之皃又音穹 ○融和也朗也說文曰炊气上出也又姓世本云古天子祝融之後以戎切四 螎上同 肜
祭名又敕林切 瀜冲瀜大水皃 ○雄雄雌也亦姓舜友有雄陶羽弓切二 熊獸名似豕魏略曰大秦之國出玄熊亦姓左傳賢者熊宜僚又漢複姓
左傳楚大夫熊率且比 ○瞢目不明莫中切六 夢說文曰不明也又武仲切 鄸邑名在魯郡 懜慙也國語云君使臣懜 ⿰夢色⿰夢色艶
醜皃 ⿰夢豕獸似豕目在耳出崐崘 ○穹高也去宮切七 悺憂也 焪乾也 芎芎藭香草根曰芎藭苗曰蘪蕪似虵牀 营
上同 ⿰身宮謹敬之皃 ⿱⺮䖵⿱⺮䖵籠也又去龍切 窮窮極也又窮奇獸名聞人鬭乃助不直者渠弓切三 藭芎藭 竆羿所封國 ○馮
馮翊郡名又姓畢公高之後食采於馮城因而命氏出杜陵及長樂房戎切七 堸蟲室 汎浮也又孚劒切 芃草盛也又音蓬 䣼姬姓之國 渢
弘大聲也 梵木得風皃又防泛切 ○風教也佚也告也聲也河圖曰風者天地之使元命包曰陰陽怒而爲風方戎切七 ⿰雚風古文 楓木名子可

爲式爾雅云楓有脂而香孫炎云欇欇生江上有奇生枝高三四尺生毛一名楓子天旱以泥泥之即雨山海經曰黃帝殺蚩尤棄其桎梏變爲楓木脂入地千年化爲虎魄𤞤

𤞤母狀如猿逢人則叩頭小打便死得風還活出異物志偑地名𦬸𦬸𦬸梵聲也𥵽竹名出南海○豐大也多也茂也盛也又酒器豆屬又姓鄭

公子豐之後敷空切八酆邑名亦姓左傳有狄相酆舒蘴蕪菁苗也灃水名在咸陽寷大屋麷煑麥僼僼僼仙人𡾰

山名○充美也塞也行也滿也昌終切七珫珫耳玉名詩傳云充耳謂之瑱字俗从玉茺茺蔚草也㤝心動𧙕𧙕襌衣也䵵黃色又音

統流水聲○隆盛也豐也大也力中切六癃病也亦作㾶𪔖鼓聲俗作鼓夅窿穹隆天勢俗加穴霳豐隆雷師俗加雨

夆多夆禮大○空空虛書曰伯禹作司空又漢複姓有空桐空相二氏苦紅切十四箜箜篌樂器釋名云師延所作靡靡之音出桑間濮上續漢書云靈帝

胡服作箜篌也崆崆峒椌器物朴也又丘江切硿硿青色也䅝稻稈悾悾悾信也愨也埪土埪龕也倥倥侗涳涳濛

小雨又口江切鵼怪鳥出字統䓤䓤心草也𧙃衣袂𧊊蟬脫𧊊皮○公通也父也正也共也官也三公論道又公者無私也從八從厶

厶音私八背音意也背厶爲公也亦姓漢有主爵都尉公儉又漢複姓八十五氏左傳魯有公冉務人公歛陽公何藐公父歜公賓庚公思展公鉏極公申叔子貫穿公山弗擾公申

叔公巫召伯衛有公文要戰國策齊威王時有左執法公旗蕃左傳齊悼子公旗之後左傳季武子庶子公退後以爲氏孟子有公行子著書左傳晉成公以卿之庶子爲公行大

夫其後氏焉孔子家語魯有公冶長又公索氏將祭而亡其牲魯有公慎氏出妻又有公罔之裘揚觶者孔子弟子齊人公晳哀陳人公良儒公西赤公祖句茲公肩定漢書

藝文志有公擣子著書又有公勝生著書濟南公玉帶上明堂圖功臣表有公師壹晉穆公子成師之後又有公扈蒲意後漢有零陵太守公儀之後又弘農令北海公沙穆山陽公

堵恭魏志有公夏浩晉書有征虜長史太山公丘君羣成都王帳下督公師蕃本姓公師避晉景帝諱改爲公帥氏前趙錄有太中大夫公帥式子夏門人齊人公羊高作春秋傳列女傳有公乘之妙墨子魯有公輸班衛大夫公叔文子史記有魯相公儀休孔子門人公休哀又有公祈哀禮記魯大夫公明儀何氏姓苑云今高平人衛大夫公南文子魯有公荊皎衛大夫公子荊之後魯大夫公襄昭魯襄公太子野之後魯大夫公伯寮何氏姓苑云彭城人趙平陵太守公休勝魯士官公爲珍魯昭公子公爲之後楚大夫公朱高宋公子子朱之後公車氏秦公子伯車之後淮南子有公牛哀病七日化爲虎齊公子牛之後呂氏春秋有邸大夫公息忘孟子稱公都子有學業楚公子田食采於都邑後氏焉公劉氏后稷公劉之後古今人表有公房皮楚公子房之後郭泰別傳有勃海公族進階衛大夫有公上王世本有魯大夫公之文晉蒲邑大夫公佗世卿秦公子金之後有公金氏齊公子成之後有公牽氏何氏姓苑云公右氏今琅邪人公左氏今高平人又有公言公子孟公獻公留公石公旅公仲等氏又左傳衛有庾公差以善射聞祭公謀父出自姜姓申公子福楚申公巫臣之後衛有尹公佗楚大夫逢公子仲楚白公勝之後有白公氏文字志云魏文侯時有古樂人竇公獻古文樂書一篇秦有博士黃公疵古今人表神農之後有公幹仕齊爲大夫其後氏焉世本有大公叔穎又有公紀氏衛有大夫左公子洩右公子職漢四皓有園公先生尚書僕射東郡成公敞古紅切十三 功 功績也說文曰以勞定國曰功又漢複姓何氏姓苑云漢營陵令成功恢禹治水告成功後爲氏俗作功 工 官也又工巧也 疘 文字集略云脫疘下部病也 蚣 蜈蚣蟲 玒 玉名又音江 釭 車釭說文曰車轂中鐵也又古雙切 魟 ⿰魚斤魟江蟲形似鼈可食又音烘 攻 攻擊 㓚 鉒穫也 愩 憒也 碽 擊聲 篢 篢笠方言 ○蒙 覆也奄也爾雅釋草曰蒙王女也莫紅切二十六 冡 說文覆也 濛 空濛細雨 ⿰馬蒙 驢子曰⿰馬蒙 艨 艨艟戰船 又武用切 朦 大皃 矇 矇瞽 饛 盛食滿皃 ⿱髟蒙 馬垂鬣也 檬 似槐葉黃 醿 麴生衣皃 夢 上同 醠 亦上同 鸏 鸏鷬

鳥也幪覆也蓋衣也又幪穀罞爾雅云麋罟謂之罞幪說文云蓋衣也又莫弄切髳爾雅釋詁曰覭髳弗離也蠓蠛蠓似蚊又莫孔切
蒙草可爲帚雺天氣下地不應曰雺又莫侯切霿霚並上同朦朦朧月下盜器滿懞心悶闇也霥小雨。籠
西京雜記曰漢制天子以象牙爲火籠籠盧紅切又力董切二十七豅大谷櫳說文云房室之疏也亦作攏朧朦朧嚨大聲櫳櫳頭
𩍂上同瀧瀧涷沾漬說文曰雨瀧瀧也聾耳聾左傳云不聽五聲之和曰聾釋名曰聾籠也如在蒙籠之內不可察也𨏉軸頭礱磨也
𥢍禾病𣨰上同嚨喉嚨蘢蘢古草名又音龍櫳檻也養獸所也𪚲字書云築土龍叐穀巃巃嵸山皃嵸祖紅切又音籠摠
襱襱褶𧙕上同瓏玲瓏玉聲曨日欲出也鸗鳥名𩟍𩟍餅蠪蠪蛭如狐九尾虎爪音如小兒食人一名螭龍蚳又爾雅曰蠪蚳打螘郭
璞云亦駮蚍蜉𡸣崆𡸣山皃屸山形。洪大也亦姓共工氏之後本姓共氏後改爲洪氏戶公切二十二鉷弩牙訌潰也詩曰蟊賊內訌紅
色也又姓虹螮蝀也又古巷切仜身肥大也鴻詩傳云大曰鴻小曰鴈又姓左傳衛大夫鴻聊魋葒水草一曰蘢古詩云隰有游龍傳曰龍即
紅草也字或從廾葓上同谼大壑又洪谷寺在相州粠陳赤米也烘字林云燎也又呼紅洚說文曰水不遵道一曰下也又戶冬
下江二切渱潰渱水沸涌也𨸹從𨸹山名在雲南魟魟曰魚又音烘阦坑也㖵大聲羾飛聲𩗓大風硿石聲䲨
鳥肥大唯唯然。叢聚也徂紅切五菆俗藂草叢生皃潀水會也𥳔籠𥳔取魚器俗。翁老稱也亦鳥頸毛又姓漢書貨
殖傳有翁伯販脂而傾縣邑烏紅切八螉蠮螉蟲名細要育蟲也鰯魚名蓊蓊鬱草木盛皃又烏桶切䈵竹盛皃鞥吳人靴靿曰鞥

㮬 水㮬子果名出南州 𩔁 頸毛 ○怱 速也倉紅切十五 忩 俗 葱 葷菜 楤 尖頭擔也 𨎮 轞車載囚 聰 聞也

明也察也聽也殷仲堪父患耳聰聞牀下蟻動謂之牛鬬出晉書 繱 色青黃又細絹 璁 石似玉也 驄 馬青白雜色 蟌 蜻蜓淮南子曰蝦蟆爲鶉

水蠆爲蟌 囱 竈突 𨢟 𨢟醁濁酒 鏓 大鑿平木器 熜 熅也又子孔切 𢈈 屋中符又子孔切 ○通 達也三禮圖曰通天冠一名高山冠

上之所服也亦州名本漢宕渠縣內有地萬餘頃因名爲萬州後魏以萬州居四達之路改爲通州又姓出姓苑他紅切九 蓪 蓪草藥名中有小孔通氣 侗 大也

恫 痛也 痌 上同 曈 曨曈欲明之皃 俑 俑偶人又音勇 狪 獸名似豕出泰山又音同 𨁈 走皃 ○𥪯 木細枝也子紅切二十一

鬷 釜屬又姓左傳鄭大夫鬷明 嵏 九嵏山名 猣 犬生三子 豵 豕生三子 鯼 石首魚名 椶 椶櫚一名蒲葵 騣 馬鬣 鬉

上同 蜙 蜙蝑蟲名 嵸 巃嵸又作孔切 艐 書傳云三艐國名說文云船著沙不行也 蝬 三蝬蛤屬出臨海異物志 堫 種也 磫 石磫 翪

聳翅上皃 緵 縷也又作弄切 㚇 飛而斂足又子貢切 傻 數也 稯 禾束 鬉 毛亂 ○蓬 草名亦州名周割巴州之伏虞郡於此置蓬山而名

之薄紅切十 𥮵 車𥮵 篷 織竹夾箬覆舟也 髼 髼鬆髮亂皃 蜂 蟲名出蒼頡篇又音峯 芃 芃芃草盛皃又音馮 袶 爾雅

曰困衱袶亦作袶又音降 韸 鼓聲 驡 充塞皃又音龍 𩙪 風皃又步留切 ○烘 火皃呼東切又音紅六 叿 叿叿市人聲 魟 河魚

似鼈 谾 谷空皃出字林 䪫 䪫訌大聲 𩘔 大風 ○㟅 崆㟅山皃五東切又魚江切一 ○檧 小籠蘇公切又先孔切三 憽 惺憽了慧

人也 𥈭 𥈭白皃出聲譜

二冬

○冬 四時之末尸子曰冬爲信北方爲冬冬終也又姓前燕慕容皝左司馬冬壽都宗切七 𠔚 古文 苳 草名

鴤鴤鳥好入水食似鳬形小笗竹名⿱雨冬雨皃⿰豸冬獸如豹有角○彤赤也丹飾也亦姓形伯爲成王宗枝徒冬切二十二疼痛也

佟姓也北燕録有遼東佟萬以文章知名炵火威皃又他冬切⿰虫鳥鳥名⿰虫鳥渠狀如山雞黒身赤足出山海經也鼕鼓聲爞爞爞憂也

出楚詞⿰宮殳擊空聲爞旱熱⿰忄冬悼也痋動病⿰豸虫刺豸鉵大鉏⿰赤冬赤色⿱黒虎黒虎浵水名亦水皃⿰冬隹

⿰冬隹名又音終⿱宀冬楚云深屋鉖鈞鉖⿰宮阝古國名⿰忄冬戎云懵也⿰赤虫赤蟲○賨戎稅說文曰南蠻賦也藏宗切十一琮

說文云琮瑞玉大八寸似車釭周禮曰以黃琮禮地悰慮也一曰樂也潨小水入大水也又徂紅職戎二切淙水聲又士江切慒謀也又似由切

鬃高髻又士江切⿱從瓦瓵屬又士江切孮族盛孮鄉誴謀誴樂也⿰巾宗帛⿰巾宗又布名○農田農也說文作𨑴耕也亦官名漢書曰治

粟内史秦官也景帝更名大司農又姓風俗通云神農之後又羌複姓有蘇農氏奴冬切十二𨑴上同辳古文⿱林農籀文⿰食農餺⿰食農強食餺女耕切

噥多言不中⿱雨農露多⿰忄農⿰忄逢憹悅也⿰犭農多毛犬也又乃刀切儂我也⿱農皿說文曰腫血也膿上同○攻治也作也擊也伐也

古冬切二釭鐙也又音江○⿰石宮⿰石宮⿱隆石石落戶冬切四洚說文曰水不遵道一曰下也孟子曰洚水警予⿰口動歌也又胡宋徒送二切⿰風宮

大風○⿱隆石力冬切三⿱鼓金鼓聲⿱殸金聲也○宗衆也本也尊也亦官名漢書曰宗正秦官也掌親屬亦姓周卿宗伯之後出南陽又漢複姓二氏前漢

有宗伯鳳南燕録有宗正謙善相作冬切二倧上古神人○鬆髼鬆髮亂皃私宗切二⿱髟公上同○炵火色他冬切一

三

○鍾當也酒器也又量名左傳曰釜十則鍾亦姓出潁川又漢複姓有鍾離氏世本云與秦同祖其後因封爲姓職容切十八鐘樂器也呂氏春秋云黃帝命伶倫鑄十二器世

本曰垂作鐘蜙蝑蚣蝑 忪心動皃 笭長節竹也 蹱蹱蹱小兒行皃 彸征彸行皃 衳小褌也 伀志伀又衆也 橦

字樣云本音同今借爲木橦字 鐘籠鐘竹名廣志云可爲笛 妐夫之兄也 ⿰口公衆口也 ⿰角工舉角也 炂熱也 ⿱艹公草名 ⿵門公門外

開閦 鈆鐵鈆 ○龍通也和也寵也鱗蟲之長也易曰雲從龍又姓舜納言龍之後力鍾切九 ⿰扌龍圭爲龍文 躘躘蹱 鸗野鳥名

⿱龍巫巫也 籠蠶籠竹車畚亦籠竹又力東力董二切 ⿰舟龍小船上安蓋者 蘢蘢古草 ○舂世本曰雍父作舂呂氏春秋曰赤冀作舂

書容切六 蜙蜙蝑俗呼蝽蟅 椿撞也 蹖踊也 鶈[illegible]鳥名 惷愚也 ○松木名玄中記曰松脂淪入地千歲爲茯苓亦州舜竄三苗

於三危河關之西南羌是也後魏末始統其城改置其州焉祥容切四 ⿱穴松古文 凇凍落皃又先恭切 訟爭獄又徐用切 ○衝當也向也突也說文

曰通道也尺容切十一 衝上同 罿繴也又音童 憧憧憧往來皃 ⿰車童陷陣車 艟艨艟戰船 潼河潼又音同 穜穜稑

衣也 ⿰童刂刺也 ⿰重刂上同 ⿰衤童短衣也 ○容盛也儀也受也爾雅云容謂之防郭璞云形如今牀頭小曲屏風唱射者所以自防隱司馬法云軍容不入國

國容不入軍是也又州名又姓八凱仲容之後禮記有徐大夫容居餘封切三十五 溶水皃又音勇 滽水名出宜蘇山 庸常也用也功也和也次也易也

又姓漢有庸光 𩫖古文 ⿰豸庸獸似牛領有肉也 傭⿰牛庸並上同 墉城也垣也 鎔鎔鑄 鏞大鐘 ⿰金甫上同說文與鐘同

鄘國名 傭傭賃又丑凶切 鷛鷛鶏鳥名似鴨雞足也 ⿰容瓦甖也 ⿰庸瓦上同 鱅魚名又音慵 蓉芙蓉 ⿰虫庸[illegible]色如黃蛇

有羽 傛傛華縣也又漢書婦官有傛華 褣褈褣 搈不安 瑢瑽瑢佩玉行也 ⿱竹容箵箮又矢 嵱山名在容州山下有鬼市 頌形頌

又似用切䆝盛也說文云古文容𨋕車行皃嵱山嵱在建州𩭧餝𩭧容鷛鵱鷛槦樢槦木中箭笴𢒫重影一曰形𢒫

𢧵𢧵𢧐兵器○封大也國也厚也爵也亦姓望出渤海本姜姓炎帝之後封鉅爲黄帝師又望出河南後魏官氏志云是賁氏後改爲封氏府容切五𡉚

古文犎野牛葑菜名詩云采葑采菲崶山名一名龍門山在封州大魚上化爲龍上不得點額流血水謂丹色也○胷膺也亦作匈胷許容切十

凶凶禍𣧑古文銎擢也又斤斧柄孔又曲恭切洶水勢也恟懼也訩訟也兇惡也詾衆語匈匈奴○

顒仰也爾雅云顒顒卬卬君之德也說文曰大頭也魚容切四䮐上同見廣蒼鰅魚名說文曰皮有文出樂浪又音隅喁噞喁○邕

說文曰四方有水自邕成池者是也於容切十六雍和也與邕略同又雍奴縣名在幽州水經云四方有水曰雍不流曰奴亦姓左傳有雍糾又於用切噰鳥聲

嗈上同𡖔𡖔𡖗多皃澭水名在宋灉上同爾雅曰水自河出爲灉廱廱齋罋汲器廱辟廱天子教官饔熟食

壅塞又音擁雝爾雅曰䳭鴒雝渠𪇑上同瓁玉器𧳋獸似猴也○醲厚酒女容切八𡖗𡖔𡖗也濃厚也襛

襛華又衣厚皃又而容切穠花木厚又而容切𣚍木名䵜黵䵜鬞多也○重複也疊也直容切又直勇直用二切六種先種

晚熟曰種緟說文云增益也褈複也𪁒鶵鳥名蝩蚕晚生者○從就也又姓漢有將軍從公何氏姓苑云今東莞人疾容切又即容七

恭秦用三切三从古文說文曰相德也𨿅方言云南楚人謂雞○蹱躘蹱丑凶切七傭均也直也又音容𦟛上同𨘢馬不行也𧳧

土精如純在地下也𡐭地名又直容切䵤深穴中䵤黑也○逢值也迎也符容切八縫紩又音俸漨水名韸鼓聲𧞲𧞲褌衩也

夆制掣也又敷恭切八逢天黃負山神能動天地氣昔孔甲遇之捀說文曰奉也又符用切○峯山峯也敷容切十六鋒劒刃鋒也丰
丰茸美好說文本作丯草盛丯也從生上下達也丯上同僼使也妦好皃蠭說文曰螫人飛蟲也孝經援神契曰蠭蠆垂芒為其毒在後
蜂上同𧖨古文豐菜名又音豐桻木上𤇆𤇆火夜曰𤇆晝曰燧烽上同莑草牙始生出音譜仹仙人犎犎牛
○縱縱橫也即容切又子用切九𣰈𣰈毴也蹤蹤跡䡮車跡樅木名又七恭切磫磫礲礪石豵豕生三子𤐫火行
穴中𧺾急行也又此從切○茸草生皃而容切十䩸毳飾髶髮多亂皃𥫱竹頭有文襛草皃又厚衣皃又女容切穠花木
厚也又女容切搑擣也𤢂𥞵𤢂孑也𣗎木名似檀𥟍禾稍○蛩蛩蛩巨虛獸也說文云一曰秦謂蟬蛻曰蛩渠容切十六邛勞也
病也又臨邛縣亦邛𨻵又姓列仙傳有周封史邛疏舼舼船䑐上同筇竹名可為杖張騫至大宛得之輁輁軸所以支棺也又音拱䒌蕢莢
實也䇯籠蛩蛩水鳥名也又居勇切蛬蜙蛬又音拱𠐻𠐻伀可憎之皃髸髸鬆髮亂也桏桏柳𣐈穧也又巨壠切
𩣸獸如馬而青一走千里也𤨶𤨶佩○鱅魚名似牛音如豕蜀庸切又音庸三慵懶也𩋡通俗文云牽乾也○恭恭敬也說
文本作恭肅也又姓晉太子申生號恭君其後氏焉出國語九容切陸以恭蜙縱等入冬韻非也十龔姓也漢有龔遂供奉也具也設也給也進也又居用切
珙璧也又音拱䢼邑名出異苑又亭名出晉書共共城縣在衛州又渠用切䀌䀌𥈳也廾竦手也說文本居竦切髸髸鬆
䳍鳥似雉鳴自呼○蜙蜙蝑蟲名息恭切六淞水名在吳又音松凇凍落之皃鬆髮亂皃亦作鬆倯倯恭怯皃𢓭小行

恐皃○樅木名松葉栢身七恭切又音蹤十二鏦矩矛又音窓從從容又疾容秦用二切瞛光也張景陽七命云怒目電瞛是也蝬

螉蝬小蟬生牛馬皮中也瑽瑽瑢佩玉行皃摐打也又音窓𦜚肥病𥠵治禾𥠵移趴急行也又音蹤鬆髮亂又鬆息恭切迯迯遷○

銎斤斧受柄處也曲恭切又許容切二蛩蛩蠪

四○江江海書曰有九江尋陽記云烏江蚌江烏白江嘉靡江畎江源江廩江提江菌江亦姓出陳

留本顓頊玄孫伯益之後爵封於江陵爲楚所滅後以國爲氏古雙切十一扛舉鼎說文云扛橫關對舉也秦武王與孟說扛龍文之鼎脫臏而死杠旌旗飾一

曰牀前橫茳茳蘺香草釭燈又音工矼石矼石橋也爾雅曰石杠謂之徛字俗從石豇豇豆蔓生白色肛脖肛脹大又許江切玒

玉名又音工䚘角䚘谾谾谷在南郡○厖厚也大也莫江切十四駹黑馬白面狵犬多毛亦作尨尨上同浝水名哤

語雜亂曰哤牻牛白黑雜娏女神名𪐝陰私事也⿰山尨五⿰山尨山名在蜀蛖蛖螻螻蛄類䏵目不明痝病困⿰亻尨

不媢○⿰耳農耳中聲也女江切八⿰農毛髮多涳姓出纂文又音掊噥噥噥嗔語出字林⿰食農強食鬞髮亂⿰目農目不明⿱農鳥

鴻⿱農鳥○囪說文曰在牆曰牖在屋曰囪楚江切九窻說文作窗悤通孔也釋名曰窻聰也於內見外之聰明也憁上同窓俗稯種也

⿰土㚇上同摐打鐘鼓也鏦打鐘鼓也⿰豕悤上同○邦國也又姓出何氏姓苑博江切四⿱屮田古文梆木名⿰扌邦士精如手

在地中食之無病○⿰扌夅⿰扌夅⿱竹雙帆未張下江切八跭跭⿰足雙胡豆降降伏又古巷切缸甖缸瓨上同洚說文曰水不遵道一曰下也

又古巷切夅服也跭跭𨇨堅立也○肨肨脹四江切又音龐五⿰疒夅上同⿰音夅鼓聲⿱鼓夅上同⿰黑夅黑皃○⿰亻龍

南人名出耑亦州在賢貝南呂江切又音雙二　驡充塞之皃○雙偶也兩隻也又姓出姓苑後魏有將軍雙仕洛所江切七　艭艕艭船名　䉶

帆也　㦼懼也左傳云駟氏㦼　𨇅亘也　瀧水名在郴州界　𨇅路𨇅立也○龐姓也出南安南陽二望本周文王子畢公高後封於龐因氏焉

魏有龐涓薄江切五　逄姓也出北海左傳齊有逄丑父　胮胮肛脹大　韸鼓聲　舽舽舡船皃○肛許江切四　啌啌䐣語出聲譜　谾

空谷皃　舡舽舡船皃○胦胦肛不伏人握江切一○腔羊腔也苦江切十二　𦝦上同　羫古文　控打也又苦貢切　椌椌楬

悾信也慤也又音空　跫蹋地聲　涳直流　崆崆𡸛山皃又音空　䯧髖骻尻骨　𤸇喉中病　瓨瓨瓶甂也○幢

旛幢釋名曰幢幢也其皃幢幢然也宅江切六　撞撞突也學記曰善待問者如撞鐘撞擊也　橦木名又音鍾童　㫝旌旗斿皃出說文又丑善切　噇

喫皃　𩪋髖腔尻也○惷愚也丑江切又丑龍切又抽用切五　䚒視不明也一曰直視又丑巷切　𥠉黍舂不實也　䄇祠不敬也　𧜣

短敝衣也○樁橛也都江切二　湷淙水立湷○𡸛五江切一○淙水流皃士江切又才宗切四　鬃髻高皃　𤮨罌也出方言

䭜饌食餸食

五支

○支支度也支持也亦姓何氏姓苑云琅邪人後題録有司空支雄又漢複姓莊子有支離益善屠龍章移切二十九

𥾛繂𥾛挽船繩也　只專辭又之尒切　汥水都名　𣬛毦𣬛者輕毛皃　卮酒器　梔梔子木實可染黃　枝枝柯又漢複姓左傳

楚大夫枝如子弓　衹適也又周支切　疻疾也　衼衹衼涅法衣也衹音岐　肢肢體　胑𨈜並上同　禔福也又是支切　䮭

馬強　氏月氏國名又閼氏匈奴皇后也又精是二音　𢻱毀傷　𢻰多也又音寘　鳷鳥名漢武帝造鳷鵲觀在雲陽甘泉宮外　𨾴上同

觶本音寘今作奉觶字 榰爾雅曰榰柱也謂相榰柱也 ⿱林巵玉篇云大盛 ⿱枝鳥王精如鴈一足黃色毀之殺人 ⿱枝虫蟲名也似蛛蝪能吞人
目汁凝又尺支切 軙軙軝長轂 ⿰革龠皮鞁○移遷也遺也延也徙也易也說文曰禾相倚移也曹公府不相臨敬則爲移書箋表之類也亦姓風俗
通云漢有弘農太守移良弋支切三十二 𥝢上同 迻說文遷也 ⿸厂氏說文斷也 杝木名 鉹方言云涼州呼甑又音侈 袲宋地名又音侈
箷衣架 椸上同又揥前凡 傂怟傂不憂事 詑詑詑自得兒又淺意也 簃樓閣邊小屋又音池 䔟草 熪爃熪火不絕兒
扅扊扅戸扃 袘衣袖 䑊東䑊縣在樂浪 迆逶迆又移爾切 狏獸名似犬尾白目喙赤出則大兵 栘扶栘木名又成兮切 歋歋歈手相
弄人亦作擨又以遮切 酏酒也又羊氏切 匜杯匜似榼可以注水又羊氏切 拸加也 誃埤蒼云冰室門名 ⿰氵移上同 蛇委蛇莊子所謂紫衣而朱冠又
蛇丘縣名又神遮切 虵俗 螔爾雅曰蚹蠃螔蝓注謂即蝸牛也 傂傂傂歋歈 歋笑歋歈 䬛小旋風咸陽有之小䬛於地也○爲爾雅
曰作造爲也說文曰母猴也又姓風俗通云漢有南郡太守爲昆冀遠支切又王僞切六 為俗 溈水名在新陽 𨼫阪名在鄭又王詭切 鄬地名
鰞大魚又許爲切○嬀水名亦州春秋時屬燕秦上谷郡漢爲潘縣武德初置北燕州貞觀改爲嬀州因水爲名亦姓又士傳有嬀覽居爲切二 溈水名
又音爲○摩說文曰旌旗所以指麾也亦作麾許爲切六 麾上同 噅口不言正 撝說文曰裂也易曰撝謙注謂指撝皆謙也 鰞大魚
又音爲 𨼫鄭地○逶逶迤於爲切十一 ⿰歹委枯死 萎蔫也 ⿰木委田器 覣好視 蜲蜲蛇 痿痹濕病也 倭
慎兒 委委佗美也 ⿸鹿委鹿肉 蟡涸水精一身兩頭似蛇以名呼之可取魚鼈○糜糜粥靡爲切九 縻繫牛也又縻爵亦作靡 ⿸麻分

散也𪎭𪎭爛蘼薔蘼虋冬也又亡彼切䊳䊳碎䕷䕷蘼别名䃺乗輿金耳醾酴醾酒也○隓毁也說文曰敗城阜

曰隓許規切九隳上同隨俗眭眭盱健皃又息爲切盱音吁觿角錐童子佩之說文曰觿角銳耑可以解結也又戶圭切䁤仰目也

𧮪相毁之言鑴大鍾又戶圭切𩠽華黃也又果實也○䰄髮落直垂切又大果切三錘八銖又馳偽切甀䍐甀也○𡍮幾也

彊也說文曰遠邊也是爲切十垂上同陲邊也說文危也倕重也黃帝時巧人名倕𦈢小口罌也𨿽雉鳥圌山名在吳天都又市緣

切篅盛穀圌篅𥳔同上𦻏草木華縣○羸瘦也力爲切二𩪘膝病○吹吹噓昌垂切又尺僞切三炊炊爨𥰠

習管古文作龡又尺僞切○鈹大針也又劒如刀裝者敷羈切十二帔又芳髲切鮍魚鮍披又作披開也分也散也𤱿耕也抜上同

狓狓猖皃出新字林翍翍張之皃旇旗靡皃秛禾租㱟器破而未離文皮美切𣧑開肉又匹靡切○陂書傳云澤障曰

陂彼爲切十一詖辯詞又音秘碑釋名曰本葬時所設臣子追述君父之功以書其上羆爾雅曰羆如熊黃白文孝經援神契曰赤羆見則姦宄自遠也

𥀿古文䥯玉篇云鈀屬也犤牛名又音皮錍鋸鉏也䉧竹名襬關東人呼裙也䔍草名又彼義切○隨從也

順也又姓風俗通云隨侯之後漢有博士隨何後漢有扶風隨蕃旬爲切二隋國名本作隨左傳曰漢東之國隨爲大漢初爲縣後魏爲郡又改爲州隋文帝去走

𥳗篗籠○虧缺也俗作虧去爲切一○闚小視去隨切二窺上同○奇異也說文作奇又虜複姓後魏書奇斤氏後改爲奇氏渠羈切

又居宜切十琦玉名騎說文曰跨馬也又其寄切鵸鵸鵌鳥似烏三首六尾自爲牝牡善笑鵌音余出山海經弜强也又其丈切鬾

小兒鬼碕曲岸又巨支切枝木別生也敕上同又橫首皃錡釜屬又魚綺切○祇地祇神也巨支切二十五示上同見周禮本
又時至切衹衹被尼法衣岐山名亦州春秋及戰國時爲秦都漢爲右扶風魏置雍城鎭又改爲岐州因山而名又姓黃帝時有岐伯歧歧路郊
邑名在扶風馶勁皃疧病也詩云俾我疧兮蚑蚑蚑蟲行皃又長蚑蟰蛸別名出崔豹古今注忯爾雅云忯忯惕惕愛也𧺳說文曰緣
大木也一曰行皃翍翍翍飛皃𢻱弓硬皃軝說文曰長轂之軝以朱約之詩曰約軝錯衡䩑上同茋藥草說文曰茋毋也汥
說文曰水都也又音支跂行皃又音企鴟雞又云鴟蚔蟲也牴赤也𦬆繰絲鉤緒伎舒散又音技鬾長鬾國名髮長
於身𠌱參差也○犧犧牲書傳曰色純曰犧許羈切十九羲姓風俗通云堯卿羲羲仲之後啖啖歃貪者欲食皃桸杓也巇
巇嶮羛地名在魏戲於戲歎辭又姓虙戲氏之後又香義切𤅊水名在新豐曦日光𢹅擊也𧒀蟲名觛角匕又火元切
䖒古陶器也𤢺獸名又曰豕也嚱吹嚱口聲𢨋相笑之皃𡑢毀也𡒃上同○敧不正也去奇切十一觭角一俯一
仰也踦腳跛又居綺切𣧑死也說文棄也俗語謂死曰大𣧑崎崎嶇𦕆一隻碕石橋猗虎牙㥓㥓倚儉急䗁長腳
鼅鼄攲宗廟宥座之器說文又居宜切持去也○宜說文本作宐所安也俗作宜亦姓出姓苑魚羈切十一宐上同𡖄𡧯並古文
儀儀容又義也正也亦州名本漢涅縣地秦爲上黨郡武德爲遼州又爲箕州今爲儀州亦姓左傳徐大夫儀楚𥪰上同𨛱地名在徐鸃鵔鸃
神鳥轙車上環轡所貫也又音蟻涯水畔也又五佳切崖崖岸又五佳切○皮皮膚也釋名曰皮被也被覆體也亦姓出下邳符羈切六

疲勞也乏也郫郫縣名在蜀罷倦也亦止也又音罷椑木下交皃又符支切犤下小牛也○提羣飛皃是支切又弟泥切十二
翅同上㖷鳥鳴匙匕也箟說文曰簞屬堤堤封頃畝漢書作提顏師古曰提封者大舉其封疆也提音題禔福也亦安也喜也又
音支𦯠𦯠毋即知毋草出字林忯愛也㚶㚶毋也又尺氏切眡眡眡役目扺碓衡○兒嬰兒又虜複姓官氏志云賀兒氏後改爲兒
氏汝移切四㒵上同唲曲從皃楚詞云喔咿嚅唲婼前漢西域傳有婼羌○離近曰離遠曰別說文曰離黃倉庚鳴則蠶生今用鸝爲鸝黃
借離爲離別也又姓孟軻門人有離婁呂支切三十七籬笓籬又爾雅曰樊藩也郭璞云謂藩籬也醨薄酒罹心憂璃琉璃酈魯地名又
音歷𢿞陳也又力米切驪馬深黑色又姓驪戎國之後䴡䴡䴡小鼠相銜行也樆山梨鸝鸝黃鵹上同鶔上同又鷦鸝自
爲牝牡縭婦人香纓褵玉篇云衣帶也蘺江蘺蘼蕪別名蘼草木附地生也麗東夷國名又盧計切离明也又卦名案易本
作離又丑知切䍦接䍦白帽𣡽柴𣡽也蠡匈奴傳有谷蠡王谷音鹿䅻長沙人謂禾二把爲䅻孋孋姬本亦作驪漓水滲
入地灕淋灕秋雨也蠡蜒蚰別名𪸈帷中火也又丑知切螭螹螭蟲名攡太玄經云張也黐黏也又丑知切矖矖瞜也
𥢆𥢆𥢆黍稷行列𢢼多端又思之也𢡃上同謧弄語劙分破也○疵黑病疾移切八骴殘骨又音自玼玉病
又七禮切茈蒐茈草㭰無㭰木一名榆𦙶人子腸名𩚵嗛食皃鴜鸃鴜水鳥似魚虎蒼黑色又即知切○貲貨也財也
即移切十六頾說文云口上須俗作髭鴜鸃鴜鳥又疾移切𪕭𪕭鼠名似雞鮆魚名又才禮切訾思也又姓何氏姓苑云今齊人本姓蔡氏

漢元帝功臣表有樓虛侯訾順 鄑 鄑城名在海岱 𢁒 布名 媊 說文云甘氏星經曰太白上公妻曰女媊居南斗食厲天下祭之曰明星又音前 𨚫
谷名 㰣 歐也又子賜切 鈭 鈭錍斧也又千支切 𡜃 婦人皃又疾支此移二切 貲 柴名 𧈧 蟲以蟬 觜 觜角星爾雅曰娵觜之口營室東
壁也又遵誄切○ 羈 馬絆也又馬絡頭也居宜切九 畸 殘田 羇 寄也 掎 掎角又居綺切 攲 箸取物也說文曰持去也又起宜切 奇
不偶也又虧也又渠羈切 踦 棄也又丘奇切 妓 妓妛能皃又渠綺切 𨈖 𨈖身單皃○ 卑 下也賤也亦姓蔡邕胡太傅碑有太傅掾鴈門卑整府移
切十一 鵯 鵯鶋鳥又音匹 椑 木名似柹荆州記曰宜都出大椑潘岳閑居賦云烏椑之柹 箄 取魚竹器 裨 裨補也增也與也附也助也又音陴
鞞 牛鞞縣在蜀又薄米補鼎二切 𩓺 須髮半白 庳 下也又音婢 渒 水名 錍 鈭錍斧也 㡙 帛皃也○ 陴 城上女墻也符支切
十五 𩫖 籀文 焷 炰也 脾 說文曰土藏也釋名曰脾裨也在胃下裨助胃氣主化穀也 䴽 麵餅 埤 附也增也又音婢 裨 副將又姓
鄭有大夫裨竈 蜱 爾雅曰蟷蠰其子蜱蛸郭璞云蟷蠰螗蜋別名 𧖅 上同 蠯 爾雅曰蠯蜃即蚌屬也又薄佳切又薄猛切 𧕴 上同 椑 木枝
下也 郫 郫邵晉邑亦姓出姓苑 𪍓 𪍓麰麥麥麵 紕 飾緣邊也○ 纚 縉似布說文曰粗緒也式支切十二 絁 俗 施 施設亦姓左傳
魯大夫施伯何氏姓苑云今沛人又式豉以寘二切 葹 卷葹草名拔心不死 𧡊 規𧡊面柔也本亦作戚施 鍦 短矛 鉈 上同說文本食遮切 鸍
似鴨而小又音彌 䵹 䵹鼅蟾蜍別名 𧍙 米穀中蟲 䚦 謑䚦 𢼮 說文敷也○ 斯 此也說文曰析也詩曰斧以斯之又姓吳志賀齊傳
有剡縣吏斯從息移切二十六 虒 似虎有角能行水中 䨮 小雨 榹 榹桃山桃 㴲 涯也又水名出趙國 廝 廝養也役也使也 㒋 上同

凘凌凘磃館名⿸疒虒瘦⿸疒虒疾痛又斯齊切傂傂祁地名在絳西臨汾水本亦作虒謕數諫也諒也鼶鼠名又音啼⿰斯鳥又音鷉
雅鳥蟴爾雅曰螺蛅蟴郭璞云蛓屬也今青州人呼蛓為蛅蟴蛓音刺𤭛甕破螔守宮別名⿰虒頁⿰青頁⿰虒頁頭不正也⿰青頁音精⿰糸虒經緯不同又弋
支切⿱艹斯草生水中其花可食菥蒠菥草似燕麥⿰石斯⿰石斯磨蜤爾雅曰蜤螽蜙蝑郭璞云蜙蝑也俗呼蟠蟓燍火焦臭也禠福也鐁
平木器名○差次也不齊等也楚宜切又楚佳楚懈二切四嵳嵾嵳山不齊又在河切齹齹齒參差縒參縒也○摛舒也
丑知切九螭螭無角如龍而黃北方謂之地螻誺不知又洛代切魑魑魅⿰黍离所以粘鳥又呂支切⿰火离火火炊离猛獸說文作⿱山离山神
獸也又呂知切⿱山离上同彲獸名文王上獵于渭陽所獲非龍非彲○彌益也長也久也亦姓三輔決錄有新豐彌升又羌複姓後秦將軍彌姐婆觸武
移切十七弥上同鸍鸍鳥名又名沈鳧似鴨而小也又式支切镾長久罙罟也宷上同⿰耳盈⿰耳盈干面皃又莫結切⿱竹璽簸竹亦作
篹⿱彌玉玉名獼獼猴擟擟拘山名麊縣名在交趾冞冞入也冒也周行也⿱彌女齊人呼母⿱彌金青州人云鎌⿰子爾子也
㳽瀰瀰大水皃○雌牝也說文曰鳥母也此移切五胔小腸⿱此女婦人皃又即移疾移二切鈭鈭錍斧也又即移切⿱此羊說文曰羊
名蹏皮可以割桼○知覺也欲也陟離切六鼅說文曰鼅鼄鼄蟊也⿱知黽上同蜘亦同⿱知酉洒也⿱知貝質當也亦作⿰月㒼○漪於離切水
文也十一猗長也犄也施也又犗大出字林或作犄椅木名梓實桐皮旖旖旎旗舒皃又音上聲禕美也珍也陭陭氏縣名欹
歎辭⿸疒奇身急又弱也犄犗也⿰奇頁笑容皃也檹說文曰木檹施也賈侍中說檹即椅也可作琴○馳馳騖也疾驅也又姓出姓苑直離切

十四 趍 說文曰趍趙久也 池 停水曰池廣雅曰沼也又姓漢有中牟令池瑗出風俗通又有池仲魚城門失火仲魚燒死故諺曰城門失火殃及池魚 簃
連閣又音移 篪 樂器以竹為之長尺四寸小者尺二寸七孔世本曰蘇成公所作也 䶵 上同 踟 踟蹰 褫 蓐衣又曰褫氈說文曰奪衣也又敕爾直
爾二切 ⿰音也 咸⿰音也黃帝樂也齒各樂記作池 ⿰齒也 齒斷 謻 別也亦作誃 傂 伿傂參差也又息移除爾二切 ⿺走虒 輕薄皃 ○ 眭 姓也出趙
郡息為切一 ○ 危 疾也隤也不正也不安也魚為切四 㕒 厬㕒 洈 水名在南郡 峗 三峗山名 ○ 詑 自多皃俗作訑香支切又湯何
切二 ⿰口⿱欠欠 ⿰口⿱欠欠欯乞人見食皃 ○ 釃 下酒所宜切又山爾切七 簁 下物竹器又所綺切 欐 梁棟別名又禮麗二音 襹 襹褷毛羽衣皃 褷
上同 ⿰虫麗 蚰蜒別名 籭 盪也又山佳切 ○ ⿰革巂 鞍⿰革巂一曰垂皃山垂切二 ⿰食巂 小餟之皃 ○ 痿 濕病一曰兩足不能相及人垂切又於隹切二 ⿺風委
風緌之皃 ○ 厜 厜㕒山顛狀姊宜切六 觜 星名 纗 細繩 惢 善也說文曰心疑也又桑果才捶二切 嫢 盈姿皃 ⿱此束 鳥隊 ○ 𩑏
說文曰小頭𩑏𩑏也遵隋切七 頍 上同 槻 木名堪作弓材 規 圓也字統云丈夫識用必合規矩故規從夫也 鬹 三足釜有柄也 ⿰夫隹 鶨鳺鳥名
摫 裁摫方言曰梁益間裂帛為衣曰摫 ○ 劑 券也遵為切又在細切六 ⿱此束 廣雅云石針也 ⿱跐束 地䓞 ⿱雋月 臇膗也又子兖切 ⿰火雋 並同
上 ○ 衰 小也減也殺也楚危切又所危切二 夊 夊行遲皃 ○ 腄 瘢胝竹垂切三 箠 節也又之壘切 敊 敊敊不齊 ○ ⿰馬垂 馬小皃子
垂切又之壘切一 ○ 眵 目汁凝也叱支切二 ⿰糸璽 粗緒又式支息移二切 ○ 齜 開口見齒側宜切一 ○ ⿰土支 器破也四支切一 ○ ⿱艹肯 扰吹
切藍蔘參秀又羊箠切六 ⿰阝雈 說文云飛也 蠵 觜蠵大龜 欈 欈欈木名貫可食也 ⿰豸巂 小豬也 ⿰豸肯 上同 ○ 齹 仕宜切齹齹參差

亦作齹又楚宜切一
六 ○脂脂膏也釋名曰脂砥也著面軟滑如砥石也說文云戴角者脂無角者膏又姓魏略有中大夫京兆脂習字元升旨夷切十祗
敬也俗從互飾同泜水名又音進砥石細於礪又音旨指指栘木名亦指栘柱鴲小青雀也[氵旨]水名疷積血腫皃䓋
菭葅也[氐皿]上同○姨母之姊妹又爾雅曰妻之姊妹同出爲姨以脂切二十六彝常也法也亦酒樽也寅敬也亦辰名爾雅云太歲在寅曰攝
提格又引人切夷夷猶等也滅也易也說文平也从大弓又曰南蠻從虫北狄從犬西羌從羊唯東夷從大人俗仁而壽有君子不死之国亦姓齊大夫夷仲年又漢複姓
六氏史記范蠡適齊爲鴟夷子左傳宋公子目夷之後以目夷爲氏祝融後董父之胤其後以融夷爲氏淮夷虎夷皆国名後並爲氏秦末虎夷渠帥助番君攻秦世本云宋襄公
子墨夷須爲大司馬其後有墨夷皐峓嵎峓山名書作嵎夷傳云東表之地恞悅樂眱孰視不言[木彝]木名珆石似玉也荑菟瓜又羊
善弋仁二切𡰥陽𡰥地名本古文夷字痍瘡痍[阝夷]陝陝險阻荑荑荑桋木名蛦蟭蛦蟲名又螔蛦山雞也胰夾脊肉也
鮧鰫鮧鹽藏魚腸又魚名也羠犍羊也羨沙羨邑名在江夏出地理志又羊箭祥面二切鏔戟之無刃者出方言[彳夷]說文曰行平易
也鴺鵜鶘一名飛生扅扊扅踞跠上同洟易曰齎咨涕洟又他計切○師師範也眾也亦官名大戴禮曰昔者周成王幼在襁褓之中太公爲
太師也又姓晉有師曠又漢複姓十二氏左傳衛大夫褚師圃馬師頡鄭有鄉校子產云是吾師也其後以校師爲氏陳悼太子偃師其後以王父字爲氏扶風傳有范師利葛旻
出本云鄭有子師僕殷時掌樂有太師摯少師陽宋有樂人師延世掌樂職後有宋大夫師延宜風俗通云有牧師氏春秋釋例楚有師祁犂後漢末有南陽師宜官善篆跡夷切
六鰤老魚蒒草名出玉篇篩篩竹一名太極長百丈南方以爲船出神異經又竹器也獅大生二子螄螄螺○毗說文曰人

齎膭也今作毗通爲毗輔之毗房脂切二十三 比義見田上注 比和也並也又七鼻必三音 琵琵琶釋名曰推手爲琵引手爲琵取其鼓時以爲之名也 [木毘]

楣又方奚切 芘蘋芘荆葵 沘水名在楚 貔獸名 豼同 膍牛百葉也又鳥膍胵迷又步迷切 肶上同 蚍蚍蜉大螘 [比䖵]

上同 枇枇杷果木冬花夏熟 仳仳倠醜女 䠋䠸骰體柔 魮文魮魚名狀如覆銚鳥首而翼魚尾音如磬生珠玉出山海經 鈚犂館別名

䶵萬也 毘箅笭 阰山名在楚南 蠯蟲名 鵧鳥名 ○咨嗟也謀也卽夷切十五 資助也機也貨也又姓陳留風俗傳云黃帝

之後 粢餈飯 齍上同 齎齎𧶘經典通用齊 穧同 諮諮謀 姿姿態 齍黍稷在器 澬水名在邵陵又音茨 㳄

貝水出在泰陽出山海經 齎齎持也又子兮切 差差齎貨也 [雨資]雨雨聲 霣上同 ○飢飢餓也又姓左傳殷人七族有飢氏居夷切四 机

木名似榆又音几 肌肌膚 虮蚤虮蟲名 ○鴟一名鳶也處脂切七 雎上同 鵄亦同 胵膍胵鳥藏 [魚氐]魚名 諸怒也

[辶至]走皃 ○絺細葛也丑飢切十 辴笑皃又敕辰抽敏二切 郗邑名又姓出高平 [竹希]竹器 脪胏脪牛馬子腸 瓻酒器

大者一石小者五斗古之借書盛酒瓶 訵陰知也出字林 ○郪縣名在梓州取私切又七西切九 趑趑趄趨不進也 𨋦說文作𨋦車連車

也一曰郤車抵堂又士佳疾資二切 趀說文云倉卒也 趦上同 [朿見]盜視 屖上同亦此也 [厥貝]此也 蠀蝎化也 ○茨茅茨也

又姓後漢有茨充亦漢複姓晉有茨芘仲疾資切十三 薋蒺藜詩作茨說文又作薺 薺上同又才禮切 餈飯餅也 [食咨]上同 垐以土

增道 穦積禾 齏螬又疾兮切 瓷瓦器 澬水名在常山上郡又澬資久雨又音資 [糹司]絧補 𨋦連車又七茨切又七佳切 [雨資]崟嵜

乆兩○尼和也女夷切八柅木名又女履切怩忸怩心慙也蚭字林云北燕人謂蜒蚰爲蚰蜒也跜踦跜蚪龍動皃見文選呢言不了呢喃也䭲餌䭲𧲸獸名○墀說文曰墀塗地也禮天子有赤墀漢典職曰以丹漆地故稱丹墀漢書曰王根作赤墀直尼切十五𡒉上同坻小渚俗從互餘同泜水名在常山陳餘死處也又旨夷切遲徐也久也緩也亦姓晉有湘東太守遲超又虜姓後魏書尉遲氏後改爲尉氏又音穉遟上同蚳蟻卵岻山名彽彽徊猶徘徊也阺字統云秦謂陵阪爲阺也荎爾雅云蓲荎今之刺榆也菭水衣也又徒來切謘語謘謘也莉姓也出淮南貾貝之黃質有白點者○私不公也說文曰禾也息夷切五鋖平木器也亦作鐁厶自營爲厶也說文曰姦衺也⿱艹私說文曰芣苢也㺨石似玉者○尸主也陳也利也又姓秦有尸佼爲商君師著書曰式之切四鳲鳲鳩鴶鵴今布穀也詩疏云鳲鳩之養其子朝從上下暮從下上食之平均如一也屍禮記曰在牀曰屍在棺曰柩蓍蒿屬筮者以爲策說文云蓍生千歲三百莖易以爲數天子蓍九尺諸侯七尺大夫五尺士三尺○鬐馬項上鬐也渠脂切十耆方言云長也說文云老也左傳云強也禮記音義云至也言至老境也耆上同愭畏也敬也覩視也䁯上同䅲麥下種也祁盛也又縣名在太原左傳晉大夫祁奚之邑因以名之又姓出太原黃帝二十五子之一也何氏姓苑云今扶風人鍺衛軸鐵也鰭魚脊上骨也鮨鮓也○伊惟也因也侯也亦水名又州本伊吾盧地在燉煌之北大磧之外秦末有之漢爲伊吾屯隋爲郡貞觀初慕化內附置伊州焉又姓伊尹之後今山陽人於脂切五咿喔咿蛜蛜蝛蟓鼠負蟲也黝縣名屬歙州又於九切黟上同○棃果名魏文詔云眞定御棃大如拳甘如蜜力脂切十四梨上同剺直破秜稻死來年更生蜊蛤蜊藜蒺藜犂牛駁又郎奚切刕

姓也出蜀俞力遠之後避難改為劾氏也出字書愻說文恨也一曰急也䲹魚名鑗金屬𪍠䵚𪍠餅也蟍蛈蟍蝍蛆蝺蚳⿰黎刂國名○
葵說文曰菜也常傾葉向日不令照其根渠追切八鄈鄈丘地在陳留又在河東漢祭后土處楑揆楑⿰魚癸魚名⿰忄癸悸也又祇癸切⿰月癸
臞脵醜也⿰癸鳥鷄鳩鳥⿰虫癸蟲名○追逐也隨也陟佳切三⿺辶雷雷也出韓詩娺疾也○龜說苑曰靈龜五色似玉似金背陰向
陽上高象天下平法地易曰為龜大戴禮曰甲蟲三百六十四神龜為之長居追切六⿸龜囗上同⿴囗龜古文⿰⻊幵曲脛螝爾雅云螝蛹騩馬淺
黑色○⿰豕生蕤⿰豕生草木華垂皃又⿰豕生賓五月律儒佳切七⿰豕生說文曰草木實⿰豕生⿰豕生也緌緌纓擩染也又而樹切桵白桵木也⿰禾妥
禾四把也又息遺切挼摧也又奴禾切俗作挼○衰微也所追切三榱屋椽說文曰秦名為屋椽周謂之榱齊魯謂之桷㾽病也說文減也一曰
秏也○惟謀也思也以追切十二⿺辶維旌也維豈也隅也特也繫也說文曰車蓋維也遺失也亡也贈也加也又姓急就章有遺余又以醉切濰水在琅邪壝
埒也壇也又以癸切⿰耳遺曰病蓶菜名似非而黃⿰言崔就也又士佳切琟石似玉也唯獨也又以癸切𧓍肥𧓍神蛇一首兩身六足四翼見則其國
大旱湯時見於陽山出山海經○灅水名在鴈門力追切十三纍纍索也亦作縲又姓晉曰士輿大夫纍虎藟葛又草欙山行乘欙亦作
樏⿰牛纍求子牛⿰山纍㟴㠥又力罪切⿱山壘上同嫘嫘祖黃帝妃亦作嫘瓃玉器⿰耳纍視皃鸓飛生鳥也又力水切儽嬾懈
皃亦作儽又力罪切⿰糸纍綱絡論語注云黑索也亦作縲○綏安也說文曰車中靶也又州名春秋時為白翟所居秦并天下為上郡後魏廢郡置州取綏德縣以
為名息遺切十二雖語助也本蟲名似蜥蜴而有文荾胡荾香菜博物志曰張騫西域得胡荾石虎鄴中記曰石勒改胡荾為香荾荽上同⿱艹夂

亦同葰亦同說文曰薑屬可以香口浽浽溦小雨奞說文曰鳥張毛羽自奮奞也又戌閏切夂行遲皃又楚危切睢水名梁郡又

許葵切濉上同⿰禾妥禾四把長沙云又儒隹切○逵隱也爾雅曰九達謂之逵渠追切十九夔夔龍亦州名春秋時魚國漢爲魚復縣梁

隋昔爲巴東郡唐初改爲信州又改爲夔州取夔國名之又獸名似牛一足無角其音如雷皮可以冒鼓夒俗馗說文曰九達道也與逵同又鍾馗俗以辟惡

戣兵器戟屬鍨上同騤強也盛也又馬行皃犪犪牛出岷山肉重數千斤出山海經躨躨跜見文選䐶膗䐶醜皃艽埤蒼

云遠荒又音求䠩左脛曲也䙆左右視也𩓡顴皃頯小頭⿰亻歸使也⿰歸見淫視又丘韋切𢍰持也頄面顴也又音求○

眉說文作𥄉目上毛也武悲切二十𥄉見上注嵋山形湄釋名曰湄眉也臨水如眉也爾雅曰水草交爲湄⿰氵麋上同鶥鳥名

爾雅曰鶥麋鴂今呼鶥鴂字林作鶥楣戶楣釋名楣近前各兩若面之有眉瑂石似玉也矀伺視也覹上同篃竹名又音微黴黴黧

垢腐皃又莫背切麋鹿屬冬至解其角又姓蜀將東海麋竺也蘪蘪蕪香草即江蘺也郿縣名在岐州溦爾雅曰谷者溦郭璞云通於谷也

薇爾雅曰薇垂水謂生於水邊⿸麻革金飾馬耳又武甲切葿⿱艹妃葿草𢹎水麥名也○悲痛也府眉切一○錐說文銳也職追切八

隹說文曰鳥之短尾者緫名⿸鹿隹鹿一歲騅馬蒼白雜毛又姓左傳晉七輿大夫騅歂也⿱木隹木名似桂⿰鼠隹鼠名萑萑蓷茺蔚又名

益母鵻鳥名○誰何也視隹切三⿰言萑就也又以隹切脽說文屋也亦份脽巨靈所坐也○帷說文曰在旁曰帷釋名曰帷圍也以自障

圍也洧悲切一○邳下邳縣名在泗州又姓風俗通云奚仲爲夏車正自薛封邳其後爲氏後漢有信都邳彤符悲切六鉟刃戈又音丕鵧鶝鵧也岯

山再成也魾大鱯也又音丕額說文云短須髮皃又音丕○丕大也人姓左傳晉大夫丕鄭敷悲切十二㔻上同伾有力秠黑黍
一稃二米又四儿切𩒎大面駓桃花馬色怌怌怌恐也䫠短須髮皃豾狸子髬髬髵猛獸奮鬣皃魾大鱯銔刃戈
○倠仳倠醜面許維切六婎上同睢睢盱視皃眭眭盱健皃𢉱姿𢉱𢊁上同○鎚金鎚又權也文字音義云從垂亦通直追
切五椎椎鈍不曲橈亦棒椎也又椎髻槌上同又直畏切桘俗顀項顀○推排也又佳切又湯回切二蓷萑蓷又湯回切○
胝皮厚也俗作胝丁尼切四疷上同秪穀始熟也氐氐池縣名又音低○紕繒欲壞也匹夷切六𢻒䊢二同𧩓
謬也𢙁上同𢤱惡性也○嶉高皃醉綏切二檇似木有所擣又地名左傳越敗吳於檇李又音醉○巋小山而衆丘追切又丘誄
切二𪚺龍古大者曰𪚺○狋大怒皃牛肌切又巨圓切一○咦笑皃喜夷切五忔廣雅云喜皃䐅臀之別名㕧呻吟聲屎
上同【七○之】適也往也間也亦姓出姓苑止而切四臸到也又如一也芝芝草論衡曰芝生於土土氣和故芝草生古瑞命記曰王者慈仁則芝
草生也㞢篆文象芝草形蚩從此也○飴餳也與之切二十七𩜁籀文𩚼古文怡和也悅也又姓周書怡峯傳云本姓默台避難改焉
弬弓名出韻略㜾說文云悅樂也异已也又音異𤮇甑甗甗也柂船䑨水斗鏔戟無刃也圯土橋名在泗州貽
眖也遺也𦣞長也美也廣𦣝也洍水名詩云江有洍又音似毛詩作汜𦣝說文曰顄也𩠐籀文頤頤養也說文亦上同詒贈言
𤦲玉名沶水名宧室東北隅𦛈豕息肉今謂之豬𦛈𩵶鯸𩵶魚也姬王妻別名本又音基台我也又姓出姓苑又音胎眙

盱眙縣在楚州瓻爾雅云甌瓿也○時辰也廣雅曰時伺也又善也中也是也又姓良吏傳有時苗何氏姓苑云今鉅鹿人市之切七峕古文塒
穿垣棲雞鼭鼠名榯樹木立也蒔蒔蘿子又音示鰣魚名似魴肥美江東四月有之○疑不定也恐也惑也嫌也語其切三嶷
九嶷山名亦作疑又魚力切觺觺觺角皃又魚力切○思思念也息茲切又息吏切十五恖上同司主也亦姓左傳鄭有司臣又漢
複姓八氏司馬氏自重黎程伯休甫之後出河內世本士丏弟佗爲晉司功因官爲氏及司徒司寇司空並以官爲氏漢有朝議郎司國吉諫議大夫司鴻儀左傳宋大夫司城子
罕其後氏焉罳罘罳屏也崔豹古今注云罘罳復思也謂臣來朝君行至內屏外復思惟故曰罘罳也伺伺候又息吏切絲說文曰蠶所吐也又二蠶
爲忽十忽爲絲淮南子曰蠶蛹絲則商絃絕緦緦麻葸竹名有毒傷人即死禗不安欲去覗覷也𤞟犴獄相察䎣姦視蕬
菟蕬草名案爾雅云女蘿菟絲字本从卝偲論語曰朋友切切偲偲楒相楒木○輜楚持切又側持切義見下文二颸風也○其
辝也亦姓陽阿侯其石是也又漢複姓六氏左傳邾庶其之後以庶其爲氏世本楚大夫涉其帑漢清河都尉祝其承先王僧孺百家譜蘭陵蕭休緒娶高密侍其義叔女何氏姓
苑有行其氏今其氏渠之切又音基三十期期信也限也會也要也又姓風俗通有期思國又漢複姓二氏後漢梁鴻改姓運期氏古仙人有安期生賈執英賢傳云今琅
邪人旗旌旗釋名曰熊虎爲旗將軍所建象其猛如虎與衆期之於下也戰國策曰建七星之旗天子之位也又姓齊卿子旗之後漢有九江太守旗况綦屨飾又蒼
白色巾也詩曰縞衣綦巾又姓何氏姓苑云義興人綨上同帺俗萁豆萁諆上同蜝蟚蜝似蟹而小晉蔡謨食之殆死也琪玉也
麒麒麟騏騏驎淇水名出沮洳之山說文曰淇水出河內共北山東入河鶀鳥名錤鎡錤鉏別名也綦紫綦似蕨菜棊

博物志曰舜造圍碁丹朱善之⿰木綦上同碁亦同⿰王綦弁飾璂上同鯕編魚蘄州名漢蘄春縣也晉孝武鄭后諱春改為蘄陽周平淮南

改為州因蘄水以為名又姓也祺祥也吉也禥籀文踑踑⿰馬刂跡也⿰舟基⿰舟基艃舟名⿰舟其上同畁舉也䶵齧也○詩說文

曰志也詩序云發言為詩釋名曰詩之也志之所之也書之切六邿地名齝說文曰吐而噍也又敕釐切⿰齒司呞上並同眣眣的也見

聲類○而語助說文曰頰毛也如之切二十一栭木名似栗而小一曰梁上柱也檽木耳別名陑地名又陑蕽險也陾上同又音仍陑

上同髵須也髮髵也峏山名轜喪車輀上同臑煑熟胹⿰火而並上同⿰鬲而籀文洏漣洏涕流皃鮞

魚子耏獸多毛亦作髵又姓左傳宋有耏班咡吻又音餌⿺九而九之熟也又音九誀誘也又音餌鴯莊子云鳥莫智於鷾鴯鷾鴯玄鳥也

○欺詐也去其切十一娸姓一曰醜也⿺鬼頁大頭䫏方相說文曰醜也今逐疫有䫏頭⿰亻䫏上同魌亦同僛醉舞皃

鶀鵋鶀鵂鶹鳥亦作⿺其鳥⿰多其廣雅云多也⿰齒甚齧齒也抾把也又丘之切○姬周姓也居之切十二朞周年又復時也稘上同基

經也業也址也始也設也箕箕帚也世本曰箕帚少康作也又姓左傳晉有大夫箕鄭萁菜似蕨又音期⿱𥫗⿷匚己可以取蟣也諅謀也說文忌也本渠

記切其不其邑名在琅邪又人名漢有酈食其錤鎡錤大鉏居語助見禮諆謀也說文欺也本去其切○詞請也說也告也說文曰意

內而言外也似茲切七祠祭名柌鎌柄辭辭訟說文曰辭訟也辤上同說文曰不受也受辛宜辤之辝籀文⿰糹司補也○釐

理也一曰福也里之切二十貍野貓狸俗氂十毫嫠無夫𠠎剝也𨤲從士畢出六韜又都皆切犛犛牛又音茅⿱𠩺乚

字說云徽畫也 僛 僛來皃楚詞 艃 艃𦪙舩名 毦 毛起也又音來 孷 孷孳雙生子也 㦬 㦬憂之皃 鬐 鬉鬐髮起 瘇 病又音
里 箣 竹名 𠩺 說文曰強曲毛也可以著起衣 厘 古文 𢾅 引也 ○菑 說文曰不耕田也爾雅曰田一歲曰菑側持切又音載十五 甾 上同
又說文曰東楚名缶曰甾 葘 亦同 淄 水名亦州名春秋時屬齊漢爲濟南郡宋文帝改清河郡隋置淄州因水以爲名焉古通用菑 𧆎 手足生皮堅也
茬 茬丘名案漢書地理志泰山郡有茬縣顏師古又士疑切亦姓 輜 輜輧車 錙 錙銖 鶅 東方雉也 緇 黑色繒也 紂 上同 椔
木立死 鯔 魚名 䅳 耕也 鄑 鄉名 ○僖 樂也又姓姓苑云彭城人許其切十五 歖 卒喜 熙 和也廣也長也 嬉 美也一曰
游也 禧 福也吉也 媐 喜也悅也 譆 痛聲 [illegible] 坼也 瞦 目睛 [illegible] 火盛 熹 盛也博也熱也熾也或作熺 嘻 噫嘻歎也
欪 喜笑 娭 婦人賤稱出蒼頡篇 誒 說文云可惡之詞也 ○醫 醫療也亦官名漢太常屬官有太醫令醫令續漢書曰秩六百石有藥丞主藥方說
文曰巫彭初作醫於其切五 毉 上同 譩 忿也 㿄 瘂也又乙賣切 噫 恨聲 ○疑 不慧也丑之切四 齝 牛吐食而復嚼也 笞
捶擊 痴 癡癡不達之皃 ○治 水名出東萊亦理也直之切二 持 持執 莉 姓也姓苑云淮南人 ○蚩 蟲名亦輕侮字從虫亦之切七
嗤 笑也俗又作欰 妛 輕侮 媸 媸姸 䎩 羽盛 [illegible] 告也又乃經切 䁒 目汁凝 ○慈 愛也亦州名春秋時晉之屈邑夷吾所居
西魏改爲汾州開皇初爲耿州武德改爲慈州因慈氏縣名之疾之切五 礠 礠石可引針也 鷀 鸕鷀鳥亦作鶿不卵生口吐其鶵又子之切 濨 潤水
名也 茲 龜茲國名龜音丘 ○兹 此也又姓左傳魯大夫茲無還子之切十四 孳 孳孳息 嵫 崦嵫山名日所入處 孜 勮也力篤愛也

滋水名出高麗山又旨也蒔也多也蕃也液也嗞嗞嗟憂聲也 黓染黑 鎡鎡錤 孖雙生子也 𪔂小鼎 鰦魚名 仔

克也 鶿鸕鶿鳥 䅨禾生皃 ○茬說文曰草皃濟北有茬平縣俗作茌士之切一 ○漦涎沫也又順流也俟淄切一 ○抾挹也

丘之切一 ○䀿眗也式其切二

八 ○微妙也細也少也說文曰隱行也無非切八 𢼸說文曰妙也 溦妥溦小雨也 薇菜 薇

竹名又武悲切 鏾𡏖蒼云懸物鉤 癓三蒼云足上瘡 [illegible]三蒼云伺視又武悲切 ○揮揮霍亦奮也灑也振也動也許歸切十三 煇光也 輝同上

暉日色亦同又 徽美也又三糾繩也 翬飛皃又雉五色備也 褘后祭服也 [illegible]魚有力也 楎㮝也在牆曰楎又犂頭也 [illegible]

蟠也 瀈渴也 旛旗動 [illegible]山[illegible]獸名似犬見人則笑行疾如風又胡昆切 ○幃香囊也一說單帳也雨非切又許歸切十五 韋柔皮也又

姓出自顓頊大彭之後夏封豕韋其後以國為氏因家彭城至楚太傅韋孟遷于魯孟玄孫賢為漢丞相始遷京兆之杜陵也 闈宮中門也 圍守也圍也

湋也 [illegible]重衣也 [illegible]束也 違背也 湋水名 囗文字音義云回也象圍市之形也 鍏方言云宋魏呼臿也 潿水不流濁皃 婔

江婔神女 [illegible]裏也 [illegible]表也 [illegible]厎[illegible]也 ○霏雪皃芳非切九 𩅦同上 妃嘉偶曰妃說文匹也又音配 菲芳菲又芳尾切

𣯡細毛 婓婓婓往來皃一曰醜皃 騑騑騑馬行皃 裶衣長皃 [illegible]大目又方巾切 ○斐姓左傳晉有斐豹甫微切十二 飛飛翔

亦漢複姓史記有飛廉氏古通用蜚 扉戶扉 緋絳色 𤚩獸如牛白首一目 非不是也責也違也亦姓風俗通有非子伯益之後 馡香也

鯡魚名 騛騛兔馬而兔走 騑驂旁馬也又音菲 誹誹謗又方未切 餥餱也又方尾切 ○肥肥腯說文曰多肉也亦姓左傳有肥

義符非切十一腓腳腨腸也䈈竹名淝水名在廬江本作肥𤷹風𤷹病也痱上同蜰蟲名即負盤蟲蜚蠹蜚馬名如梟

人面一足冬見夏蟄著其毛令人不畏雷出山海經蟦蠐螬賁姓也出姓苑又布昆彼義符文三切裴即裴縣名案漢書地理志在魏郡應劭音非本

又音陪○威威儀又姓風俗通云齊威王之後於非切八葳葳蕤隇隇陕險也㟪㟪礧也又於鬼烏罪二切蝛蛜蝛蟲也一名蟓蝢

鰄魚名媁美也楲決塘木也又楲窬褻器也○祈求也報也告也渠希切十九頎長皃旂爾雅曰有鈴曰旂釋名曰交龍曰旂

旂倚也畫作兩龍相依倚也通以赤爲之無文彩諸侯所建也𩴾鬼俗畿王畿𡒊上同崎曲岸碕上同圻亦上同又書傳爲京圻字

又魚斤切刉以血塗門又居依古對二切𡾋危也說文曰訖事之樂也又公京切𦡵煩肉俟虜複姓北齊有特進万俟普万音墨幾近也

又居依居豈二切蚚蟲也爾雅云強蚚玂犬生一子蟣爾雅云蛣蟣又居豈切岓山旁石也𪘏齒危○機會也萬機也說

文云主發謂之機書曰若虞機張傳云機弩牙也居依切十六譏諫也誹也譴也問也蘄縣名在徐州亦草名又音其芹嘰口醜說文云小食也蘻

萓蘻草磯大石激水鞿繫馬饑穀不熟禨祥也幾庶幾又祈蟣二音𧾍走也鐖鉤逆鋩淮南子曰無鐖之鉤不可以

得魚僟精也明堂月令曰歲將僟終璣珠不圓也刉斷切也刺也封傷也𧖴血祭○希止也望也散也施也爾雅罕也又姓三輔決錄

有希海字子江香衣切十二睎日氣乾也莃莃葵鵗北方雉睎視也眄也望也稀稀疎豨豬也又虛豈切桸木名汁可

食𧾢走皃悕願也又悲也俙依俙欷說文曰歔也又喜既切○依倚也祿也於希切八郼郼國名也衣上曰衣下

曰裳世本曰胡曹作衣曰虎通云衣者隱也裳者障所以隱形自障蔽也又姓出姓苑譩痛聲㛄女字㐆說文曰歸也從反身⿰阝衣无⿰阝衣縣在酒泉
悘念痛聲也○沂水名出泰山魚衣切二凒凒凒霜皃○巍高大皃語韋切二犩爾雅云犩牛郭璞曰即犪牛也如牛而大肉數
千斤○歸還也公羊傳曰婦人謂嫁曰歸亦州名古夔子國武德初割夔州之秭歸巴東二縣置歸州取歸國爲名也舉韋切三㱕籀文騩大騩山○蘬
馬蘬參似葵而大也丘韋切又丘追丘誄二切二𧢼視也

九○魚說文曰水蟲也亦姓出馮翊風俗通云宋公子魚賢而有謀以字爲族又漢複姓二氏左
傳晉有長魚矯史記有修魚氏語居切十𩺰說文曰二魚也漁說文云捕魚也尸子曰燧人之世天下多水故教民以漁也又水名在漁陽⿰氵𩺰上同⿰魚攵
上同⿰⿸虍魚攵⿰⿸虍魚攵攩亦上同齬齟不相值又魚舉切鋙鋤屬又音語⿰目魚爾雅曰馬二目白魚字或从目衙說文曰衙衙行皃又音牙○初
舒也始也從刀衣蓋裁衣之初楚居切二⿰口楚呵叱人也○書世本曰沮誦蒼頡作書釋名曰書庶也紀庶物也亦言著也著之簡紙求不滅也傷魚切七鵨
鳥似鳧也瑹美玉名案礼記注云笏也本亦作荼舒緩也遲也伸也徐也敘也亦州名春秋時皖國晉於皖縣置懷寧縣武德改爲舒州亦姓何氏姓苑云廬江人
⿰舍亍魚臍紓緩也⿰舍阝地名在廬江○居當也處也安也九魚切十四⿱宀居宭居儲据手病詩云予手拮据毛萇曰拮据撠挶也裾
衣裾琚玉名⿰貝居貯也鶋鶢鶋海鳥車車輅又昌遮切蜛蜛蝫崌崌崍山也椐木名涺水名⿱艹居⿱艹居草也腒
鳥腊又音渠○渠溝渠也亦州名宋置宕渠郡周仍爲郡武德初改置渠州亦有宕渠山又姓左傳衛有渠孔御戎強魚切二十六⿰車豦車輞⿰糸渠履飾
璩玉也磲硨磲美石次玉蕖芙蕖籧籧篨⿱竹豦牛筐⿰氵宋⿰氵宋挐方言云杷宋魏之間謂之⿰氵宋挐醵合錢飲酒又巨略切腒

鳥腊⿰鳥渠鴡⿰渠鳥鳥𧕻說文云𧕻蟝也一曰蜉蝣朝生暮死者爾雅作渠略蟝上同⿰豸渠⿰犭渠獀獸名食猛獸出山海經豦獸名說文曰鬪相丮不解也从豕虍豕虍之鬪不相捨司馬相如說豦封豕之屬一曰虎兩足舉又音據蘧蘧麥又姓鐻鐻耳之傑璖耳環⿰豦阝聚名㯫㯫枯藩蘺名

⿺走豦小走皃藘藘菜似蘇又音巨⿱穴豦穴類⿰衤虛繫⿰衤虛懅怯也又音遽○余我也又姓風俗通云秦由余之後何氏姓苑云今新安人以諸切三十

蜍蜘蛛又常魚切藇芑藇香草⿰氵與水名餘殘也賸也皆也饒也又姓晉有餘頠又漢複姓三氏晉卿韓宣子之後有名餘子者奔於齊號韓餘氏又傅餘氏本自傅說說既為相其後有留於傅巖者因號傅餘氏秦亂自清河入吳漢興還本郡餘不還者曰傅氏今吳郡有之風俗通云吳公子夫㮣奔楚其子在國以夫餘為氏今百濟王亦夫餘氏也

輿車輿又多也又權輿始也續漢書輿服志曰上古聖人觀轉蓬始以為輪輪行不可載因物生智後為之輿又姓周大夫伯輿之後旟周礼曰鳥隼曰旟州里所建也爾雅曰錯革鳥曰旟郭璞曰此謂合剝鳥皮毛置之竿頭鵌鳥名與鼠同穴又大都切璵魯之寶玉艅艅艎吳王船名畬田三歲也⿰田予上同⿰氵與水名歟說文云安气也又語末之辭亦作與與上同本又餘佇切譽稱也又音預嬩女字

舁對舉舉上同妤婕妤婦人官也亦作倢伃伃上同⿱與心恭敬⿸鹿與說文云似鹿而大又弋庶切予我也又餘佇切

⿰犭與獸名⿱與馬馬行皃⿺走與⿺走與⿺走與安行皃狳獸名山海經云餘我之山有獸如兔鳥喙鴟目蛇尾遇人則眠名曰犰狳見則有螽蝗為害也鸒爾雅云鸒斯雅烏又羊庶切⿰余隹爾雅曰⿰余隹大者蜀蜀子⿰余隹○胥相也說文曰蟹醢也又姓晉有大夫胥童何氏姓苑云琅邪人也俗作肯相居切又息呂切十一

䱬魚名⿱竹胥竹名稰落也楈木名藇姓出纂文本又音序諝有才智稱又息呂切⿰忄胥上同蝑蜙蝑蟲湑

露皃又息呂切揟取水具也○疽癰疽也七余切十六岨石山戴土砠上同⿰且阝鄉名在鄭縣又子余切趄趑趄苴履中
藉又子魚切沮止也非也又水名在房陵所謂沮漳亦云漆沮既從並在此也又子魚側魚疾與子預四切狙猿也又七預切胆蟲在肉中蛆俗
睢睢鳩鳥蒩苞蒩又則吾切⿰氵虘說文云水出北地直路西東入洛伹拙人坥蝡場又七預切⿸尸且此也○鉏誅也又田
器釋名曰鉏助也去穢助苗也說文曰立媷斫也又姓左傳有鉏麑士魚切六鋤上同耡周禮曰以興耡利甿又音助豠豕屬⿰豕助上同⿰鉏鳥
鶞⿰鉏鳥鳥白鷺鳥也爾雅作春鉏○攄舒也丑居切四樗木名也筡竹篾摴摴蒱戲又姓史記秦相摴里疾○疏通也除也分也遠也
窻怱也又姓漢有太子太傅東海疏廣或作䟽俗作踈所葅切又所助切十一梳梳櫛說文曰理髮也綀葛綀蔬菜蔬踈稀踈⿰糸疋⿰糸疋繼釃
下酒麗上同⿰夊疋通也⿰月疋青䟽疋足也古爲雅字○虛空虛也亦姓出何氏姓苑朽居切又音袪六驉駏驉畜似騾也歔歔欷
噓吹噓魖魖耗鬼又蘷魖罔象木石之怪也𧞔上同出字書○徐緩也說文安行也亦州名古之彭國禹爲徐州秦屬泗水郡漢爲郡復置徐州
又姓自顓頊之後春秋時徐偃王行仁義爲楚文王所滅其後氏焉出東海高平東莞琅邪濮陽六望似魚切四⿰余阝地名又音徒⿰羊余野羊俆說文緩也
○於居也代也語辭也又商於地名亦姓今淮南有之央居切又音烏五扵俗箊竹名淤淤泥又依倨切唹笑皃○豬爾雅曰豕
子豬陟魚切六⿰月者上同猪俗潴水所停也櫫楬櫫有所表識藸藸蒘草又音除○臚皮臚腹前曰臚又鴻臚寺漢書曰典客秦
官武帝更名大鴻臚韋昭曰鴻大也臚陳序也欲以礼大陳序賓客也力居切十七閭侶也居也又閭閻周礼曰五家爲比使之相保五比爲閭使之相受也又姓出衞國

頓丘二望又漢複姓四氏凡閭氏出自晉唐叔虞賈執英賢傳云今東莞有之林閭氏出自嬴姓文字志云後漢有蜀郡林閭翁孺博學善書晉蓺文志云古有將閭子名菟好學著
書晉有寧州刺史樂安辟閭彬髗毛也說文髮鬣也廬寄也舍也周礼曰凡國十里有廬廬有飲食亦州名春秋時舒地秦爲合肥縣梁以合爲州隋爲廬州又
山名廬山記云周威王時有匡俗廬君故山取其號蘆漏蘆草又音盧櫚栟櫚木名有葉無枝博雅曰栟櫚㯶也驢畜也藘蕠藘草䕡
菴䕡蒿草爈火燒山界㵐浘㵐海水洩勢案莊子作尾閭⿰山盧玉篇云山名櫖諸櫖山櫐爾雅作慮瓐玉名⿰馬攴字林云傳馬名
⿱竹閭⿱竹閭⿱竹育竹名⿰忄閭⿰忄閭憂也○諸之也旃也辯也非一也又姓漢有洛陽令諸於出風俗通又漢複姓有諸葛氏吳書曰其先葛氏本琅邪諸縣人徙陽都
先姓葛時人謂從居者爲諸葛氏因爲氏焉風俗通云葛嬰爲陳涉將有功而誅孝文追録封諸縣侯因并氏焉章魚切七櫧木名⿰氵諸水名在北嶽藷
諸蔗甘蔗⿱艹儲薯蕷別名⿰石諸礛⿰石諸青礪也蠩蝫蠩一頭數尾長二三尺左右有脚狀如蠶可食也○除階也又去也直魚切十三躇躊躇
儲儲副又姓後漢有儲太伯涂水名在堂邑又直胡切篨籧篨盧籧發也⿰禾著⿱艹壽⿰禾著葱名宁門屏間又音佇⿸疒除瘀也著
爾雅云太歲在戊曰著雍又直略陟慮陟略三切滁水名出歙箕山入海亦州春秋時楚地梁爲南譙州齊改爲臨滁郡開皇改爲滁州蒢草名可染又茹蕠蒢口
柔也屠匈奴傳有休屠王又音徒藸爾雅曰味荎藸郭璞云五味也莖生子叢在莖頭如而也均也似也謀也往也若也又姓晉中經部魏有陳郡丞焉
翊如淳注漢書又虜姓後魏書如羅氏後改爲如氏人諸切八蕠蕠藘草也亦作茹⿰如阝地名洳水名在南郡又人慮切鴽鴾也雓
上同⿱宀⿰爿爾假寐也又如與切茹恣也相牽引皃也易曰拔茅連茹又虜複姓後魏書普陋茹氏後改爲茹氏又如慮切又而與切○且語辝也說文薦也子

魚切又七也切四 蛆 蝍蛆食蛇蟲蜈蚣是也爾雅曰蒺藜蝍蛆郭璞云似蝗大腹長角能食蛇腦 苴 苞苴亦姓漢書貨殖傳有平陵苴氏又音疽 沮

廣復姓有沮渠氏其先世為匈奴左沮渠遂以官為氏沮渠蒙遜以後魏夫興四年僭號於張掖稱北凉 ○虛 說文曰大丘也去魚切又許魚切十二 墟 上同

[竹去] 飯器 袪 袖也舉也 阹 依山谷為牛馬之圈 据 木名又音居 胠 腋下又胠篋莊子篇名 魼 比目魚又他合切 [山虛] 𡾊崎山路

抾 板置驢上負物 攄 毄擊也 [艹去] 草器 菹 說文曰酢菜也亦作葅側魚切四 蔖 上同 齟 齬不齊見 沮 人姓世本六沮誦蒼頡作

書並黃帝時史官 ○蜍 蟾蜍也署魚切又音余二 藸 似薯蕷而大或作稌 ○袽 易曰繻有衣袽女余切又音如六 帤 幡巾 [如毛] 犬多毛也

挐 藸挐草名 [木挐] 渠挐杷名 拏 牽引 十 ○虞 度也說文曰騶虞仁獸白虎黑文尾長於身不食生物俗作[馬虞]又周禮有山虞澤虞虞掌山澤之

宮也亦姓出會稽濟陽二望風俗通云凡氏之興九事一氏於號唐虞夏殷是也虞俱切二十 [馬虞] 俗見上注 愚 愚惷說文曰戇愚也从心禺禺母猴屬獸之愚者

娛 娛樂 湡 齊藪名亦隅爾雅曰齊有海隅又水名在襄國 堣 堣夷日所出處書亦作嵎 鸆 鳥名狀如梟人面曰目而有耳見則天下大旱出山海經

嵎 山名在吳 髃 骨名在膊前又五苟切 禺 番禺縣在南海亦姓出姓苑本又音偶母猴屬也 隅 角也陬也 [禺鳥] 鳥似禿鶖 鰅 魚名

有文出樂浪 鍝 鋸也 澞 爾雅曰山夾水澗陝夾水澞 [虫禺] 搜神記曰蟱蝺似蟬而長味辛美可食一名青蚨異物志云蟱蝺子如蠶子著草葉得其子

毋自飛來就之 [火禺] 拔器者炙食 齵 齵齒重生 鸆 鸆鸆一名姻澤 [禺阝] 地名 ○芻 芻豢說文云刈草也俗作蒭亦姓出何氏姓苑測隅切三 犓

養牛曰犓 ○無 有無也亦漢複姓二氏楚熊渠之後號無庸其後為氏又有無鉤氏出自楚姓武夫切二十一 毋 止之辭亦姓毋立或為毋氏又漢複姓八

氏漢書貨殖傳有毋鹽氏巨富齊有毋鹽邑大夫之後漢有執金吾東汶毋將隆將作大匠毋丘興風俗通有樂安毋車伯奇為下邳相有主簿步邵南時人稱毋車府君步主簿河
氏姓苑有毋終氏左傳魯大夫茲毋還晉大夫綦毋張漢書有巨毋霸王莽改為巨毋氏膴膴膴嫭又亡撫切膴無骨腊又荒烏亡甫二切蕪荒蕪誣
誣枉巫巫覡周礼春官曰司巫掌群巫之政令若國大旱則帥巫而舞雩亦山名又姓風俗通云氏於事巫卜陶匠是也漢有冀州刺史巫捷莁莁荑璑
三采玉鄦也名在弘農䉄黑皮竹也鷡鷡鴽鳥名⿱罒舞罟屬又音武蝥尔雅云鼅鼄鼄蝥又音牟憮尔雅云愛也又音武
无虛无之道又漢複姓左傳莒有大夫无婁脩胡⿰忄巫欲空之皃譕譕誘詞也墲冢也鵐鳥名雀屬憮空也又音武䍢雉網
也○于曰也於也說文本作亐凡從于者作亐同又姓周武王子邘叔子孫以國為氏其後去邑單為于漢有丞相東海于定國又望出河南者即後魏書万忸于氏
後改為于氏凡諸姓望在後而稱河南者皆虜姓後魏孝文詔南遷者死不得還北即葬洛陽故虜姓皆稱河南焉又漢複姓五氏後漢特進漁陽鮮于輔袁紹大將軍淳于瓊劉
无海太史令宜于脩之何氏姓苑有多于氏闟于氏羽俱切二十迂遠也曲也又憂俱也盂盤盂說文曰飯器也又姓左傳晉有盂丙邘地名在河內又
姓漢有邘侯為上谷太守雩請雨祭名又況于切⿱羽于飛皃說文曰雩羽舞也或从羽同上竽笙竽世本曰隨作竽玗玉名芋草盛皃又
王遇切汙水名又屋孤烏故二切醧宴也杅因杅匈奴地名釪鐏釪形如鐘以和鼓衧蔽衣骬髑骬缺盆骨也𠌶
說文云草木華也本音呼謣妄言䡖車環靻也⿺辶宇窻窓迂牀也⿱艹盂蒩⿱艹盂似韭○訏大也況于切二十吁歎也雩雩婁古縣
名在廬江欨吹欨一曰笑意又況宇切疞病也盱舉目又盱眙縣在楚州⿰衤瓜大袑衣也眗眗瞜笑皃姁姁媮美態冔殷冠

名又音詡 扜說文云指摩也又憶俱切 雩草木華也 荂上同又音敷 忓憂也 醧宴也 盱日始出皃 軤軤推 𣢾人樂
虖虎吼又虎乎切 㯫蛩屬又矩于切 ○衢街衢爾雅曰四達謂之衢其俱切三十六 劬勞也 軥車軛 氍聲類曰氍毛席也風俗
通云織毛褥謂之氍毹亦作氀 朐脯也一曰屈也亦山名在東海又姓出姓苑 邭地名在河東 臞瘠也 癯上同 鴝鴝鵒亦作鸜周禮曰
鸜鵒不踰濟 鸜上同亦鸜鵒又漢複姓莊子有鸜鵒子 灈水名在汝南 躣行皃楚詞曰右蒼龍之躣躣 忂上同 𩦠馬左足白爾雅
云馬後足皆白本作翑 鼩鼱鼩小鼠 蘧蘧麥又巨居切 邭鉏屬 句冤句縣名在曹州又九遇古侯二切 蠷蠷螋蟲 瞿鷹隼視也
又姓王僧孺百家譜曰裴桃兒取蒼梧瞿寶女又有瞿曇氏西國姓又九遇切 欋釋名曰齊魯間謂四齒杷為欋 朐蒟芋癸 鴝爾雅云鳥 翑羽 翑同
蚼蚼蚍蚍蜉 䵶龜屬說文云頭有兩角出遼東亦作𪓰音奚 趯走顧之皃 趜上同 朐脯名 絇屨頭飾也 𡱡上同 𥃀
聲類云樹種也 礭碬礭青礦 戵戟屬 鑺上同 姁姁然樂也又況羽切 ○儒柔也人朱切十六 獳朱獳獸名似狐而魚翼出則國
有恐又女侯切 濡水名出涿郡又霑濡 襦說文云短衣也俗作䙓 懦弱也又乃亂切 嚅囁嚅多言 鱬朱鱬魚名魚身人面 麢鹿子
又相俞切 嬬妻嬬名 繻易曰繻有衣袽亦見周礼注又音須 顬顳顬耳前動 䞍火色 臑嫩耎兒 醹厚酒又音乳 㼱皮柔
又而兗切 䰭鬼魅聲䰭䰭不止又乃侯切 ○須意所欲也說文曰面毛也俗作鬚又姓風俗通云太昊之後史記魏有須賈又漢複姓左傳遂人四族有須遂
氏又虜複姓匈奴貴姓有須卜氏相俞切十四 鬚俗 嬃女字 䇓待也 𥪖上同 繻傳符帛 𢄐頭𢄐 麢鹿子又音儒

需卦名嬃荀卿子曰閭嬃之媒又七句切繻彩繻帛也蕦蕵蕪別名鑐鏁中鑐也隃北陵名又式注式朱二切○株木根也陟
輸切十一誅責也釋名曰罪及餘曰誅如誅木樹枝葉尽落邾國名鼄鼅鼄蟲亦作蜘蛛蛛同上跦行皃袾字統云朱衣曰袾又
昌朱切列列殺字从反反五割切𢦾同上鴸鳥名似鴟人首𪏽黏皃○貙獸名似貍敕俱切二𤡊俗○殊異也死也
市朱切十二銖錙銖八銖為錙二十四銖為兩洙水名在魯茱茱萸𡯿小䫢兒殳兵器釋名曰殳殊也長一丈二尺無刃有所撞挃於車上
使殊離也詩云伯也執殳又姓舜典有殳斨[illegible]上同出道書䏭䏭腰所以遏水𣪍八爪杖也陎陎陵縣名𠘧說文云鳥之短羽飛几几
也象形杸說文曰軍中士所持殳也司馬法曰執羽從杸○逾越也羊朱切四十五踰同上窬門邊小竇又穿窬也臾善也亦須臾又
姓左傳晉大夫臾駢楰木名又音庾腴肥腴諛諂諛隃隃麋古縣在扶風鄃地名在清郡又音輸覦覬覦欲得𨵥窺也
俞然也荅也說文作俞空中木為舟也又姓又恥呪切歈巴歈歌也愉悅也和樂也歋人邪歋擧手相弄或作歋歈揄揄揚詭言也又動也
說文引也褕褕狄后衣又由昭切瑜玉名崳崳次山在鴈門㥚憂也羭黑羝蝓螔蝓蝸牛榆木名說文曰白枌也春秋元命
包曰三月榆莢落萸茱萸堬方言云墳堬培塿埰埌塋壟昆冢別名牏築垣短版渝渝變也亦州名本巴國漢為巴郡之江州縣梁於巴郡置
楚州隋改為渝州因渝水為名媮靡也又音偷[illegible]炊炊呼大子也洩汗洩瑍美石次玉瘉病也螸爾雅云螽醜螸蕍澤蕮
茰草也鞧鞧餘也出字林𧯷變色豆也萮蒚萮花皃䕼同上舀曰也又音由又弋兆切瓵瓶也騟紫馬徸行皃

篢黒竹 碤石次玉也 ○區具區吳藪名又禮記曰草木茁區萌達注云屈生曰區亦姓後漢末有長沙區景豈俱切八 䱾魚名出遼東似蝦無足
驅驅馳馬也 毆古文 嶇崎嶇 軀身也 摳摳褰裳又苦侯切 嘔嘔隅不安皃 ○朱赤也說文曰赤心木松柏屬也又姓出沛
國義陽吳郡河南四望本自高陽後周封于邾後爲楚所滅子孫乃去邑氏朱焉亦漢複姓莊子有朱泙漫郭象注云朱泙姓也章俱切十 珠珠玉白虎通曰德至深淵則海
出明珠 侏侏儒短人 絑纁純赤色 袾詛也又音注 咮鸗咮多言皃 鴸鳥名似鴟人首 鮢似蝦無足 袾袾襦 硃
硃研朱沙 ○趨走也七逾切三 趍俗本音池 鯫淺鯫小人不耐事皃又士垢切 ○僂悅也力朱切又落侯切十六 蔞蔞蒿又虜
姓官氏志云一郝蔞氏後改爲蔞氏 氀毛布 瞜瞴瞜又落侯切 鱋魚名 嶁山頂 貗求子猪也又落侯切 僂同上 摟曳也 鷜
鵱鷜野鵝又落侯切 鏤屬鏤劒名又盧豆切 ⿰婁阝鄉名又落侯切 婁詩曰弗曳弗婁傳曰婁亦曳也又落侯切 瘻瘻痀曲脊 𤗐𤖹𤗐所以過水
膢飲食祭也冀州八月楚俗二月 ○扶扶持也佐也漢三輔有扶風郡扶助也風化也魏爲岐州又扶州在隴右元魏置同昌帖夷二縣又姓漢有廷尉扶嘉防無
切二十六 扶古文 芙芙蓉 符符契河圖曰玄女出兵符與黃帝戰蚩尤說文曰符信也漢制以竹長六寸分而相合又姓魯頃公之孫雅仕秦爲符璽
令因而氏焉琅邪人也 颫颫風大風 鳧野鴨 榑榑桑海外大桑日所出也 苻苻鬼目草又姓晉有苻洪武都氐人本姓蒲氏因其孫堅背有草
付之祥改姓苻氏洪子健以晉穆帝永和七年僭號於長安稱秦 蚨青蚨蟲子母不相離 夫語助又府符切 ⿱艹鳧⿱艹鳧茈草也案爾雅曰芍鳧茈不從甘
⿰氵鳧水名 抱抱罕縣名在河州罕音漢 瓿甌瓿瓶也 ⿰言夫⿰言夫詞 枎枎疏盛也 坿白石英也 泭水上泭漚說文曰編木以渡也本音

孚或作𣻏𣻏見上注⿰甾夫小畚器也⿰木符草木子房⿰氵冒水名其中有神古人⿰忄冒心明⿰冒羽飛皃也⿰耳夫望也玸玉文○⿰禾芻

樛穰仕于切四鶵鵷鶵爾雅曰生噣鶵謂鳥子能自食俗作雛噣音卓鶵籀文𡡒崔子玉清河王誄云惠於𡡒孀說文曰婦人妊娠也本側鳩切○⿰亻芻

纂文云偤㑳小人皃莊俱切偤側洽切二搊解也○敷散也說文从尃施芳無切三十六麩麥皮𪌉上同孚信也⿰木敷木名郛郛郭鄜

鄜州漢鄜縣今鄜城是隋改作鄜州鋪又普胡切筟織緯者俘囚也痡病也殍餓死怤思也悅也⿰尃羽翻下羽也⿱艹敷

花葉布也⿰卵孚卵化豧豕息尃布也⿰魚孚魚名罦車上網以捕鳥稃穀皮⿰米付上同莩漢書曰非有葭莩之親張晏云莩者

葭中白皮泭小木栰也說文云編木以渡也郙鄉名又云亭名在汝南又方矩切庯石間見也桴屋棟又音浮⿰舟符⿰舟符艇船也⿰扌敷

張也⿱付女⿱付女悅荂花榮之皃又音吁紨布也又細紬也莒莒蕍花皃⿰孚毛毛解苦花盛⿰禾甫禾積也又扶甫切○諏謀也

子于切又子侯切七⿰口取⿰口戠⿰口取不廉⿰山取⿰山取嵎娵娵訾星名陬陬隅又子侯切嗺高皃掫毄擊也又子侯切○跗足上也甫無切二十一

趺上同又跏趺大坐膚皮膚又美也傳也肤上同却古縣名在琅邪鈇鈇鉞衭衣前襟⿰巾夫上同玞珷玞美石

次王⿰付鳥⿰付鳥⿰付鳥鳥名三首六足六目三翼⿱艹膚地膚藥名簠簠簋祭器又方引切夫丈夫又羌複姓後秦建威將軍夫蒙大羌鳺鳺鳩

鳥柎欄足扶公羊傳云扶寸而合注云側手曰扶案指曰寸⿱髟付⿱髟付髻大本也⿰魚夫⿰魚夫鯕魚名⿰禾夫里⿰禾夫玉篇云再生稻也⿰礻夫祭名妋

玉篇云貪皃○紆縈也曲也詘也勞也又姓後秦有肥鄉侯始平紆邈憶俱切十二⿰革于鞶⿰革于又音于陓陽陓澤名扜說文云指麾也

⿱區革鞬也 褔編枲頭衣又烏侯切 蓲草名又去鳩烏侯二切 迂曲也人音于 醧能者飲不能者酉中也又音于 尪盤旋 虶
蚰蜒別名 雩雩注雨皃 ○輸盡也寫也墮也說文曰委輸也式朱切又式注切三 鄃縣名在貝州 隃北陵名又相俞式注二切 ○樞
本也爾雅曰樞謂之椳郭璞云門戶扉樞也昌朱切五 姝美好 ⿰骨區⿰骨區骨 袾朱衣 䇬䇬策 ○廚說文曰庖屋也俗作厨直誅切五 躕
跦躕行不進皃 趎人名莊子有南榮趎 幮帳也似廚形也出陸該字林 裯襌衣也又直休切 ○拘執也舉朱切十四 駒馬駒 眗
左右視也 眗上同 岣岣嶁衡山別名 斞挹也酌也 ⿰臾阝上同 捄盛土詩云捄之陾陾 跔手足寒也 鮈鯸鮈魚名 俱皆
具也又姓南涼錄有將軍俱延 痀曲脊 ⿺走頁說文曰邪也 ⿰石瞿磫⿰石瞿礪石 ○毹氍毹也山芻切四 褕裂繒 𣛯說文曰車轂中空也
螋蠼螋蟲又所留切 十一 ○模法也形也規也莫胡切十二 橅上同出漢書 摸以手摸也亦作摹又音莫 嫫嫫母黃帝
妻皃甚醜亦作嫫 ⿱敄巾車衡上衣 ⿱敄酉⿱敄酉⿰酉俞揄子醬也⿰酉俞大胡切 謨謀也亦作謩 謩古文 墲規墓地曰墲 无南无出釋典又
音無 ⿱竹無竹名 膜膜拜胡禮拜也 ○酺大酺飲酒作樂周禮注云盍為壇位如雩禜云族長無飲酒之禮因祭酺而與其民以長幼相獻酬焉又漢律禁三
人以上君羊飲酒故賜酺得會聚飲食也薄胡切十 匍匍匐 蜅蛤蜅 荹荹攎收亂草也 樸樸劚縣名在武威劚音還 菩林凡言菩提漢言王道
⿱艹脯膊魚亦雞有⿱艹脯肉也 蒲草名似藺可以為席亦州名舜所都蒲坂秦為河東郡後魏為雍州又改為秦州居改為蒲州因蒲坂以為名又姓風俗通漢有詹事蒲
昌又苻姓之先家池中蒲生長五丈如竹形時咸為之蒲家因以為氏又漢複姓有蒲姑蒲城蒲圃三氏出何氏姓苑 蒱樗蒱戲也博物志曰老子入胡作樗蒱 ⿱艹脯

竹笪沈水取魚之具〇胡何也又胡虜說文曰牛頷垂也亦姓出安定新蔡二望又漢複姓二氏齊宣王母弟別封母鄉遠本胡公近娶母邑故爲胡母氏又胡公之後
有公子非因以胡非爲氏又虜複姓南凉錄禿髮壽闐之母姓胡掖氏戶吳切三十 頶牛頷垂也 ⿰口固上同 壺酒器也禮記投壺篇云壺頸脩七寸腹脩五寸
口徑二寸半容斗五升亦姓風俗通云漢有諫議大夫壺遂 狐狐貉說文曰妖獸也鬼所乘有三德其色中和小前大後死則首丘又姓左傳晉有狐氏代爲卿大夫 瓳
甋瓳博雅曰瓳甎也 餬寄食又糜也使餬其口於四方是也或作⿰食古 瑚瑚璉 湖江湖廣曰湖也 鶘鵜鶘鳥名 猢獑猢獸名似猨 醐
醍醐酥屬 ⿰黍古黏也 ⿰米古上同 ⿰麥胡 糊並俗 弧弓也 乎極也辭也 ⿱亼丂古文 ⿰鼠胡鼶⿰鼠胡似猨身白要背手有長白毛善超坂絕
巖也亦作⿰鼠胡 瓠瓠𤬪瓢也又音護 葫葫瓜又草名 ⿸疒胡⿸疒胡癭物在喉中 魱當魱魚名 箶箶簏箭室又竹名 觚稜也 ⿱竹嫴
⿱竹嫴被也出韻略 ⿰衤胡⿰衤胡被 ⿰木壺棗名也大而銳上者本作壺見爾雅 虖歎也〇孤孤子又虜複姓有獨孤溫孤步鹿孤步六孤子速孤氏古胡切二十八
苽說文曰雕苽一名蔣也 菰上同 胍胍肥大腹 ⿱大衣大皃 姑舅姑又父之姊妹也 辜罪也 呱啼聲 泒水在鴈門 酤
酤酒又胡五昆互二切 觚酒爵 蛄螻蛄蟲 箛竹名 鴣鷓鴣鳥 ⿰木辜木名 ⿰古卩漢書越王巫⿰古卩祠在雲陽亦小兒病鬼也 沽
水名在高密 柧柧稜 𨭜字林曰鏷𨭜魯矢左傳作僕姑 ⿱竹觚方也本亦作觚 ⿺鬼古⿺鬼古自息禮記作姑 盬陳楚人謂鹽池爲盬出方言又音古
嫴說文曰保任也 罛魚罟 軱大骨也出莊子又盤骨 箍以篾束物出異字苑 䐻䐻脯 ⿰古瓜瓜也〇徒黨也又步行也空也隸也同都
切三十一 𨑒上同 屠殺也裂也刳也尸子曰屠者割肉知牛之長少史記樊噲以屠狗亦姓左傳晉有屠岸賈又音除 瘏病也 塗塗泥也路近亦

姓風俗通云漢諫議大夫塗禪途道也酴酒名駼騊駼馬山海經曰北海有獸狀如馬名曰騊駼[牛余]黃牛虎文鵌鳥名與鼠同穴涂
水名在益州梌木名梚上同荼苦菜圖爾雅曰謀也說文曰畫計難也啚俗本音鄙屠屠蘇草菴通俗文曰屋平曰屠蘇
都鄉名菟菟丘地名又音吐捈捈引䣝下邑地名稌稬也峹峹山古國名禹所娶女也說文云會稽山也一曰九江當峹也亦作嵞
又書作塗嵞上同[木荼]楸木別名鍍以金飾物又音度䤐醫䤐醬也[氵荼]虎杖䖘烏䖘楚謂虎也左傳作於菟鷵爾雅曰鷵鳥
鷵鷵郭璞云以烏蒼白色筡爾雅曰簢筡中言其中空竹類○奴人之下也乃都切七伮古文砮礪也駑伓馬字林曰駘也帑
說文曰金幣所藏也又他朗切孥妻孥書傳云孥子也笯籠鳥○呼喚也說文曰外息也又姓列仙傳有仙人呼子先又虜複姓三氏前趙録匈奴貴姓
有呼延氏後漢書匈奴四姓有呼衍氏荒烏切又火故切十七嘑嘑嘑周禮曰雞人掌大祭祀夜嘑旦以嘂百官虖姓也說文曰嘑虖也訏亦喚
歑温吹氣息也戲古文呼字謼大叫又火故切膴無骨腊又音無憮大也葫大蒜也張騫使大宛所得之食之損人目侉
怯也軤姓也虍字林云虎文也苸草多虘鳥多[鬼虍]鬼皃滹滹池水名周禮作虖池○吾我也漢改中尉爲執金吾
吾御也執金革以御非常亦姓漢有廣陵令吾扈又漢複姓五氏鄭公子有食采於徐吾之鄉後以爲氏左傳有鍾吾子其後氏焉昆吾氏昆吾國之後由吾氏秦相由余之後古
有吾子隱者五乎切二十一鼯似鼠一曰飛生亦作䳟蜈䳟蜈並上同吳吳越又姓本自太伯之後始封於吳因以命氏後季札避國子孫家于魯
衞之間今望在濮陽浯水名菩草名似艾㹳倀屬[王吳]琨珸美石珸上同蜈蜈蚣郚鄉名在東莞齬齟齬又音語

䱷魚名娪美女鋘鋘鋘山名出金色赤如火作刀可切玉出越絕書梧梧桐木名又姓峿區峿山名麌牡鹿也又音俁䑶
船名祦福也○租積也稅也則吾切二葅茅葅藉封諸侯葅以茅又子余切○盧說文曰飯器也亦姓姜姓之後封於盧國以爲氏出范陽又漢
複姓八氏列子有長盧子孟子有屋盧子晉書古尊盧氏後氏焉古蒲盧胥善弋亦姜姓左傳齊大夫盧蒲嫳後漢諫大夫東郡索盧放何氏姓苑云盧妃氏濟陽人又有湛
盧氏亦虜複姓五氏周書豆盧寧傳云其先慕容氏支庶後魏書有叱盧沓盧呼盧東盧等氏又三字姓有吐伏盧奚計盧莫胡盧三氏俗作盧落胡切三十四鑪酒盆
又鑪冶也壚土黑而疎籚籚西竹出會稽蘆蘆葦之未秀者又蘆菔菜名亦虜姓後魏書莫蘆氏後改爲蘆氏顱頭顱髗上同鱸
魚名攎攎斂櫨欂櫨柱也又木名轤轆轤圓轉木也黸黑甚獹韓獹犬名鸕鸕鷀艫舟後纑布縷瀘水名
亦州名在蜀瓐玉名爐火牀出玉篇漢官典職曰尚書郎給女史二人著潔衣服執香爐燒薰玈黑弓也𢐗俗虜廡也又力古切
⿰盧瓦酒器嚧呼豬聲也矑目童子也⿸疒盧集略云癰癩杅黃杅木可染也⿱髟盧⿱髟盧髮亂⿸虍甶飯器說文曰甑也⿸虍甶上同
鑪籀文蠦蠦肥蟲一名蜚又名蟦蠜⿰盧攴敀也敀音邸⿸虍甶蘆菌會藥名○蘇紫蘇草也蘇木也蒲也俁也又姓出扶風武邑二望素姑切四
穌息也舒悅也死而更生也𢊍廜𢊍草菴又廜𢊍酒元日飲之可除溫氣酥酥酪○徂往也昨胡切四⿺辶且上同殂死也⿰歹乍古文
○烏安也語辭也說文曰孝鳥也小爾雅曰純黑而返哺者謂之烏小而不返哺者謂之鵶又姓左傳齊大夫烏枝鳴又虜姓周上開府烏丸泥又虜三字姓北齊有烏
那羅受後魏書有烏石蘭氏烏落蘭氏哀都切二十一嗚嗚呼洿說文曰濁水不流者汙上同又一故切杇泥鏝圬釫並同上

鯃鯃鯯魚月令云九月有寒烏入水化爲烏鯯魚欨口相就也鴮鴮鸅溫嘂弙滿挽弓有所向於古作於戲今作嗚呼鄔縣名又音塢瑦美石盓盤盓旋流也又憂俱切螐蚅螐蠋蟲也大如指白色惡安也扜引也蔦蔦蓲荻也䳇䳇椑青柹鵚鶘鸅鵜鶘別名俗謂之掏河也○逋逋懸也博孤切十三餔說文云申時食也又音步盙簠䉛文晡申時庯屋上平鵏鵏叔鳥名陠同上𧼮捈𧼮伏地峬峬峭好皃出字林誧諫也𥞤刈禾治𥞤鯆鯆鯚魚名亦作鮬抪展舒也又布也○枯枯朽也苦胡切十一刳剖破又判也屠也扝揚也郀地名軲車也又山名亦姓出字統𣧛𣧛瘁說文枯也跍跍蹲皃挎空也折也弙又汪胡切桲木四布也鯙婢妾魚名○麤說文云行超遠也又字統云警防也鹿之性相背而食慮人獸之害也故從三鹿倉胡切六麁踈也大也物不精也本亦作麤䴸說文云草屨也𪍑米不精也觕公羊傳曰觕者曰侵精者曰伐䀤皮散惡也○瑹美玉他胡切十二稌稻也又他古切悇爾雅云懷憂皃嵞山名𤩝玉名峹山名庩庯庩屋不平也𧻓𧼮𧻓伏地也梌鋭也𤪕𤪕玗玉名捈臥引䩣鞾䩣屧○都都猶摠也尚書大傳十邑爲都帝王世紀曰天子所宮曰都又姓有臨晉侯都稽何氏姓苑云今吳興人當孤切二䈙竹名闍闉闍城上重門又市遮切肚肚胍大腹䣝賭勝出新字林醏醵醏將酉也䩲析皮具牛牽船出通俗文○𥟁旦傅也普胡切十二鋪鋪設也陳也布也又音孚鯆魚名又江豚別名天欲風則見鱄上同𨁈馬蹀跡也痡病也又音孚誧諫也又音普豧豕名陠衺也墲規墓地也䮒馬名𢿌毀𢿌屋壞

千一百二十八

十二○齊整也中也莊也好也疾也等也亦州名春秋

二十四

時齊國秦爲郡後魏置州因齊也以名之又姓風俗通氏姓篇序曰四民於国齊魯宋衛是也徂奚切九臍膍臍說文作䖳齎麡麡狼似鹿而角向前入林則挂
其角故常在淺草中逐入林則搏之出異物志又隮翗二音蠐蠐螬蝤𪗉等也懠詩云天之方懠懠怒也又音劑齌好皃之子兮側皆二切
癠音劑病也又鑇子兮切利也又○黎衆也又姓黎侯國之後郎奚切二十一犂墾田器亦耕也山海經曰后稷之孫叔均所作耕魏略曰皇
甫隆爲燉煌太守教民作樓犂也𥝢上同莉茈莉織荆黧黑而黃也蔾蒺蔾蕾鯬鯬魚鮧縭繂縭惡絮盠以瓢爲飲器也
邌徐行皃𨞩亭名在上黨廲廲麗廔綺窻蔾蔾蘆藥名䈝竹名驪驪穆天子駿馬名盜驪綠耳又力知切瓈玻瓈寶玉
𥌍瞜黎視皃𩣡馬屬亦作騋㦒㦒怋也欺慢之語出方言謧謧弄言又力支切鵹鵹黃鳥○妻齊也七稽切又七計切十萋
草盛凄雲皃又千弟切凄寒也悽悲也痛也鶈鳥名郪縣名在梓州緀緀斐文章相錯皃齌說文云炊餔疾
皃本子兮切又才細切霋說文云霋霽謂之霋○低低昂也俛也垂也都奚切俗作仾二十三氐氐羌說文至也袛袛裯短衣磾漢有金日
磾說文云染繒黑石出琅邪山鞮革履䏲䏲胵胅腹羝羝羊眡視也隄防也堤上同岻山名䧑篡纂人云姓
也奃大也趆趨也䞶說文云趆不行爲人所引曰䞶𧽯鍉歃血器柢木根也又音帝䏿曆䏿強脂䚦獸角不正紙
絲滓揥指也𠟼𠟼剅以刀解物䬫䬫餬○嗁泣也說文曰號也杜奚切六十啼㖒並上同蹏足也蹄上同鍉
竹名提提攜詆訶也又音底瑅玉名隄隄封漢書作提桋樹之長條題書題說文額也媞美好皃爾雅云媞媞安也

說文又時尒切諦也一曰妍黠題現也說文顯也綈厚繒也罤兔網洤研米槌也捭上同締結又音悌稊爾雅曰稊

苿也郭璞云蕛似稗布地生穢草也或作稊稊易曰枯楊生稊稊楊之秀也蕛草也銻鍗銻醍醍醐禔衣服好皃又是豸二音

鶇鶇鷉荑荑秀提冨也鮷魚黑色崹崌崹山皃緹周禮注緹衣古兵服之遺色又音體鶗鶗鴂鳥又音遞䶏尒雅

曰䶏鼠夏小正曰䶏鼬則穴又音斯騠駃騠馬名又丁奚切折禮記云吉事欲其折折爾謂安舒貌霋霋霽雲出字林銻字林云鐵名又說文

云古鐵字鮷魚四足者虒臥也又音梯䚦䚦視困皃䬾字林云寄食觝獸角不正又音低徥久待謕轉語又他兮切

趧越行皃厗磄厗石也鶗鶗鴂鳥春三月鳴也鶙鶙鶘鳥𡰪又音低蝭蝭蟧又音帝鐪器也鶇鷉鶇

山雞名𢃴𢃴帷銻鍗銻火齊鮷大鯷趧趧鞻四夷樂也蝃螗蝃小蟬鮧鮎也鯷上同睼遠視也又坐見○豍

豆名邊兮切十六𢙣卑𢙣螕螕牛蝨椑椑榹小樹又樹栽也蓖蓖麻萞上同䋉謬也又芳脂切篦眉篦梐門外行馬

又防啓切貏貔䫌皃陛說文曰牢也所以拘非也狴上同又狴犴獄也箄冠飾鎞鎞釵悂誤也䚹横角牛名○雞

說文云知時畜也易曰巽為雞古奚切十鷄籀文稽考也同也當也留止也又山名亦姓呂氏春秋有秦賢者稽黄枅承衡木也笄女十有五

而笄也楷楷風扶杓木也螢螢火卟字書云問卜也禾木不長也又音礙鐕堅也○奚何也說文曰大腹也又東北夷名亦

姓夏車正奚仲又虜複姓後魏書有達奚薄奚統奚吐奚等四氏胡雞切十八豯豕生三月徯有所望也又胡禮切嫨女奚奴蹊徑路螇螇蝷

似蟬榽榽蘇木名似檀騱馬前足白又驒騱野馬名驒音蟺胿膍胿奚獸跡亦邑名在漁陽郋里名𪓰水𪓰蟲傒東北夷名
嵇山名亦姓出譙郡河南二望兮語助鼷鼠名一名甘口鼠食人及鳥獸至盡皆不痛蒵草名豯幽州藪澤曰豯養出周禮○
鷖鳥名鳧屬烏奚切十二翳蔽也又烏計切⿱殹言相言譍辭嫛人始生曰嫛婗出釋名黳小黑䍻黑羊⿱殹土塵埃䃜美石
黑色黟說文黑木也丹陽有黟縣繄是也辭也又赤黑繒亦戟衣也𧦝誠也又於米切𣖮𣖮樹弩樉木也○倪莊子云天倪自然之分亦
姓後漢有揚州刺史倪諺五稽切十八蜺似蟬而小霓雌虹又五結五繫二切郳郳城在東海齯老人齒落復生婗嫛婗輗
車轅端持衡木掜上同猊狻猊師子屬一走五百里麑上同貎亦同鯢雌鯨兒姓也漢御史大夫兒寬千乘人䘽衣裗謂之
䘽也又妍啓切㑆㑆俾佯不知皃觬角不正皃又妍啓切𣖮𣖮樹弩樉𣪠𣪠𣪠皃又五禮切○醯酢味也俗作醯呼雞切六⿰兮色
痛聲⿰奚色黃病色也幆幱幆亦紙出埤蒼榼木名忚欺慢之皃○西秋方說文曰鳥在巢上也日在西方而鳥西故因以為東西之西篆
文作卤象形亦州名本漢車師國之地至貞觀討平以其地為西州亦姓又漢複姓十一氏左傳秦師西乞術宋大夫西鉏吾西鄉錯出世本又黃帝娶西陵氏為妃名纍祖史記
魏文侯鄴令西門豹周末分為東西二周武公庶子西周為氏晉有北海西郭陽何承天以為西朝名士莫容廆以北平西方虔為股肱何氏姓苑有西野氏西宮氏王符潛夫論
姓氏志曰姓有東門西郭南宮北郭皆是因居也先稽切十六卤籀文卥古文棲鳥棲說文曰或从木西栖上同𣯍尾破聲犀
犀牛似豕角生鼻上又姓秦有犀首嘶馬嘶撕提撕⿸疒虒痠⿸疒虒疼痛亦作⿸疒斯⿸疒斯上同㯕椑㯕屖鈲屖說文遲也⿱斯言悲聲

粞碎米㓾剩㓾梯說文云木階也土雞切九睇視也又徒計切鷉鷿鷉似鳧而小𩑺臥也𩑺上同匾匾匾薄也
𨁈蹄𨁈謕轉相誘語𩢊一遍○鼙騎上鼓釋名曰鼙裨也裨助鼓節也呂氏春秋曰帝嚳令人作鼙鼓之樂也部迷切七鞞同上椑
圓榼漢書云美酒一椑膍膍臍說文曰牛百葉也一曰鳥膍胵也亦作肶又音毗崥崥崹甈瓦器笓取蝦竹器○磇磇霜石藥出道書匹
迷切七陛牢也所以拘罪人也剕剕斫鵯鵯鶋鳥名錍錍斧又方支切批擊也推也轉也示也鈚鈚箭○齎持也付也
遺也裝也送也祖稽切十五賫俗韲薑蒜為之齏上同𧅫俗𧅫䪡菜鈰利也又祖兮切櫅櫅榆堪作車轂爾雅云白棗也𥎪𢱧𥎪
擠排擠齌炊鋪疾也又才細切躋登也升也又音霽隮上同𪊲又音薺齊音豺義見齊字中懠懠疑人方言云吳人云之呰
弱也又茲此切○迷惑也莫兮切六婺齊人呼母醚醚醾醬上白也麛鹿子覭病人視皃鼆鼆䵑似鼃甚咬多胥○泥水和
土也說文曰水出郁郅北蠻中詩䟽云泥中衛之小邑又姓出姓苑奴低切又奴計切四埿塗也俗屔受水丘也爾雅曰水潦所止為屔丘郭璞云頂上汙下者
亦作泥臡雜骨醬也○谿爾雅曰水注川曰谿苦奚切八嵠溪磎並同上鸂鸂鶒水鳥檕爾雅云朹檕梅子如小柰
也螇土螽似蝗鼷小鼠○圭圭璧說文曰瑞玉也上圓下方公執桓圭九寸侯執信圭伯執躬圭皆七寸子執穀璧男執蒲璧皆五寸周禮以青圭禮東方
又孟子曰六十四黍為一圭十圭為一合古攜切十五珪古文邽下邽縣在馮翊上邽縣在隴西閨閨閤袿釋名曰婦人上服曰袿廣雅曰袿長
襦也窐甑下孔楚詞云珪璋雜於甑窐又音攜亦作鬹鮭魚名又音奎麈鹿屬洼姓也漢有大鴻臚洼丹又音哇罜罜罹谷名坸

刲眴裂也眭睎眭桂田器𢻰邪也又紆佳切茥缺盆草也又音睽○睽異也乖也外也說文云目少精苦圭切十五奎星名湀
泉水通川又古比切刲割刺又作刲㓡同上茥缺盆草䯣肩骨聧說文云耳不相聽方言云聾之甚者秦晉之間謂之聧鮭
漢複姓漢有博士鮭陽鴻𧑗蠆也蝰蝠也𢱢中鉤楏櫺也聧瓠瓢亦作𤬳䀦說文曰盾握也○攜提也離也又姓出何
氏姓苑戶圭切二十三擕俗蠵大龜鑴大鍾窐甑下孔䍺同上畦菜畦驨似馬一角巂上同又子巂鳥出蜀
中酅地名在東平𢤱離心也蠲姓也梁四公子蠲闖之後毒姓也嶲姓出纂文纗說文云維綱中繩也讗說文云自
是也𠟪廣雅云挑宛剈𠟪削罣姓出說文黊說文云鮮明黃也𧾝趖𧾝也眭目深惡視觹角錐童子所佩又儇規切䎼
研能視也○𨣩有骨醯也人兮切又音泥一○栘棠栘木也成難巂切又余氏以支二切一○烓說文曰行竈也爾雅曰煁烓郭璞云今之三隅竈烏
攜切二𤆍同上𤮐甑下孔○睳目瞢呼攜切一

十三佳

○佳善也大也好也古膎切二街道也說文云街四通道也風俗
通云街攜也離也四出之路攜離而別也○㥓心不平又根也戶佳切八鮭魚名出吴志膎脯也肉食肴也鞵屩也鞋同上㩓
挾物褑袖也榽榽梭○牌牌牓也薄佳切七䱝魚名廣雅云黑鯉謂之䱝簰大桴曰簰郫縣名在蜀又音皮蠯江東呼蚌
長而狹者為蠯棑棑筏又音敗犤牛也○媧女媧伏羲之妹古蛙切七緺青緺綬也諣諣情腡手理也蝸蝸牛小螺
騧馬淺黃色歄歄欨○蛙蝦蟇屬烏媧切二䵷上同又戶媧切○咼口戾也苦緺切六喎上同絓惡絲䒷

茈雜斜絶𡘋斜𡘋闖斜開門國語云闖門而與之言又王詭切○柴薪也又姓高柴之後士佳切八祡祭天燔柴𪗋𪗋𪘾齒不正也

茈茈葫藥名𢯲積也詩云助我舉𢯲㾹瘦也蓰連車也一曰卻車抵堂也查查郎又士瑕切○釵婦人岐笄也楚佳切九𢧵

韝靫盛箭室韝音步頍頍頗傍叉兩枝也說文曰手指相錯也芆鬼芆草名膗膗䐢脯腊𤭛𤭛鷄眉瓦㼷器差差殊又不齊

𠜾小斫又𠜾剗也○竵物不正火媧切四䔢姅雜之皃𡅅口偏𩞵𩞵消食○𦍳麑𦍳胡羊妳佳切三掜掜擨皃誽

言不正也○崖高崖也五佳切七涯水際啀犬鬭䶜齜䶜𪘾𤞤說文云鳥名又水名在睢陽厓山邊𩂯雨聲○娃

美女皃於佳切五洼水名哇淫聲𢽥邪皃又音圭唲唲嘔小兒言也○崽呼彼之稱山佳切又山皆切三籭竹名諰

語失也又思耳切○𡄅笑皃火佳切二欸欸欸氣逆病欸皆狹切○扠以拳加人亦作搋丑佳切一○䁹視皃莫佳切二𩍐𩍐𩌺履復也

○鼃蛙屬戶媧切一

十四

○皆說文作皆俱詞也古諧切十九偕俱也𪏆麻稈稭上同又古八切喈鳥聲階

階級也說文曰階陛也釋名曰階梯也如梯之等差也𦙶瘦也薢薢茩藥名決明子是也又音懈荄草根痎瘧疾二日一發堦堦砌楷

說文云木名孔子冢蓋樹也廣志云孔子冢上特多楷樹鶛爾雅云鶛鶛其雄鵲湝水流皃又戶皆切街又音佳𤭟牡瓦𩗭風疾蝔

蟲名淮南子曰蝔知雨至蝔蟲大如筆管長三寸代謂之猥狗知天雨則於草木藏其身又音諧鍇鐵也○挨推也亦背負皃乙諧切一○諧和也合也

調也偶也戶皆切九䮙馬性和也骸骸骨瑎黑石湝風雨不止龤說文曰樂和龤也蝔又音皆鞋履復也又音膎𦯬

蕿蘢草。○排推排釋名曰彭排軍器也彭旁也在旁排敵禦攻也步皆切六俳俳優輫車箱棑又薄佳切猈短頭狗也䫓曲䫓皃

○乖睽也離也戾也背也古懷切四𠦂上同𠁥說文曰背呂也脊字从此⿸疒乖惡瘡○懷抱也和也來也思也亦州名春秋時野王邑漢

爲河內郡武德初於柏崖城置懷州又姓吳志顧雍傳有尚書郎懷叙戶乖切十二褢俠也苞也歸也櫰爾雅云槐大葉而黑曰櫰槐木名又音回⿰女褢

和也⿰鹵褢戎狄鹽⿱山褢崴⿱山褢不平皃⿰牛褢似牛四角人目淮水名出桐柏又姓也⿱宀⿱鬼衣說文藏也褱上同瀤北方水名○匯

澤名苦淮切又胡罪切三擓揩摩𠢭劥動人有力也○豺狼屬禮記云仲秋之月豺祭獸士皆切四儕等也輩也類也𪗉又音齊音

臍義見齊字中⿱山豺山名在平林○差簡也楚皆切又楚宜楚牙楚懈三切二⿺走差起去也○虺虺⿸厂貴馬病呼懷切又灰毀二音一○

⿸厂貴柱懷切二⿰豸頁頭胅也出聲類○埋瘞也藏也莫皆切四薶上同霾爾雅曰風而雨土爲霾釋名霾晦也如物塵晦之色也⿰豸霾

慧也○齋齋絜也亦莊也敬也經典通用齊也側皆切一○崴崴⿱山褢乙皆切四碨碨硛不平也硛音鴉⿰鹵鬼鹽也亦作⿰鹵褢溾溾涹穢濁

○⿰齒來齧也卓皆切二梩枯木根出聲類○唻唱歌聲賴諧切一○揩揩⿰扌⿸尸羊摩拭口皆切四𦁙大絲⿰彳皆俳偕行惡⿰米皆米之

別名○⿰扌⿸尸羊諾皆切一○崽方言云江湖間凡言是子謂之崽自高而侮人也山皆切又山佳切一⿱⺮⿰王徙⿱⺮⿰王徙籮古以爲玉拄字從玉本俗作簁從○⿱雨衣

兩聲擬皆切二娾醜女皃○搋以拳加物丑皆切一○俙訟也喜皆切一○⿰月累⿰月累膗形皃惡力懷切一○膗仕懷切二擺

擺倒損出方言

十五○灰說文云死火也淮南子云女媧積蘆灰而止淫水呼恢切六⿰虫豕豕掘地也⿰鼻瓦上同豗相豗擊

瘣馬病 虺虺隤 恢大也苦回切八 詼詼調 悝病也憂也一曰悲也亦大也又音里 魁魁師一曰北斗星 [illegible]箭竹 ⿰糸灰多

也 顝大頭 盔盔器盂盛者也○隈水曲也烏恢切十一 煨煻煨火 ⿰糸畏五色絲飾 渨渨沒 椳戶樞 偎愛也亦國

名 ⿰委風風低皃 揋揋掎 觭曲角中也 葨山草 鰃魚也○回違也轉也邪也又回中地名亦姓古賢者方回之後戶恢切十三 洄

逆流 迴還也 槐木名五經通義曰士之冢樹槐春秋說題辭曰槐木者虛星之精也又姓晉大夫富槐之後 佪俳佪 瑰玫瑰火齊珠也又古回切

蚘人腹中長蟲 蛕上同 佪玉篇云佪佪惛也 ⿰火有光色 [illegible]鄉名在濉陽 ⿰馬回馬名 茴茴香草名○枚枝也亦姓

漢有淮南枚乘莫杯切十五 梅果名又姓出汝南本自子姓殷有梅伯為紂所醢漢有梅鋗 媒媒妁說文曰謀也謀合二姓也 玫玫瑰 煤炱煤

灰集屋也炱杜來切 脢脊側之肉又亡代切 脄上同 腜孕始兆也 禖郊禖求子祭也 ⿱罒每雉網 莓莓莓美田也 鋂大環詩傳

云一環貫二 塺塺塵也 ⿰米每酒母 ⿰酉某醋之別名○傀大皃又美也盛也偉也亦怪異公回切十 瓌上同 ⿰亻褢亦同 瑰瓊瑰石次

玉又音回 瓌上同 鞼說文云韋繡也又求位切 櫰山海經云中曲山有木如棠而圓葉赤實如木瓜食之多力又音懷 膭肥皃 蒐菜名又乎

罪切 䐶畜胎○雷說文作靁云陰陽薄動靁雨生物者也又姓後漢有雷義魯回切十三 靁古文 儡儡同 ⿰畾力勉也又盧對切 瓃玉器 櫑

說文曰龜目酒尊刻木作雲雷之象象施不窮也 罍上同 鑘劒首飾也亦作⿰糸畾 䍣百囊魚網 鐳瓶也壺也 ⿰雷尾屋棟尾也 畾田間

轠轠轤不絕○頹暴風也杜回切十三 穨上同 ⿸疒貴陰病 隤下墜也 墤上同 ⿸厂隹墜也 魋獸似熊而小又人名 ⿺辶貴

虺隤蘈爾雅曰蘈牛蘈郭璞云高尺餘許方莖葉長而鋭有穗穗間有華紫縹色讙譟也□棺衣覆蹪仆蹪嵟嵟嵟屋破狀○崔
姓也齊丁公之子〻食采於崔因以爲氏出清河博陵二望倉回切六催迫也縗喪衣長六寸博四寸亦作衰陮陮崩隤也㜠行急皃趡
逥也○磓落也亦作搥都回切十五塠上同頧毋頧夏冠名禮記作追䭔餅也堆聚也鴭雀屬□□撲物也亦作
掉鎚治玉也周禮作追搥擿也□上同嶉高也䤗䤗醜面𠂤說文曰小阜也敦詩曰敦彼獨宿□□坐皃出
聲譜○嵟嵟嵟㠑素回切六挼擊也韉鞍邊帶也毸毰毸鳳舞出楚詞嗺嗺送歌蓑蓑蓑蕤草下垂皃本又音莎○摧
折也阻也昨回切五崔崔嵬又音催慛傷也憂也槯木名堪作杖欈木有所擣也○裴衣長皃又姓伯益之後封于𨛬鄉因以爲
氏後封解邑乃去邑從衣至敦煌太守裴遵始自雲中徙居河東本亦作裵薄回切十二徘徘徊培益也陪也助也治也隨也重也陪陪廁也𨛬
鄉名在聞喜䣙鄉名在扶風婄婦人皃棓姓也前漢爰盎之棓生所問占又龍項切毰毰毸鳳舞□□廠也碩曲頤也又
音牌輫車箱○桮說文曰䀇也布回切三杯上同盃俗○肧懷胎一月芳杯切八坏未燒瓦也㾽弱也醅
酒未漉也衃說文曰凝血也魾魚名瓿瓿瓜抔抔拔○鮠魚名似鮎五灰切五桅小船上檣竿也嵬崔嵬磑磨也
又五内切峞高皃○䧳車盛皃他回切七𨍭上同𤇰𤇰燖毛出字林蓷草名推又昌隹切藬牛蘈草也□
□屬蜀也有頸曰□○㨎古之善塗者乃回切三捼手摩物也又奴和切䤒一䤒飯出字林嗺字書云口嗺頹臧回切四朘赤子陰也

鮻上同見老子 㞋上同出聲類 十六○咍笑也呼來切三 𤸎病也 陖𣪠陖笑聲也 ○開開解亦州名本漢朐
忍縣地蜀置漢豐縣後魏置開州領東關東岡二郡又姓呂氏春秋云開方衞公說文作開經典亦作闓古哀切五 𣪠𣪠陖 侅奇侅非常又古哀切 奒大皃
𡖂多也 ○哀悲哀也又姓漢有哀章烏開切六 埃塵埃 唉慢譍又於其切 㶸熱甚 欸歎也 毐說文云人無行也本又烏
改切 ○臺土高四方曰臺又姓漢有侍中臺崇徒哀切十五 擡擡舉 菭魚衣爲著石濡菭亦作苔說文曰菭水衣 苔上同又鮮也 炱
炲煤 嬯鈍劣 薹蕓薹 箈竹萌 儓輿儓 檯木名 駘駑馬 𪑤𪑤黱大黑之皃又都來切 䨀可禦雨也 跆蹋跆連手
唱歌 鮐魚名 ○該備也咸也兼也皆也又軍中約也古哀切二十 豥豕四蹄白 垓八極又垓下隄名沛郡項羽敗處也 荄草根又古諧切
郂鄉名在陳留 𣧩羊胎又音豈 剴大鐮一曰摩也又五哀切 姟數也十秭曰姟 陔殿階次序 絯挂也出淮南子 晐備
兼也 峐爾雅云山無草木峐 祴祴夏樂章名 侅奇侅非常 賅上同又贍也 㨟㨟觸 胲足大指毛肉也 餩飴也 𪘏牙也 䐩
肥也 ○裁裁衣亦昨哉切九 纔僅也又藏代切 財貨也賄也 才用也質也力也文才也說文作才艸木之初也 材木梃也 䴺麴也
溨水名 鼒爾雅云鼎斂上而小口又音兹 𦬁藏前草藏前 ○來至也及也還也又姓後漢來歙光武姑子蜀志云荊楚名族有黃門侍郎來恆俗作
来落哀切二十五 萊藜草亦州名漢掖縣屬東萊郡秦屬齊郡後魏分青州置光州取界內尤水爲名隋改爲萊州又姓左傳晉與秦戰于都萊駒爲左 郲地名
騋馬高七尺 崍崍嵦山也 斄鄉名在扶風又力知切 𤥭說文云瓄玉也亦作琜 猍貍也 徠上同 淶水名出涿郡 鯠

魚名鶆鶆鳩鴈鳥出埤蒼也䅘䅘麰之麥一麥二稃周受此瑞麥出埤蒼𣯆毛起綀上同庲舍也㾢惡病梾棶椋木名崍
關西有長尾牛又音犛音茅逨至也又力代切麳小麥𪎐上同畜耕外舊場黧黧𪑱大黑徠還也又力代切○烖天火曰烖
祖才切十二灾上同災籀文𤆎古文栽種也哉語助巛說文曰害也菑上同亦作甾見經典𢦏說文曰傷也栽
字類從之省文𢦒戴蒔渽水名出蜀職聧也或作哉○猜疑也恨也倉才切四偲多才能也職聧也趀說文曰疑之等
趀而去也○𤗲版也扶來切二䏂姓出姓苑○胎始也說文曰婦孕三月也土來切七𡥈上同鮐魚名台三台星又天台山名邰
地名后稷所封在始平或作斄蛤說文云黑貝亦珠蛤𩬈𩬈髻婦人僞𩬈出諸俗文○孩始生小兒戶來切八咳小兒笑皃頦頤下揩
觸也𧼑留意𨉢長身䱻鯠䱻雄解虫也豥豕四蹄白○鰓魚頰蘇來切八揌揌擡粞碎米䚡角中骨顋
顋頷俗又作腮愢意不合也䳑鳥名毢毰毢○皚霜雪白皃五來切七嵦嵦崍敳有所理又隤敳八元名𣨙殺羊出胎隑
企立剴又音垓獃獃癡象犬小時未有分別能爾雅謂三足鼈龍也又獸名禹父所化也奴來切又奴登切二𤵹病也○𪑱𪑱黧大黑皃丁
來切二懛懛剴失志皃○𤙣昌來切牛羊無子一○娝好色皃普才切一

十七○眞眞僞也又姓風俗通云漢有太尉長
史眞祐俗作真側鄰切十六甄姓也陳留風俗傳云舜陶甄河濱其後爲氏出中山河南二望又舉延切振又之刃切禛以眞受福稹說文云穜
穊也又之忍切磌柱下石也畛田界又之忍切籈爾雅云所以鼓敔侲字林云養馬者桭屋梠蒖茚也唇驚也㖘

上同帳馬篼橐囊也蕵苅甄豕首草也㲀繄也又音辰○獜大走草狀丑人切二胂申也縜縜紛○因託也仍也緣也就也
亦姓左傳遂人四族有因氏俗作囙於眞切二十三茵茵褥說文曰車重席也詩曰文茵暢轂文茵虎皮也鞇同上禋祭也敬也𥛷籀文闉
闉闍城上重門駰白馬黑陰又於巾切湮落也沈也烟烟熅天地氣易作絪縕氤氤氳元氣盛也絪絪縕麻枲垔塞也陻
㘻並同上堙亦上同又土山也洇水名姻婚姻白虎通曰婦人因人而成故曰姻也字林云婚婦家姻壻家婣古文出周禮諲
敬也裀玉篇云衣身𦍧黑羊歅秦穆公時有方歅一名臯善相馬也或作諲捆就也○新新故也亦姓國語晉大夫新穆子又復姓
二氏何氏姓苑有新和氏陳留風俗傳云畢公封於新垣後因氏焉魏將新垣衍改爲梁垣氏息鄰切三辛葷味也爾雅云太歲在辛曰重光又姓夏啓封支子於莘莘辛
聲相近遂爲辛氏漢初辛蒲爲趙魏名將及徙家隴西便爲隴西人薪柴也周禮委人掌祭祀之薪詩云翹翹錯薪○辰辰象也又辰時也爾雅曰太歲在辰
曰執徐植鄰切十三晨早也明也晨古文㲀擊聲宸屋宇天子所居鷐鷐風鸇也麎牝麋桭兩楹間又音眞莀草名
屒重名臣伏也男子賤稱春秋說曰正氣爲帝間氣爲臣孝經說曰臣者堅也𨙬地名䢅姓也○仁仁賢莊子曰愛人利物謂之仁釋名
曰仁忍也好生惡殺善惡含忍也人姓姓苑云彭城人也如鄰切三杁屋上閒杁人天地人爲三才亦漢複姓十氏左傳有寺人披齊有徒人費周有王人子突晉
有雍人高宋有廚人僕鄭有大夫子人九國語吳有行人儀孔子弟子左人郢漢司空掾封人嬰後漢司徒聞人襲○神靈也易繫辭曰陰陽不測之謂神亦姓風俗通
云神農之後漢有騎都尉神曜何氏姓苑云今琅邪人食鄰切二晨又植鄰切○親愛也近也說文至也七人切三寴宷並古文○磌

鞕也下珍切又下憐切三詢詚也嚬難也○申身也伸也重也容也篆文作申又辰名太歲在申曰涒灘亦州名春秋時屬楚秦南陽郡後魏爲郢州周
爲申州又姓出魏郡亦漢複姓四氏莊子有申徒狄漢丞相申屠嘉長沙大傅申章昌左傳齊有申鮮虞失人切十六伸舒也理也直也信也紳大帶娠
孕也又脂刃切呻呻吟軟𠯗竝上同聃鳥獸驚皃胂脢也㑗說文曰神也又姓出姓苑鞞革帶曼引也身
親也躬也柛爾雅木自斃曰柛神謂斃踣也䰠山海經云青要山䰠也說文曰神也訷訷說信也○賓敬也迎也列也遵也服也說文作賔所敬
也又姓左傳齊有大夫賓須無必鄰切十賔古文濱水際檳檳榔覾䚔暫見顮頭憒滿也儐敬也又音擯鑌
鑌鐵爲刃甚利臏說文曰恨張目也䰡鬼皃○粦鬼火說文曰兵死及牛馬之血爲粦今作燐同力珍切又力刃切二十三燐上同鄰近也
親也說文曰五家爲鄰俗作隣轔車聲嶙嶙峋深崖狀也粼水在石間亦作磷又力刃切磷上同疄田壟麟仁獸爾雅麕身牛尾
一角也麐上同鱗魚甲又姓左傳宋大夫鱗朱璘璘㻞文皃駗馬色翷翷翂飛皃獜獸名似豕黃身白首出堚倉獜
獜獜大健也出說文瞵視皃驎騏驎白馬黑脣壣菜畦𩸘魚名鏻健皃又力丁切繗紹也潾水名○矜矛柄也又
鉏攑也古作矝巨巾切五㨷栻也堇黏土墐上同魿蟲魚連行又力丁切○珍貴也重也寶也俗作珎陟鄰切三鎮戍也又陟刃切
塡壓也又音田○陳陳列也張也衆也布也故也亦州名本太昊之墟畫八卦之所周武王封舜後胡公滿於陳楚滅陳爲縣漢爲淮陽國隋爲陳州又姓胡
公滿之後子孫以國爲氏出潁川汝南下邳廣陵東海河南六望又虜三字姓後魏書有俟莫陳氏直珍切又直刃切五敶古文說文本直刃切列也䍠獸名似羊

目在耳後趁越㞯塵說文本作𪋻鹿行揚土也〇津說文作𣴎水渡也將鄰切五𦩘古文璡美石次玉𧖳氣之液也本亦作盡

𦘫飾也〇瞋怒也說文曰張目也又作䀼昌眞切六嗔上同本又音塡謓亦上同說文恚也䐜肉脹起也鎭鑪也縝

上同〇秦州名在西戎地春秋時爲秦國後并天下爲隴西郡漢武分置天水郡後魏改爲秦州因邑以爲名又姓秦自顓頊後子嬰既滅支庶以爲秦氏也匠鄰切三

螓蜻蜻似蟬而小𤚩牛名〇寅辰名說文作𡩟翼眞切又以之切六夤夤緣連也又敬惕也䐔脊䐔𦳝𦳝菟瓜螾寒蟬

𡒄𡒄場〇紉單繩女鄰切一〇繽繽紛匹賓切五𦑣飛皃𩴵說文云鬼皃又音頻𢡅敬也𩰋鬭爭說文作鬭鬭也〇頻

數也急也比也說文作瀕水厓人所賓附顰蹙不前而止又姓風俗通云漢有酒泉太守頻暢符眞切十四蘋大萍也又作薲薲上同嬪婦也一曰

妻死曰嬪櫇木名玭珠也又步田切蠙珠母又步田切獱獺之別名顰顰眉蹙皃也𧬈多言嚬笑也䚔鬼皃𦈏

擣衣𡣍𡣍姿〇銀周禮荊州其利銀爾雅曰白金謂之銀鍾山之寶有銀燭謂有精光如燭銀重八兩爲一流也語巾切十六㹞犬聲狺上同

𧈅兩虎爭聲檭木名色白鄞縣名在會稽又音齗圁圁陽縣名在西河誾和也又誾誾中正之皃又姓何氏姓苑云今廣平人𧦝

上同嚚愚也𨛭亭名在江夏珢說文云石之似玉者䴦獸名似狢而八目出山海經垠垠岸也齗大笑皃泿水名〇

巾釋名曰巾謹也二十成人士冠庶人巾當自謹修於四教居銀切一〇麏麞屬居筠切六麇麕並同上頵大頭莙爾雅云莙

牛藻似藻而葉大又渠殞切汮水名〇筠竹皮之美質也爲贇切四𡇒田十二頃說文田也縜繩組荺藕根小者〇囷倉圓

韻一 三十一

曰囷去倫切又咎倫渠殞二切七箘桂又竹名又渠殞切箟箭竹輑車軸相逢蜠大貝又渠殞切峮嶙峮山相連皃宭說文曰宮
中道又苦本切○珉美石次玉亦作玟瑉琘武巾切十九岷山名江水所出亦州名秦隴西郡之臨洮縣也後魏置岷州因山以爲名罠彘網閩
閩越蛇種也又音文緡錢貫亦絲緒釣魚綸也又姓出何氏姓苑䪜強民也笢竹膚又亡忍切旻仁覆愍下謂之旻天旼和也痻病也
閺亭名在汝南汶汶山郡又音問捪撫也忞自勉強也䁕視皃睧上同錉算稅鴖鳥似翠而赤喙鈱
紙銃○貧乏也少也符巾切二玢文古○𪔁鼓聲於巾切三𪔩上同又因駰馬陰淺黑色又音因○贇美好也於倫切
四奫泉水頵說文曰頭頵頵大也蝹蝹蝹龍皃○彬文質雜半說文云古文份也府巾切十三斌上同份說文曰文質備也
玢文采狀也豳地名本豳國之地又有豳城公劉所邑蓋此地也因以名州亦作邠又姓出姓苑邠州名汃西方極遠之國霦璘霦玉光
色璸上同𥇍大目皃攽說文分也博雅減也虨虎文俗作彲又音巾方閑二切砏水名又石○民說文曰衆萌也彌鄰切五
閺低目視也暋視皃又音旻泯沒也又亡忍切怋亂也

十八

○諄至也誠懇皃也章倫切五惇心實也又音敦
瞤鈍目也又音犉肫鳥藏訰亂言之皃○椿木名丑倫切八楯木名輴載柩車也𨊠上同鶞爾雅云春鳸鳻鶞鳻
音汾杶書曰杶幹栝柏櫄說文同上瑃玉名○醇純美酒也直倫切又常倫切二𢅤布貯曰𢅤○荀草名又姓本姓郇後去邑
爲荀今出潁川相倫切十四郇地名在河東解縣周文王子封於郇郇以爲氏王莽時有郇越詢咨也眴眩又音舜峋嶙峋珣玉名

栒說文曰大木也可以爲鉏柄又祥匀切 洵水名在晉陽 恂信也 畇爾雅曰畇畇田也謂墾辟也又音匀音旬 檈承食案也 橁杶木別名 姰狂也又音縣 㰬氣逆也又信也○純篤也及也好也文也大也常倫切十三 蓴蒲秀 蒓水葵 醇厚也醲也 鶉

鵪鶉也莊子曰田鼠化爲鶉淮南子曰蝦蟆化爲鶉字林作雜 𦎧說文曰孰也凡從𦎧者今作享同 陙小阜名也 忳憂悶 錞樂器鳴之所以

和鼓 淳清也朴也又姓何氏姓苑云今吳人 奄大也 焞明也又他昆切 醕美也○犉黃牛黑脣如匀切四 䳜鶉鵠晚生者

瞤目動 眴上同○脣口脣食倫切五 漘水際 䔞牛蓐草似蘭青黑色 㸣牛行遲也又音延 紃環絲條也又音延○

淪沒也力迍切十五 倫等也比也道也理也又姓風俗通曰黃帝樂人伶倫氏之後 論有言理出字書又盧昆切 䑳舩䑳 輪車輪周礼

曰軫之方以象地蓋之圜以象天輪輻三十以象日月 陯山阜陷也 鯩魚名 蜦神蛇能與雲雨文字集略云蝦蟆大如屨能食蛇也又力計切 棆

木名 綸絲綸又姓魏志孫文懿臣綸直又音鰥 惀欲曉知也 侖說文思也 踚行也 掄擇也周禮曰凡邦工入山林而掄林不禁又力昆切

䈁䈁子船具○屯難也厚也陟綸切又徒渾切四 窀窀穸下棺 迍迍邅本亦作屯易曰屯如邅如 𢅋布貯○逡逡巡退也七倫切十

竣止也倨也一曰改也 皴皮細起也 鋑東郭鋑古之狡兔也又音俊 墫舞皃 捘推也左傳云捘衛侯之手又子寸切 竴喜也

踆退也 𡕒上同 夋倨也○遵循也率也行也習也將倫切五 跧蹙也又阻圓切 僎鄉飲禮僎者降席而遵法也或作僔又音

撰 嶟山皃 鷷西方雉名○春四時之首尚書大傳曰春出也萬物之出也春秋說題曰春蠢也春蠢興也春秋繁露曰春喜氣又姓何氏姓苑云春申君

黃歇之後昌脣切一○鶽西方雉名昨旬切一○勻偏也齊也說文少也从勹二羊倫切二畇詩曰畇畇原隰又音荀音旬○旬十日

曰旬詳遵切十七旬古文巡逡巡說文巡視行也馴擾也從也善也循善也揗手相安慰⿰牛川牛行遲又音脣紃環綵絛又

食倫切⿰糹盾縫也駨駨鶽小鳥出字統洵均也龕也楯楯闌檻也灥三泉相通甾塋也𧼩說文曰走皃也畇墾田

蚼蟲名○均平也又學曰成均亦州名春秋及戰國時並屬楚秦屬南陽郡隋爲均州取汋水以名之居勻切四鈞三十斤也又姓風俗通云楚大

夫元鈞之後後漢有侍中鈞喜袀戎衣也左傳曰均服振振字書从衣汋又名出析縣北山入沔今作均○趣行也渠人切又去忍切一○砏

砏磤大雷普巾切又布巾切二虨虎文也俗作彪

十九○臻至也乃也側詵切十一蓁草盛皃搸聚也又琴瑟音溱水

名在河南潧水名在鄭國出說文此水南入洧詩作溱洧誤亲亲栗榛同上⿰木屖亦同瀙字林云水名在豫州⿰金屖埤蒼云小鑿轃

說文曰大車簀也○莘地名在虢又姓所臻切二十二𡝤有𡝤國名扟從上擇取物也駪馬多籸粉滓馬驫衆盛皃甡

衆多皃兟進先也詵衆人言也侁行皃詩云侁侁征夫⿱莘魚魚尾長也詩云有莘其尾字書从魚屾說文曰二山也⿱⿰辛多糸辛多

織也𦐇羽多徃往來之皃榟方言云杠東齊海岱之間謂之榟杠牀前橫也阠八陵東名阠又息進切姺女字⿸疒辛寒病○榛

木叢生士臻切三㕟呂氏春秋注云㕟㕟動而喜皃又音眞帘暮也又音廉

二十○文文章也又美也善也兆也亦州名禹貢梁

州之域自戰國時宋及齊梁皆諸羌所據後魏平蜀始置州亦姓漢有盧江文翁無分切十六聞說文曰知声也又音問𦖞古文彣青與赤雜紋

綾也雯雲文駇馬赤鬛縞身目如黃金文王以獻紂蟁爾雅曰鶾蟁毋郭璞云似烏鷃而大黃白雜文鳴如鴿今江東呼為蚊毋俗說此鳥常吐蚊因名云

說文曰齧人飛蟲也蚊上同螡亦同出漢書鼤摩上鳼鳥也爾雅曰鶉子鳼閺俗作閺說文曰低目視也弘農湖縣有閺鄉汝南西平有

閺亭汶黏唾又音旻閺鼤班鼠閩閩越也又音旻○雲說文云山川气也从雨云象雲回轉形河圖曰雲者天地之本傅子曰以雲毋飾車謂之

雲毋車曰不得乘之又姓縉雲氏之後又後魏書有連氏後改為雲氏王分切二十二芸香草也說文云似目宿淮南王說芸草可以死復生雜禮圖曰芸蒿也葉似邪

蒿香美可食也蕓蕓薹菜名𦔂說文曰除苗間穢也𦓾上同耘亦同鄖國名妘女字又姓紜紛紜溳水名在南陽一

云在美陽澐江水大波云辭也言也說文古文雲字亦姓出自祝融之後篔篔簹竹名䢵邑名貟益也說文作員物數也又音圓又音運姓

也鼎榴文愪憂也沄說文云轉流也貟云亂也耺耳中聲橒木名䇹竹名○煴烟煴天地氣也易作絪縕於云

切十氳氤氳元氣縕亂麻又於粉切馧香也蒀蒕蒀盛皃䅬上同輼轒輼兵車又於粉切蕰蕰積也又於粉切蝹

龍皃壼鬱也○汾水名在太原本漢茲氏縣地屬西河郡魏於茲氏縣置西河郡今州城是也符分切三十七墳墳籍又墓也氛氛氳祥氣

氳俗鼖大鼓周禮鼓人掌六鼓以鼖鼓鼓軍事鞼上同鼖亦同濆水際也又水名焚焚燒燌上同羒白羝羊也

豶豕也頒魚大首亦眾皃又布還切羵土中怪羊鷬似鵲白身三目赤尾六足枌白榆木名鳻春扈鳻鶞亦作鳼又說文曰鳥聚皃

一曰飛皃蕡草木多實皃䒦古文橨杆仲木別名出埤蒼棼複屋棟也賁三足龜葐葐蒀魵魚名𧮛谷名在臨汾

妢周禮考工記云妢胡之笴 棻香木名也 梤上同 朌大首皃 𩖍醜皃 鐼飾也說文曰鐵類讀若熏又音訓 馩馩馧香氣

馚上同 𡴘草初生香分布也又音芬 鼢田中鼠又音憤 蚡上同 轒轒輼兵車 ○分賦也施也與也說文別也府文切六 饙一蒸飯也 餴上同 扮握也 坌埽弃之也又方問切 𣯊𣯊毲罽也 ○羣君羣隊也說文輩也亦作群渠云切五 帬說文曰下裳也釋名曰帬羣也連接羣幅也 裠上同亦作裙 宭羣居也又音君 㾉㾉痺也 ○薰香草韻略曰薰陸香出大秦國亦姓出何氏姓苑許云切十二 曛日入也又黃昏時 勳功勳也 勛古文 熏火氣盛皃 燻上同 獯北方胡名夏曰獯鬻周曰獫狁漢曰匈奴 纁三染絳 醺著酒 葷臭菜 焄禮曰焄蒿悽愴鄭玄云焄謂香臭也 臐儀禮鄭玄注云羊曰臐豕曰膮皆香美之名膮呼堯切 ○君白虎通曰君者羣也群下之歸心也荀卿子曰君者儀也民者影也儀正則影正君者盤也民者水也盤圓則水圓又君者民之源也源清則流清源濁則流濁舉云切八 軍軍旅也周禮夏官司馬曰凡制軍萬有二千五百人爲軍王六軍大國三軍次國二軍小國一軍軍將皆命卿又漢複姓二氏禮記有將軍文子晉有太傅參軍襄城冠軍夷 皸足坼 桾桾櫏木也 箬竹名 莙牛藻菜也 宭群居 鮶蟲名水鮶如魚乘焉 ○芬芬芳又姓戰國策晉有大夫芬質府文切十三 紛紛紜衆也亂也 帉中也亦作帉 ⿰分毛毛落 衯說文曰長衣皃 翂翂翂飛皃 棻說文云香木也 砏砏汃水石 𡴘草木初生香分布也 氛氛祲妖氣 雰上同又霧氣也 ⿵門豩闠⿵門豩之皃 錀埤蒼云兔奄錀

二十一

○殷衆也正也大也中也說文从㐆殳云作樂之盛稱殷亦姓武王尅紂子孫分散以殷爲氏出陳郡於斤切四 慇慇懃 濦水名在潁川 溵上同 ○勤勞也盡也巨斤切八 芹水菜食之宜丈夫呂氏春

秋曰茱之美者雲夢之芹懃慇懃懂憂哀懄上同瘽病也𥎊矛柄古作矜斳草也又巨希切○斤十六兩也說文曰斫木也又虜複姓三氏後魏書去斤氏後改為艾氏奇斤氏後改為奇氏舉欣切四筋筋骨也說文曰肉之力也从力肉竹竹之多筋者又姓出姓苑云䈥俗釿說文云劑斷也本宜引切○𧆞虎聲語斤切十二犾犬相吠也圻圻堮又岸也垠上同齗齒根肉也齦上同䴦獸似務也斦二斤𪛉大箎蘄亭名在江夏郡狺犬爭鄞縣名在會稽郡○欣喜也亦州名本漢陽曲縣地隋置欣州因欣口為名許斤切六忻上同昕日欲出也訢喜也炘熱也邤邤鄰地名

二十二○元

元大也始也長也氣也又姓左傳衛大夫元咺又後魏考文改拓拔為元氏望在河南愚袁切二十二原廣平曰原亦州名漢高平孫魏為鎮州又改原州蓋取高平曰原為名又姓孔子弟子有原憲說文本作邍原即與原厵同邍周禮有邍遷師注云邍遷地之廣平者源水原曰源又姓禿髮傉檀之子賀入後魏魏太武謂之曰與卿同源可為源氏說文本作原厵篆文省作原後人加水厵上同杬木名出豫章煎汁藏果及卵不壞嫄姜嫄帝嚳元妃沅水名在象郡鐔淫城西亦云在牂牁騵赤馬白腹黿似鼈而大紀年曰穆王十七年起師至九江以黿為梁羱羱羊角大者可為器又五丸切蚖蠑蚖蜥蝪也一名守宮字林云在辟曰蝘蜓在洲白蜥蝪螈晚蠶周禮禁原蠶鄭注云原再也俗从虫芫草名有毒可為藥也邧地名榞實如甘蕉而皮可食謜徐語孟子云故源源而來𤛮獸如牛也𩚵𩚵餌又五丸切獂豕屬又音桓阮五阮郡出史記又元逺切蒝莖葉布也○袁姓出陳郡汝南彭城三望本自胡公之後雨元切十六爰於也行也為也哀也引也亦姓出濮陽亦舜裔胡公之後袁或作爰垣垣墉也又姓漢西河太守洛陽垣恭也𩫖籀文園園圃亦姓援援引也又

爲眷切榬絡絲籰轅車轅方言云轅楚衛謂之輈又姓左傳陳大夫轅濤塗之後又漢複姓有軒轅氏鶢鶢鶋海鳥媛嬋媛枝相連引又爲眷切洹水名亦縣名在相州又音桓溒纂文云姓也玉篇云水流皃𧼈易田名也蝯蝯猴五百歲化爲玃爾雅曰猨蝯善援猨同上猿俗○煩勞也說文曰熱頭痛也附袁切三十八番說文曰獸足謂之番經典作番又翻盤潘三音書亦音波蹞足有文也說文同上蹯亦同上見左傳緐概也多也蘩皤蒿薠似蘋而大樊樊籠亦姓周宣王封仲山甫於樊後因氏焉今出南陽扐也頩頩擾繙繙帑亂取帑於元切燔炙也膰祭餘熟肉瀿水名玉篇云水暴溢也羳羊黃腹也䪤百合蒜也鷭鷭鶒鳥蟠蠜負又扶干切蕃茂也息也滋也又音藩蠜阜螽礬礬石䶀鼠名𨟚鄉名在京兆杜陵鐇廣刃斧璠璵魯之寶玉笲竹器禮記云婦執笲䆺稻也出齊人種術犿犬鬬也襎襎裷幭也袢絺綌詩云是紲袢也棥藩屏緐馬飾名也絣同上字墦冢也𧲿生養也䮳同上旛旐也䙹䙹覶藩蕁芫華如非又音翻○飜覆也飛也孚袁切十翻同上旛旌旗摠名番數也遞也又盤潘煩三音幡說文曰書兒拭觚布俗通爲幡㶗大波潘米汁轓車大箱也繙繽繙風吹旗皃反斷獄平反又方晚切○暄溫也況袁切十九煖同上喛恐懼萱忘憂草說文又作藼蕿䁔大目諼詐也塤說文作壎樂器也以土爲之六孔釋名曰塤喧也聲濁喧然世本曰暴辛公作塤壎同上鵍鶰鴝鳥名吅喚聲又聲全切貆獸名詩云有縣貆芀又九歡二音喧大語也諠諠譁亦作喧譁愋恨也讙讙囂皃也翧飛来𧥄角揮角䚙一曰角匕又許羈切蝖蟥螬○鴛鴛鴦

匹鳥於袁切十八冤屈也枉也曲也又冤句縣在曹州句音劬帵幡帵鵷鵷鶵似鳳涴水名惌惌枉鋺鋤頭曲鐵苑屈草自覆又宛縣在南陽又音苑蜿蜿蜒龍狀也又音苑𩜢貪也蒬蕀蒬草名怨怨讎又於願切婉婉娩美也惌敗也輐兵車韈量物之具於阮切裷幡裷眢目空皃又一九切○言言語也字林云直言曰言荅難曰語釋名曰言宣也宣彼之意也又姓孔子弟子有言偃語軒切五琂石似玉甗無底甑也又語戰切䇾大簫䓂草名○攑舉也丘言切二𧼲走皃又虛言切○軒車軒又姓軒轅之後漢有諫大夫軒和虛言切六掀以手高舉騫飛舉皃𨍉車前輕也軒軒芋草名𧼲走皃○攑攑子揩蒲采名居言切十二㮆上同靬乾革又驪靬縣在張掖又下揮切又口旦切鞬馬上盛弓矢器韀上同劇以力去牛勢或竹犍犍犗牛名又犍為郡腱筋也一曰筋頭騝騮馬黃脊曰騝𩜁粥也亦作餰鬻上同鬻籀文○蔫蔫菸也謁言切二焉安也又不言也○蕃蕃屏甫煩切六藩籬也亦藩屏也轓車箱又音幡䲤魚有橫骨在鼻前如斤斧籓大箕一曰蔽也鐇廣刃斧也○𥳑筋鳴也巨言切二赶獸舉尾走○樠松心又木名也武元切又莫昆切一

二十三○魂魂魄也白虎通曰魂者沄也猶沄沄行不休也魄者迫也猶迫迫然著於人也淮南子曰天氣為魂地氣為魄又反魂樹名在西海中聚窟洲上花葉香聞數百里狀如楓香煎其汁可為九名曰震靈九亦名反生香又名卻死香屍在地聞香乃活出十洲記户昆切二十四字棞大木未剖騨騨騱野馬渾渾濁益部耆舊傳曰獋似大人面見人則笑行疾如風餛餛飩餫上同䴷完不破麥也鼲鼠名楎三爪犂一曰犂上曲木也

漢武時洛下閎明曉天文於地中轉渾天定時節亦姓左傳鄭大夫渾罕又胡本切沄水流皃忶埋蒼云心悶也⿰月莞滿也又胡官切俒全也

倱女字又五昆切輥還也車相避也堚里名在洛陽惃惃悶梡梡楫掍推掍煇赤色顐頤顐禿也⿰軍見⿰軍見視

琿玉名○昆兄也後也同也又姓夏諸侯昆吾之後戰国策有齊賢者昆辨古渾切二十晜上同說文云周人謂兄曰晜菎香草⿰巾軍

褻衣說文幒也褌上同崐崐崘山名琨琨珸玉名鵾鵾雞鶤同鯤大魚䖵說文曰蟲之總名也蜫亦上同

惃亂也罷歔人罷歔于木可知也錕錕鋙鐵赤色可爲劒瑻玉名⿸鹿昆鹿屬猑獸名騉騉駼馬名牛蹄能升高山○𥁕說文

曰仁也从皿从食囚也今作昷同烏渾切十三温水名出犍爲又和也善良也柔也暖也又姓唐叔虞之後受封於河内温因以命氏又郤至食采於温亦號温季因以爲

族出太原又漢複姓二氏莊子有温伯雪子姓苑又有温稽氏轀轀輬車也薀薀藻節中生萊又於殞切⿰馬昷⿰馬昷驪駿馬殟病也鴛鴛鴦匹鳥

又音宛⿰昷阝鄉名出蜀志豱豕名緼禮曰一命緼韍韞赤色又於粉切⿰昷瓜瓜名⿰鹵昷戎狄云鹽○門問也聞也字从兩户

亦姓周禮云公卿之子入王端之左教以六藝謂之門子其後氏焉又漢複姓十四左傳魯卿東門襄仲宋樂大心爲右師居桐門後因氏焉伍子胥抉眼吳門因謂子胥門子孫乃

以胥門爲氏吳有胥門巢世本晉大夫下門聰齊臨淄大夫車門遽陳有鬬門氏戰國策有雍門周魏侯嬴爲夷門抱關者後姓夷門氏呂氏春秋有陽門大夫後以陽門爲氏古

今表有逢門子豹宋諸公子食采於宋門者後遂爲氏漢書儒林傳有闕門慶忌何氏姓苑云弋門氏今漁陽人又有刺門氏莫奔切十三捫以手撫持樠木名

虋赤粱粟也俗作蕒璊玉色赤也亹浩亹地名世漢書地理志云浩音鴿⿰氵亹上同怋怋怋不明又亂也⿰昏頁頭多殟⿰昏頁鏋

赤色蜀劉名𧽤行遲𥼶粥疑𪄻比翼蠻鳥也○孫爾雅釋親曰凡子之子為孫孫之子為曾孫曾孫之子為玄孫玄孫之子為來孫來孫之子為昆孫
昆孫之子為仍孫仍孫之子為雲孫又代岳謂之天孫又姓周文王子康叔封于衛至武公子惠孫曾耳為衛上卿因氏焉後有孫武孫臏俱善兵法各撰書凡太原東莞吳郡安
樂四望又漢複姓二十三氏左傳秦大夫逢孫氏魯卿有臧孫辰仲孫何忌魯桓公之子慶父之後有孟孫氏叔孫氏季孫氏同出桓公號為三桓子孫代為魯之上卿秦下大夫
楊孫氏齊大夫長孫脩世本云食邑於唐其孫仕晉後號為唐孫氏衛有王孫賈出自周頃王之後王孫賈之子自以去王室父改為賈孫氏晉濟南太守魚孫瑝出自宋魚石奔
楚其孫在國者因以魚孫為氏漢有烏孫昆彌後漢有士孫瑞古封公之後自皆稱公孫故其姓多非一族也孔子弟子有顓孫師國語晉公子利孫夫之後以利孫為氏何氏姓
苑有經孫新孫古孫牟孫室孫長孫叔孫等氏望稱河南之者是虜姓也思渾切七蓀香草飧說文餔也蕵烏蕵草又蕵蕪酸可食也猻猴猻也
搎捫搎模搎也○尊尊卑又重也高也貴也敬也君父之稱也說文曰酒器也本文作尊周禮有司尊彝从缶从木後人所加亦姓風俗通云尊盧氏之後祖
昆切五罇樽並見上注嶟山皃繜衣也○存在也察也恤問也徂尊切五蹲坐也說文踞也拵据也𨛸𨛸鄹
縣在戎州袸爾雅云衿謂之袸袸小帶也又音荐○敦迫也亦厚也又姓敦洽衛之醜人也都昆切七惇厚也弴畫弓也天子弴弓又丁僚切
弤上同驐去畜勢出字林墩平地有堆𤮌器似甌瓿○暾日出皃他昆切七焞火色涒涒灘歲在申也𪏰禮記
孺子𪏰之喪也魯公子名亦黃色也噋詩云大車噋噋噋噋重遲皃蜳蜳蝸蟲名黗黃黑色也○屯聚也又姓後蜀錄有法部尚書屯度徒渾
切二十二豚豕子㹠豘並上同窀火見穴中又音迍臀廣雅云臋謂之脽亦謂之髀也說文作㞘髀也㞘脽臋並上

同見說文軘兵車鈍餛飩籅榜也坉以草裹土築城及填水也沌水勢邨地名亦音村燉火熾又燉煌郡燉火煌盛也
忳悶也啍口氣芚菜似莧也庉風與火為庉又徒損切䵯黃黃色瓲瓳瓲瓜名○村墅也此尊切一○倅女字
又姓出纂文牛昆切又戶昆切四瘒癡皃顐顐顐禿無髮也梱爾雅釋木曰髡梱○盆瓦器亦作瓫爾雅曰瓫謂之缶說文曰盎也又姓風
俗通云盆成括仕齊孟軻知其必死其子逃難改氏成焉蒲奔切四葐覆盆草鴓鴓鳩鳥湓水名在尋陽一曰水涌也○奔奔走也說文作
奔博昆切四賁勇也周禮有虎賁氏掌先後王而趨以卒伍軍旅會同亦如之舍則守王閑閑梐枑也書云武王伐紂戎車三百兩虎賁三百人亦姓古有勇士賁育又
肥秘墳三音⿰賁鳥⿰賁鳥如鵲三目六足白身犇牛驚出文字集略○論說也議也思也盧昆切又力旬盧鈍二切四崘崐山崘掄說文
擇也一曰貫也蒶蒶蒀草也○坤乾坤苦昆切七巛古文髡去髮䫖䫖顐臗體也臀也髖同上豤齧○昏
說文曰日冥也亦作昬呼昆切七惛不明婚婚姻嫁也禮娶以昏時婦人陰也故曰婚棔合棔木名朝舒夕斂閽守門人也殙病也又未
立名而死⿰昏欠不可知也○濆潠也普魂切三噴上同歕吐也又吹氣也○⿸麻香香也亦人名姚興太史令郭⿸麻香奴昆切一

二十四○痕瘢也戶恩切四鞎車革前飾拫急引⿰木焉所以平量斗斛○根根柢也亦姓根牟子古賢者著書出風俗
通古痕切四跟足後踵也⿰止艮上同珢石次玉又音銀○恩恩澤也惠也愛也隱也亦姓前燕慕容皝東庠祭酒恩茂風俗通云陳大夫成仲不
恩之後烏痕切三㶏說文炮炙也以微火溫肉煾上同○吞咽也吐根切人音天一○垠垠鄂五根切又語斤切三圻同上字

浪水名

二十五○寒寒暑釋名曰寒扞也扞格也又姓後漢博士魯國寒朗武王子寒侯之後也胡安切十二 韓亦作韓井垣也亦國
名又姓出自唐叔虞之後曲沃桓叔之子萬食邑於韓因以爲氏代爲晉卿後分晉爲國韓爲秦滅後以國爲氏也出潁川後韓騫避王莽亂後移居南陽故有潁川南陽二望
𦳣𦳣蔣草也 翰天雞羽有五色又音扞 鶾上同 邯邯鄲縣名又漢複姓漢有衛尉邯鄲義風俗通云因國爲姓也 邗邗溝水名在廣陵
𧋍𧋍解蟲一名蝭蟧 汗可汗蕃王稱又音扞 𩓨白𩓨草又又何旦切 鶾鼓鶾蕃大馬出異字苑○豻胡地野狗似狐而小或作犴俄寒切
又音岸四 犴上同 雗鳱雗鳥一名鶡鴠鳥音旦 𧬈山形也○單單複也又大也亦虜複姓可單氏後改爲單氏都寒切又常演切十 禪
禪衣 鄲邯鄲 丹赤也說文曰巴越之赤石也亦州名春秋時白翟所居後魏置汾州廢帝三年以河東汾州同乃改爲丹州州也亦姓晉有大夫丹木出風俗通
殫盡也 簞簞笥小篋 匰宗廟盛主器出字書 嶂嶂孤山名 癉火癉小兒病也 膻大腹○安安徐也靜也止也平也亦州名
春秋時鄖國漢屬江夏郡宋分江夏郡爲安陸郡武德年討平王世充改爲安州有鄖水亦姓風俗通云漢有安成爲太守廬山記有安息國王子安高又漢複姓有安都氏烏寒
切十五 盦安盦盋也大盂 鞌鞌韉 𨛜地名在當陽 侒說文宴也○難艱也不易稱也又木難珠名其色黃生東夷曹植樂府詩曰珊瑚間木難
又姓百濟人說文作難鳥也今又作鸛那干切又奴肝切四 鸛見上注 𩀷𩀷並古文○餐說文吞也七安切三 湌上同 飡俗作飡
箋箋笒出異字苑○灘水灘爾雅云太歲在申曰涒灘他干切十一 嘽嘽馬喘 嘆長息 歎同又音炭 攤攤蒱四數 譠譠謾欺謾言也
殄力極 擹開也亦綫也 彈彈鋋言不正也 嬗綫也 㩶擘㩶㩶轉○𦙶脂肪蘇干切五 跚蹣跚跛行兒 珊珊瑚

廣雅曰珊瑚珠也說文曰珊瑚生海中而色赤也姍誹也籣竹器○壇封土祭處徒干切十五檀木名亦州名春秋時及戰國並為燕地漢
屬漁陽郡隋置檀州取白檀縣為名又姓太公為灌壇令後氏焉禮記魯有檀弓今檀城在瑕丘瑕丘屬魯山陽魯改山陽為高平郡檀氏望在高平也鷤鷤鶾鷄如鶾短尾
射之銜矢射人說文爾雅並作鷤鶾癉風在手足病又都彈切撣觸也太玄經云撣繫其名彈糾也射也亦彈棊梁冀傳云冀好彈棊也又徒案切
驒連錢驄一曰青驪白文又丁年切驒騱獸名似馬而小驙白馬黑脊又知連切但語辭亦姓何氏姓苑云漢有但巴為濟陰太守又徒旱切又徒旦切
胆胆口脂澤出證俗文繟寬緩儃態也又市連切联箄法以矢貫耳曰联嘽歎也貚貙屬○殘餘也說文賊也昨干切七
戔禽獸食餘又徂贊切㱚同上戔傷也又戔戔束帛皃易曰束帛戔戔盞安盞盞大盂𢻬穿也帴帔也○干求也犯也觸也
亦姓左傳宋有干犨又漢複姓何氏姓苑漢有干己衍為京兆尹古寒切十六字乾字樣云本音虔今借為乾濕字又姓出何氏姓苑漧古文竿竹竿
肝木藏奸以婬犯也鳱鳱鴠鳥名知未來事噪則行人至鳱字或作雗雓古沃切玕琅玕美石次玉邗越別名又音寒江名也汗
餘汗縣名又寒翰二音迂進也盂盤也又大盆名𢧀𢧀盾忓說文極也䢴地名赶赶服○蘭香草亦州名古西羌地隋
文帝置蘭州取皋蘭山為名又姓漢有武陵太守蘭廣落干切十一瀾大波闌晚也牢也遮也希也又飲酒半罷曰闌讕逸言又力誕切攔階際
木句攔亦作闌闌妄入宮門籣盛弩矢人所負也韊同上欄木名躝踰也幱幱衫幱褶囒囒哰謰如拏語不可解也○
看視也苦寒切十𥄫古文栞槎木也栞同上靬弓衣臤堅也又口閑口耕二切刋削也剟也○頇顢頇大面

皃許干切二　鼾臥氣鼻激聲○濡水名出涿郡乃官切一
二十六○桓桓桓武也又姓本自姜姓齊桓公後因謚爲氏望出譙郡後漢有太子太傅桓榮胡官切二十九　完全也　䴟鹿一歲
鵍鵍鵍鳥鳥喙蛇尾也　丸彈丸　瓛桓圭名說文曰桓圭公所執　紈紈素　雈雈葦易亦作萑俗作藿雈本自音灌　萑木兔鳥也　洹
水名在鄴又于元切　汍汍瀾泣涙　絙緩也　芄芄蘭草名　豲豕屬又豲道縣在天水亦作獂　梡木名出蒼梧子可食　荁堇類　莞
似藺而圓可爲席又音官　綄船上候風羽楚謂之五兩　䍶山羊細角而形大也　萈上同見說文　貆類又音歡　狟犬大也周
書曰尚狟狟　峘爾雅云小山岌大山曰峘又戶登切　𤵜皮病　䖬丸屬　垸漆加骨灰上也　寏周垣　院上同　捖摫刮摩也○
岏巑岏五丸切十　刓圓削　园上同　忨貪也　蚖毒蛇　骯䯓骯　羱羱野羊角大又語袁切　黿黿似鼈又音元　抏
搵也　䖘䖘䨲○端正也直也緒也等也亦姓出姓苑又漢複姓孔子弟子端木賜也多官切十一　褍衣長也又衣正幅也　剬齊也　觽角觽
獸名狀如豕角善爲弓李陵以此遺蘇武　耑說文曰物初生之題也上象生形下象其根也　鍴鑽也　篅竹名出南嶺　竱齊也又之兗切　䇾
草名　䅾禾垂皃又丁果切　偳抄偳又音湍○剜刻削也一丸切六　眢井無水一曰目無睛　豌豆也　蜿蟠蜿龍皃　帵
帵子裁餘　婠德好皃又古旦切○湍急瀨也他端切又音專六　貒似豕而肥又他畔切　䵥黃黑色　𪏕黃色又湯門切　煓火盛皃
偳人名又多丸切○酸醋也素官切五　狻狻猊師子猛獸　䝜上同　痠痠疼　䨘小雨○團團圓度官切十二　慱

詩云勞心慱慱篿竹器剸截鄟邾鄟之邑蟤魚似鮒而豕尾敦詩云有敦瓜苦又都昆切漙詩云零露漙兮鷒爾雅曰鷒
鷒鶝鶜如鵲短尾射之銜矢射人鷻鵰之別名詩亦作鶉傳云雕也摶說文曰圜也禮云無摶飯⿱雨專露皃○欑木叢也在丸切九巑
巑岏小山皃𩎑車縛軛也又借官切菆菆塗見禮禶禶補酇酇聚也又音纂音贊穳補也又刈禾積也篹上同劗剃髮
也又子攢切○官官宦左傳曰黃帝以雲紀官炎帝以火紀官大皞以龍紀官少皞以鳥紀官又君也法也事也又複姓三氏左傳晉王官無地御戎魯先賢傳云孔
子妻幷官氏楚莊王少子為上官大夫以上為官氏古丸切十悹憂也又古玩切莞草名可以為席亦云東莞郡名又姓姓苑云今吳人又胡官切棺棺椁
禮記曰有虞氏瓦棺夏后氏堲周殷人棺椁說文曰關也所以奄屍也觀視也又音灌貫穿也又音灌冠首飾說文曰絭也所以絭髮弁冕之總名
也亦姓風俗通云古賢者鶡冠子之後又音灌涫樂涫縣在酒泉倌倌人主駕說文曰小臣也詩云命彼倌人毌穿物持也○鑾鑾鈴崔豹古今
注云五路衡上金雀者朱鳥也口銜鈴鈴謂之鑾也或謂朱鳥鸞鳥也鸞口銜鈴故謂之鑾落官切十四鸞春秋元命包曰离為鸞孫氏瑞應圖曰鸞鳥者赤神之精鳳皇之
佐也山海經曰女牀山有鳥狀如翟而五采文名曰鸞見則天下太平巒小山而銳欒木名說文曰木似欄禮天子樹松諸侯柏大夫欒士楊又曲枅亦姓代為
晉卿出左傳羉彘罟䖂葛菟葵口茹也䜌南䜌縣在鉅鹿𣤶迷惑不解理一曰欠皃臠臠臠病瘠皃灤木名灓說文
曰漏流也又一沃也漬也癵病也瘦也圞團圞圓也曫日夕昏時○歡喜也呼官切十三懽上同又音貫驩馬名貆
貉屬貛牡狼鸛鸛鷒鳥射之則銜矢射人說文爾雅並云鸛鷒鴅鳥名人面鳥喙酄魯郡邑名獾野豚犿上同奞化也始也

出方言讙讙諠䑳䑳兜四凶名古文尚書作鴅○寬愛也裕也緩也苦官切二髖髖兩股間也○鑽刺也借官切又借玩切六
䡅說文曰車衡三束也曲轅䡅縛直轅䡅縛䡅䡅並上同𢿃姓出姓苑劗剃髮○槃器名薄官切二十三盤籒文也
鎜古文柈俗瘢瘡痕磻磻溪太公釣處幋大巾磐大石𩮀𩮀頭曲髮爲之又臥髻也又音班般樂也又博干切
釋典又音鉢蹣蹣跚跛行兒搫搫撥婉轉鞶鞶革說文曰大帶也縏縏纓馬飾見左傳鵁鵁鶻異鳥人面出山海經
𥉁轉目視也媻奢也一曰小妻又媻娑來往兒縏番和縣名在涼州蟠鼠負蟲又龍蟠𪐴下色䈲箱也𤝷𤝷狐犬也○
瞞目不明也說文曰平目也曹操一名瞞又姓風俗通云瞞氏荆蠻之後本姓蠻其枝裔隨音變改爲瞞氏母官切二十四顢顢頇大面兒謾欺也慢也
蹣踰牆䊡槾頭餅也饅俗慲忘也鏝泥鏝槾墁並上同𦽏無穿孔伏鞔鞔鞋履樠木名松心
鰻鰻鱺魚也曼路表蔓蔓菁菜也𧮙𧮙欲亭名在上女欲音求獌獸似狸也𧼮行遲兒𦔅種遍兒芇相當也又
三殘武仙二切悗惑也鬗長髮絻連也○潘淅米汁又姓周文王畢公之子季孫食采於潘因氏焉出廣宗河南二望普官切六𤮗𤮗坯
大輓番番禺縣在廣州拌弃也俗作拚𢋼時居也𤺺弃𤺺○𪏽部當黨北潘切四般般運䈲捕魚笱其門可入不可出
華弃畚器名又姓出姓譜
二十七○刪除削也又定也所姦切又所晏切五訕謗也潸出涕兒𣧪單于別名狦說文曰惡健犬也又所晏切○

關說文曰以橫木持門戶也聲類曰關所以閉也又姓風俗通云關令尹喜之後蜀有前將軍關羽河東解人古還切六 関俗 瘝病也 擐貫也
又音患出文字指歸 [口官]二鳥和鳴 絣織貫杼也○彎說文曰持弓關矢也烏關切五 灣水曲 蠻蟃蠻蟲名 𩅟吳王孫休長子名見
吳志 潹[氵奔]潹○[扌寰]關門機出通俗又數還切○還反也退也顧也復也戶關切又音旋二十 環玉環爾雅曰肉好若一謂之環又姓古有
楚賢者環淵後有環濟撰要略一部 [睘刂]僕[睘刂]縣名在武威僕音蒲 鬟鬟髻 寰王者封畿內縣又玄甸切 闤闤闠崔豹古今注云闤市垣也闠市門也
糫骨糫粔籹 鍰六兩曰鍰鍰黃鐵也一曰錢也 圜圜圍又王權切 鐶指鐶 轘轘轅又地名也 [睘車]里名在洛陽 [羊睘]獸名似羊
而黑色無口不可殺也 [羊睘]上同 [睘阝]姓出絳州又音荀 澴水名 [睘飛][睘飛]飛遶皃 [馬平]馬一歲又音弦 茂屋牡瓦名 [臤睘]堅[臤睘]○
班說文曰分瑞玉俗作班亦姓出扶風風俗通云楚令尹鬬班之後布還切十三 頒布也賜也又音汾 鳻大鳩 朌大首又音汾 螌螌蝥
毒蟲 斑駁也文也 辬上同見說文 [髟般]髮半白又音盤 般還師亦作班師又盤黏鉢三音 斒斒爛 鯿魚名又音編 扳挽也
公羊傳云扳隱而立又音攀 [龹大]賊事之皃○蠻南夷名亦姓莫還切十 [䜌鳥]似鳧一目一足一翼相得乃飛即比翼鳥也 僈很屬蜀又莫干晚
販二切 鬘衣出釋典 謾方言曰謾台脅閱懼也燕代之間曰謾台齊楚之間曰脅閱台音怡 [禾曼]赤[禾曼]稻名 䵘畫車輪也○顏顏容亦顏
額又姓出琅邪本自魯伯禽支庶有食采顏邑者因而著族又邾武公名夷字曰顏故公羊傳稱顏公後遂為氏五姦切二 [木彥]木名似橦○姦私也詐也古顏
切俗作姧四 菅草名又姓出趙郡或作蕑 葌香草 蕑上同○攀引也普班切三 扳上同又音班 眅目多白皃○奻

訕也奴還切。𤺌𤺌𤸱五還切二頑頑元愚。馯姓也漢書有江東馯辟字子弓傳易五姦切一。豻胡地野犬似狐而小黑喙可顏切又

我悍俄寒二切二鬜鬢禿兒。跧跧伏阻頑切一

二十八。山廣雅曰山産也能産萬物說文曰山宣也宣气散生萬物又姓周有山師之官掌山林後以官為氏或云古烈山氏之後望出河內所間切三

疝疝痂病也岇地名出地理志。鰥鰥寡鄭氏云六十無妻曰鰥五十無夫曰寡又魚名古頑切三鍰鍰稱釬也綸爾雅釋草曰綸似綸

東海有之說文曰青絲綬也又音倫。閒隙也近也又中間亦姓出何氏姓苑古閑切又閑澗二音六艱艱難囏古文靬黎靬國名在西域其人善

眩幻又犍看二音蕑蘭也覸視兒。閑闌也防也禦也大也法也習也暇也戶間切九嫺嫺雅癇小兒瘨騆馬一目白也

蛝蟲名瞯人目多白又姓史記濟南瞯氏鷴白鷴似雉而尾長四五尺贎莖餘又音莧憪心靜說文愉也。慳恪也苦閑切八

覵人名孟子齊景公勇臣成覵說文很視也顅頭鬢少兒掔爾雅云固也莊子注牢也鬜鬢禿兒又苦八切羥羊名臤堅也又口耕切

䩞堅破䩞聲。虥虎淺毛兒士山切又音棧又跐閑切七潺潺湲水流又士連切孱孱劣兒又士連切僝僝僽惡罵也轏轏車

又士連切𨬖小鑿名又士連切𡑝門聚又跐閑切。羴羊臭許間切又失然切一。訮爭也五閑切四𤢸犬鬭聲亦作很𡁓

訕詞虤虎怒。黰染色黑也烏閑切五黫黑羊殷赤黑色也左傳云左輪朱殷𤙖牛尾色也黫黑色出字林。斒

斒斕色不純也方閑切二虨虎文又甫巾切。斕斕斒力閑切四𢿞上同惏地名出玉篇潾水兒又力人切。嘫語聲女閑

切一 巂嵑巂嵃狀 ○嘽喘也充山切一 ○嬽媚容也委鱞切一 ○窀穴中見火墜頭切又陟倫切 ○旜[illegible]

切一 𧽂跪頭切一 ○譠謾也陟山切又他單切一 ○儃廣蒼云走也藏也 ○𤢽獸走皃直閑切又丑連切 ○湲水流皃獲頑切一

○戔虎淺毛皃昨閑切二 㙴門聚

鉅宋廣韻上平聲卷第一

新添類隔今更音和切

卑必移切 陴並之切 眉目悲切 邳並悲切 悲卜眉切 肧偏杯切 頻步眞切 彬卜巾切

鉅宋廣韻下平聲卷第二

一○先先後也又姓左傳晉有先軫蘇前切又蘇薦切四　蹮蹁蹮旋行皃　躚上同　硟石次玉也○前前先也昨先切六

歬古文騚馬四蹄皆白也湔湔𦽚藥名䒴說文曰蔽絜簀也或作𦳮𥳑上同○千十百也又漢複姓有千乘氏出何氏姓苑蒼先
切九圱三里為圱阡阡陌南北為阡東西為陌汘水名仟千人長也又仟眠廣遠也芊草盛谸說文曰望山谷之谸青也迁
伺候也進也又迁葬又標記也杄木名○箋說文曰表識書也則前切十五牋上同椾古文濺水名說文曰水至也又才薦切帴
小兒藉也韉鞍韉淺淺淺流疾皃又倉翦切湔水名出蜀郡玉壘山𢄼旛幟櫼小栗名趙魏間語也轃大車簀也濺濺疾
流皃又子賤切籛楚人革馬鞌鞍韉又彭祖姓棧香木𨓈埤蒼云至也說文云自進極也○天上玄也說文曰顛也至高無上从一大也爾雅
曰春為蒼天夏為昊天秋為旻天冬為上天他前切六兲𠀘並古文𩓆𩓆䫨語不正也吞姓也漢有吞景雲又湯門切訮訮訶詽皃
○堅固也長也強也又姓漢二十八將有揚化將軍潁川堅鐔古賢切十七鋻剛也又古甸切𢭏縣名在東萊又音弦㡘布名幵說文
曰平也兩平對舉又羌名今作开同又音牽肩項下又任也克也作也勝也又姓出姓苑鳽鵁鶄鳥名又五革五堅二切豣大豕也一曰豕三歲豜
上同㒑俗菺茙葵也今蜀葵麉鹿有力又音牽䴴上同鵳鵳鶄鷂屬鰹鮦大曰鰹小曰鮵鮵音奪䶬說文曰龍耆脊上䶬
䶬龍𦂳緊也○賢善也能也大也亦姓胡田切十七臤古文又口間切弦弓弦五經文字曰其琴瑟亦用此字作絃者非說文作㢺又姓風俗
通云弦子後左傳鄭有弦高晉有弦超絃上注舷船舷胘肚胘牛百葉也蚿馬蚿蟲一名百足𢘋亭名在密縣說文云急也
商人弦高晉有弦超
𠛅自刎頸也伭說文作係很也𢭏縣名又音堅𦭘草名𡢓婦人守志𧼮疾走磌艱險又剛強也嚽嚽難𢈛

痃癖病○煙火氣也烏前切十二烟上同𠖹古文𡦫籀文燕國名亦州又姓邵公奭封燕爲秦所滅子孫以國爲氏漢有燕倉又於薦切咽咽喉橪橪支香草驠馬竅白湮爾雅云落也又音因胭胭項篶竹名閼閼氏單于適妻也氏音支○蓮爾雅云荷芙蕖其實蓮落賢切八憐愛也又哀矜也怜俗嗹嗹嘍言語繁拏皃縺縺縷寒具𪎭𪎭䊲餅也𦣑𦣑𨻻縣在交阯零漢書云先零西羌也又力丁切○田釋名曰土已耕者曰田田塡也五稼塡滿其中也又姓出北平敬仲自陳適齊後改田氏九代遂有齊國徒年切十九佃作田也說文云中也春秋傳曰乘中佃一轅車古輕車也又音甸畋取禽獸也又音甸畇地名在絳塡塞也加也滿也又陟陳切窴上同字統云窴顏府在北州闐轟轟闐闐闐盛皃𨁈蹎地聲譂譂誕語不正也又他丹切鈿金花又音甸輷輷輷衆車聲沺字林云田沺水勢廣大無際之皃磌柱礎鷏蚊母鳥也嗔說文曰盛气也𨊻呂氏春秋云天子𨊻𨊻啟啟莫不載悅啟音軫滇滇汚次水皃又都年切貚貙屬搷擊也○秊穀孰曰秊奴顚切二年上同𨛍鄉名在馮翊○顚頂也又姓左傳晉有顚頡都年切十五顛上同齻牙齻儀禮曰右齻左齻鄭玄云齒堅也𩢨馬額白今戴星馬槇木上瘨病也癲上同𧽒走頓滇滇池在建寧巔山頂也驒驒騱野馬𠐸傎隕也又倒也傎上同蹎蹎仆說文跋也厧冢○牽引也挽也連也亦姓晉有牽秀何氏姓苑云武邑人苦堅切九縴縴繾惡絮邢地名在河内汧水名在安定說文曰水出扶風西北入渭爾雅云汧出不流又苦薦切蚈螢火又古奚切麉鹿之絕有力者亦作麙掔固也厚也持也又音慳岍山名在京兆書曰導岍及岐鳽說文曰石鳥一名雝鶏一曰精列又

秦公子名士雅○妍淨也美也好也五堅切八鳽鳽鶄也又吾賢五茎二切研磨也硯上同揅剌揅破盂醆也趼獸趼也
俓急也又牛耕切○眠寐也莫賢切七瞑上同說文曰翕目也又音麪瞑埤蒼云注意而聽也矈爾雅曰密也臱同上字
⿱髟臱燒煙畫眉⿱宀臱不見○蹁蹁躚旋行皃部田切十二蠙蠙珠骿骿肋軿四面屏蔽婦人車又房丁切駢并駕二馬也
⿰扁瓜黃瓜名胼胼胝皮上堅也跰上同楄木名食不噎又杜預云楄部棺中露牀也賆益也玭班珠或與蠙同玶上同○
淵深也管子曰水出而不流曰淵又姓世本有齊大夫淵湫烏玄切十𣶒上同囦古文肙骨節疼也弲弓勢剈曲翦鼘鼓聲
⿺辶淵行皃⿱雔肙鳥羣蜎蜎蠉又[illegible]玄切○涓說文曰小流也又姓列仙傳有齊人涓子古玄切八睊視皃蠲除也絜也明也說文
曰馬蠲蟲明堂月令曰腐草爲蠲菺草名䅌麥莖鵑杜鵑鳥焆明也鞙鞙馬尾也又胡犬切○鋗銅銚火玄切五駽
爾雅曰青驪駽郭璞云今之鐵驄⿵冂肙規也又辭沿切梋椀屬⿰目复直視○邊畔也又邊陲也近也厓也方也又姓出陳留北平二望陳留風俗傳
云祖于宋平公布玄切十四籩竹器⿰氵邊水名出番侯山甂小盆蝙蝙蝠仙鼠又名伏翼猵獺屬櫋籬上豆也又北典切編
次也又方泫切萹萹竹草又北泫切⿰足臱足趾不正⿰亻臱身不正也牑牀上版也⿺走臱說文走意蹁行不正又薄邊切○玄
黑也寂也幽遠也又姓列仙傳有玄俗河間人無影胡涓切十三縣說文云繫也相承借爲州縣字懸俗今通用眩亂也又胡練切⿰馬玄馬二歲
玹石次玉玆說文曰黑也春秋傳曰何故使吾水玆本亦音滋按本經只作滋弲吳王次子名䁂目童子也伭說文很也盷

白大兒。胘牛百葉又音弦。訇說文云漢中西城有訇鄉。祆胡神官品令有祆正呼煙切二。訮訶也怒也。豻獸似豹而少文出宗玄

一切

二。仙神仙釋名曰老而不死曰仙仙遷也遷入山也故字从人旁山相然切十二　僊上同又僊僊舞皃　𠐝古文　⿰秝毛毯毲罽也

⿱竹鮮竹名又音薺　苮草名似莞　躚蹮舞皃　秈秈稻　鮮鮮潔也善也又鮮卑山因為國号亦水名水經曰北鮮之山鮮水出焉又姓後蜀録李壽司空鮮思明又漢複姓鮮于氏　硟衦繒石也　鱻說文曰新魚精也　廯倉廩。錢周禮注云錢泉也其藏曰泉其行曰布取名流行無不徧也又姓晉有歷陽太守錢鳳昨仙切二　⿱錢虫方言云鳴蟬也。遷去下之高也詩云遷于喬木七然切八　𨔵古文　䙴上同　䢭地名　櫏招櫏木名

⿱竹遷箬䉦竹名　韆鞦韆緬戲　⿸疒遷痛也。煎熟煑子仙切四　湔洗也一曰水名出蜀玉壘山　⿱艹津草茂皃出字林　鬋女鬢垂皃。然語助又如也是也說文曰燒也俗作燃又姓左傳楚有然丹何氏姓苑云今蒼梧人如延切九　燃俗見上注　㸐𤡪㸐獸名似猿白質黑文

⿰女然姓也　肰犬肉　繎絲勞然皃　⿱竹然竹名　⿱艹難草名　⿱難火陸佐公石闕銘云刑酷𤎅炭。延税也遠也進也長也陳也言也亦州漢高如縣取延川為延安郡又姓漢有延篤南陽人為京兆尹殺梁冀使者以然切十三　埏際也地也又墓道亦地有八極八埏又音羶　筵席也鋪陳曰筵藉之曰席

狿獌狿大獸名　郔地名在鄭　綖冠上覆也　蜒蚰蜒　䘰帊巾䘰犀領上衣　鋋小矛又市連切　䀽相顧視也　⿺辶肯同上字

⿺辶羨行皃　莚草名。⿱衍食厚粥也諸延切八　饘上同　旃之也爾雅曰因章為旃郭璞云以帛練為旒因其文章不復畫之也世本曰黄帝作旃亦曲柄旃以招衆士也或作旜又姓出姓苑　旜上同　栴栴檀香木　氈席也周禮曰秋斂皮冬斂革供其毳毛為氈　鸇晨風鳥　⿰旃頁江湘

間人謂頟也○甄察也一曰免也居延切又章鄰切三蘣草名一曰豕首又名彘盧籈竹器○邅迍邅也又移也張連切又直連雉戰二切
五𧽊同行難也說文曰趁也又直然切驙馬載重行難又白馬黑脊曰驙又徒安切鱣詩云鱣鮪發發江東呼為黃魚鱣上同○潺
孱湲水流皃士連切五孱不肖也漢書曰吾王孱王也鋍小鑿轏軒輾𡑞門聚○羶羊臭也式連切八埏打瓦也老子注
云和也挻柔也擊也和也取也長也或作煽扇扇涼又式戰切煽火盛也又式戰切鯅魚醬脡生肉醬又丑延切䘰絮䘰
牛領上衣又音延○脠魚醢也說文云肉醬丑延切四梴長木鏈鉛礦也又力延切㢟說文曰安步㢟㢟也○鋋小矛方言曰五
湖之間謂矛為鋋市連切又以然切九單單于又冊善二音蟬蜩也禮記仲夏之月蟬始鳴季秋之月寒蟬鳴援神契曰蟬無力故不食也撣撣援
牽引儃態也僤上同禪靜也又市戰切澶杜預云澶淵地名在頓丘縣南又音纏嬋嬋娟好皃○纏繞也又姓漢書藝文志有
纏子著書直連切十纒俗餘皆倣此躔日月行也說文曰踐也瀍水名在河南鄽市鄽𨶜市門𧽊移也又張東切蟺
守宮別名廛居也說文曰一畝半也一家之居也壥上同○嘕笑皃許延切四仚輕舉皃說文曰人在山上也嫣長皃好皃又於建於
遠二切𦑣飛皃○連合也續也還也又姓左傳齊有連稱又虜複姓六氏西秦丞相出連乞都後魏書官氏志云南方有連氏後改為雲氏是連氏改為連氏
費連氏改為費氏綦連氏改為綦氏又有赫連氏力延切十三聯聯綿不絕說文作聯漣漣猗風動水皃翴翴翾飛相及皃鰱魚名𢕖𢕖緣
兎走皃令漢書云金城郡有令皇縣顏師古又音零鏈鉛礦又丑延切磏上同𢟤說文曰泣下也槤簃也又橫關柱又木名聯

鹵露灦灦水名出王屋山○篇篇什也又姓周大夫史籀篇之後芳連切七偏不正也鄙也家也又姓急就章有偏呂張翩飛皃媥身輕

便皃㾫身枯艑小舟萹萹茿可食又補殄切○便辯也僻也安也又姓漢有少府便樂成房連切又去聲九緶縫也楩木名

平書傳云平平辯治也又皮明切諞巧言又符蹇切㛹㛹娟美好箯竹輿𧍯𧍯旋蚩沙蟲也亦作𧍯楄木名食之不咽○緜

精曰緜麤曰絮說文曰聯微也又姓晉張方以緜思爲腹心武延切十七綿上同棉屋聯棉又木棉樹名吳錄云其實如酒杯中有棉如蠶綿可作布又名曰緤羅

浮山記曰正月花如芙蓉結子方生葉子內緜至蠶成郎勲廣州記云枝似桐枝葉如胡桃葉而稍大也謾欺也矊瞳子黑又矊眇遠視蝒馬蜩蟬中最大

[虫丏]上同說文曰[虫丏]蚗蟬屬矈密緻皃[忄臱]忘也芇說文曰相當也今人賭物相折謂之芇宀深屋[臱頁]雙生櫋說文曰屋聯櫋

[木丏]木名臱視遠之皃[木面]木名槾櫋密○全完也具也又姓吳有大司馬全琮疾緣切七仝上同見說文泉泉源也又

錢別色[虫泉]貝也白質黃文牷牛全色書傳云體完曰牷[目全]自眇視皃葲芊葲草也○宣布也明也偏也通也緩也散也須緣切九

揎手發衣也撏上同[亘鳥]駒[亘鳥]小鳥駒音句愃吳人語快說文曰寬嫺心腹皃圓面圓也[亘頁]頭圓也瑄爾雅曰璧大六

寸謂之瑄郭璞曰漢書所云瑄玉是也[亘馬][亘馬]頟○鐫鑽也斷也子泉切四鋑古文朘縮肭剶剝也又丑全切○翾小飛許緣

切九儇智也疾也利也慧也又舞皃弲角弓皃蠉蟲行皃[走睘]疾走皃嬛便嬛輕麗皃又音娟音瓊譞智也頨頨妍

美頭[耳縣]目童子也○堧江河邊地又廟垣或從需餘同而緣切六[衤耎]促衣縫也[田耎]城下田也瑌瑌珉也土佩也撋摧物繎

緣絲難理。○穿通也孔也昌緣切三　川山川也蔡邕月令章句曰衆流注海曰川釋名曰川者穿也穿地而流也　𣶒泉三泉泉。○沿从流而下也與專切
十二　㳂上同　鉛說文曰青金也一曰錫之類也　鈆上同　櫞拘櫞樹皮可作粽埤蒼云果名似橘　捐棄也　鳶鴟類　蝝蝗子一曰
蟻　緣緣由又緣羊絹切　⿰魚彖魚名　⿱艹鳶郭璞云⿱艹鳶尾草一名射干　⿰月旋短也。○旋還也疾也似宣切十七　檈圜案　璿玉名也
璿上同　⿰叡疋籒文　蜁蝬蜁沙蝨　漩洄漩　琁美石次玉　璇上同　檈說文曰檈味稔棗也　蜁蜁蝸螺也　⿷匚台漉米
竹器　還還返　圓規也又火玄切　暶好皃　嫙上同　鏇圓鑪轆鑪也。○娟便娟舞皃嬋娟好姿態皃於緣切七　嬛身輕便皃也
悁悁憂又悒也　蜎蠋皃又狂兖切　⿰山肙山曲　潫水深　嬽娥眉說文曰好也。○船方言曰關西謂之船關東謂之舟又姓出姓苑食川
切二　舩上同。○鞭馬策也卑連切六　鯾魚名　鯿上同　編次也又布千方典二切　箯竹輿　揙揙擊。○㳄口液
也夕切二　涎上同。○詮平也說文具也此緣切十九　銓銓衡也又量也次也度也　硂上同　痊病瘳　佺偓佺仙人　悛改也
止也　駩白馬黑脣　筌取魚竹器　絟細布　譔善言　謜言語和悅　縓爾雅曰一染謂之縓今之紅也又采選切　恮謹皃　荃
香草　⿰全刂剔也　峑山巔　⿷匚專篿也又竹器名　鐉說文曰所以鉤門戶樞也一曰治門戶器也　拴揀也俗。○專擅也單也政也誠也
獨也自是也亦姓吳刺客專諸職緣切十二　甎甎瓦古史考曰烏曹作甎　顓顓頊又姓神仙傳有太玄女姓顓頊名和　篿楚詞云索瓊茅以筳篿王逸云
折竹十曰篿又音團　嫥可愛之皃　諯說文曰數也一曰相讓又尺絹市專二切　湍水名在鄧州又音湍　膞膞鳥胃也　鱄魚名專諸吳刺客或

作鱄 鷒鳥名又徒端切 ⿱斷首⿱斷首斷首出玉篇 鄟邾鄟邑名 ○遄速也疾也市緣切入 篅說文曰以判竹圜以盛穀也 圌上同

諯又職絹尺絹二切 輲無輪車名 輇上同 椯木名 歂字林云口氣引也又姓史記有歂師 ○貟說文作貟物數也王權切又云

連二音四 圜天體 圓上同 湲潺湲 ○恮曲卷也莊緣切四 跧屈也伏也蹴也 ⿰目全目眇視也 蟤蜿蟤蛇名 ○栓

木丁也山貟切二 篹篹輂車軸也 ○猭獑猭兔走皃丑緣切二 剶去木枝也 ○乾天也君也堅也渠焉切又音干九 虔恭也固也

殺也說文曰虎行皃又姓陳留風俗傳云虔氏祖於黃帝 犍犍為縣在嘉州 鰬魚名 ⿰虔阝聚名在河東聞喜也 騝騮馬黃脊 楗扃槩也構木為之

鍵鑰也又音件 揵舉也 ○愆過也去乾切十 䇂古文 諐籒文 㥶俗 褰褰衣 騫虧少一曰馬腹縶又姓風俗通

云閔子騫之後吐谷渾視能博士金城騫包 ⿰衤蹇齊人言袴又已偃切 ⿺走虔蹇足跟也 攐褰縮也 ⿰口虔方言曰⿰口虔⿰口虔歡皃 ○權權變也反常合

道又宜也秉也平也稱鍾也又爾雅曰權黃華又姓出天水本顓頊之後楚武王使鬭緡尹權後因氏俗作權巨貟切二十三 拳屈手也廣雅云拳拳憂也又拳拳奉持之

皃又姓衛大夫拳彌 狋狋氏縣在代郡氏音精 觠曲角 顴頰骨 踡踡跼不行 婘美皃 ⿰女雚上同 ⿰𧾷雚曲脊行也 ⿸疒卷手屈

病也 犈牛黑耳又音卷 蠸食瓜葉黃甲蟲 齤齒曲 卷曲也又九免九院二切 鸛鸛鴝 ⿳大目夊大視皃又音倦 鬈髮好也又

胡人髮也又音捲 ⿱𠔉皿盌也 ⿰弓雚弓曲 ⿺走雚曲走皃 ⿰月雚⿰月雚脥醜皃 蜷蟲形詰屈 捲說文云氣勢也國語曰予有捲勇 ○椽

屋桷也直孿切二 傳轉也又持戀切又丁戀切 ○孿攣綴呂貟切三 癵戀病也亦作癵 臠南臠縣在鉅鹿 ○⿱龹亏古縣名在滎陽音圓

切五㢧小幘捲器似升屈木作䰉髮好皃酈鄉名在聞喜○焉何也又鳥雜毛說文曰鳥黃色出江淮間於乾切五閼閼氏

單于妻又音遏蔫物不鮮也嫣長皃又人名鄢人姓又嫣陵縣名又於晚切亦作傿○漹水名出西河也有乾切三䗡蟡蠕蟲名也

焉語助也又於乾切○嬽娥眉皃於權切二潫水際皃○燀火起皃尺延切一○礶行不正皃丁全切一○勬

強健也居貟切一

三○蕭蒿也詩云采蕭穫菽亦縣名在沛郡新語云蕭蘭斉名又姓出蘭陵廣陵二望本自宋支子食采於蕭後因爲氏漢侍中蕭彪始

居蘭陵彪玄孫望之居杜陵望之孫紹復還蘭陵紹十一代孫整正始過江爲廣陵人風俗通云宋樂叔以討南宮萬立御說之功受封於蕭列附庸之國漢相國蕭何即其後氏也

蘇彫切十六簫樂器風俗通云舜作簫其形參差以象鳳翼彇弓弭蟰蟰蛸蟲一名長蚑出崔豹古今注橚橚槮樹長皃潚水名

颵凉風踃跳踃㩋擊也又把也箾舞箾說文云以竿擊人也又音朔䎅羽翼蔽皃𣮈上同艘船揔名又音騷瞍

目無眸子曰瞍又音藪翛翛翛飛羽聲撨擇也○祧遠祖廟也吐彫切十一佻輕佻爾雅曰佻偷也挑挑撥朓月出西方

又吐了切恌轉薄斛斗旁耳又爾雅云斛謂之疀古田器也郭音鍫庣不滿之皃銚田器趒雀行又也竿切聎耳疾蓨苗也

○貂鼠屬出東北夷又姓出姓苑都聊切二十二髫小兒留髮刐斷穗刁軍器纂文曰刁斗持時鈴也又姓出渤海風俗通云齊大夫豎刁之

後俗作刀琱琱琢凋凋落鯛魚名𤝞短尾犬也雕鶚屬又姓漢武帝功臣表有雕延年鵰籀文蛁蛁蟟茆中小蟲彫

彫刻亦作雕䄪說文云短衣也裯死人衣芀葦華也又音調蔏蔏葫茭實舠吴船鳭鳭鷯剖葦求蟲食似雀青班色彫

大也多也奝上同弴天子弓也說文曰畫弓也詩又作敦又丁昆切鵰鷲視○迢迢遰徒聊切二十三條小枝也毌貫也教也爾雅云柚條

似橙而實酸又姓左傳殷人七族有條氏後趙錄冉閔司空條攸姓苑云安定人樤袖條或从木髫小兒髮俗作齠跳躍也鋚紖頭銅飾也

䖺䖺蟰狀如黃蛇魚翼出入有光見則大旱出山海經蜩大蟬佻獨行皃詩曰佻佻公子趒說文曰雀行也苕苕菜也詩云卭有旨苕

芀葦華調和也又姓周禮有調人其後氏焉又徒料切鮡魚名岧岧嶢山高皃髫多髮皃又音凋音綢鞗革轡詩云鞗革忡忡

嬥聲類云細要皃𠤷田器毲毭毲毛皃卣草木實垂卣卣然也鰷白鰷魚名○驍驍武也古堯切九梟說文云不孝鳥

也故曰至捕梟磔之从鳥頭在木上又姓隋煬帝誅楊玄感改其姓爲梟氏県到縣首漢書曰三族令先黥劓斬左右趾県首葅其骨謂之具五刑澆沃也薄也

憿憿幸或作儌又作僥倖釗覿也遠也亦弩關一云周康王名又作覸又指遥切邀遮也又於宵切蟂水蟲似蛇四足能害人也徼求也

抄也又音叫○聊語助也亦姓風俗通有聊倉爲漢侍中著子書又有聊氏爲潁川太守著万姓譜落蕭切四十二⿰耳翏耳中鳴也又力刀切膋腸間

脂也膫上同飉風也遼遠也又水名憀無憀賴也寮穿也寥空也又寂寥也寥廓也料料理也量也又郎弔切璙

周垣橑蓋骨亦椽也又力道切撩取也又理也摷擊也又側交切廖人名左傳有辛伯廖又力救切僚同官爲僚又姓左傳晉陽氏大

夫僚安寮上同鐐有孔鑪又紫磨金也爾雅曰白金曰銀其美謂之鐐簝宗廟盛肉方竹器豂空谷鷯鷦鷯䕓竹名璙

玉名嫽相嫽戲也又力弔切漻水清也蟟蛁蟟瞭目明也窷谷名⿱艹遼草木疏莖⿱髟尞細長嶚嶚巢山皃翏

飛高皃 繚繚綾經緜出字林 憭空皃 獠夜獵也又知卯盧晧二切 髎髖骨名 嵺崖嵺 蟧馬蟧大蟬 ⿱艹⿱玄灬草器又力戈切
敹揀擇 嘹嘹亮聞遠聲又力弔切 熮說文曰火皃 ○堯至高之皃謚法曰翊善傳聖曰堯五聊切五 嶢嶕嶢山危 僥僬僥
國名人長一尺五寸一云三尺 垚土高土皃 顤頭高長皃 ○膮豕羹也許幺切七 嘵懼聲詩曰予維音之嘵嘵 憢憢憢懼也 ⿱堯灬
長大皃 ⿰月皐⿰月犾⿰月皐膧欲潰也 ⿰召羽⿰召羽翲毛皃 ⿰羔頁大額又去遥切 ○幺幺麼小也於堯切五 怮怮怮憂也又一糾切 葽草盛皃 魩
魚名 ⿱目一望遠也 ○鄡鄡陽縣名在鄱陽又姓出何氏姓苑苦幺切五 ⿰県阝縣名在巨鹿郡 ⿰堯殳玉篇云⿰堯殳擊也 墽地名說文磽也 ⿱宀県
⿱宀県寥空也 四 ○宵夜也相邀切二十 消滅也盡也息也 霄近天氣也 捎搖捎動也又使交切 逍逍遙 痟痟渴病也
司馬相如所患 綃生絲繒也 銷鑠也 焇上同 硝硭硝藥名 蛸螵蛸蟲也爾雅注云一名蟳蟭亦姓南齊武帝改其子巴東王子響爲蛸又所
交切 萷草名又使交切 哨口不正也又七笑切 ⿰肖羽鳥毛羽也 鮹魚名又所交切 ⿰犭肖狂也出文字集略 ⿰鹵肖煎鹽 揱長皃又色
交色角二切 奞張羽又先隼切 魈山魈出汀州獨足鬼 ○超說文曰跳也又姓漢有大僕超喜敕宵切六 怊悵恨 ⿰召欠健也 ⿰巾召
細絲 ⿰口召鳴也 ⿰風召京風 ○朝早也又曰至食時爲終朝又朝鮮國名亦姓左傳有蔡大夫朝吳陟遙切又直遙切二 ⿰龺舟古文 ○鼂蒼頡
篇云蟲名亦姓風俗通云衞大夫史鼂之後漢有鼂錯直遙切又陟遙切五 晁上同 鼂古文 朝朝廷也禮記曰諸侯於天子五年一朝又姓唐有拾遺朝
衡 潮朝水 ○⿰頁吕喧也許嬌切又五刀切十 枵玄枵虛危之次 歊歊熱氣說文曰歊歊氣出皃 毊大磬也爾雅注云形如犂錧以玉石爲之

又音喬 獢 猲獢短喙犬也 𤢺 犬黃白色 歊 气出皃又火交切 呺 呺然大皃 嚻 炊氣 虈 白芷別名 ○ 樵 柴也說文曰木也昨

焦切十五 藮 上同 劁 刈草 憔 憔悴瘦也 顦 上同 𦗦 耳中聲又音曹 譙 國名又姓蜀有譙周 嶕 嶕嶢 巢 嶚巢山高皃

又音巢 鐎 又音焦 鄡 縣名 僬 又音焦 醮 面枯皃又音焦 撨 取也 落 草名 ○ 驕 馬高六尺舉喬切九 嬌 女字

亦能態 憍 憐也恣也本亦作驕 穚 禾秀 鷮 鷮似雉而小走鳴長尾 蕎 藥名一名大戟 喬 爾雅云句如羽喬郭璞曰樹枝曲卷似鳥毛羽也

簥 大管名也 撟 舉手 ○ 焦 傷火也又姓周武王封神農之後於焦後以國為氏出南安郡即消切十七 𤓯 籀文 𣯴 堄鼓盖上毛飾 蕉

芭蕉 膲 人之三膲 鷦 鷦鵬南方神鳥似鳳又鷦鷯小鳥 鳭 上同 椒 木名爾雅云檓大椒又椒𣜬醜莍莍實也應劭漢官儀曰皇后稱椒房以椒塗

壁取其溫也又山巔亦姓楚有大夫椒舉 茮 上同 噍 啁噍聲 鐎 刀斗也溫器三足而有柄 蟭 螵蟭蟷蜋卵也 醮 面醮枯也 [火龜] 灼龜

不兆也亦作龜 僬 義見僬僥字 燋 傷火說文曰所以然持火也 [糸蕉] 生枲也 ○ 饒 益也飽也餘也又姓風俗通云漢有饒斌為漁陽太守如招切

六 橈 楫也又女教切 襓 劍衣 犪 牛馴伏又而紹切 蟯 人腹中蟲 蕘 蒭蕘 ○ 燒 火也然也式招切又式照切二 𤬪 瓜名

○ 遙 遠也行也餘昭切三十六 媱 美好 傜 使也役也又喜也或作借 䌛 於也由也喜也詩云我歌且䌛 颻 飄颻 [䍃欠] 人氣出 窯

燒瓦窯也 窰 上同 䔄 蒲葉也又草也 [艹銚] [艹銚]芅萇楚今羊桃也爾雅作銚 珧 玉珧蜃甲 鰩 又鰩魚鳥翼能飛白首赤喙常游西海夜飛向北海

銚 燒器亦古田器又姓後漢衛尉潁川銚期又徒弔切 姚 姚悅美好皃又舜姓今出吳興南安二望左傳有鄭大夫姚句耳 搖 動也作也又姓東越王搖

千百八十

向踐之後謡謡歌也爾雅云徒歌謂之謡軺說文曰小車也又音韶愮憂也悸也邪也惑也恌上同遥疾行又音由或作䌛陶

皐陶舜臣又徒刀切蘨草茂也又音由繇爪也鷂大雉名爾雅云青質五彩皆備成章曰鷂又音曜洮五湖名風土記云陽羨縣西有北湖別名

長塘湖義興記曰太湖射湖貴湖陽湖洮湖是為五湖烑光也𢉓座也𢐡弓利㫾旗旒榣木名嗂樂也說文喜也䟻跳䟻

行步兒瑤美玉猺獸名又猺狗種也銚銚餌食褕褕狄后衣亦作揄○韶舜樂也紹也市昭切十𩐋上同佋

廟佋穆也或作昭父昭子穆孝經跡云昭明也穆敬也故昭南向穆北向孫从父坐又市沼切苕草名卲小問玿美玉帊鼗擊也軺使車又音

遥招說文曰樹兒又射的也牊牊牀別名○昭明也光也著也覿也又姓楚詞昭屈景三族戰國策楚有昭奚恤止遥切七鵃鶻鵃舟鳥也

又竹交切鉊淮南呼鎌招招呼也求也又姓漢有大鴻臚招猛釗遠也見也勉也亦弩牙又周康王名盄王篇云器也皽皮上䁚膜○

飇風也俗作飇甫遥切十五標舉也又木抄也又必小切猋群犬走兒杓北斗柄星天文志云一至四為魁五至七為杓又音漂瘭瘭疽

病幖頭上幟也熛火飛嘌山峯𧼨輕行蔈爾雅曰黃華蔈郭璞云苕華色異名也驫衆馬走兒膘膘脾腫欲潰也

旚旌旗飛揚兒贆貝居陸也髟髮長兒又所銜切○鑣馬銜甫嬌切七𧤗上同臕脂臕肥兒儦行兒詩云行人儦儦

瀌雨雪兒詩云雨雪瀌瀌穮除田薉也亦作穮藨萑葦秀爾雅云猋藨芀○瓢瓠也方言云蠡或謂之瓢論語曰一瓢飲符消切六飄

老子曰飄風不終朝注云旋風也剽爾雅云中鏞謂之剽又小輕也或作剽薸方言云江東謂浮萍為薸槖槖橐也又公混切螵螵蛸蟲名

又撫招切○蜱蟲名彌遙切五⿰虫少蠽蟲初生也篻竹名⿰巾少玉篇云細綢也⿰耳鳥工雀○苗田苗亦夏獵曰苗又求也衆也禾秀出亦姓風俗通云楚大夫伯棼之後賁皇奔晉食采於苗因而氏焉武儦切五描描畫也又音茅緢說文曰旄絲也貓獸捕鼠又爾雅曰虎竊毛謂之虦貓又武交切猫俗○要俗言要勒說文曰身中也象人要自臼之形今作腰又姓吳人要離之後漢有河南令要兢於宵切又一笑切腰見上注也亦作⿱要肉葽秀葽草也喓蟲聲蝧蛇名䙅䙅襻邀邀遮又音梟⿰要鳥鳥名似山雞而尾長蟯腹中蟲又如消切○鴞鴟鴞于嬌切二鄡鄉名在清陽○喬高也說文曰高而曲也又虜姓前代錄云匈奴貴姓喬氏代為輔相巨嬌切十六橋水梁也又姓出梁國後漢有太尉橋玄趫善走又去遙切僑寄也客也⿱宀喬上同鐈似鼎長足鷮雉名又音驕嶠亦作嶠山鋭而高又其廟切⿱殸喬大磬又虛驕切轎小車嬌廣雅云禹妃之名又音驕蕎蕎麥又音驕蟜蠪蟜蟲也蠪音龍蹻驕也慢也又巨虐切⿰羽喬飛皃也⿱喬皿盂也○鍫臿也亦作𠜑七遙切七鐰上同篍吹竹簫又音秋幧斂髮謂之幧頭亦作幓⿱秋巾上同⿰糸焦生麻栗抄飯匙○妖妖豔也說文作媄巧也今从夭餘同於喬切五祅祅災枖說文云大盛皃詩云桃之枖枖本亦作夭訞巧言皃夭和舒之皃又乙嬌切○蹻舉足高去遙切又其略切六繑說文云絝紐也趬行輕皃蹺揭足顤額大皃又火幺切⿱大羔長大皃又火條切○怊奢也尺招切又敕朝切二弨弓弛皃詩云彤弓弨兮○爂說文曰火飛也周禮注云輕爂火土地之輕脆也今作票同撫招切二十一漂浮也亦作漂杓北斗柄星飄飄颻風吹皃嫖身輕便皃旚旌旗動皃犥牛黃白色也又敷沼切鏢刀劍鞘下飾也

僄輕也又四妙切 鷅鳥飛 飄飄風 颻 慓急也 彯彯長組之皃 摽字統云擊也 𧽛說文曰輕行皃 𨇨上同 翲鳥飛 驃驃䮽明視 螵螵蛸 嘌疾吹之皃 𦢊猋𦢊胖腫欲潰也 ○翹舉也懸也危也又鳥尾也渠遙切六 荍草名今荊葵也 𦺉蓮翹草也 嶠不知 𦐧側飛 𦟶凡也 ○燎庭火也力昭切又力照切二 髎髖骨也又音聊 ○趫善走又緣木也起囂切又巨嬌切四 憍紆也 毳毛蹻撟行又禹所乘也 鞽上同

五肴

○肴骨體也又葅也凡非穀而食曰肴亦啖也胡茅切十九 餚同上字 崤崤函山名在弘農 䔎芽根 殽又溷殽雜也和也亂也 洨水名出常山又縣名在沛郡 筊竹索 姣姣婬 虓虎聲又縣名在濟南又直交切 𣗋𣗋桃梔子 爻易卦六爻 淆混淆濁水 笅小簫一十六管 胶字書云胶聲也 𨠫沽也 絞黃色 倄痛聲 恔快也 砓石名 ○交戾也共也合也領也古肴切二十二 蛟龍屬漢書曰武帝元封五年自尋陽浮江親射蛟江中獲之 茭說文曰乾芻也又爾雅曰茭牛蘄郭璞云今馬蘄葉細銳似芹亦可食 鵁鵁鶄鳥 膠膠膝亦太學也又姓史記紂臣膠鬲 鮫魚名皮有文可飾刀 咬鳥聲 郊邑外曰郊 鉸樂器以土爲之雙相黏爲鉸也 轇轇轕戟形 漻漻滈水皃 这說文會也 敎效也又古孝切 骹竹圍索骨名也 𥸮𥸮糰米餅 摎束也橈也又音留 鉸鉸刀又古卯切 佼交也又古卯切 艽秦艽藥名 詨誇語也又音哮 嘐詩云雞鳴嘐嘐 𩏩橐囊也 ○巢說文曰鳥在木上曰巢在穴曰窠爾雅曰大笙謂之巢又縣名在廬江亦姓有巢氏之後左傳楚有巢牛臣鉏交切八 轈兵車若巢以望敵也 勦輕捷也又子小切 𡽱山高皃 䕊蒜 轈東 樔說文曰澤中守艸樓 㙟地名在聊城 鄛鄉名在南郡 ○鐃鐃似

鈴無舌女交切九呶喧呶譊爭也又恚呼也怓心亂鷍鳭鷍鳥名也鳭音嘲汋汋沙藥名䃩上同麃麃捽也獿
犬多毛又奴刀切○梢船舵尾也又枝梢也所交切十七捎蒲捎良馬名也亦芟也又音霄髾髮尾輎兵車旓旌旗旒也弰
弓弰䈾飯帚筲斗筲竹器鞘鞭鞘蛸蟰蛸喜子鮹海魚形如鞭鞘䘯衣袵綃帆維又音霄颵風聲莦說文
惡草皃又音消娋小娋偷也㛍齊人呼姊○茅草名左氏傳曰前茅慮無明又姓史記秦有茅焦莫交切八蝥般蝥蟲名貓又武麃切
犛牛名又力之切罞麋罟也鶜鶜鷂鳥也描打也出玉篇媌美好皃○虓虎聲許交切十六猇上同髇
髇箭藃禾傷肥又音嚻穘上同窙高氣嗃嗃謈恚也𩗾風𩗾颾也哮哮闞庨庨豁宮殿形狀灱乾也熱也涍
水名在南嘐誇語也顤顱顤胡人面也鴞鴟鴞似鳧脚近後不能行㹱豕驚○包包裹亦姓楚大夫申包胥之後後漢有大鴻臚包咸
布交切五胞胞胎又匹交切枹爾雅注曰樹木叢生枝節盤結詩云枹有三枡又揚枹菜苞叢生也豐也茂也又苞筍又姓勹包也象曲身皃○
胞胞胎匹交切九𨚔邑名說文布交切地名罦覆車網也又縛謀切脬腹中水府抛抛擲泡水上浮漚說文曰水出山陽平樂東
北入泗又音炰僇盛也𣪂擊也芁藥名○敲擊頭也口交切十一跤脛骨近足細處骹上同膠卣不平也𢘅𢘅怀
伏熊皃磽石地也硣硣礉戍名今濟州是也出音譜礉上同鄗邑名又杜預云山名在滎陽縣西北又音郝墝墝埆墝土頝頝顱
頭不媢也○聱不聽也五交切又五勞切語彪切四謷不肖也又五勞切磝碻磝𢿌蒼頡篇云擊也○𦗸耳中聲側交切五

罺抄網 抓抓掐 嘐小兒聲 摷擊也 ○嘲言相調也陟交切五 趙趙趟跳躍趟竹肴切 啁說文曰啁嘐也 鵃鵃鶌
黃鳥 鶌鶻鶌似山鵲而小短尾至春多聲 ○譟代人說也楚交切六 抄略也又初教切 鈔上同 摷摷取 訬少健也 [兒+堯]庆兒
○庖食厨也薄交切十七 咆咆𤜸熊虎聲 匏瓠也可爲笙竽 炮合毛炙物也一曰裹物燒 炰上同 鉋鉋刷 爮似瓠可爲
飲器 麃獸名似鹿 掊手掊 颮風聲 鞄鞄皮說文云柔革工也 狍獸名羊身人面目在腋下 跑足跑地也 捊引取亦作抱
尥牛脛相交也又力釣切 泡水名又匹交切 [桼+包]赤黑之漆 ○[凹+頁]頭凹也於交切九 呅呅咋多聲 坳地不平也 窅深目
皃又烏了切 軪軪軋奇兒又車聲也 [耳+幼]面目不平又於糾切 咬淫聲 枹枹桐鐮柄 [冖+包]目凹深 ○颲熱風敕交切二 嘮嘮呶
讙也 ○顟顤顟胡人面狀力嘲切四 僇盛也 窌深空之皃 䝤謎語云錢又力絞切 ○𥝌禾穛生直交切穛音吕一 六 ○豪
豪俠說文曰豕鬣如筆管者亦州名屬九江郡古鍾離國與吳爭桑而滅隋改爲州山海經云渠猪之山多豪魚赤尾赤喙有羽胡刀切十三 號大呼也又哭也詩云或號
或呼易云先號咷而後笑又乎到切 毫長毛 嘷熊虎聲 獋上同 濠城濠又水名 壕上同 顥顥顤大面皃顥音昦 號木名
峟山名在弘農又胡交切 [号+阝]鄉名在南陽 [敖+力]俊健 [阝+皋][阝+皋]壑 ○高上也崇也遠也敬也又姓齊太公之後食采於高因氏焉出渤海漁
陽遼東廣陵河南五望又漢複姓高堂氏出泰山古勞切二十一 膏脂也元命包曰膏者神之液也又澤也肥也 皋高也局也澤也詩云鶴鳴九皋言九折澤
也又姓皋陶之後左傳有越大夫皐如 皐上同 羔羊子 餻餻糜 㟸㟸崒古亭 櫜韜也一曰車上囊 咎皐陶舜臣古作咎繇

鼛役事車鼓長丈二尺詩曰鼓鐘伐鼛傳云鼛大鼓也鵯鵯鶋鳥名篙進船竿槔桔槔⿰皐見見也⿱艹皐葛之白花㤝知也局也釋

今之餹餅曰釋格木名佫毀也茖白茖草食之不飢⿰皐阝鄉名在范陽○勞倦也勤也病也又姓後漢有琅邪勞丙魯刀切二十二

澇水名在京兆又郎到切牢養牛馬圈亦堅也固也又蒲牢獸名又姓孔子弟子琴牢之後漢石顯之黨有牢梁窂上同簩竹名一枝百葉有毒

⿱𤇾豆野豆⿰豆尞上同蟧小蟬一曰蛁蟧蠦蛄也醪濁酒撈取也⿰山牢⿰山皐⿰山牢⿰口聊聊嘈聲也髝髝髞高皃⿰耳翏耳鳴又力

彫切憥惹憥皃⿰谷牢⿰谷皐⿰谷牢深谷皃⿰金牢⿰金牢鑪鉀也⿰王勞玉名嫪妬也又力報切哰囒哰撸挐⿰木聊木名簝宗廟盛肉竹器又音

寮○蒿蓬蒿又姓出姓苑呼毛切七⿰谷皐⿰谷皐⿰谷牢深谷皃撓攪也又奴巧切薧死人里又音考薅除田草也茠⿰木休二同

○毛說文曰眉髮及獸毛也亦姓本自周武王母弟毛公後以為氏本居鉅鹿避讎滎陽也莫袍切十髦髦鬣也髦俊也芼菜也又音耄⿰氵旄水名

出諸與山旄旄鉞書曰武王右秉白旄史記曰昴星曰旄頭星徐援釋疑曰乘輿黃麾毛內羽仗斑弓前左罼右罕執罼者冠能皮冠謂之旄頭也犛犛牛尾也犛音

猫⿰木敄冬桃枆上同酕酕醄醉也堥前高後下丘名○饕貪財曰饕土刀切二十八洮水名出西羌又清汰也韜

藏也寬也說文曰劍衣也縚上同謟疑也滔漫也又水流皃叨叨濫弢弓衣⿰舀馬馬行皃⿰牛壽牛羊無子又昌來切⿰丬攴

牛行遲皃慆悅樂絛編絲繩也幍上同⿸攸目目通白也槄木名爾雅云槄山榎今山楸也蜪爾雅曰蝝蝮蜪郭璞曰蝗子未有翅者又

音陶夲說文曰進趣也从大十大十者猶兼十人也丰上同綢爾雅曰素錦綢杠郭璞曰以白地錦韜旗之竿又音紬搯搯捾周書云師乃搯

搯搯鳥活切 翢羽葆幢又徒刀切 瑫玉名 叏叏滑也又亜胄鼓大頭名 䈇牛蒙 匋古器 詨詨謟言不節 挑挑達往來

相見皃詩曰挑兮達兮又條了切 ○刀釋名曰刀到也以斬伐到其所也說文云兵也都牢切七 魛刀魚名 忉憂心皃 裯說文曰祗裯短衣又

直流切襌被也 舠小船 䫿䫿顤大面皃 朷木心 騷愁也蘇遭切十三 搔刮 繅繹繭為絲 繰上同俗又作縿縿本音杉

臊腥臊 鰠魚名 溞淅米 颾風聲 鱢鮏臭 𣝗說文曰船緫名也亦作艘 艘上同亦作𦪈 𠐁驕也 慅恐懼 ○

袍長襦也薄褒切三 袌上同 軳突也又車軨也 ○褒進揚美也說文作褎衣博裾也又姓禹後因国為氏博毛切四 襃俗 [illegible]吳主四子

字名盟也 [illegible]地名 ○陶陶甄尸子曰夏桀臣昆吾作陶周書神農作瓦器又陶正官名齊職儀曰左右甄官署掌塼瓦之任也又喜也正也化也亦姓

陶唐之後今出丹陽徒刀切二十五 謟說謟言不節說文曰往來言也一曰小兒未能正言也一曰祝也 詾上同 咷號咷 桃果名鄴也記石虎苑

中有句鼻桃重二斤又姓何氏姓苑云今西陽人後趙石勒將有桃豹 綯爾雅曰綯絞也謂糾絞繩索也 燾覆燾也又徒到切 逃去也避也亡也 鼗

大者謂之麻小者謂之料又小鼓者柄者 鞀 鞉並上同 濤波濤 掏擇掏 檮春秋傳云檮杌杜預曰凶頑無儔匹之皃 騊說文曰騊

駼北野之良馬又山海經曰北海有獸狀如馬名騊駼 菿蒲菿 翿纛也亦作翢舞者翿所執也又音導 䬞大風 饀養也 啕多言 翢

羽葆幢又音叏 錭錭鈍也 駣馬四歲也 蜪蝗子 裪褘裪衣袖 ○糟粕也作曹切九 莤上同 醩俗 [illegible]火餘木也

遭遭逢也又才刀切 槽果華實相半也 傮終也 殰上同 [illegible]耤也 ○敖游也說文作敖亦姓顓頊大敖之後或作遨五勞切二十五

遨上同翱翱翔聱不聽又五交切驁駿馬熬煎也嶅山多小石獒犬高四尺滶水名出南陽魯陽縣蔜蘩縷蔓生或曰雞腸草也鷔不祥鳥白身赤口也鼇海中大鼇螯蟹屬謷不省語也又哭不止悲嗸衆口愁也嗷同上𩕄高頭也𢧒戟鋒也摮擊皃嫯慢也⿰镸敖長大皃⿱敖木船接頭木⿱敖舟上同⿱敖骨蟹大脚也鰲魚名○曹曹局也又輩也衆也群也亦州名蓋取古國以名之又姓本自顓頊玄孫陸終之子六安是為曹姓周武王封曹挾於邾故邾曹姓也魏武作家傳自云曹叔振鐸之後周武王封母弟振鐸於曹後以國為氏出譙國彭城高平鉅鹿四望昨勞切十四⿰車曹古文槽馬槽螬蠐螬蟲嘈喧嘈鐰鐵剮折也𥛚祭家先也艚船艚𦗐耳鳴也鶮高也䏆膤脃蓸草名漕衛邑名又水運曰漕又昨到切褿帬也○爊埋物灰中令熟於刀切三鏖銅盆說文云溫器也鏖上同○猱猴也奴刀切八獿長毛犬又音饒⿰犭農上同巎山名嶩平嶩山名在齊出地理志峱上同瓇玉名獿獸名○尻說文脽也苦刀切訄戲言○操操持七刀切又七到切四幧所以裹髻也又七摇切毃平持⿰巾曹藉也○橐橐囊張大皃普袍切四藨醋莓可食⿵風毛輕皃⿰片毛毛起皃出聲譜

七○歌禮記曰舜作五弦之琴以歌南風釋名曰人聲曰歌歌者柯也以聲吟詠上下如草木之有柯葉兖冀言歌聲如柯古俄切十一謌上同柯枝柯又斧柯又姓吳公子柯盧之後何氏姓苑云吳人也又虜姓後魏書柯拔氏後改為柯氏望在河南也妿女師以教女子⿱加心法也楷也菏澤水在山陽湖陵縣牁所以繫舟又牂牁郡名戕陸云上同河多汁哥古作歌字今呼為兄也䳶䳶鵝○蹉蹉跌也七何切七瑳玉色鮮白又七可切搓

手搓碎也　磋治象牙曰磋　溠水名在義陽　傞舞不止皃又素何切　齹齒差跌出字統　○多衆也重也又貝多樹名葉如批杷葉得何
切三　茤姓也漢有茤宗　[illegible]上同　○娑婆娑舞者之容素何切十一　挱摩挱　挲上同　傞舞不止皃又千何切　𩋟𩋟鞄樂器亦謂
馬尾　獻獻罇見禮記亦作犧　[illegible]莎[illegible]草木盛皃　仯行也又舞不正　桫桫欏木名出崑崙山　[illegible]鈔鑼銅器　[illegible]偷視　○駝
駱駝外國圖云大秦國人長一丈五尺好騎駱駝俗從㐌餘同徒何切二十三　駞俗　鼉說文曰水蟲也似蜥蜴而長大　𣓌𣓌負　紽絲數詩云素絲
五紽　鮀魚名　陀陂陀不平之皃陂普何切　驒連錢驄說文曰驒騱野馬也又丁年切　[illegible]似羊四耳九尾　沱滂沱大雨也詩云月離于畢俾
滂沱矣又爾雅云江爲沱謂江水出別爲沱也　跎蹉跎　詑欺也　池虖池水名在并州界出周禮又音馳　酡飲酒朱顏皃　[illegible]瓦盆　馱
馱騎也　迱逶迱行皃　鼧鼠名又託何切　袉裾也又達可切　[illegible]鞍緇　[illegible]疾馳　[illegible]如人羊角虎爪　佗委委佗佗美也又託何切
○醝白酒也昨何切十九　[illegible]殘薉田也　瘥病也又初介切　[illegible]䣜縣名在譙郡或作䣜鄼本音贊　[illegible]小疫病也　鹺禮云鹽曰鹹鹺
蒫蒫我　蒫薺實又子邪切　[illegible]籠屬　艖小舸　蔖爾雅曰蓾蔖郭璞曰作履苴草又采古切蓾音魯　[illegible]穀麥淨也　暛暛擣也
𨅔𨅔躦也　躦上同　虘虎不柔也又才都切　齹齒跌　齹齒本　髿髮多皃　○莪草名似斜蒿詩云蓼蓼者莪五何切十三
哦吟哦　娥美好也又姓後魏將軍娥清　䄉上同　峩嵳峩　鵝說文曰鵱鵝也　俄俄頃速也　䫏[illegible]也　蛾蠶蛾又姓左傳
晉大夫蛾析禮記又音蟻　睋視也　涐水名在汶江　誐嘉善也詩云誐以謐我　硪說文曰石巖也　○佗非我也亦虜三字姓後魏書佗

駱拔氏後改爲駱氏託何切七 他 俗今通用 拕 曳也俗作拖 它 說文曰虫也从虫而長象冤曲垂尾形上古艸居患它故相問无它乎 蛇 說文

同上今市遮切 痑 馬病又力極也又叨卅切 鼧 鼠名 ○羅 羅綺也古者芒氏初作羅爾雅鳥罟謂之羅又姓出長沙本自顓頊末胤受封於羅國今房州

也爲楚所滅子孫以爲氏魯何切十 蘿 女蘿 籮 篩籮 儸 僂儸出玉篇 饠 饆饠 ⿰氵羅 汨⿰氵羅水名屈原沈處 欏 杪欏大名也出崑崙山

囉 囉歌詞又嘍囉也亦小兒語也 鑼 鈔鑼器也 剆 擊也 ○那 何也都也於也盡也詩云受福不那那多也亦朝那縣名在安定又姓西魏楊州刺

史那椿諾何切九 ⿰𦰩能 獸名似鼠班頭食之明目 ⿰牛冊 似牛白尾 挪 搓挪 儺 驅疫 單 同上 ⿰多冊 多也 魌 纂文云人值鬼驚聲

臡 麋鹿骨醬 ○何 辝也說文儋也又姓出自周成王母弟唐叔虞後封於韓韓滅子孫分散江淮間音以韓爲何字隨音變遂爲何氏出廬江東海陳郡三望胡

歌切七 河 水名出積石山海經云河出崑崙西北隅發源注海亦州取水以名之爾雅有九河徒駭太史馬頰覆釜胡蘇簡絜鉤盤鬲津 荷 爾雅曰荷芙蕖又胡

哿切 菏 菏蘼草也 苛 政煩也怒也說文曰小艸也 蚵 蚵蠪 魺 魚名 ○訶 責也怒也虎何切五 呵 同上 𩑋 頭傾 哥

止也 抲 擔抲俗 ○珂 馬腦苦何切四 呿 開口聲 𩨨 膝骨 軻 又苦賀切 ○阿 曲也近也倚也爾雅云大陵曰阿亦姓風俗通

云阿衡伊尹号其後氏焉又虜三字姓四氏後魏書云阿伏于氏後改爲阿氏阿鹿桓氏後改爲鹿氏又有阿史那氏阿史德氏烏何切七 妿 婀阿妿不決也婀音痾字

痾 亦作痾病也 妸 女字 架 女師又音哥 䋍 緕之細者 鈳 鈳鏻小釜 八○戈 干戈說文云平頭戟也天授年置司戈八

品武職古禾切十五 過 經也又過所也釋名曰過所至關津以示之也或曰傳過也移所在識以爲信也亦姓也風俗通云過國夏諸侯後因以爲氏漢有兗州刺史過栩

渦亦作過水名出淮陽扶溝浪蕩渠又姓三輔決録有扶風太守渦尚鍋溫器𨍏車盛膏器楇上同一曰紡車收絲具瘑瘡也⿸疒瓜

上同𣂼說文曰秦名土釜曰𣂼⿵鬲咼上同⿰口過小兒相應也又音禾緺綬名堝甘堝⿰戈鳥鳥名⿰虫過螗蜋別名○遳脃也

七戈切一○⿰阝朵⿰阝朵堆丁戈切二桗木桗也○莎草名亦樹似栟櫚其樹出麪蘇禾切十二魦魚名挱手挼挱也⿱山心⿱山心題縣名

在涿郡趖趖疾蓑草名可為雨衣唆喎唆小兒相應⿰言坐侳也髿鬖髿髮兒梭織具晉書陶侃少時漁於雷澤嘗網得一梭以挂於

壁上須臾雷雨暴至乃化為龍而去也⿰扌⿱竹沙上同⿰女坐女字穆天子傳云盛姬喪天子三女叔⿰女坐為主也○婆老母稱也薄波切九媻說文奢也

鄱鄱陽縣名在饒州皤老人白也⿰番頁⿰番頁⿰番頁男舞兒說文同上緐姓也左傳殷人七族有緐氏漢有御史大夫緐延壽又音煩搫除也

潘岳躲雉賦云搫場挂翳又披散也亦音盤蔢蔢葵草木盛兒碆繳繳石又音盤○牠牛無角也徒和切三碢碾碢堶飛塼戲也○

摩研摩又滅也隱也迫也莫婆切十一⿸麻食⿸麻食食也出異字苑⿸麻盤杯也又莫加切麼麼尼魔魔兒魔⿸麻骨偏病磨磨礪爾雅曰石

謂之磨劘削也⿰月麻偏病⿰月⿸麻非上同⿰食⿸麻非咊兒○矬短也昨禾切五痤癤也銼銼鑢小釜桽爾雅云桽接慮李今麥李

也或从木睉小目○訛謬也化也動也五禾切七譌吪並同上鈋刓也去角也囮網鳥鳥媒𩵽魚名⿸厂巴木節○

詑欺也說文曰兗州謂欺曰詑土禾切五訑俗涶水在西河誘誘詆⿰言隋退言○贏獸名魚身鳥翼落戈切十六摞

理也騾騾馬也蜀志云後主突案騾車陸鄧艾也驘上同蔂盛土草器鸁桑飛鳥也⿳亡口⿲月木凡木名可為箭笴螺蜯屬蠃同上字

𥢔穀積也或作稞 稞上同 𧄸草名生水中 鑹銼鑹小釜也或作鏍 覼覼縷委曲 腡手指文也 蠡瓠瓢也又禮鹿二音○

捼捼莏說文曰摧也一曰兩手相切摩也俗作挼奴禾切二 㶽熟○波波浪博禾切六 皤老人白皃又音婆 紴錦類又絛屬 嶓

嶓冢山名 番書曰番番良士爾雅曰番番矯矯勇也 䃗石可為矢鏃也○頗說文曰頭偏也滂禾切又匹我切四 坡坡阪 陂陂陀不平

玻玻瓈玉西國寶○和爾雅云笙之小者謂之和和順也諧也不堅不柔也亦州名在淮南漢九江都尉居之屬九江郡齊為和州又姓出汝南河南二望本自

羲和之後一云卞和之後晉有和嶠又虜複姓和稽氏後改為緩氏戶戈切九 咊古文 𥝩棺頭 禾粟苗 龢諧也合也或曰古和字 鉌鉌鑾

亦作和 苿草名 ⿰口過小兒相應 盉調五味器○科程也條也本也品也又科斷也苦禾切又苦臥切十四 窠窠窟又巢 薖草名

又寬大皃 稞青稞麥名 萪萪生海邊藂朋可為篋筬也 蝌蝌蚪蟲名爾雅曰科斗活東蝦蟆子也字林从虫 牱牛無角也 犐上同 課

課差又苦臥切 簻簻過軸又陟瓜切 䈖竹名 𤵸禿瘡又古禾切 髁膝骨說文曰臥切髀骨也 ⿰亻過美也○倭東海中國也烏禾切七

濄水回 渦水坳 涹濁也 堝地堝窟也 踒蹋也 ⿰多委燕人云多○鞾鞾鞋釋名曰鞾本胡服趙武靈王所服許戈切九四字

靴上同 𢪒撝也 ⿰口靴道經云吐氣聲也○⿰月⿺乚目⿰月⿺乚目䏲手足曲病於靴切二 俄俄恒癡皃 恒出釋典○⿰骨巨手足疾皃也去靴切二

⿰骨它上同○伽伽藍求迦切三 茄茄子菜可食又音加 枷刑具又音加○佉丘伽切四 呿張口皃 㰦欠去 ⿰亻亘䬮⿰亻亘

○迦釋迦出釋典居伽切又音加一○脞脆也醋伽切二 ⿰女坐訬跌○侳安也子⿰骨它切二 ⿰食坐骨銼出異字苑○瘸腳手病巨靴切一

○臠臠臚腸胃也縷骮切一

九

○麻麻紵亦姓風俗通云齊大夫麻嬰之後漢有麻達注論語莫霞切八 ⿸麻牛⿸麻牛牛重千斤出巴中 嗼蝦蟆亦作蟇 ⿸麻黽⿸麻黽似龜鼊生海邊沙中肉甚美多膏 ⿸麻頁⿸麻頁頊難語出陸善經字林 痲痲風熱病 ⿸麻皿杯也又莫何切 ⿸麻心⿸麻心悘

○車古史考曰黃帝作車引重致遠少昊時加牛禹時奚仲加馬周公作指南車又姓出魯又南平淮南河南四望本自舜後陳敬仲奔齊為田氏至漢丞相田千秋以年老得乘小車出入省中時人謂之車丞相子孫因為氏漢末避地於魯又複姓二氏世本有齊臨淄大夫車䕫氏又有車成氏亦虜複姓魏獻帝命疎屬車焜氏後改為車氏尺遮切又音居二 硨硨磲

○奢張也侈也勝也式車切三 賒不交也 畬燒榛種田又音余

○邪琅邪郡名俗作耶瑘亦語助以遮切又似嗟切十三 耶瑘並見上注 釾鏌釾 鋣上同 椰椰子木名出交州其葉背面相似 擨擨歈舉手相弄 斜斜谷在武功西南入谷百里而至說文杼也又似嗟切 ⿱艹邪草名 ⿱艹枒木名皮可為索 ⿱艹斜穗也 ⿱艹衺枲屬 ⿱竹耶竹名生臨海

○遮斷也正奢切四 庶遮儸健而不德 爹吳人呼父 諸姓也漢有洛陽令諸於何氏姓苑云吳人又職余切

○嗟咨也子邪切十二 𧪾上同 罝兔罝也詩有兔罝篇也 蒫薺實又昨何切 謯說文詠也 瘥爾雅云病也又在何切 ⿰長差長歎 祖縣名又似與切 ⿰女虘嬌也 柤上同 蹉小度也

○䞣䞣丘山在東海

○蛇毒蟲又姓後秦錄姚萇后蛇氏也南安人食遮切又音它三 虵俗 荼爾雅云蔈荂荼即芀也又音徒荂音呼

○華草盛也色也說文作𠌶榮也崔豹古今注曰堯設誹謗木今之華表也西京記謂交午柱戶花切又呼瓜戶化二切十 驊驊騮周穆王馬 䳸鳥名似雉 ⿰虫華蟲名似蛇字林云蟒大蛇也出魏興蛥小蛇及蝮但張口小蛇自入也 鋘鋘鍫 鏵上同 釫兩刃鍤也 樺木名又戶化切 崋西岳

名也又户化切划划撥進船也○瓜說文蓏也廣雅云龍蹄獸掌羊骹兔頭桂髓密角小青大班皆瓜名亦州名本古西戎地左傳范宣子數戎子駒支曰昔
秦人迫逐乃祖吾離于瓜州又漢複姓王莽傳有盜賊臨淮瓜田儀古華切七騧黃馬黑喙緺青緺綬也婐女侍又於果切蝸蝸牛小螺媧
古女后也抓引也擊也○華爾雅云華荂也呼瓜切四花俗今通用譁諠譁誇上同○誇大言也苦瓜切八舿舿躬
體柔也爾雅作夸毗夸奢也姱姱皃跨吳人云坐胯兩股間也⿰亻瓜⿰亻瓜邪離絕之皃⿰骨咼額上骨也○拏牽也女加切九
詉譇詉語皃譇張加切挐絲絮相牽又女書切摣取也蒘藸蒘草⿱奴衣衣敝設絲設語不解也⿸厂叉爬⿸厂叉以殺除也笯
鳥籠又乃胡切○嘉善也美也又姓左傳周大夫嘉父古牙切二十六家居也爾雅云戶內謂之家又姓風俗通漢有家羨爲劇令加增也上也陵也
葭葭蘆也說文曰葦之未秀者又音遐笳笳簫卷蘆葉吹之也麚牡鹿䴥上同豭豕也子路佩豭說文曰牡豕也猳俗痂
瘡痂鴐鴐鵞鵞枷枷鎖又連枷打穀具袈袈裟毠袈毠毛衣跏跏趺坐也⿺辶枷不得進也⿰犭哥⿰犭哥玃𧊅米中黑蟲茄
荷莖又漢複姓有茄羅氏迦漢複姓有迦葉氏又居伽切珈婦人首飾瘕病也犌牛絕有力幏說文曰南郡蠻夷賨布貑貑熊
又貑玃也並見爾雅注蟼爾雅云蟼蟇蝦類也又音荆○遐遠也胡加切十四蝦蝦蟆鍜錏鍜霞赤氣騰爲雲又漢複姓有霞露
氏瑕玉病也過也又姓左傳周大夫瑕禽又漢複姓有瑕呂氏騢馬赤白雜色鰕大鯢⿰⻊叚腳下⿰叚頁⿰叚頁⿰叚頁言語無度碬礪石也春
秋傳曰鄭公孫碬字子石韕履跟後帖⿰革叚上同赮日朝赤色蕸荷葉○葩花也又草花白亦作皅普巴切七鈀方言云江東呼

⿰金皃箭 妑字林云女字也 蚆貝也爾雅曰蚆博而頯郭璞云頯者中央廣兩頭銳 吧吧呀大口皃 舥舥腳船也 ⿰角巴牛角開闊也 ○鴉

烏別名於加切八 鵶上同 錏錏鍜 ⿱宀亞⿱宀亞⿱宀奈作姿態皃⿱宀奈音宅加切 椏方言云江東言樹枝爲椏杈也 丫象物開之形 ⿰石亞碬⿰石亞

地形不平 ⿰亞刂自刎 ○巴巴蜀又州取國以名焉三巴記云閬白水東南流曲折三迴如巴字亦蟲名又姓後漢有揚州刺史巴祇伯加切八 鈀兵車又音葩

笆有刺竹籬 豝豕也 芭芭蕉 ⿰皮巴皅皻鼻病 蚆又四加切義見上文 吧吧呀小兒忿爭 ○叉交手初牙切九 杈杈杷田器

說文曰杈枝也 差擇也又差舛也 靫靫鞴弓箭室也 鎈錢異名出字諟 ⿰月差服⿰月差脯也 ⿰差刂⿰差刂物 ⿰舟叉小船名 艖上同 ○鯊

魚名今之吹鯊小魚是也所加切十一 魦上同 沙沙汰說文曰水散石也爾雅曰潬爲沙潬謂大水溢出別爲小水之名亦州取沙角山爲名即三秦記鳴沙山也

又姓何氏姓苑云東莞人又漢複姓二氏左傳齊有夙沙衛神農時夙沙氏之後漢書功臣表有昭沙掉尾又百濟有沙吒氏 砂俗 裟袈裟 ⿱沙毛髿⿱沙毛毛衣

桬桬棠木名出崑崙山 紗絹屬一曰紡纑也 髿髿髮鬆垂皃 ⿰革沙⿰革盍⿰革沙素⿰革睪履也 硰硰石地名見漢書 ○牙牙齒又牙旗吳志曰孫權

因瑞作黃龍大牙常在軍中諸軍進退視其所向又姓風俗通云周大司徒君牙之後五加切七 衙縣名在馮翊亦衙府又姓秦穆公子食采於衙因氏焉蜀志有晉督

護衙傳又音語音魚 芽萌芽 齖齇齖齒不平正 呀吧呀 枒杈枒 吾漢書金城郡有允吾縣允音鈆 ○楂似梨而酸或作柤側加切

十二 柤上同又煎藥滓 葅芹楚葵生水中 ⿰虘攴以指按也 齇齇齖 皻皰鼻 抯說文挹也 溠水名出義陽又側稼切 渣

上同 ⿸疒虘瘡痂甲也 ⿰禾虘赤⿰禾虘稻名 ⿰氵赤棠汁 ○⿱宀奈⿱宀亞⿱宀奈宅加切十五 ⿰𧾷屠⿰𧾷屠躇跱行難皃 荼苦荼又音徒 ⿰屠阝亭名在郃陽

樣春藏葉可以爲飲巴南人曰假樣 茶俗 秅說文曰秭也周禮注云聘禮曰十斗曰斛十六斗曰籔十籔曰秉四秉曰筥十筥曰稯十稯曰秅 ⿰女余美也 ⿸疒余瘢⿸疒余瘡痕 ⿱余肉含忍兒 ⿱穴余窊⿱穴余深兒 塗塗飾又音徒 陼丘名 梌吳人云刺木曰梌也 秅開張屋也又縣名說文作⿸广乇 ○衺不正也似嗟切四 斜上同 邪鬼病亦不正也論語曰思無邪 ⿱艹斜⿱艹斜蒿 ○闍闉闍城上重門也視遮切又德胡切五 余姓也見姓苑出南昌郡 鉈短矛又音夷 鍦 ⿰矛施同並上 ○窊凹也說文曰汚衺下也烏瓜切六 洼深也亦渥洼水名又於佳切 ⿰田瓜⿰田瓜留地名在絳州 蛙蝦蟇屬蜀也 窪深也說文曰清水也一曰窊也又水名 哇婬聲 ○髽婦人喪髻莊華切一 ○檛棰也左氏傳曰繞朝贈之以策杜預云馬檛也或作簻過陟瓜切四 簻上同 ⿱竹朵同 腡亦腡腿也 ○爬搔也或作把又姓本杷東樓公之後避難改焉西魏襄州刺史杷秀蒲巴切三 把枇杷木名說文曰收麥器也 琶琵琶樂器 ○楂水中浮木又姓出何氏姓苑鉏加切六 查 槎二同 齇齇䶥又音摣 ⿸广虘壞衺也淮南子云虘屋之下不可坐也 苴詩傳云水中浮草也 ○侘侘傺失意敕加切傺丑例切四 哆張口也 ⿸疒乇⿸疒乇癡兒也 ⿱尚多緩口又厚唇也 ○奓張也陟加切八 譇譇㶿語不正也 觰角上廣也 秅開張屋也又縣名 ⿸疒余瘡痕 咤達利咤出釋典本音去聲 ⿱奴齒噍聲 ⿰月奓不密又黏也 ○煆火氣猛也許加切又呼嫁切六 呀唅呀張口兒又呀呷也 谺字統云谽谺谷中大空兒 疨疨病 岈⿰山含岈山深之狀 颬吐氣又風兒 ○⿰齒可大齧也苦加切三 ⿰忄牙恐⿰忄牙伏態之兒恐苦交切 ⿱齒可女窒⿱齒可女女作姿態也 ○⿱大且大口兒才邪切一 ○若蜀地名出巴中記人賒切又惹弱二音三 婼婼羌西域國名 ○些少也寫邪切一 ○爹羌人呼父陟邪切一 ○

扌言四 韻下平 十五

○㰦歌㰦猶歌姽也五瓜切二 䯏⿰骨咼䯏顝骨 ○𠐊乞加切一

十陽

陽陰陽說文曰高明也爾雅云山東曰朝陽山西曰夕陽又姓出
右北平本自周景王封少子於陽樊後裔避周之亂適燕家於無終因邑命氏秦置右北
平子孫仍舊焉又漢複姓二十二氏歐陽氏越王句踐之後封于烏程歐陽亭後因為氏
望出長沙呂氏春秋有辯士高陽魋帝顓頊高陽氏之後漢有東海王中尉青陽精少昊
青陽氏之後又有御史孫陽於秦穆公時孫陽伯樂之後魯之公族有名子陽者又衛公
子趙陽之後並以名為氏漢有周陽由淮南王舅周陽侯趙兼之後又駙馬都尉涇陽犨
秦涇陽君之後世本云偪陽妘姓國為晉所滅子孫因氏焉左傳晉有梗陽巫皐衛有戲
陽速漢有博士中山鮭陽鴻又有葉陽氏秦葉陽君之後列仙傳有沛國陵陽子明上陵
陽山得仙其後因山為氏漢有楊州刺史鮮陽戩後漢有櫟陽侯景丹曽孫汾避亂隴西
因封為氏又有長沙太守濮陽逸陳留人也神仙傳有太陽子白日升天春秋釋例周有
老陽子修黃老術漢有安陽護軍河東成陽恢何氏姓苑有朱陽氏索陽氏與章切三十一

暘日出暘谷 楊赤莖柳爾雅曰楊蒲柳又姓出弘農天水二望本自周宣王子尚父幽王邑諸楊号曰楊侯後并於晉因為氏也 揚舉也說也導也明也
又州名禹貢曰淮海惟揚州李巡曰江南之氣躁勁厥性輕揚故曰揚州 颺風所飛颺 昜飛也又曲昜縣在交阯 羊牛羊禮記凡祭羊曰柔毛崔豹古今
注云羊一名髯須主簿又姓出泰山本自羊舌大夫之後戰國策有羊千者著書顯名又漢複姓二氏列士傳有羊角哀左傳晉大夫有羊舌職 样廣雅云样槌也云言
曰懸蠶柱齊詩之祥 眻美目又餘亮切 佯詐也或作詳 詳上同本音祥 徉儴徉徙倚 洋水流皃又海名又音祥 烊焇烊出陸
善經音有 煬釋金又音恙 鍚兵名又馬額飾 ⿰革昜馬額上靻 輰輰⿰車遂車也 敭明敭 瘍瘍傷也說文云瘍頭瘡也周禮療瘍以五毒攻
之 鸉鷸鸉一足鳥舞則天下雨出字統 鰑赤鱺 ⿱楊鳥白鷹 蛘蟲名 禓道上祭一曰道神又舒羊切 崵說文曰崵山在遼西 諹

讙也又音恙 瑒玉名 楊盌杯也 芊芊蒝藥名 鮮多也 ○詳審詳論也諟也似羊切八 洋水名出齊郡臨朐縣北亦州名本漢成固
縣秦爲漢中郡魏置洋州 翔翱翔 庠說文曰禮官養老夏曰校商曰庠周曰序 祥吉也善也 𨁑趐行 𣨙女鬼古作祥禫字 痒病也
○良賢也善也首也長也又姓左傳鄭大夫良霄鄭穆公之子子良之後呂張切十八 梁梁棟又州名書曰華陽黑水惟梁州晉太康記云梁者言西方金剛
之氣強梁故因名之釋名曰梁也秦爲漢中郡後其地入蜀魏末克蜀分廣漢巴涪陵以北七郡爲梁州梁大同年復移在南鄭亦姓出安定天水河南三望本自秦仲周平王封其
少子康於夏陽梁山是爲梁伯後爲秦所并子孫奔晉以國爲氏又漢複姓十二氏左傳有梁其踁魯伯禽庶子梁其之後又魯有仲梁懷晉有梁餘子養梁由靡秦有強梁皐莊子
有十梁倚楚文王庶子有食邑諸梁者其後爲氏魯有穀梁赤治春秋史記有將梁氏漢光武時有侍御史梁垣烈新垣衍之後漢明帝時有梁成恢善歷數 粱稻粱廣志
曰遼東有赤粱魏武以爲粥也俗作梁 粮粮食 糧上同 涼薄也亦寒涼也又州名禹貢雍州之域古西戎地也六國時至秦屬戎狄月氏居焉秦置三十
六郡西北唯有隴西北地二郡於漢屬涼州部至武帝改雍州爲涼州後獻帝分渭川河西四郡爲雍州建安十八年復改爲涼州又姓魏志有太子太傅山陽涼茂 凉俗
颵北風也又力向切 量量度又力向切 蜋蜣蜋蟲一名蛣蜣又音郎 踉跳踉也又音郎 椋木名 賘賦也 綡冠纓也
㾗薄也又力尚切 犣牻牛駁色 䣼擬水 輬輼輬車名 ○香說文作香芳也漢書曰尚書郎懷香握蘭許良切五 皀稻香 薌
穀氣 鄉鄉黨釋名曰萬二千五百家爲鄉鄉向也衆所向也又姓出姓苑 膷牛羮 ○商金音度也張也降也常也亦州名即古商國後魏置洛州周爲
商州取商於地爲名又姓家語有商瞿式羊切十八 𧶠說文曰行賈也典籍通用商漢書曰通財鬻貨曰商白虎通云𧶠賈通物曰商俗作𧶠字 傷傷損也

𥏫傷也又且羊切殤殤夭慯憂皃觴酒器俗作觴湯湯湯流皃本他郎切蔏蔏陸草也⿰商鳥⿰商鳥鷞又商⿰商鳥鳥也螪螪蝆蟲汤水名⿰黑昜說文云赤黑色又餘諒切禓道上祭也又以章切饟饋也又式尚切鬺煑也亦作鬺塲耕塲畼上同○房房室亦州名即春秋時防渚也秦為房陵郡唐武德為房州又姓出清河濟南河南三望本自堯子丹朱舜封為房邑侯子陵以父封為氏陵四十八代孫雅王莽末為清河太守始居清河雅十九代孫諶隨慕容德南遷因居濟南郡生四子豫坦遂熙号四龍今稱四祖房氏符方切七防防禦也隄防也坊上同見禮又音方魴魚名方方與縣名又府良切肪脂肪又音方鴋澤鴋也又音方○章篇章又音章甫殷冠名禮記曰孔子長居宋冠章甫之冠又明也采也程也又姓秦將有章邯諸良切十五漳水名山海經曰漳水出荊山南注于沮水樟豫樟木名慞懼也璋半珪曰璋詩云乃生男子載弄之璋彰明也墇壅也又之尚切障隔也又丘山項上平又音去聲麞鹿屬獐上同鄣邑名在紀蔁蔁柳當陸別名⿰章鳥吴人呼水雞為鶿渠⿰革章⿰韋章泥鞍飾暲日明○昌盛也說文曰美言也一曰日光也又姓後漢有東海相昌豨尺良切八裮衣披不帶倡樂也優也又音唱猖猖狂閶閶闔琩耳璫鯧鯧鯸魚名菖菖蒲藥也○羌章也強也發語端也說文又云西戎牧羊人字从人羊又姓晉有石氷將羌迪去羊切四羗上同或从大[illegible]古文蜣蜣蜋○薑菜名說文云御濕之菜史記云千畦薑韭與千戶侯等居良切十五⿱艹彊上同畺說文界也彊上同壃俗畕說文曰比田也⿰牜畺牛長脊一曰白脊牛繮馬組韁上同殭死不朽也礓礓石橿一名檍萬年木又云鋤橿鋤柄也姜姓也出天水齊姓本自炎帝居於姜水因為氏漢初以豪族徙關中遂居天水也⿰虫畺蠶白也

僵仆也○長久也遠也常也永也直良切又直向丁丈二切八 萇長楚萇茗羊桃又姓左傳周有大夫萇弘 腸腸胃釋名曰腸暢也通暢胃氣
場祭神道處又治穀地也 張張跪方言曰東齊北燕之間謂跪曰張 塲道也 蟐蚰蜒別名 瓺瓺甒也又除向切 ○張張施也又姓出清河南陽吳郡安定敦煌武威范陽犍為沛國梁國中山汲郡河內高平十四望本自軒轅第五子揮始造弦寔張網羅世掌官職後因氏焉風俗傳云張王李趙黃帝賜姓也陟良切四 餦餦餭餳也 粻食米 漲大水皃又音帳 ○穰禾莖也又姓齊將穰苴之後何氏姓苑云今高平人汝陽切十七 禳除殃祭也 攘以手禦又竊也除也逐也止也揎袂出臂曰攘又音讓 𣀔盆也 鑲鉤鑲兵器又息羊切 𨞰縣名在南陽 躟疾行 瀼露濃皃 𩆐上同 獽戎蜀 儴爾雅曰因也 蘘蘘荷 𥳒𥳒籅盛米竹器 鬤髮鬤亂毛 勷劻勷迫皃 瓤瓜實也又女良切 孃亂也又女良切 ○方四方也正也道也比也類也法術也亦官名續漢書曰尚方令掌上手工巧作御刀劍諸好器物也又姓史記周大夫方叔之後府良切十三 汸併船也說文本作方或从水 坊坊巷亦州名本上郡地周於今州界置馬坊武德初置坊州因馬坊為名漢官有太子坊坊亦省名又音房 蚄虸蚄蟲名 肪脂肪 邡什邡縣在漢州 鴋鸍鴋鳥名人面鳥身 枋木名可以作車又蜀以木堰魚為枋 鈁鑊屬 牥牛名 趽趼也說文曰曲脛馬也 秎禾名 匚受物之器又一斗曰匚也 ○襄除也上也駕也返也亦州名本楚之西津魏武置襄陽郡西魏改為襄州因水立名又姓魯莊公子襄仲之後子孫以謚為氏後漢有襄楷息良切十三 廂廊也亦曰東西室 湘水名在零陵 相共也瞻視也崔豹古今注云相風烏夏禹作亦相思木名又姓出姓苑又息亮切 緗淺黃 纕馬腹帶國語云懷挾纓纕 儴儴佯 驤馬騰躍又速也低昂也馳駕也 鑲兵器又女羊切 瓖

馬帶飾東京賦曰鉤膺玉瓖 欀 欀木皮中有如白米屑擣之可為麪 箱 箱笛 葙 青葙子也 ○將 送也行也大也助也辭也又姓後趙錄有常山
太守將容即良切六 漿 漿水 鱂 鰪鱂魚名鰪烏盍切 蔣 菰蔣草又音獎 螿 寒螿蟬屬 摪 說文云扶也字林又作摪 ○創
說文曰傷也禮曰頭有創則沐今作瘡初良切又初亮切三 瘡 上同 刅 俗 ○亡 無也滅也逃也說文正作亾武方切十一 芒 草端也 莣
爾雅曰莣杜榮郭璞云今莣草似茅可以為繩索屨屩 鋩 刃端 硭 硭石硝 杗 屋梁又莫郎切 邙 縣名在沛郡又洛邙北山名又音拉 鄳 郡名
也又鄉名 望 看望又音妄 朢 弦朢又音妄 萌 忘也又莫郎切 ○孃 母稱女良切四 娘 少女之号 瓤 瓜瓤瓜實也又音穰 鑲
兵器 ○牀 簀也易曰巽于牀下士莊切二 床 俗 疒 病也又女尼切 ○莊 嚴也又莊田爾雅曰六達謂之莊亦姓莊周著書也側羊切五
庄 俗 妝 女字又飾也 裝 裝束又側亮切 粧 粉飾也 ○常 倍尋曰常又官名漢書曰奉常秦官掌宗廟禮儀景帝六年更名太常也釋名
曰九旂之名日月為常謂畫日月於其端天子所建言常明也亦姓出河內漢有常惠市羊切十 尚 尚書官名又時仗切 裳 上曰衣下曰裳 嘗 試也曾也
說文本作嘗口味之也又姓風俗通云齊孟嘗君之後 甞 上同 鋿 車鋿輪鐵 鱨 魚名 償 報也還也當也復也又音尚 鸉 鸉鶬鳥名也
徜 徜徉猶徘徊也 ○霜 凝露也又姓色莊切七 鸘 鷫鸘 鷞 同上 孀 寡婦 驦 驌驦良馬 騻 上同 蠰 爾雅云蠰齧桑
也又傷䬟二音 ○牆 垣牆爾雅云牆謂之墉說文曰牆垣蔽也在良切十 廧 上同 墻 俗 牂 弱也 嬙 嬪嬙婦人官名 檣 船檣也
薔 薔薇又東薔子十月熟可食出河西子虛賦云東薔彫胡 𤖨 上同 戕 殺也又他國臣來殺君也 奘 妄強犬也又徂朗切 ○鏘 鏗鏘七羊

切十二 瑲玉聲 槍稍也通俗文云剡木傷盜謂之槍說文曰歫也 蹌說文曰動也詩曰巧趨蹌兮 蹡行皃 蹩上同 斨斧斨說文

云方銎斧也 牄說文云鳥獸來食聲 嶈山高皃 𨵦門聲和 𥏫傷也又式羊切 搶拒也突也 ○匡輔助也正也又姓風俗通

云匡魯邑也句須爲之宰其後氏焉漢有匡衡去王切十三 邼邑名說文曰河東聞喜鄉也 筐筐匡籠 蛀大蝦 框棺門 恇怯也 劻

劻勷 𩬳鬤 洭水名出桂陽含洭縣 軭車戾 眶目眶 茞草名 𩢘馬曲耳 ○王大也君也字林云王者天地人一貫三爲王天

下所法又姓出太原琅邪周靈王太子晉之後北海陳留齊王田和之後東海出自嬀姓高平京兆魏信陵君之後天水東平新蔡新野山陽中山章武東莱河東者殷王子比干

爲紂所害子孫以王者之後號曰王氏金城廣漢長沙堂邑河南共二十一望又漢複姓五氏左傳晉有樂王鮒小王桃甲賈執英賢傳云東莞有五王氏史記云出齊威王至建

王五王之後風俗通云漢有中郎威王弼出自楚威王後漢有新豐令王史音雨方切又雨誑切四 蚟蚟孫蟲名又蜻蛚郎今促織也 𩵬𩵬鯆魚名 𢓊急行

○央中央一曰久也於良切九 鴦鴛鴦匹鳥又烏郎切 殃禍也咎也罰也敗也 衂上同 鉠鈴聲又音英 秧蒔秧也又於文切

雵雵霙白雲皃又音英 胦胮胦 泱水流皃又烏朗切 ○強健也暴也說文曰蚚也又姓後漢有強華奉赤伏符巨良切四 彊與強通用

說文曰弓有力也 𩹉鯨魚別名又其京切 勥迫也 ○𦳝草名褚羊切三 倀失道皃又狂也 鼚鼓聲 ○芳芬芳亦州地多芳草

故以名之置在常芳縣又姓風俗通云漢幽州刺史芳乘敷方切三 妨妨害 汸水名 ○狂病也韓子曰心不能審得失之地則謂之狂也巨王切五

軖紡車也 軭說文曰車戾也又去王切 鵟鵟鸕 㞷草木妄生匡往皆從此

十一 ○唐說文曰大言也又州春秋時楚地戰

國時屬蜀晉後入於韓秦屬南陽郡後魏爲淮州隋爲顯州貞觀改爲唐州因唐城山
爲名即高鳳隱所亦姓唐堯之後子孫氏焉出晉昌北海魯國三望徒郎切四十一 啺
⿰昜夭並古文 煻煻煨火 糖飴也 糛上同 堂堂除亦室白虎通曰天子之堂高九尺天子尊故極陽之數九尺也堂之爲言明也所以明禮
義也禮記曰天子之堂九尺諸侯七尺大夫五尺士三
尺又姓風俗通云堂楚邑大夫五尚爲之其後氏焉 坣古文 䶂䶂鼠一月三易腸 棠棠梨又沙
棠木生崑崙山黃色赤實味如李食之使人不溺亦姓左傳
齊大夫棠無咎又漢複姓吳王闔閭弟夫㮣奔楚爲棠谿氏 搪搪揬 蓎蓎蒙女蘿別名爾雅作唐蒙不从
艸 瑭玉名 餹餹餅黍膏餅杜兮切 篖筕篖竹笪 螗蜩螗 ⿰牛唐⿰牛唐牛 ⿰牛堂上同 螳螳蜋禮記仲夏月螳蜋生 塘陂塘也
碭芒碭山名又音宕 鶶鶶鷵鳥名似烏蒼白色 ⿰魚唐魚名 踼踼跌頓伏皃又吐郎切 闛說文曰闛闛盛皃又他郎切 赯赯赤
色 磄磄庠石也 溏池也 鄌地名 傏傏偯不遜 隚殿基 隯隄隯 闣高門也 鎕鎕銻火齊 ⿱竹棠置也 ⿰車唐
⿰車唐⿰車艮⿰車亢軨 橖車橖 榶榶棣木名案爾雅曰唐棣移不从木 ⿰唐毛毷罽也 ⿰唐瓦瓷器 ○郎官名又魯邑又姓出中山魏郡二望魯當切三十
蓈說文曰禾粟之穗生而不成者謂之董蓈 稂草名似莠說文同上 桹桄桹木名 廊廡也文穎曰廊殿下外屋也 榔檳榔 鋃鋃鐺
鎖頭一曰鍾聲 硠硠磕石聲 ⿰良鳥鶊鳥名 浪滄浪水名又盧宕切 ⿰骨良骯⿰骨良股肉骨骯苦光切 蜋螳蜋 ⿰魚良魚脂 琅琅玕爾雅曰西
北之美者有崐崘璆琳琅玕焉又琅邪郡名今沂州也又姓齊有大夫琅過 瑯瑯邪郡名俗作瑯瑘 㝗康㝗宮室空皃 狼豺狼說文曰豺似犬銳頭而白
頰高前廣後帝王世紀曰有神牽白狼銜鉤入殷朝又姓左傳晉有大夫狼瞫 欴欴欿貪皃 ⿱艹狼⿱艹狼毒藥名 踉踉蹡行皃 莨草名 崀峻崀

山名冬日所入⿰車良轄⿰車良輣⿰車良艆海中大船駺馬尾白躴躴躿身長皃筤車籃一名笑笭簀替稂短莠閬高門又盧宕切

哴哴吭吹皃○當敵也直也主也值也亦州本羌地周置同昌郡隋改為嘉城鎮貞觀中改為當州蓋取燒當羌以名之又姓也都郎切十一鐺鋃鐺

簹篔簹竹名襠兩襠衣璫耳珠⿰車當車⿰車當檔木名出文字音義儅止也又丁宕切膅耳膅耳下當中也⿰當瓜⿰當瓜瓜

蟷蟷蠰螗蜋別名○倉倉廩也亦官名齊職儀曰太倉令周司徒屬官有廩人倉人則其職也釋名曰倉藏也藏穀物也漢書曰耿壽昌奏設常平倉

又姓黃帝史官倉頡之後七岡切七蒼蒼色也又姓漢江夏太守蒼英鶬鶬鶊鳥名⿰倉隹⿰倉隹雜說文同上滄滄浪亦州後魏所置蓋取滄海為名之

飡寒皃⿷匚倉古器也出說文○岡爾雅曰山脊岡古郎切十六崗又作堽並俗剛強也⿰罡寸俗掆舉也笐說

文曰竹列也又爾雅曰仲無笐竹類也鋼鋼鐵綱綱紀說文曰維紘繩也亢星名一曰亢父縣說文人頸也犅特牛堈甕瓦也⿰岡瓦上同

犺水牛苀爾雅釋草曰苀東蠡又音杭魧魚名爾雅云大貝本杭沆二音迒獸跡又音杭○桑木名史記曰齊魯千畝桑麻其人與

千戶侯等又姓秦大夫子桑之後漢有御史大夫桑弘羊息郎切六桒俗喪亡也死喪也又姓楚大夫喪左又息浪切喪上同縔淺黃⿰馬喪

馬色○康和也樂也又姓衛康叔之後亦西胡姓苦岡切十四穅穀皮糠俗㱂穀不升謂之㱂㝩㝩㝗槺槺梁虛梁也見文選

賦⿰阝康爾雅云虛也本亦作㝩⿰虫康⿰虫康⿰虫尹蜻蛉⿰目康⿰目夾⿰目康目皃邟邟城在陽翟漮說文云水虛也⿰康瓦瓦也⿰荒瓦上同躿

躿躴身長○荒荒蕪又姓呼光切十四穔果蓏不熟又說文曰虛無食也肓心上鬲下衁血也⿰巟馬馬奔鄺人姓何氏姓苑云今

廬江人 統絲縆又延也 㡃幟也 謊夢言 䀮目不明又狼䀮南夷國名人能夜市金 䀮旱熱 帨蒙掩 巟說文水廣 𣶒

上同 ○黃中央色也亦官名有乘黃今晉官主乘輿金根車也又州名古邾國地秦屬南郡漢西陵縣也隋爲黃州取古黃城爲名亦姓出江夏陸終之後受封於黃後爲楚所滅因以爲氏漢末有黃霸胡光切三十二 皇君也美也天也說文作皇大也又姓左傳鄭大夫皇頡 璜說文曰半璧也周禮以玄琪禮北方 惶懼也恐也 遑急也 潢說文曰潢積水池也 堭堂堭合殿 煌火狀 餭餦餭餳也 騜馬黃白色 艎艅艎吳王舟名 簧笙簧 隍城池也有水曰池無水曰隍 癀病也 鄺古國名 湟水名出金城 徨彷徨 篁竹名 鱑魚名 蝗蟲蝗爲災

凰鳳凰本作皇詩傳云雄曰鳳雌曰皇 偟偟暇 媓女媓堯妻 獚犬名 蟥蚑蟥蛢田蟲也 諻諻樂鍾聲也又音橫 𨛛古縣名 䎅羽舞名 𥠶穆稈穄名 𩀞鷬也 葟上同 趪趪趪舞皃又張設皃 ○光明也亦州名漢西陽縣地屬江夏郡梁置光州因俘光山爲名又姓田光之後秦末子孫避地以光爲氏晉有樂安光逸古黃切十四 灮上同 洸水名又烏光切 桄桄根木名 胱膀胱水府 垙垙陌

輄車下橫木 軦上同 橫又戶觥切 驜決驜馬旄毛在脊上 恍武也 茪菠茪草名 僙僙僙武皃 侊盛皃 ○湯熱水又姓宋有沙門湯休有文集吐郎切十二 簜水名在鄴今簜陰縣留作 鏜以鐵貫物說文曰鼓鐘聲也 闛盛皃又音堂 趟趟走皃 踼踼跌又杜郎切 盪盪突又徒郎切 蝪蛈蝪蟲名 鼞鼓聲 蕩蕩遂蕩馬尾 𦼮上同 ○滂滂沱普郎切七 鎊鎊削 雱雱霈大雨 雱雨雪盛皃詩云雨雪其雱 霶上同 磅石聲 𣂼量溢也 ○汪水深廣又姓汪芒氏之胤姓苑云新安人也烏光切

五 尣曲脛俗作尢 尪尫弱說文同上 洸水名又音光 ⿰氵鳥雉鳴○鴦鴛鴦匹鳥烏郎切又一良切七 佒體不申也 咉
應聲 ⿰豸央貉屬 ⿰犭央上同 眏眏䁰目皃 姎女人自稱又烏朗切○炕煑胘呼郎切又苦朗切四 ⿰亢欠⿰亢欠月國名也 䀪狼䀪南夷
忼映忼很戾○航船也胡郎切十八 笐笐行僭 桁械也 行伍也列也又户庚户浪户孟三切 迒獸迹又苦郎切 ⿰足更上同
頏頡頏詩傳云飛而上曰頡飛而下曰頏說文音剛與亢同 翃飛高亢下也 魧魚名又大貝 胻脛也 邟餘邟縣名在吳興又音伉 杭
州名古於潛餘邟皆別名今餘杭於潛縣並在杭州 沆渡也又胡朗切 蚢爾雅蚢蕭蠰郭璞曰蚢食蕭葉者皆蠶類 肮肮大脈也 苀東莞草名也
抗舉也又苦浪切 吭鳥喉又下浪切○茫滄茫莫郎切十四 吂不知也 䀮目不明也 汒谷名在京兆 恾怖也 忙
上同 朚遽也 邙北邙山名又武方切 芒草端亦姓史記有芒卯又音亡 砬砬碭山名史記本只作芒 杗大梁又武方切 蘉勉也
䆿寐語 ⿰杗阝鄉名在藍田○臧善也厚也又姓出東莞本自魯孝公子臧僖伯之後則郎切六 ⿷匚⿱羊土古文 牂牡羊 戕戕牁亦作牂
臟納賄曰臟 牂羝也出廣雅○囊袋也說文曰囊橐也又姓楚莊王子囊之後以王父字為氏奴當切二 蠰蟷蠰螗蜋也○傍
亦作旁側也說文曰近也又羌姓步光切十三 彷彷徨 膀膀胱 髈上同 ⿰足旁跟⿰足旁急行 趽膝脛曲皃 房阿房宮名 旁爾雅曰二
達謂之岐旁謂岐道旁出也說文曰薄也 篣竹箕又薄庚切 ⿰旁阝亭名在汝南 螃螃蟹本只名蟹俗加螃字 ⿰禾旁⿰禾旁程穄名 騯馬盛皃又甫盲
薄庚二切○卬高也我也又姓漢有御史大夫卬祗五剛切又魚兩切七 駠千里駒說文又五浪切駠駠馬怒皃 枊繫馬柱也劉備縛督御者又五浪切

昂卬舉也茚昌蒲別名又魚兩切枊飛枊斜桷鞆卬履鞆頭○藏隱也匿也昨郎切又徂浪切一○骯骯髒苦光切一○幫衣治鞋履復出文字作幫博旁切五縍上同挷捍也衛也𨡦加杯上酒鞤鞋鞤皮用

【十二】○庚更也償也爾雅云太歲在庚曰上章又姓唐有太常博士庚季良又漢複姓莊子有庚桑楚古行切十二鶊鶬鶊更代也償也改也又古孟切𨓈兔徑秔秔稻稉同上粳俗賡續也經也償也羹肉謂之羹羹臛爾雅曰𩱧古文埂秦人謂坑也浭水名出北平𡿨阬爾雅曰虛也郭璞云阬壍也客庚切六坑上同硎亦同𦗛𦗛瞢視不分明砊砊硠石聲劥劥動有力○盲目無童子武庚切八蝱蟲也鄳縣名在江夏矒矒盯直視莔貝母草𨟚古縣名在義昌鋂鋂鋂銷䈍竹名○橫縱橫也又姓風俗通云韓王子成號橫陽君其後為氏戶盲切十六黌學也蝗蟲又音皇鐄大鐘瑝玉聲說文音皇喤泣聲鍠和也樂也又鐘聲也說文音皇𩘻𩘻颸暴風潢方舟也又荊州人呼渡津舫為潢或作䑟𥛚䄙𥛚祭名𧝒𧝒褡小被𤮰瓦也黃織皇也㤨憕㤨韹聲音也彋弸彋帷帳起皃○閍宮中門也一曰巷門甫盲切六祊廟門傍祭𥛱上同騯騯騯馬行又音傍音彭嗙唱聲㔙大也○諻語聲虎橫切五𦒱𦒱然飛聲謍謍謍小聲嚝鼓鍾聲喤喤呷也又音橫○觵觵角為酒器受七升罰失禮者古橫切六觥上同侊小皃春秋國語曰侊飯不及壺飧𩃬吳主孫休二子名罞網滿𣝯上同○彭行也道也盛也說文曰鼓聲也又姓大彭之後左傳楚有令尹彭仲爽漢有大司空彭宣薄庚切十七澎澎地名又擊水勢又撫庚切膨膨脝脹皃蟚蟚蜞似蟹而小鬔鬔鬡髮亂髮皃鬇鬤

乃庚切 棚 棧也閣也 榜 說文曰所以輔弓弩也又甫孟切 䄘 䄘禮祭名 搒 笞打說文又北孟切掩也 䒍 茉一名隱忍似蘇可爲葅
篣 籠又音旁 䅭 䅭䅭大香 騯 馬行盛皃 憉 憉悙自強 𣂈 量溢 輣 兵車又樓車也 䡙 上同 ○ 脝 膨脝脹也許庚切三
悙 憉悙自強 亨 通也或作亯又匹庚許兩二切 ○ 瞠 直視皃丑庚切五 撐 撥也又撐柱也 橕 上同說文曰衺柱也 𧿒 字書跉𧿒
行遟皃 竀 正視 ○ 鎗 鼎類楚庚切四 鐺 俗本音當 槍 欃槍祆星 琤 玉聲 ○ 傖 楚人別種也助庚切五 衡 丁角長皃
⿱髟希 ⿱髟希鬇亂髮皃 鬇 上同 崢 崢嶸山皃 ○ 霙 雨雪雜也又於驚切十 鍈 鈴聲 韺 五韺高陽氏樂亦作英 渶 水名出青丘山
鶧 鵻鶧鳥名 英 華也榮而不實曰英也又英俊也亦姓漢有英布 瑛 玉光 蝧 清皃 媖 女人稱美 楧 楧梅之雀梅 ○ 磅
小石落聲 怦 滿也 亨 煮也俗作烹又許庚許兩二切 澎 澎湃水皃又音彭 ○ 平 正也和也易也亦州名古山戎孤竹白狄肥子二國
之地秦爲遼西郡隋爲北平郡武德初爲平州有盧龍塞又姓齊相晏平仲之後漢相丞相平當又漢複姓何氏姓苑云有平陵平寧二氏符兵切八 評 評量亦評事大
理寺官唐初置十二員又音病 苹 蘋一曰蒲又曰萍別名又云藾蕭也 枰 枰仲木名又博局也 泙 水名說文谷也 坪 地平 胓 牛羊脂也 蚲
蛢蚲 ○ 驚 懼也說文曰馬駭也舉卿切七 京 大也爾雅曰四起曰京風俗通曰京非人力所成天地性自然也京義亦取此公羊曰京者大也師者衆也天子之
居必以衆大之辭言之又姓風俗通云鄭武公子段封於京號京城大叔其後氏焉漢有京房 荆 荆楚亦木名可洗木又州名貢及周竝爲州秦爲南郡即郢都之渚宮又姓
燕刺客荆軻 麠 獸名一角似麋牛尾 麖 上同 鶁 羌鶁鳥 蟼 蟼蛙 ○ 明 光也昭也通也發也又姓出平原河南山公集有平原明普武

兵切五 盟 盟約殺牲歃血也周禮有司盟 盥 上同 鷞 鷞鷞似鳳南方神鳥 鳴 斷鳴又姓出姓苑 ○棖 門兩旁木直庚切七 盯

矚盯視皃 澄 水清定又音懲 棖 棖觸 定 距也周禮曰唯角定之 捏 舉也 憕 憕恐失志又音懲 ○趟 趟趟跳躍竹盲切趟陟交

切二 飄 颶飄狂風 ○榮 榮華又姓漢有榮啟期永兵切六 縈 祭名又音詠 蠑 蠑螈蜥蜴別名 瑩 玉色詩云充耳秀瑩又烏定切

揘 拔也 嶸 崢嶸又戶萌切 ○兵 戎也周禮有司兵掌五兵五盾世本曰蚩尤以金作兵器也甫明切一 ○兄 爾雅男子先生曰兄說文長也

許榮切一 ○卿 說文章也又公卿春秋漢含孳曰三公象五岳九卿法河海三公法三台九卿法北斗釋名曰漢置十二卿正卿九太常光祿衛尉太僕廷尉鴻臚宗正

司農少府又姓風俗通云趙相虞卿之後去京切一 ○生 生長也易曰天地之大德曰生又姓出姓苑所庚切十 笙 樂器也禮記女媧造笙簧釋名曰笙生也

象物貫地而生也又簟也吳都賦曰挑笙象簟 牲 犧牲 狌 狌狌能言似猿聲如小兒也 猩 上同 鉎 鐵鉎 甥 外甥又姓風俗通云晉大夫呂

甥之後 𪊲 獸名大如兔也 鼪 鼪鼬鼠也 珄 金色 ○擎 舉也渠京切十一 勍 強力 黥 墨刑在面 𪐴 剠 並上同

一 鱷 大魚雄曰鱷雌曰鯢 鯨 上同 檠 所以正弓 橵 鑿柄 勍 山雍 顈 頸成也 ○迎 逢也語京切一 ○行 行步也適也往

也去也又姓周有大行人之官其後氏焉戶庚切又戶剛戶浪下孟三切十 衡 橫也平也又姓風俗通云阿衡伊尹之後又云衡魯公子後乃氏焉 䯒 先脊後骨

胻 牛勢胻也 洐 溝水也 笐 笐箸竹笪 珩 佩上玉 桁 屋桁 蘅 杜蘅香草大者曰杜若也爾雅注曰杜蘅似葵而香字不从廾也

䐵 羹熟肉 ○鬤 鬤鬡亂髮皃乃庚切六 𣯶 大多毛皃 𣪠 說文云亂也一曰室𣪠 獰 惡也 𥢂 穀芒長也 [illegible] 說文曰𦍩𣪠可

以作麼綆

十三○耕 犂也周書曰神農之時天雨粟神農耕田而種之古莖切一 ○鏗 鏗鏘金石聲也口莖切十五 鏗 上同 𨍉 車鞕又車堅牢 鵛 雝渠鳥名 誙 莊子曰誙誙如也 牼 牛膝骨又人名宋有司馬牼 𡶴 或作硎谷名在麗山昔秦密種瓜處 硻 說文云餘堅也 殸 敲也 揁 琴巳具聲 䡩 車聲 硜 硜硜小人兒 摼 撞也 𣢾 𣢾𣢾 羥 羊名 ○甍 屋棟也莫耕切十二 橗 上同 簢 竹筒 萌 萌牙 氓 民也 甿 上同田民 嫇 嫈嫇新婦兒 𢡱 爾雅云存存萌萌在也又莫登切本亦作萌又作𢡱 矊 矊盯 䓘 茗可爲帚 矒 矒矒視不分明 ○浜 布耕切安船溝又布耿切二 𡊨 冢口穴也 ○宏 大也戶萌切十六 紘 冠卷也又八紘 紭 網綱

閎 爾雅曰衖門謂之閎郭璞云閎衖頭門又曰所以止扉謂之閎郭璞云門辟旁長橛也又姓漢有閎孺 嶸 崢嶸山峻 嵤 上同 谹 谷中響音一曰谷名也 耾 耳語 翃 蟲飛 浤 浤浤汩汩水波之勢 竑 量度周禮考工曰故竑其輻 宖 屋響又烏宏切 鋐 金聲 吰 噌吰鐘音也 硡 玉篇云石聲也 彋 弸彋開張也 ○莖 草木幹也戶耕切三 䪫 樂名亦作莖 牼 牛膝下骨又苦耕切 ○朾 伐木聲也中莖切七 丁 上同詩曰伐木丁丁 玎 玎玲玉聲又齊太公子伋謚玎公出說文 僜 僜倜不仁也出聲譜 竳 竳設幕出字林 𧿒 跉𧿒脚之細長也

䆸 䆸宏閎大兒 ○甖 瓦器烏莖切十三 罌 上同 罃 說文曰備火長頸餅也 鶯 鳥羽文也 嚶 鳥聲 櫻 含桃 嫈 嫈嫇又於營切又乙諍切 鸎 鸚鵡能言之鳥 譻 譻諍小聲 䴍 鳥黃䴍鳥 褮 鬼衣 𠝹 芟除林木也出齊人要術 莖 爾雅釋草云姚莖涂薺 ○崢 崢嶸七耕切六 䔰 䔰䔰草亂兒 鬇 鬇鬡髮毛髮亂兒 埩 魯城北門池也說文作淨 鏳 鏳鎗 琤 玉聲 崝 淮南子云崝峭也

○琤玉聲楚耕切五 錚金聲 凈冷也出字書 棦木束 噌噌吰鐘音 ○儜困也弱也女耕切七 薴苧薴 鬡鬡鬡

嚀嚶嚀 譚嚀 鑏鑏鐵 饓食饓 嬣充嬣 ○怦心急又中直皃普耕切十一 姘齊與女交罰金四兩曰姘蒼頡篇曰男女私合曰姘也

閛門扉聲 𤘽牛色駁如星也 伻使人 弸弸環也 䍈使羊 ⿰女平急也 匉匉訇大聲 抨彈也 砰砰磕如雷之聲

○轟軣群車聲呼宏切十 輷同上 ⿱𤇾羽群鳥弄翅 揈擊聲 訇匉訇大聲又姓蜀錄關中流人訇琦訇廣 鍧鏗鍧鐘鼓之聲相雜也

渹水石聲又大也 ⿰羽訇飛聲 䃔石落聲 ⿰忄訇㥊⿰忄訇好嗔皃 ○繃束兒衣又墨子云禹葬會稽桐棺三寸葛以繃束也北萌切五 絣

振繩墨也 ⿺乚⿰幺幺同上 拼爾雅云使也又從也 ⿰舟并艫⿰舟并舟具 ○橙柚屬蜀宅耕切十二 揨撞也觸也 敦 𢿰同 並上 湞

水名出南海 朾爾雅曰蘁朾蟷郭璞云赤駮蜘蛛 虰同上 憕失志皃又音澄 瞪直視皃 ⿱穴會⿱穴會冥弘音鄉音也 聹安審視也 宁

小突 ○泓水深也烏宏切四 ⿱𤇾言⿱𤇾言譻 宖屋響又云萌切 閥試力士鍾 ○輣兵車薄萌切五 棚棧也 弸弓弱 㥊

㥊⿰忄訇好嗔皃 庄平也亦作庄 ○娙身長好皃漢書曰娙娥婦官也武帝邢夫人號娙娥五莖切二 侀急也 ○爭競也引也側莖切七

箏樂器秦蒙恬所造 埩理也治也 綪禮云[illegible]則綪結佩 ⿰糹爭縈也 猙獸名似豹一角五尾又音淨 ⿰魚爭魚名

十四

○清山海經曰太時之山清水出焉釋名曰清青也去濁遠穢色如青也又靜也澄也潔也七情切二 圊廁也 ○情靜也說文曰人之陰气有所欲

也疾盈切五 晴天晴 請受也又在性七井二切 夝說文曰雨而夜除見星也 ⿰貝青腈受賜也 ○精明也正也善也好也說文曰擇也易

曰純粹精也子盈切十五 氏狋氏縣名狋音權 菁蕪菁菜也 鶄鵁鶄鳥也 蜻蜻蛚蟀也 晶光也 鼱鼱鼩小鼠 婧竦立

也又慈性切 睛目珠子也 泠水名在南郡 旌旌旗周禮曰析羽為旌爾雅曰注旄首曰旌 旍上同見禮 箐笭箐小籠 䪴頿䪴

頭也 聙聰聽也 ○盈充也滿也又姓出姓苑以成切十二 嬴秦姓 嬴美好皃 瀛大海亦州名漢河間王國後魏於此立瀛州蓋以瀛

海為名 籯籠也說文笭也漢書曰遺子黃金滿籯不如教子一經亦作籝 楹柱也孔子曰夢奠於兩楹 贏利也益也有餘也財長也 𤠔似狐色黃

䕦菊花一名帝女花 䣐姓也出姓苑 ⿰月盈魯大夫名 攍擔也 ○營造也度也說文曰市居也亦州名舜分青州為營州爾雅曰齊曰營

州今青州也又姓風俗通云周成王卿士營伯之後漢有京兆尹營郃余傾切六 鎣采鐵又音瑩 塋墓域 䁝惑也又户扃切 瀯波勢回皃也

謍說文曰小聲也引詩云謍謍青蠅 ○嬰蒼頡篇云女曰嬰男曰兒又姓風俗通云晉大夫李嬰之後於盈切七 瓔瓔珞 纓冠纓禮記云玉藻

曰玄冠朱組纓 攖亂也 ⿰嬰阝地名又一井切 賏具飾 蘡蘡薁藤也 ○貞正也陟盈切六 楨楨榦題曰楨旁曰榦又女楨冬不凋木也

禎善也祥也 ⿰貞阝地名又直貞切 湞湞陽縣名湞水所出 ⿰阝貞丘名 ○檉木名說文云河柳也丑貞切八 偵偵候又丑鄭切 赬

赤色俗作赬 䞓上同 𧿒跉𧿒行不正 竀正視 蟶蚌屬 虰螘也 ○成畢也就也平也善也亦州名古西戎地州南八十里有仇

池山晉改為仇池郡後為南秦州梁發帝改為成州又姓出上谷東都二望本自周文王子成伯之後又漢複姓十五氏莊子有務成子廣成子顏成子游伯成子高韓子有容成

子列子有考成子國語晉郤犨食采於苦成後因以為氏世本曰宋有大夫老成方盈成格仕於齊晉有英成僖子漢有廣漢太守古成雲古音枯高祖功臣有陽成延後漢有密縣

上成公白日升天晉戊已校尉燉煌車成將古成氏之後史記有郕成氏是征切十一[illegible]古文城城郭崔豹古今注云城者盛也所以盛受民物也又淮南子曰鯀作
城亦姓風俗通云氏於事者城郭園也是也誠審也敬也信也宬屋容受也郕地名也在東平筬筬筐織具盛盛受也黍稷在器也又時
正切珹珠類頳頳頸也○呈示也平也見也直貞切七程期也式也限也品也又姓出廣平安定一望本自顓頊重黎之後周宣王程伯休父入為大司
馬封于程後遂為氏與司馬氏同酲酒病郎地名又音貞珵玉名筳筳也裎佩帶又馳領切○聲音聲又姓左傳蔡大夫聲
子書盈切一○征行也諸盈切十三[illegible]上同鯖煮魚煎食曰五侯鯖又倉經切[illegible][illegible]並上同鉦鐃也似鈴怔怔忪
懼皃正正朔本音政鴊方言云齊魯間謂題肩為鴊鳥[illegible]乘輿馬飾眐獨視皃[illegible]征忪小兒衣出字林佂佂伀惶遽行皃○
輕輕重去盈切三踁一足跳行鑋說文曰金聲也○名名字春秋說題辭云名成也大也功也號也說文曰自命也从夕口夕者冥不相見故以口
自名也又姓左傳楚大夫彭名之後武并切二洺水名在易陽亦州名春秋時為赤狄之地後屬晉秦為邯鄲郡周於此置名州以洺水為名○跉跉跰呂貞切二
令使也又鄭呂郎丁二切○并合也亦州名舜分冀州為幽州并州春秋時為晉國後屬趙秦為太原郡魏復置并州又姓出姓苑府盈切四栟栟櫚
木名箳箳篂車轓屛屛盈傍偟又餅萍二音○傾側也伏也敬也去營切二頃西頃地名出地理志說文曰頭不正也又去潁切○餳
飴也徐盈切一○縈繞也於營切五褮說文云鬼衣也嫈小心態又烏莖切謍聲也[illegible][illegible]也○瓊玉名渠營切十七
璚同上焭獨也一曰迴飛也[illegible]同上睘驚視惸無弟兄也[illegible][illegible]名投子藑藑茅草也嬛好妙也

嫇上同趟獨行皃惸憂也怐上同藑草旋藑上同䡓車輮規一曰輪車也儝時。騂馬赤色也息營
切四𤛑上同垶赤土觲角弓。頸項也頭在前項在後巨成切又居郢切四鯨魚名葝鼠尾草又山薤又音擎𦵔上同
眗眗貨也火營切一

十五。青東方色也亦州名九州之一禹貢曰海岱惟青州又男青女青皆木名出羅浮山記亦姓出何氏姓苑又漢複
姓三氏風俗通云漢有青烏子善數術又有青牛氏青陽氏倉經切五鶄鵁鶄鳥也出南海又音精鯖魚名又諸盈切蜻蜻蜓蟲方言曰蜻蛉謂蝍蛉也
云足四翼六又音精靘䞃靘無色。經常也紋也經也亦經緯又姓出何氏姓苑古靈切又音徑四涇水名淮南子云涇水出薄落之山鵛
鸒鵛鳥也巠直波為巠說文曰水脈也。荆說文曰罰罪也今只用下文刑戶經切十七刑法也禮曰刑者侀也侀者成也一成而不可變故君子盡心焉
說文剄也形容也常也邢地名在鄭亦小名古邢侯國也項羽為襄國隋為邢州取國以名之又姓出河間也本周公之胤邢侯為衛所滅後遂為氏漢有侍中邢辟
直道忤時謫為河間鄭令因家焉㼝小瓜郉鄉名在密桯牀前長几又音聽鉶祭器型鑄鐵摸也又作坓陘連山中絕又姓
陘晉邑也其大夫氏焉今有井陘縣侀成也硎砥石娙女長皃又五莖切鈃酒器似鍾而長頸也𤭁𤮋並上同鋞說文
曰溫器也圜而直上。庭門庭又直也亦州名即漢車師後王庭之地本烏孫國土也其前王庭即交河縣是也特丁切二十一停息也定也止也鼮
鼮鼠豹文漢武帝得此鼠孝廉郎終軍識之賜絹百匹莛草莖葶葶藶筳筳竹亭今亭子名釋名曰亭停也人所停集也漢典職曰洛陽二十街
街一亭十二城門門一亭也聤耳出惡水霆雷霆渟水止鯙魚名綎綬也娗好皃㼗甎也甹定息挺縣名

在膠東又徒頂切楟山梨木名蜓蜻蜓亦蟌蛞別名廷風俗通云廷者平也又正也國家朝廷也釋名曰廷停也人所停集之處漢書曰廷尉秦官也

應劭曰古官也狿猍狿猭屬蜓霆埤蒼云蠶蜓二眠○丁當也亦辰名爾雅云太歲在丁曰強圉又姓本自姜姓齊太公子伋謚丁公因以命族出濟陽濟陰

二望當經切八釘又都定切玎玉聲𨸝丘名靪補履下也虰爾雅曰虰蛵負勞郭璞云或曰即蜻蛉也仃伶仃獨也叮叮嚀

○馨香也呼刑切二[illegible]說文聲也蛵虰蛵○星星宿說文曰萬物之精上為列星淮南子曰日月之經氣精者為星辰也又姓羊氏家傳曰南

陽太守羊續娶濟北星重女桑經切十二曐上同出說文腥豕息肉又先定切胜大膏臭也鮏說文曰魚臭也鯹上同程稀程

醒酒醒又思挺先定二切鉎鐵鉎箵箵箵笭別駕車轄猩說文曰猩猩大吠聲又音生惺惺憽了慧皃出聲類○竮竛竮行不

正亦作伶俜普丁切八俜見上注又四正切甹甹夆掣曳說文曰亟詞也或曰甹俠也三輔謂輕財者為甹䛷使也艵縹色頩面色

又普伶切姘男女會合覮淮南子云覮覮然能聽○靈神也善也巫也寵也福也亦州名漢北郡富平縣地赫連勃勃之果園也後魏置靈州取靈武縣名

為之又姓風俗通云齊靈公之後或云宋公子靈圍龜之後晉有餓者靈輒郎丁切八十七𩆉𩃓並古文𤫊廣雅曰玉名說文曰巫以玉事神也亞靈

同舲舟上有窗齡年也麢大羊䍅上同囹囹圄鴒鶺鴒笭竹名蛉蜻蛉鈴似鐘而小霝落也墮也

說文曰雨零也从雨吅象雨零形或作零醽醁酒苓茯苓櫺窻櫺又櫺檻階際欄柃說文木也䨩空也伶樂人泠清泠水也

又水名出丹陽又姓左傳周大夫泠州鳩瓴瓴甋一曰似甖有耳𧕋說文曰蛽蠕桑蟲也或作蛉拎手懸捻物刢刢利快性人也𧇖似虎

而小出南海䝰通俗文云猪黄白䝰瓴小瓜名出安南玲玲瓏玉聲鑩似瓶有耳𩕤瘦也𤺌上同聆以耳取聲跉

跉跰令丁字類幢釘蘦菜名似葵可食軨車闌轜上同笭笭箵小籠零落也說文曰徐雨也又姓出姓苑𩂘女字令

菓複姓有令狐氏本自畢萬之後國語云晉大夫令狐文子即魏顆也自漢已後世本太原至邁為王莽所誅邁少子始居燉煌也鼩鼩𪕮班鼠灵字類云小熱皃

䬇食飽䰱山海經曰神名人面獸身或作龗一曰龍名龗說文龍也翎鳥羽閝門上小窗出崔浩女儀鹷墻齡鴒鶄零鳥

鶄別名也昤昤曨日光出道書駖駖蓋車騎聲䗵螢也𩆯器名又人名也苓草零落也酃地名在湘東詅詅奇相次

出異字音彾彾俜行皃䯼䯼髗骨呤埤蒼云呤呤語也跉徐行不正皃出異字音狑犬名㺼上同爧火光皃冷

冷澤吳人云水凌又力頂切拎心了點皃㗊眾鳥也从三口䑲䑲艦有屋舟名𢹿插空又力定切澪水名𨨲鍵也𥢧草莖疏也

秢穗熟玉篇云年也䕘鼠耳草也本亦作苓獜玉篇云獜獜犬聲又力仁切岺山深皃魿魚連行皃𣬉毛結不理玉篇云長

毛也𩚚餅也紷紲絲一百升又絮名䉖竹名砱石砱阾阪名羚羊子姈女字𤘘牛名○寧安也說文曰願

詞也亦州名禹貢古冀戎地秦為北地郡亦為幽州又為寧州奴丁切九寍說文曰安也从宀心在皿上皿人之食飲器所以安人也鸋尒雅曰鴂鴶鸋鴂又曰鴽

子鴳寗犬也聲告也又力定切郱鄉名在馬翊谷口又奴顛切𧒽螻蛄嚀叮嚀聹耳垢又乃鼎切○汀水際平沙也他

丁切十四訂平議也又徒頂他頂二切桯碓桯綎絲綬帶綎聽聆也又湯定切廳廳屋町田處又徒頂切艼草名𦊁

詈也鞓皮帶鞓也鞓上同縊綬屬說文緩也綎上同庁平庁○冥暗也幽也又姓禹後因國爲氏風俗通云漢有冥都爲丞相莫
經切十五榠榠楂果木銘銘記釋名曰銘名也記名其功也鄍晉邑溟溟濛小雨又溟海也顛眉目間也螟螟蛉桑蟲說文曰蟲
食穀葉者吏冥冥犯法即生螟猽小豚猽上同蓂蓂莢堯時生於庭隨月凋榮瞑合目瞑瞑又亡千切[illegible]漬木嫇好皃覭
小見也又尒雅曰覭髳弗離也又莫的切瞑䁱瞑也○瓶汲水器也又姓風俗通云漢有太子少傅瓶守後趙録有北海瓶子然二姓並別薄經切十五字
鉼上同蛢以翼鳴蟲鼮鼠子說文云鼮令鼠屛三禮圖曰扆从廣八尺畫斧文今之屛風則遺象也又必郢切荓荓馬帚似蓍又荓翳雨師
名也箳竹名輧輜輧兵車苹水上浮萍蓱上同竮竛竮又普經切郱郱城在東莞[illegible]織蒲爲器洴莊子曰有洴澼
洸造絮者也箳箳篂別駕車名○熒光也明也戶扃切六褮衣開孔也又音熒鬼衣也螢螢火禮記云季夏月腐草爲螢一名丹良又名蛢
滎小水也又水名在鄭州䁝䁝惑也又余傾切[illegible]化貨也○扃戶外閉關古螢切八駉駿馬也詩曰駉駉牡馬傳云良馬腹幹肥張也
駫馬肥盛皃坰野外曰林林外曰坰冋古文鼰鼰鼢班鼠絅引急也[illegible]木名

十六

○烝衆也進也君也又麁
曰薪細曰蒸說文曰析麻中幹也又尒雅曰冬祭曰烝經典亦作烝者又仍切七蒸說文同上烝說文曰火氣上行也脀熟也蒸菹也篜玉篇
云竹也脀凝皃○承次也奉也受也又姓後漢有承宮署陵切三丞佐也翊也物理論曰高祖定天下置丞相以統文德立大司馬以整武事爲一
府也𨍏軺車後登也出字林○澂清也直陵切五澄上同瞪直視也又直庚切憕平也又竹萌切懲戒也止也○陵

大阜曰陵釋名曰陵崇也體崇高也又犯也侮也侵也遲也又漢複姓六氏吳廷陵季子
之後有延陵氏高士傳有於陵子仲戰国策有安陵丑呂氏春秋有□陵卓子漢有高陵
顯秦昭王弟高陵君之後楚有公子
食采於鄧陵後以爲氏力膺切十八 淩歷也又水名出臨淮亦姓吳將有淩統 夌說文越也 綾綾紈 凌氷凌
䏲上同 蔆芰也 菱 蓤並上同 倰拎也 鯪臨海風土記曰鯪魚腹背皆有刺如三角菱也 崚崚嶒山皃 ⿰歹夌殑⿰歹夌鬼出
皃 ⿰去夌去也 餕說文曰馬食穀多氣流四下也本力甑切 掕止也又力證切 祾祭名神靈之福 ⿰夌攴欺⿰夌攴俗 ○膺胷也親也於陵
切四 應當也又姓出南頓本自周武王後左傳曰邗晉應韓武之穆也漢有應曜隱於淮陽山中與四皓俱徵曜獨不至時人語之曰南山四皓不如淮陽一老八代孫劭
集解漢書 ⿰虫應寒蟬 鷹鳥名月令曰鷹摯之日鷹化爲鳩 ○凭依几也扶冰切五 馮周礼馮相氏鄭玄云馮乘也相視也世登高臺以視天文
又防戎切 憑憑託 淜說文曰無舟渡河也 ⿱馮水水聲 ○冫水凍也說文本作仌筆陵切三 冰上同說文本魚陵切 掤說文曰所以覆行也
詩云抑釋掤忌 ○蠅蟲也詩云營營青蠅余陵切 ○繩直也又繩索俗作縄食陵切十二 譝稱譽 憴上同 鱦小魚 乘駕也
勝也登也守也說文作椉覆也又姓漢有乘昌爲東萊侯 椉上同 ⿱乘几古文 澠水名在齊左傳云有酒如澠又泯緬二音 溗波前後相陵也 塍
稻田畦也畔也 塖上同 騬犗馬 ○升十合也成也又作八十縷爲升識蒸切五 昇日上本亦作升詩曰如日之升升出也俗加日 陞登也
躋也 勝任也舉也說文本从舟經典省作月他皆倣此又漢複姓何氏姓苑有勝屠公爲河東太守又書證切 抍上舉易曰抍馬壯吉說文音蒸上聲 ○仍
因也就也重也頻也又姓出何氏姓苑如乘切七 艿草名謂陳根草不芟新草又生相因艿也所謂燒火艿者也 訒厚也 迈往也 礽福也 扔

引也仍木名○兢兢兢戒慎若陵切二矜本矛柄也巨巾切字樣昔為矜憐字○徵召也明也成也證也經典省作徵又姓吳太子率更令河

南徵崇陸陵切四鄧古国名癥腹病旌旌旗杠說文本丑善切旌旗杠皃○繒繒帛又姓漢功臣表有繒賀疾陵切六鄫國名

也在琅邪驓馬名四骹皆白橧豕所寢也竲高皃嶒崚嶒山皃○凝水結也又成也魚陵切一○興盛也舉也善也說文曰記

也从舁从同同力也亦州名戰國時為白馬氐之地漢置武都郡魏立東益州梁為興州因武興山而名虛陵切又許應切三嬹女字鄳說文地名○稱

知輕重也說文曰銓也又姓漢功臣表有新山侯稱忠處陵切又昌證切三爯并舉也偁宣揚美事又言也好也揚也舉也足也○殑殑殑欲死

狀其矜切又其拯切二[illegible]草名根可緣竹器又音琴○殑殑殑山矜切一○硱硱磳石皃綺兢切又苦本切一○僜醉行皃丑升切三

庱亭名在吳興孫權射虎處又丑拯切睖睖瞪直視○磳硱磳仕兢切二○砯水擊出巖声披冰切一

十七○登

成也升也進也衆也說文曰上車也亦州名漢文帝封悼惠王子為牟平侯即此地也周為登州取文登山而名又姓蜀有關中流人始平登定都滕切八璒石似玉也

燈燈火簦長柄笠也㲪毾㲪䔲金䔲草㽅瓦器𪀚𪀚鵬鳥也○楞四方木也魯登切六棱上同又威棱又柧棱

木也稜俗輘車声倰倰僜長皃祾祭也福也靈也○僧沙門也梵音云僧伽蘇增切三鬙鬅鬙髮短[illegible][illegible]神不爽也

○崩說文六山壞也北滕切一○增益也加也重也又理幣曰增作滕切十二憎憎疾磳硱磳石皃又七兢切曾則也亦姓曾參之後

漢有尚書曾偉古作曾又音層矰弋射矢也罾魚網熷蜀人取生肉於竹中炙䎖翥也又飛鳥皃竲巢高橧礼運曰夏則居橧巢

譄加言也 𦺇崑草○瞢目不明武登切四 萌爾雅云存有萌萌在也 䁅䁅䁅神不爽也 䔲䕯○層重屋也作棱切又作曾 繒經也又𥉻目小作態○朋朋黨也五貝曰朋書六武王悦 堋射堋也 𡧗作滕切 𥉻瞢𥉻也 朋箕子之對賜十朋也步崩切六

鵬大鳥 棚棚閣又薄庚切 倗輔也又姓漢書王尊傳云南山群盜倗宗等又匹等切 鬅鬅鬙被髮○弘大也又姓衛有弘演胡肱切三 𩏚弘𩏚𩏚弘戟中靶也 苰藤苰胡麻也○肱臂也古弘切二 䡏𩏚戟中靶也○薨說文云公侯卒也呼肱切五 儚說文曰惛也

顭惛迷薨也 颵颵䬀大風也 濋水聲○能工善也又獸名能屬足似鹿亦賢能也奴登切又奴代奴來二切一○騰馳也躍也說文曰傳也一曰犗馬也徒登切十二 滕國名亦姓滕侯之後以國為氏 縢行縢 幐囊可帶者 螣螣蛇或曰食禾蟲 藤藤蘿

謄移書謄上 𪏆黑虎也 儯倰儯長也 㾳㾳痛 鰧魚名蒼身赤毛 𥌯美目皃○恒常也久也亦州名春秋時鮮虞國地漢為恒山郡周武帝置恒州因山以為名爾雅曰恒山為北岳又姓楚有大夫恒思公胡登切三 𢘆古文 峘爾雅曰小山岌大山峘郭璞云山岌謂高也○揯急也淮南子云大弦揯則小弦絕也古恒切三 緪大索 絙上同○鼟鼟鼞鼓聲他登切四 膯飽也吳人云出方言 澄小水相添益也 鬙上同○漰漰渤水擊聲普朋切二 堋堋振動皃

十八○尤過也甚也怨也多也說文異也又姓出姓苑羽求切九 𣏌木名 腄縣名在東萊 疣結病也釋名曰疣丘也出皮上聚高如地之有丘也 肬上同 黕文 沋水名在高密 郵境上舍亦督郵古官也釋名曰督郵主諸縣罰負郵殷糾攝之又姓西京雜記有郵長倩 訧過也博雅曰惡也○憂愁也又姓出姓苑於求切十七 優饒也

亦優倡又姓史記楚賢臣優孟瀀瀀渥優優游本亦作優詩云愼爾優游麀牝鹿䴇上同櫌鉏也又打塊椎鄾邑名在鄧𢆶
微小㤊含怒不言嚘歐嚘歎也耰覆種出玉篇獶獶獿大名蘡菜名纋笄巾𣤐氣逆妋鼻目間恨○劉
剋也陳也殺也亦劉子木名實如梨核堅味酸美出交阯又姓出彭城沛國弘農河間中山梁郡頓丘南陽東平高平東莞平原廣陵臨淮琅邪蘭陵東海丹陽宣城南郡高堂高
密竟陵長沙河南等二十五望並自陶唐氏既衰其後劉累學擾龍事孔甲范氏其後也唯河南一望即虜姓也後魏書官氏志獨孤氏後改為劉氏力求切四十四留
住也止也說文作畱亦姓出會稽本自衛大夫留封人之後後漢末避地會稽遂居陳陽為郡甚族吳志有左將留贊蒥蒥荑藥名勠并力又力逐切摎
絞縛殺也又姓魏有河內太守摎尚鶹鶹鷅鳥名少美長醜亦作流騮驊騮周穆王馬駵赤馬黑髦尾疁田不耕而火種𥻨粰𥻨饊也
流演也求也覃也放也說文曰水行也㳅古文也飂高風颲上同瘤肉起疾也釋名曰瘤流也流聚而生腫也榴石榴果名博物
志云張騫使西域迴所得鎏美金說文曰垂玉也冕飾今典籍用下文旒旒旗旒廣雅天子十二旒至地諸侯九旒至軫大夫七旒至轂士三旒至肩瑠
瑠璃𪕧食竹根鼠又音柳𤢔上同䉧說文云竹聲也又音柳𥳑竹名出玉篇瀏水清又音柳飀風行聲又音柳䱖
魚名鰡上同嵧岣嵧羅君山峯橊扶橊藤名緣木生其味辛可食其花實似蒟醬鎦殺也綹綺別名也𢺐斬刺𨶒殺也懰
列也餾飯氣蒸也又力救切𧌭蜉𧌭蟲本作蜉蝣蝣音游裗爾雅曰衣裗謂之視郭璞云衣縷也齊人謂之攣或曰裗衣之飾鎏鳥飛鸓鳥名也
𪎭麻也硫石硫黃藥名遛逗遛觓𧤏角皃憀悲恨也又音聊鏐美金曰鏐即紫磨金也○秋春秋說文曰禾穀熟

也又姓宋中書舍人秋當七由切十七烁古文鞧車鞧緧上同說文曰馬紂也緮上同周禮曰必緮其牛後鞦亦上同又鞦韆繩戲古今

藝術圖曰鞦韆北方山戎戲以習輕趫者湫水池名北人呼鶖禿鶖鳥亦作鶖鰍魚屬亦作鰌楸木名萩蕭蒿也䵸爾雅曰鼀

䵹蟾諸郭璞云似蝦蟇居陸地淮南謂之去蚥鼀上同𪓰爾雅曰次𪓰鼅鼁𥢆雞雛篍說文云吹筩也玉篇云吹簫也趥說文曰行皃

。猷謀也已也圖也若也道也說文曰玃屬一曰隴西謂犬子為猷以周切四十五猶上同又尚也似也悠遠也遐也思也憂也油水名出武

陵又油脂由從也經也用也行也又姓史記有由余攸所也又姓北燕尚書攸邁蕕水蕕草又臭草浟水流皃𠧟氣行皃也或作逌

𢊄𢊄𢊄以手相弄冘冘豫不定𨘋行也輶輶車又易受移受二切蘨草盛䍃也秞禾盛皃蚰蚰蜒蝣蜉蝣朝生

夕死櫾木名出崑崙山楢積也又音酉莤水草一名軒于斿旌旗之末垂者游浮也放也又姓出馮翊當平前燕慕容廆以當平游遂為

股肱遊上同遈古文卣中樽樽有三品上曰彝中曰卣下曰罍𧦝從也鮋鯛鮋小魚鯈上同抌抒臼出周禮揄

上同又音俞舀上同又以沼切偤侍也出文字辨疑䍃瓦器鎐遺玉又弋九切邮亭名在高陵繇猶也𤸫病也又息

惡肉洩皁也囮鳥媒圝上同庮久屋木周禮曰牛夜鳴則庮鄭司農云庮朽木臭也又弋久切𢎘空也說文云生條也引書若顛木之有𢎘

枿又胡感切迪上同覰下視深也蓾說文草也。牛大牲也世本曰黃帝臣胲作服牛史記曰紂倒曳九牛又姓出隴西本自郕周封微子於

宋其裔司寇牛父師敗狄長丘死之子孫以王父字為氏風俗通云漢有牛崇為隴西主簿馬文淵為太守辛甚為功曹郡云三牲備具語求切一。遒盡也即由

切又自秋切十一鮂烏化爲魚頭上有細骨如鳥毛⿰耳秋耳鳴聲蝤蝤蛑似蟹而大生海邊也又自秋切啾啾唧小聲迺縣名在燕又迫也促也⿰髟酋接髮揂聚也揫束也聚也湫木名又子小切⿰糸焦聚也又束枲也○酋長也說文曰繹酒也禮有大酋掌酒官也自秋切十⿰忄酋憿也遒盡也又即由切⿰耳秋耳中聲也又即由切崷崷崒山峻皃鰌魚名三月有之蝤蝤蠐蝎也煪煪熮⿰舟酋雉射收繳角也莤莤泲周禮音糟○脩脯也又長也又姓漢有屯騎校尉脩炳姓苑云今臨川人息流切七修理也說文飾也羞恥也進也又致滋味爲羞⿱攸食⿱攸食饋饈上同⿰車羞⿰車羞輇載喪車樇木名○抽拔也引也或作紬紬引其端緒也丑鳩切八𢭏上同㨨上同見說文婤好皃又音周⿰目修失意視皃惆惆悵瘳病愈妯詩曰憂心且妯妯動也悼也○恘戾也去秋切三惆上同⿰卢殳毆⿰缶殳○犨白色牛說文曰牛息聲也又姓風俗通云晉大夫郤犨之後呂氏春秋云陳留有惡人焉曰敦洽犨麋狹顙廣額顏色如漆陳侯悅之赤周切犨上同○周周帀也又至也備也徧也密也又姓出汝南廬江尋陽臨川陳留沛國泰山河南等八望本自周平王子別封汝川人謂之周家因氏焉一云赧王爲秦所滅黜爲庶人百姓稱爲周家因而氏焉魏官氏志獻帝次兄普氏後改爲周氏又漢複姓魏初徵士敦煌周生烈晉武帝中經簿云周生姓烈名職流切十一州州郡周禮曰五黨爲州又姓左傳晉大夫州綽⿰米交𥻆米粉餅出字林輖重載也洲洲渚也爾雅曰水中可居曰洲賙贍也喌呼雞聲又音祝舟舟船也墨子曰工倕作舟呂氏春秋曰虞始作舟世本曰共鼓貨狄作舟二人並黃帝臣又姓左傳晉大夫舟之僑郮黃帝後所封國婤女字左傳衛襄公有嬖人婤始又音抽○雔匹也仇也沛流切十⿰壽殳懸擊⿰壽攴上同說文棄也鮋魚名又直留切酬周也報也以財貨曰酬又酬酢也

醻上同說文本作醻主人送客也 詶以言荅之又之又切 雔說文曰雙鳥也又爾雅曰雔由樗繭郭璞云食樗葉俗作讎 魗惡也棄也又音醜

𨞪蜀江原地又音儔 ○柔順也安也說文曰木曲直也耳由切十六 鍒鐵之耎也 䐓良田 騥馬青驪也 蝚爾雅云蛭蝚至掌文

云蝚蛖蟦蛭音質 蹂踐穀又而九切 葇香葇菜 鞣熟皮 鰇魚名 瑈玉名也見聲類 腬肥皃 鶔鷗鶔鳥 揉捻也

詩曰揉此萬邦箋云揉順也又汝又切 𩥼馬之長鬣 ⿰受阝鄉名 ⿰月頁面和 ○收斂也捕也又夏冕名史記曰堯黃收純衣俗作収式州切一 ○

丘聚也空也大也又丘陵爾雅非人爲之曰丘郭璞云地自然生說文作北亦姓出吳興河南二望風俗通曰魯左丘明之後又云齊太公封於營丘支孫以地爲氏代居

扶風漢末丘俊持節江淮屬董卓作亂遂留江左居吳興也又漢複姓四十四氏左傳齊有籍丘子鉏梁丘據閭丘嬰莒有著丘公渠丘公後並因邑爲氏晉有虞丘書爲乘馬御

祖氏家記有太中大夫東安於丘淵史記有狐丘子林楚有苑丘先生齊桓公至麥丘麥丘人年八十三祝桓公封於麥丘其後氏焉孟子齊有曼丘不擇又有咸丘蒙隱居列仙

傳有浮丘公梁州刺史莊丘黑魯莊公庶子食采於瑕丘其後氏焉齊有勇士菑丘訢神仙傳漢有稷丘子又有廩丘充隱居齊魯之間楚有列威將軍何丘寄楚文王庶子食采

於軒丘其後爲氏周宣王支庶食采於謝丘其後爲氏漢有趙人吾丘壽王又有曹丘先生侍御史余丘炳鉅鹿太守莊丘勝以勇力聞安丘望之莊老子列仙傳有高邑人商丘

子胥藝文志有蔡丘公漢有吳人龍丘萇隱居不屈濟北蛇丘惑爲河內太守魏有幽豫二州刺史毋丘儉吳有平原陶丘洪晉有雍丘洛以武力聞何氏姓苑云漢有司隸校尉

水丘岑古有祭丘欣喪馬雉陽東海北丘氏又有毛丘常丘崎丘獻丘陽丘逢丘厚丘泥丘等氏又虜複姓二氏後魏獻帝次弟丘敦氏後改爲丘氏丘林氏後改爲林氏去鳩切

六 𠀉古文 蓲烏蓲草名 蚯蚯蚓蟲名禮記孟夏月蚯蚓出 邱地名 訄迫也 ○䬕風吹皃匹尤切七 秠一稃二米又芳

鄒切[illegible]寐作聲衃凝血肧孕一月又普回普來二切紑說文云白鮮衣皃又甫鳩切醅醉飽又普裴切。鳩鳥名又聚也居
求切十艽秦艽藥名又居由切㔀大力朻高木又居虯切𨊴車軫長也㽱腹中急痛又古巧切鬮鬭取也又音糾丩相糾
繚也龜又居危切勼說文聚也。不弗也又姓晉書有汲郡人不準盜發六國時魏王冢得古文竹書今之汲冢記也甫鳩切又甫九甫救二切五
吥吹氣紑詩傳云絜鮮皃㱿未燒瓦器鴀鴀鳩鳥也。搜索也求也聚也所鳩切廿七搜上同凡从叜者作叟同餿飯壞
颼颼飀風皃溲小便鎪馬金耳飾廋匿也論語曰人焉廋哉蒐茅蒐草又春獵曰蒐蓃雞腸草也獀優獀南越人犬名
䐹乾魚鄋北方國名螋蛷螋蟲亦名蠷螋騪駟騪蕃中大馬犙牛三歲也又息含切醙白酒趍趨趍不進。搊
手搊楚鳩切七𢭆俗餘倣此篘酒籔𨢳上同棷板木不正𥻨搊粉謅謅誘陰私小言。鄒縣名屬魯兗州又姓漢有鄒陽側
鳩切十四鄹上同郰說文云孔子之鄉也論語作鄹騶廄御亦騶虞仁獸又姓越王之後齱齱齵齒偏陬鄉名一曰隅也緅青赤
色也又子侯切𦪮艆𦪮海船名𨇨獸足也菆草名又矢之善者說文曰麻蒸也一曰蓐也棷薪之別名又又苟切箃竹柴別名也
𡃢小兒聲𪎑聚麻。愁憂也悲也苦也士尤切二㵞腹中有水氣也。休美也善也慶也息也又木名許尤切十三貅貔貅
猛獸𤝖上同鵂鵂鶹鳥也䮌馬名㾋下病庥爾雅曰庥廕也郭璞曰今俗呼樹廕為庥脙瘠也俗作䏫又音求𦜡上同
髹周禮駹車有髹飾注謂髹漆赤多黑少也或作髤髤上同咻口病聲也溲汗面或作膄。囚拘也繫也似內切六泅人浮

水上汓古文苬苬芝瑞草一歲三華又音由慒慮也又在冬切鮂白鯈○儔儔侶也直由切二十七檮剛木也躊
躊躇幬說文作𢅋禪幬也⿰巾周上同裯禪被𠷎咨也說文誰也又作𠷎疇誰也等也類也田疇也又疇昔說文作𤰲耕治之田紬
大絲繒又音抽綢綢繆猶纏綿也稠穊也多也燽著也薵薵藸葱名鯈魚子又魚名也籌籌筭𪄳雉爾雅云南方白𪄳
字或从鳥⿰壽鳥上同棸字統云姓也又側鳩切椆木名不凋怞朗也𦞠𦞠腊脯也懤愁毒皃鮋魚名又音由⿺風壽
風颸菗茶萊⿰壽阝蜀江原地又上牛切𥲅說文云𥲅箸也○輈車轅也張流切十一盩盩厔縣在京兆府水曲曰盩山曲曰厔又云引
擊也啁啁噍鳥聲譸譸張狂也爾雅亦作侜侜壅蔽也⿰馬舟騪番中大馬調朝也詩云惄如調飢本又音條咮曲喙又張救切
⿺走冉⿺走叟行不進也⿰舟矢射鳥箭也⿰矢冉上同○裘皮衣詩云取彼狐狸爲公子裘又姓本作仇避讎改作裘巨鳩切四十四⿱求衣上同仇
讎也又姓左傳宋大夫仇牧之後又漢複姓有音仇仇尼二氏隋有音仇大翼善天文叴漢書地理志叴猶縣屬臨淮郡又詩曰叴矛鋈錞傳云叴三隅矛又說文曰氣高也
厹上同求索也又姓三輔決錄云漢有求仲⿱宀求上同頄頰間骨也又求龜切蛷蛷螋蟲⿱求䖵上同說文云多足蟲也逑
匹也球美玉說文曰玉磬也璆上同又渠幽切艽遠荒之地詩云至于艽野又獸蓐也鼽月令云人多鼽嚏說文曰寒鼻塞也莍椒也⿰求阝
地名賕賕賄殏殏也梂說文曰櫟實也一曰鑿首朹爾雅曰朹檕梅郭璞云朹樹似梅子如指頭赤色似小㮈可食⿱林九荆⿱林九亭名俅
戴也脙瘠也又音休⿰月㕣上同馗爾雅曰中馗菌今土菌可食又音逵⿰糸九急引也絿上同⿰谷九[illegible]⿰谷九亭名扏緩也銶

鑿屬蜀頪廣蒼云戴也篝籠也毬毛毬打者球蹴毬也犰犰狳獸似魚蛇尾豕目見人則佯死逑違訅安也謀也釚弩牙捄長上皃詩曰有捄棘匕傳云捄長皃肍乾肉醬也惌怨惌也又其九切艽白芷訄迫也又去牛切○浮汎也縛謀切一十四呼吹氣又撫謀切桴齊人云屋棟曰桴也枹鼓槌筟竹有文者罦覆車網也罝上同琈玉名粰稃穅鴀鴀鳩罘兔罟䱐魚名涪水名在巴西芣芣苢車前也江東謂之蝦蟇衣蜉蚍蜉大蟻烰火氣爾雅曰烰烰烝也郭璞云氣出盛鉜鉜鏂大釘𡖍多也苞姓也出纂文艀舟也棓杖也又音棒掊把也錇小缶也雺雨雪皃○謀謀計也又姓風俗通云周卿士祭公謀父之後莫浮切二十四䱕魚名霿天氣下地不應又莫貢莫紅二切眸目童子牟說文曰牛鳴又過也倍也進也大也亦牟平縣屬登州又姓風俗通云牟子國祝融之後後因氏焉漢有太尉牟融又漢複姓三氏東萊先賢傳有兖州刺史平昌曹牟君卿禮記云齊有賈牟賈何氏姓苑有彌牟氏侔等也均也齊也矛戈矛說文曰酋矛也建於兵車長二丈象形吴越春秋曰越以甌盧之矛步光之劒獻於吴王𢦓古文鍪兜鍪首鎧說文曰鍑屬蜀也鞪上同漢書云鞻鞪麰大麥又短粒麥䴵上同堥堆堥小隴劺勉也䤚䤚醹人將酒蟊食穀蟲說文本又作蟊蟲食艸根者吏抵冒取民財則生蝥上同說文曰蟊蟊蝥也鶜鶜鷭鳥也髳髳髮至眉或作髮𦃑縛也恈愛也鴾鴾之别名也蛑蝤蛑似蟹而大繆絲于絲累

■十九○侯候也何也美也辭也爾雅曰公侯君也又乃也又周禮司裘氏王大射則共虎侯熊侯豹侯諸侯則共熊侯豹侯卿大夫則共麋侯皆設其鵠鄭司農云方十尺曰侯四尺曰鵠說文本作矦从人从厂象張布之狀矢在其下又姓出上谷河南二望亦漢複姓八氏夏侯氏出

自夏后之後杞簡公爲楚所滅其弟佗奔魯魯悼公以佗出自夏后氏受爵爲侯謂之夏侯因而命氏後有去魯之沛者分沛丘譙遂有譙魯二望羅國爲楚所滅其後號羅侯氏韓詩外傳云周宣王大夫韓侯子有賢德史記魏有屈侯鮒左傳晉有豎侯氏獳漢有尚書郎栢侯雋吳有張昭師白侯子安又虜三字姓二氏周書有侯莫陳氏侯崇傳云其先魏之別部也又有周大將軍伏侯龍氏名恩戶鉤切二十四

矦見上注　厌古文　帿射侯見上注俗从巾　鄇地名　䫛䫛頭大言　鍭箭鍭　銗鏂銗鋀鍜　猴獼猴猱也　糇糇粮　翭說文曰羽本也一曰羽初生皃　⿰羽鳥上同　餱乾食　喉咽喉　篌箜篌　鯸鯸鮐魚名　⿰木侯⿰木侯桃又⿰木侯欒木也　⿰谷后谷名在成皐亦作⿰谷侯　瘊疣瘻　⿰虫侯蟲名　葔葔莎草　骺骨骺　睺半盲又胡遘切　⿰衤侯⿰衤侯褕小衫

○謳吟也歌也烏侯切十六　嘔嘔唲小兒語也　歐歐陽複姓出長沙郡　甌瓦器亦甌閩又姓出姓苑　區姓也古善劒區治子之後今郴州有之　漚浮漚　鷗水鳥說文云水鴞也　⿰目堯深目皃又苦侯切　瞘上同　櫙木名爾雅曰櫙荎今之刺榆　蓲同上字　醧酒甘　剾剾剜又恪侯切　⿰衤區小兒涎衣　鏂鏂銗　膒久脂

○羺羺羖胡羊奴鉤切四　獳犬怒　⿰需兔兔子　䰭鬼彫聲魏䰭不止也出說文

○樓亦作婁重屋也亦姓夏少康之裔周封爲東樓公子孫因氏焉漢末樓秦自譙徙居會稽因以東陽爲望又虜複姓有蓋樓氏賀樓氏洛侯切二十九　婁空也又星名亦姓邾婁國之後漢有婁敬又漢複姓五氏左傳齊大夫工婁灑漢書藝文志有齊隱士𩕳婁子著書何氏姓苑云毋婁氏今琅邪人又有精婁氏邾婁氏又虜複姓二氏後魏獻帝以弟爲伊婁氏又有匹婁氏並改爲婁氏說文作婁今作婁並同　⿰婁阝鄉名又力于切　⿰阝婁縣名　⿰婁瓜菰⿰婁瓜土瓜　蔞爾雅曰購蔏蔞蔞蒿也生下田初出可啖詩云言采其蔞又力朱切　⿰婁刂頭⿰婁刂小穿　⿰豕婁求子豬也　⿰羊婁土摟似羊四角其銳難當觸物則斃死食人出山海經云

僂傴僂又力主切艛舟名耬種具髏髑髏膢八月祭名又力于切甊甌甊苦甊廔麗廔綺窻剅小穿又音兜摟

探取嘍嘍唳鳥聲瞜視皃螻螻蛄一名仙蛄一名石鼠爾雅曰螜天螻又曰蟓蛖螻簍籠也鞻鞮鞻氏掌四夷之樂慺慺慺謹敬

之皃鷜爾雅曰鵱鷜鵝即今野鵝⿰魚婁魚名褸衣襟又力主切遱說文曰連遱也謱說文云謰謱也○涑澣也速侯切八鏉

刻鏤⿰革窔敕皮⿰革欶同上⿱髟欶⿱髟甬⿱髟欶白頭人也擻摟擻取也出陸氏字林漱冬欶⿱欶女女字○彄弓彄恪侯切八摳摳衣

挈衣也剾剜裏也又乙侯切韝射韝臂捍也又古侯切⿰巾句指⿰巾句滱水名在北地又音寇夠多也⿰目堯目深瞘⿰目堯○齁

齁𪖙鼻息也呼侯切二⿰喉鳥⿰喉鳥鳥青色似鶂鳩也○⿰糸菆麻幹也子侯切五緅青赤色也再染曰緅三入成纁陬隅也又聚居棷薪別名

掫說文云夜戒守有所擊也○偷盜也爾雅云佻偷也謂苟且託侯切四鍮鍮石似金陶之則分鋀上同媮薄也又巧黠也○頭

說文云頭首也釋名云頭獨也於體高而獨也度侯切十五剅剾剅足筋又刀剜物投託也弃也合也說文擿也亦郇伯周畿內侯相王伐鄭投先驅以策其後

氏焉漢有光祿投調又漢複姓有投壺氏風俗通云晉中行穆子相投壺因以氏焉姓苑云東莞人也⿱俞麻字書云麻一絜說文云[illegible]屬或作⿱麻俞⿱殳骨骰子博陸采具

出聲譜𣪘遥擊⿰土殳陶窯牏築垣短版又羊朱切𨡎醬𨡎將酉也⿸广俞⿸广俞行圊廁揄引也又欲朱切窬穿也又羊朱切緰

布也歈歌也又羊朱切⿰豆鳥⿰豆鳥頭鳩似鳧腳近尾○齵齱齵五婁切又牛俱切○鉤曲也又鉤屬字樣句之類並無著厶者古侯切十八

⿰句刂說文云關西呼鎌為⿰句刂也溝溝渠爾雅云水注谷曰溝釋名曰田間之水曰溝溝構也縱橫相交構也褠襌衣韝臂捍又苦侯切緱緱氏

縣屬蜀河南府又姓孝子傳陳留緱氏女名玉亦刀劒頭纏絲爲緱 篝熏籠 𥳍𥳍䈎桃枝竹名 𪓰𪓰䶎似龜說文其俱切䶎頭有兩角出遼東亦作䶎

𠹭唱𠹭 𤬏𤬏瓠 𦨌𦨌艒船名 耩數名十秭曰耩 枸曲木又木名也 句說文曲也又高句驪遼東國名又句龍社神名亦姓史記有句

彊又九遇古候二切 軥車軥心木又夏后之輅曰軥也 夠多也 鴝鴝鵒鳥又音衢。兜兜鍪首鎧也當侯切十 侸佔侸垂下皃佔下兼

切 吺言也輕出 篼飼馬籠也 䀀䀀瞜目汁凝瞜赤支切 剅小穿又音 䜱說文云目蔽垢也 𧙱小裂衣皃 郖

說文云乳 農縣庾地 䫆䫆䫆白頭。剅細斷徂鉤切二 鯫魚名又小人之皃又仕苟切。裒聚也薄侯切九 𩯭說文云鬏皃 捊

說文云引取也 抔手掬物也 掊詩曰曾是掊克謂聚斂也 棓豕肉醬也 䬌䬌餖食也 䍌說文云小缶也 箁說文云竹箬也。

謅就也千侯切一。 呣慮也亡侯切一

二十。幽深也微也隱也亦州名釋名曰幽州在北幽昧之地故曰幽禹貢冀州之域舜以冀州南北廣大分燕北爲幽州又北方曰幽都又姓出姓苑於虯切七 泑澤在崑崙山下 呦鹿鳴 怮同 怮上同 蟉蟉蟉龍皃又一糾切 怮說文憂皃

幽微也。虯無角龍也渠幽切又居幽切七 觩匕曲皃 璆玉名 觓角皃 鷚爾雅云鷚天鸙郭璞云鷚大如鷃雀色似鶉好高飛作聲又音繆 蟉蟉蟉龍皃 觩角皃。彪虎文也甫烋切二 髟髮垂皃又標彡二音 驫馬走皃又音標。鏐紫磨金也力幽切二

蟉蟉蟉又翹糾切。樛說文曰下句曰樛詩云南有樛木傳云木下曲也居虯切五 丩說文曰相糾繚也今作丩同 荊草相糾繚 朻高木也 說文云 𣢁腹急。 淲水流皃亦作淲皮彪切三 瀌雨雪皃又音瀌 颮風皃。 犙禾生也子幽切一。 犙牛三

歲山幽切一 ○𪄴 𪄴䳱取魚鳥狀語蚪切又五苞切一 ○飍 飍𩙪風香幽切飍又風幽切二 休 美也福禄也慶善也出玉篇又火交切 ○繆 詩傳云綢繆猶纏綿也說文曰枲十絜也武彪切又目謬二音三 鷚 天鸙鳥也又音蚪 ⿱敄糸 縛也

二十一 ○侵 漸進也說文作㑴又姓三輔決錄有侵蔡七林切七 㑴 上同 駸 馬行疾也 浸 浸淫也又子鴆切 ⿰豆侵 野生且也 ⿰禾侵 錐也 綅 說文曰綫也詩曰具胄朱綅又子心息廉二切

○尋 長也又尋常六尺曰尋倍尋曰常山海經曰尋木長千里生河邊又姓晉有尋曾字子貢徐林切十六 ⿰彡尋 上同出說文 鐔 劍鼻又姓漢有鐔顯又覃淫二音 潯 傍深又水涯也 鱏 魚名口在腹下又音淫 樳 木名似槐 鄩 地名在鞏又姓左傳有周大夫鄩肸 ⿰阝尋 小堆阜也 ⿰月尋 姓也出纂文 ⿰尋風 姓也姓苑云汝南人 襑 衣博大也 枔 木葉 撏 取也 灊 水名出巴郡又才心昨鹽二切 鬵 鼎大上小下又才心昨鹽二切 ⿰糸尋 續也

○林 林木爾雅曰野外謂之林說文曰平地有叢木曰林又姓風俗通曰林放之後力尋切八 琳 玉名 淋 以水沃也 臨 莅也大也監也又姓後趙錄有秦州刺史臨深也 痳 痳病 箖 箖箊竹名 㶤 水出皃說文云谷也一曰寒也 霖 久雨

○琛 琛寶也丑林切七 棽 木枝長又林森二音 ⿰舟彡 船行 ⿰目見 私出頭視也又丑鴆切 綝 善也 郴 縣名在桂陽又姓陶侃別傳有江夏郴寶 賝 賮

○斟 斟酌也益也又姓國語云祝融之後侯伯八姓斟姓無後賈逵注云斟姓是曹姓之後又漢複姓有斟弋氏出史記職深切九 針 針線 鍼 上同說文曰所以縫也 ⿰箴鳥 ⿰箴鳥鳶鳥名 箴 箴規也又姓風俗通云有衞大夫箴莊子 葴 酸蔣草也 瑊 廣雅曰瑊石次玉也郭璞云瑊玏似玉之石司馬相如子虛賦曰其石則瑊玏玄礪 鱵 魚名 ⿰土斗 斟鄩古國名

○沈 沒也說文曰陵上滈水也又漢複姓魯有沈猶氏常朝飲其道何氏姓苑云今泰山人直

深切又尸甚切九沉俗㸴水牛⿱艹沈爾雅曰蕁⿱艹沈藩郭璞云生山葉如韭䒞上同又羊針都敢二切霃久陰湛漢書曰且从俗
浮湛又徒減切枕繫牛杙也鈂鍾鐲。碪擣衣石也知林切五砧上同椹鈇椹斫木質文字指歸俗用為桑椹字非枮上同坫
欋安曆也。諶誠也爾雅云信也氏任切七愖上同訦上同說文曰燕代東齊謂信曰訦忱上同煁煁烓行竈烓烏珪切⿸疒甚
腹內故病⿸疒冘上同。任堪也保也當也又姓出樂安黃帝二十五子十二人各以德為姓第一為任氏如林切七鵀戴鵀鳥也頭上毛似勝又女今切
恁信也又音荏壬接也又辰名爾雅曰太歲在壬曰玄黓紝織任亦作糸鈓鈓鑐寶雅聲也⿰言任信也念也。深遠也又水
名出桂陽南平式針切二㴱滿弱。淫久雨曰淫書曰罔淫于樂傳云淫過也餘針切十五霪久霪雨婬婬蕩⿱⺮至竹名蟫白魚蟲
鷣鷂之別名䒞熱也冘行兒沾上同⿰酉甚熟麴又昨淫切撢探也鄩地名㸒貪也又延求切鐔劍鼻又尋覃二
音鱏魚名又徐林切。心火藏釋名曰心纖也所識纖微無不貫也息林切四⿰糸㸒久緩兒⿰車心車鉤心車軜木杺木名其心黃。愔
晴也挹淫切二⿱殸音聲和晴也。祲日傍氣也子心切又子禁切九梫木名兓銳意埐說文地也又昨淫切⿰兓隹雉之別名⿰兓鼻
高鼻綅縫線⿰子侵雞也⿰魚兓魚名。⿰魚岑大魚曰鮓小魚曰鯵一曰北方曰鮓南方曰鯵昨淫切十魿上同見說文鬵說文曰大釜也
一曰鼎大上小下若甑曰鬵朁朁山嵒梣木名埐地名又子心切黕掘也鈂上同又直林切灊水名出巴郡⿰酉甚熟麴又餘
針切。⿰言任⿰言任⿰言欲喉聲女心切三䋎䋎織也齊也或作紝鵀戴勝。琴樂器神農作之本五弦周加文武二弦白虎通曰琴禁也以禁止淫邪正

人心也又姓左傳琴張也巨金切二十二⿰扌禁急持捦上同擒亦同黔黑而黃亦姓齊有黔敖又巨炎切禽二足而羽者曰禽又姓高士傳有禽

慶芩黃芩藥名邻亭名檎林檎果名⿰阝金說文云石地名鵭鷄鳥亦作鳹䔷草名根可緣竹器出玉篇澿水名凜

寒狀又力甚切庈人名庈父雂鳥名又巨炎切⿰今攵持也⿰九殳禁也又竹甚切黚黃黑色又巨炎切䅤禾欲秀也䎛音也靲

靲鞻四夷樂也○欽敬也又姓何氏姓苑云吳人也去金切五菳草名似蒿衾被也嶔嶔崟顉曲頤又五感切○吟歎也說文

云呻吟也魚金切十訡上同⿰音今古文唫亦古吟字說文又巨錦切崟嶔崟荶水菜似蒜碞僭差⿱雨㐺霖雨又牛皆切㐺

衆立皃廞崟廞山崖狀也又口敢切○歆神食氣也許金切四廞爾雅曰興也亦陳車服也亦廞孍山險皃又許錦切⿱歆女愛也又火甘切也

⿰甚尢火盛皃○金金寶說文曰五色金也黃爲之長久薶不生衣百鍊不輕从革不違西方之行生於土亦州名周爲附庸國魏於安康縣置東梁州後周改爲

金州又金鼓釋名曰金禁也爲進退之禁也又姓古天子金天氏之後也又漢複姓有金留氏出姓苑居吟切九今對古之稱說文云是時也黅黃色衿

衣小帶也又其禁切襟袍襦前袂⿰衤金上同禁力所加也勝也又居蔭切⿰忄禁心⿰忄禁皃⿰黑金淺黃色說文云黃黑也又古咸切○音

說文曰聲也生於心有節於外謂之音宮商角徵羽聲也絲竹金石匏土革木音也於金切八陰陰陽也說文作陰闇也水之南山之北也又姓出武威風俗通云管修自

齊適楚爲陰大夫其後氏焉隌爾雅云闇也注謂隌然冥皃又烏感切瘖瘖瘂文字曰皋陶瘖霠雲覆日又姓出纂文⿰豆音寖豆喑極啼

無聲又於含切⿰酉音醉聲又於南切○森長木皃所今切十參參星亦姓世本云祝融之後又蒼含切曑上同蔘人蓡藥也蓡

古文 槮 樹長兒 襳 襳襹毛羽衣兒 突 突也 罙 上同 棽 木枝長也又丑林切 ○岑 山小而高又姓出南陽風俗通云古岑子國之

後後漢有岑彭鋤針切九 涔 涔陽地名又管涔山名又蹄涔不容尺鯉蹄牛馬跡 㞤 入山深兒 梣 青皮木名又子心切 橬 同 霠 雨聲也

鱏 魚名 䅢 禾欲秀 笒 竹名 ○兂 說文曰首笄也側吟切四 簪 同上 瑨 石似玉也 撍 速也 ○嵾 嵾差不齊白兒亦

作嵾楚簪切六 參 上同 梫 梫桂木花白也又音寢 穇 穇字書云禾長兒 駸 馬行疾兒 槮 木長兒 ○覾 說文云內視也充針切一

二十二○覃 及也延也又姓梁東寧州刺史覃無先徒含切二十 鄿 鄿城縣名 潭 水名出武陵郡潭城縣東入鬱林又深水兒 曇 雲

布 藫 水衣 橝 木名灰可染也 蟫 白魚蟲也又音淫 譚 大也又姓漢有河南尹譚閎 𧾸 趨𧾸走兒 燂 火爇也 壜 甒屬

鐔 劍口又音尋 眈 視近而志遠又音耽 耽 耽耽室深兒 瞫 貼也 醰 醰醰香氣 蕁 草名爾雅曰蕁莐藩 蕁 同上字

橝 搽長味又也 撢 探也徒紺切 ○參 參承也參觀也俗作叅倉含切五 驂 驂馬 趍 趍趍撢 傪 好兒 嫪 玉篇云婪嫪也 ○南

火方亦果名臨海異物志云多南子大如指紫色味甘似梅又姓魯大夫南遺也又漢複

姓九氏左傳宋有南史氏其後為姓又魯有南宮敬叔晉國高士全隱於南鄉因以為氏

六國時有南公子著書言五行陰陽事莊子有南郭子綦又有南榮趎古有善暴背於南

榮之者獻之於君其後為氏又有南伯子綦姓苑有南野氏又有南門氏那含切七

男 男子也又所封爵也環濟要略曰男任也言任王事受王命為君 枏 木名又人詹切 楠 俗 抩 併持也又他含切 䶲 龜有距也又如詹切

[illegible] 甲上同 ○諳 記也憶也烏含切十二 鵪 鵪鶉字林作雒雜 媕 媕婀不決 庵 小草舍也 腤 音煑魚肉也 菴 菴䕡草又菴羅

果也⿺尢奄𩫖跛之皃馣香也⿱音女貪愛音聲小又於林切盦說文曰覆蓋也喑啼泣無聲○含說文云銜也胡男切二十二

涵涵水䈄實中竹名⿱竹含上同梒梒桃禮亦作含䤴鎧別名孟子云矢人豈不仁於䤴人哉矢人唯恐不傷人䤴人唯恐傷人函容也

禮云席間函丈顄顄頤顄上同蜬爾雅云蠢蜬小者曰蜬頷說文曰面黃也又胡感切⿰氵圅水澤多皃鋡受也㼨似瓶有耳也

⿷匚含船没⿰鼠含鼠屬又古南切圅銜也說文舌也肣排囊柄也說文同上䨡久雨⿱雨圅上同𢎘說文曰嘾也艸木之華未發函然象

形又下感切⿰冫函寒皃○婪貪也盧含切六惏上同燣焦色嵐州名近太原因岢嵐山爲名有淫洼池出良馬亦山氣也葻草得

風皃啉酒巡匝曰啉出酒律亦作𣚚○蠶吐絲蟲俗作蚕昨含切四撏取也⿰朁阝亭名⿰足朁山名○簪作含切又則岑切七

撍盡也篸所以綴衣又作感切⿱⺮蠶蠶篋⿰月朁腤腤⿰羊朁羊腌鐕無蓋釘也○探取也說文作㨆遠取也他含切三撢

周禮有撢人貪貪婪也釋名曰貪探也探入他分也○耽說文曰耳大垂也又耽樂也詩曰無與士耽或作躭丁含切九湛湛樂亦見詩眈

視近而志遠也酖耆酒妉妉樂⿰詹咸大甖可受一石媅婬過說文樂也⿰甚見內視又大含切⿰多冘多也○龕塔也亦曰龍皃又去

塔下室含切十⿰今戈殺也刺也顉醜皃堪任也勝也克也說文曰地突也又姓風俗通云八元仲堪之後戡勝也克也⿸厤甘和也又紅談古

三二切嵁嵁巖又五男切⿰甘瓦瓦器撖拄也⿰含攴敲多也○嵅大谷也火含切八⿰酉含面紅馠小香欦含笑皃

谽谽谺谷空唅唅呀襂不脫衽帶而寐也襂上同○毿長毛皃蘇含切三蔘蔘縿垂皃犙牛也○弇同也

蓋覆也後漢有耿弇古南切又音掩五 [illegible]鼠名 淦水入船中又最也泥也汲也又甘暗切吉州有新淦縣水所出入湖或作泠 [illegible]持意也又呼兼切

蜬蠃䗅小者又貝居水者肉如科斗但有頭尾○[illegible]不惠也又譃弄言五含切三 [illegible]寱中言語 嵁嵁巗又苦男切

二十三○

談談話又言論也戲調也又姓蜀錄云晉有征東將軍談巴徒甘切十一 郯國名其後以國爲姓春秋時郯子入魯辨古官與孔子相遇姓苑云沛人 惔憂也 錟長矛 淡水皃又徒覽徒濫二切 痰胷上水病 澹漢複姓孔子弟子有澹臺滅明又徒覽徒濫二切 倓恬也安也靜也又徒濫徒坎二切

餤進也詩曰亂是用餤又徒濫切 剡刮馬質也 炶小熱○甘說文作甘美也又隴右州本漢匈奴觻得王所居後魏爲張掖郡又改爲州取甘峻山名之界有弱水祁連山上有松柏五木美水茂草冬溫夏涼又有仙樹人行山中飢即食之輒飽不得持去平居時亦不可見也又姓武丁臣甘盤之後又漢複姓有甘莊甘士甘先三氏古三切七

柑木名似橘 𥫱𥫱竹 苷苷草也出洮州 泔米汁 [illegible]和也 媣嫣媅○擔擔負釋名曰擔任也任力所勝也都甘切五 儋說文何也亦姓左傳周有大夫儋翩 聸說文曰耳垂也南方有聸耳之國 頕頰緩 甔小甖○三數名又漢複姓五氏三閭氏三閭大夫屈原之後也沛上計三烏群三烏大夫之後也三殷祭之後有三飯氏三州孝子之後有三州氏後單姓州蜀志有三丘務蘇甘切五

參上同又七南所今二切俗作叅 弎古文 衫衣破襤衫 鬖鬖鬖毛垂○藍染青草又姓戰國策有中山大夫藍諸魯甘切十三 襤襤褸

𩯭𩯭鬖髮踈皃 擥擥持 籃籃籠 䰐䰐䰐長面 𪈤𪈤鷜鳥名今俗呼郭公也 懢懢貪皃 𥴥𥴥𥦷薄大 儖儖儳形皃惡也

濫汎濫○坩坩甒苦甘切一○舑吐舌也他酣切九 聃耳漫無輪又老氏名又姓左傳周大夫聃啓 躭俗 緂色鮮

坩水行岸壞 䒸葱別名 䆲藍䆲薄大 㴸㴸峭㴸峻江波也 菼藍菼瓜葅 ○慙愧也昨甘切五 慚上同 鏨小鑿也

𪆟鶅別名 擊說文暫也 ○酣酣飲應劭曰合也張晏曰中酒曰酣又樂也胡甘切入 甝白虎 蚶桑蟲 魽蛤也 𪎊和也

又口含古三切 𤐫火上行皃 炶上同 邯江湘人言也又音寒 ○姏老女稱武酣切一 ○𩈉長面皃昨三切一 ○蚶

蚌屬爾雅曰魁陸本草云魁狀如海蛤員而厚外有文縱橫即今蚶也亦作魽呼談切五 𧵳戲乞人物亦作𣢑 𡡞貪婪又一含切 歛欲也 憨癡也

二十四 ○鹽說文曰鹹也古者宿沙初作煑海為鹽亦州近北鹽池因以名之又姓魯國先賢傳有北海相鹽津余廉切十五 塩俗 櫩

木名 閻里中門又姓出天水河南二望 壛壛㯐也說文同上 阽臨危 檐屋檐說文曰檐㮰也 簷上同 櫩亦同 櫩步櫩長廊

𤄿說文云海岱之間謂相汙曰𤄿 鵮鵮雖鳥自為牝牡也 閻語林云大夫向閻而立說文曰閻謂之樀樀廟門也 𤺊病走 灩進也 ○廉

廉儉也釋名曰廉歛也自檢歛也亦姓趙有廉頗力鹽切二十 鐮刀鐮也釋名曰鐮廉也薄其所刈似廉也 鎌上同 䨩久雨 慊㥏慊帷也 簾

簾箔釋名曰簾廉也自障蔽為廉恥也三秦記曰明光宮以金玉珠璣為簾箔 薕藘也說文薕也 薟白薟藥又音歛 蘞蔓草說文同上又音歛 匳

盛香器也又鏡匳也俗作奩 籢上同 磏赤礪石 獫大長喙又力劒切又音險獫狁也 蠊蜚蠊蟲名說文作蠊海蟲也長寸而白可食 稴

禾名 𨌈車輞 𢿍𢿍𢿍初打㩫也 帘青帘酒家望子 鬑鬑鬋也一曰長皃 覝察也 ○砭以石刺病府廉切又方驗切一 𥐟

古文 ○銛銛利也說文曰銛屬蜀篆文曰鐵有距施竹頭以擲魚為銛也息廉切十三 暹日光進也 枮木名 綅白經黑緯 𦄐上同 鑯

鑯細又山韭也今通作韱凡从韱者倣此襳小襦纖細也微也憸利口孅銳也細也鬖髮也彡毛飾又所銜切思疾利口也
○籤說文驗也一曰銳也貫也七廉切十臉臉臛也⿰月韱上同鹼水和鹽又工斬切槧削皮又才敢七豔二切憸掩憸詖也
俺音猒僉咸也皆也⿰韱刂⿰韱刂切割也懺慓懺記出字林譣譣詖○詹至也應劭漢官曰詹事秦官也又姓楚詞有詹尹俗作詹職廉切六
瞻瞻視占視兆也亦姓陳大夫子占之後又章豔切蟾蟾蠩蝦蟇也張衡靈憲曰羿請不死之藥於西王母姮娥竊之奔月宮遂託身於月是爲蟾蠩抱朴
子曰蟾蠩壽三千歲者頭上有角頷下有丹書八字玄中記云蟾蠩頭生角者食之壽千歲也噡噡言語也厃說文云仰也一曰屋相也秦謂之桷齊謂之厃本魚
毀切○棎果名似柰而酸視占切三撏撏取也蟾蟾光月彩又職廉切○苫草覆屋又凶服者以爲覆席也又姓左傳魯季氏家臣苫夷失
廉切三痁病又音店⿱沾女妗⿱沾女善笑皃又丑廉切○韂屏也處占切十一⿰女占⿰女占後輕薄皃又尺涉切幨幨帷釋名曰牀前帷曰幨
襜襜褕蔽膝裧上同⿰舟炎⿰舟炎衣動皃⿸疒冉皮剝也緂衣色鮮妗妗⿱沾女笑皃又許兼切惉惉滯音不和也禮記作怗
惔⿰忄色也○⿰須冉說文曰須須也汝鹽切十二髥上同蚦大蛇呥噍皃枏梅也子如杏而酸⿰言冉言多蛅爾雅曰蟔
蛅蟴蟔郭璞云載屬也今青州人呼載爲蛅蟴冉說文云毛冉冉也亦作冄袡衣緣⿰冉龜⿰冉龜有距⿸疒冉皮剝又處占切舑譫舑長舌皃○
黏黏䵒女廉切三粘俗⿰食占南楚呼食麥粥○炎熱也說文曰火光上也于廉切一○霑霑濕也又濡也漬也張廉切三沾
水名在上黨說文他兼切黇黃也○覘闚視也丑廉切又丑豔切二⿱沾女⿱沾女妗喜皃○淹漬也滯也久留也敗也央炎切六菴菴藺

草又音諳崦崦嵫山下有虞泉日所入又於檢切醃鹽醃又菹也䣍邑名閹男無勢精閉者○㦑㦑倚意不安也丘廉切二鈐
鈐齒頭鑒○䶃䶃差語廉切一○尖銳也子廉切十三殲盡也滅也瀸漬也沒也洽也又泉水出微皃㦰械也𡅏[illegible]不廉
又將鹽切取子俱切漸入也漬也又慈染切虃百足草熸火滅𢦏刺也銳意也又持戈說文絕也䨢小雨又霑也鑯說文曰鐵
器也一曰鑴也鋟以爪刻擅版也𩃠青也或作霙又所咸切○潛水伏流又藏也亦水名又姓姓苑云臨川人昨鹽切九朁於朁縣名屬蜀杭
州今作潛鬵甑也又才林切䇧漂絮簀又音前灊水名在巴郡宕渠又古縣名在廬江又才林切䁮閉目內思燂周禮注云炙爛燅
古文螹螹蠊蟲名箝鑷頭亦作鉗晉律曰鉗重二斤翹長一尺五寸又羌複姓有鉗耳氏說文箝也巨淹切十二鉗上同說文曰以鐵有所劫束也𢃇
紟衿鉆持鐵者說文又敕淹切鐵銸也一曰膏車鐵鉆黚淺黃黑色又古黚陽縣在武陵又巨今切拑脅持也黔黑黃色說文曰黎也秦謂民為
黔首謂黑色也周謂之黎民又音琴羬羊六尺為羬鳹白喙鳥雂上同鍼鍼虎人名又之林切鈐兵鈐以閉房神府以備非常又鉤鈐
星名說文曰鈐𨪐大犂也○懕安也一於鹽切七猒飽也又於豔切饜上同嬮和靜㤿㤿憸稖稖稖苗美也𡣍含怒也又
魚檢切○燅說文曰湯中爚坴肉也徐鹽切九𤎖說文緂同上燖爓𦠆並上同菼山炎坴萊摮坴擊摘物出字諟及聲類
橪木細葉也𢅊小坴巾○襳襳褷毛羽衣史炎切一○𤆍字林云小熱也直廉切三𪏭埤蒼云赤黃色𧦮言利美也又人名字
書無○鍼巨鹽切又音針一

二十五○添益也他兼切四 沾說文曰水出壺關東入淇一曰沾益也 黇黃色 䑙譫詀吐舌 ○[髟占]髟占髟兼鬑髮踈薄皃丁兼切八 战战敠稱量 佔佔佁輕薄也 詀轉語 帖衣領又丁頰切 袩上同 [耳占]耳小垂 [目占]目垂又丁念切 ○甛甘也徒兼切五 恬靖也 湉水靖 菾菜名 [艹恬]藥名 ○鬑髭鬑勤兼切六 薕薕䕲秀了荻草 熑熑輖說文曰火煣車網絕也 溓大水中絕小水出也說文曰薄水也一曰中絕小水 濂薄也 㶌火不絕皃 ○謙敬也讓也苦兼切二 㰔堅持意又呼廉切 ○兼說文曰并也兼持二禾秉持一禾又姓衛公子兼之後古甜切七 縑絹也說文曰并絲繒也 鶼比翼鳥 䅐青稻白米 蒹未秀荻 䍡絲網 鰜比目魚 ○嫌說文曰不平於心一曰疑也戶兼切二 稴稻不黏者又力兼切 ○鮎魚名奴兼切三 䬯說文曰相謁食 拈指取物也 ○馦香氣許兼切七 㾌頗廉病也 䵛赤黃色 [甘兼]香美 欦貪欲也又笑也 㰔堅持意又契兼切 妗美也

二十六○咸皆也同也悉也亦姓姓苑云巫咸之後今東海有之胡讒切十一 鹹不淡 醎俗 函函谷關名又函書亦姓漢有豫章太守函熙又漢複姓漢末有黃門侍郎函治子覺見又音含 䮛䮛䮳古縣名漢書只作咸 諴和也 鰜魚名 稴不作稻也 椷杯也 [木函]上同 輱車聲 ○緘緘封古咸切七 㰹慳恪又堅持意口閉也 瑊美石次玉 玪上同 尲尲尬行不正也 黬釜之底黑也 黬說文曰雖晳而黑也古人名黬字晳 ○攕女手皃所咸切十一 摻上同詩曰摻摻女手又所減切 [木煔]木名似松爾雅又作炶 杉上同

攕上同說文音尖楔也䨘雨皃說文曰微雨也或作䨘又子廉切𩂯微雨𥄰瞻視又所儳切𨏫車聲𩋟鞍𩋟垂皃㺑犬容
頭進也○㹸犬吠聲乙咸切又乙陷切三湆湆没黯深黑也又乙咸切○嵒巖也又嶃嵒山高皃亦地名五咸切十𩕊面長
皃又丘檻切黬釜底黑也又音緘羬山羊䖔熊虎絕有力也麙上同𪘔齒皃碞嶜差又牛金切𤟹羊有力也𧬈
和也又戲言也○㰹笑皃許咸切五蝛似蛤出海中也妗喜皃又香兼切谽谽谺谷空皃𩈤出頭皃○詀詀諵語聲竹咸
切又尺涉切四𩈣𩈣𩈤出頭皃鵮鳥啄物也又苦咸切𪉟鹹味○諵詀諵也女咸切二喃上同○讒譖也士咸切又士銜
切十三𧗵𧗵𢶍似猿而白又士銜切鏨小鑿又才三切饞不廉毚狡兔㲋上同𪖌鼻高皃欃欃檀木別名攙刺也
又楚銜切鼸鼠名又埤蒼云鼠皃𠊏鳥𠊏物也儳儳儳皃惡也又仕陷切䣩宋地名○鵮鳥鵮物苦咸切五敆同上
嵁嵁嵒巖不平正皃厱山崖空穴閒皃䶢䶢𩕊長面

二十七○銜說文曰馬勒口中从金从行銜馬行者戶監切二𤮉乾瓦屋也○巉險也鋤銜切八嶃嶃嵒山皃䣩
刺也說文曰斷也一曰剽也艬合木船鑱吳人云犂鐵說文銳也又七鑯切𧗵𧗵𢶍又士咸切毚又士咸切嚵嚵喙說文曰小啐也
一曰喙也又音鑯○巖峯也險也峻廊也五銜切三礹上同𡅖呻吟○攙攙搶祆星爾雅攙搶楚行切又士咸切一○衫衫衣
所銜切八𦆶帛青色又音裁髟巠云也又長髮皃縿絳帛說文曰旌旗游也彡毛長芟刈草穇稴穇穇不實也見齊人要術

鬖又所咸切○監領也察也說文云臨下也古銜切又古懺切五礛礛儲青礪瞷視也鑑鑑諸以取月中水又明也䫡細切○

𧽊步渡水白銜切一○嵌巖巖山也口銜切一

二十八○嚴嚴毅也威也敬也說文曰教命急也亦姓本姓莊避漢明帝諱改姓嚴語杴切二⿱⺮嚴射翳○䪜胡被也虛嚴切三杴鍬屬古作𣞠或作𣏒方言云青齊呼意所好爲杴⿸疒僉⿸疒僉瘦物在喉也𥝋禾傷肥也⿱艹敢羊之辛味曰⿱艹敢○醃醃鹽漬魚也於嚴切二腌同上○⿰钅攵⿰钅攵敢不齊丘嚴切又丘广切二⿸厂僉山側空處也

二十九○凡常也皆也輕也非一也又姓周公子凡伯之後姓苑云晉陵人符咸切七帆舤上幔也亦作颿又扶泛切仉輕也又孚劒切舤汎船舩氾國名又姓出燉煌濟北二望皇甫謐云本姓凡氏遭秦亂避地於氾水因改焉漢有氾勝之撰書言種植事子輯爲燉煌太守子孫因家焉又音汎颿馬疾步杋木皮可以爲索○芝草浮水皃匹凡切二欦多智慧也

鉅宋廣韻下平聲卷第二

新添類隔今更音和切

緜名延切⿺辶雚中全切閍北盲切平符兵切凡符芝切芝敷凡切 三十八

鉅宋廣韻上聲卷第三

多動董第一獨用
之隴腫第二獨用
古項講第三獨用
諸氏紙第四旨止同用
職雉旨第五
諸市止第六
無匪尾第七獨用
魚舉語第八獨用
虞矩麌第九姥同用
莫補姥第十
徂禮薺第十一獨用
鞋買蟹第十二駭同用
諧楷駭第十三
呼猥賄第十四海同用
呼改海第十五
之忍軫第十六準同用
之尹準第十七
武粉吻第十八獨用
於謹隱第十九獨用
虞遠阮第二十混很同用
胡本混第二十一
胡墾很第二十二
河滿旱第二十三緩同用
胡管緩第二十四
山板潸第二十五産同用
所簡産第二十六
先典銑第二十七獮同用
息淺獮第二十八
蘇鳥篠第二十九小同用
私兆小第三十
苦絞巧第三十一獨用
胡老晧第三十二獨用
古我哿第三十三果同用

古火果第三十四　莫下馬第三十五獨用　余兩養第三十六蕩同用
徒朗蕩第三十七　古杏梗第三十八耿靜同用　古幸耿第三十九
疾郢靜第四十　戶鼎迥第四十一獨用　蒸上拯第四十二等同用
多肯等第四十三　云久有第四十四厚黝同用　胡口厚第四十五
於糾黝第四十六　七稔寑第四十七獨用　古禫感第四十八敢同用
古覽敢第四十九　以冉琰第五十忝同用　他點忝第五十一
下斬豏第五十二檻同用　胡黯檻第五十三　宜奄儼第五十四范同用
防錽范第五十五

一○董督也正也固也又姓飂叔安裔子董父實甚好龍帝舜嘉焉賜姓曰董出隴西濟陰二望多動切七　蝀螮蝀虹也又音東　箽亦姓又竹器也　懂懵懂心亂　蕫鼎蕫草似蒲而細又藕根　𪏰攏𪏰黍不上　蘳蘳蘳鼓壴鳴也　○蠓列子曰蠛蠓生朽壤之上因雨而生覩陽而死莊子謂之醯雞莫孔切七　𤾦物上白醭　鸏水鳥又音蒙　濛濛頂大水又莫紅切　朦大皃　曚曚曨日未明也　懵心亂皃　○孔孔穴也又空也甚也亦姓殷湯之後本自帝嚳次妃簡狄吞乙卵生契賜姓子氏至成湯以其祖吞乙卵而生故名履字天乙後代以子加乙始爲孔氏至宋孔父嘉遭華父督之

難其子奔魯故孔子生於魯康董切二倥倥傯事多○𢿦搏擊先孔切三𥳍箸桶摠又蘇公切○侗直也一曰長大也他孔切四桶

木桶又音動曈曨曈欲曙又音童曈曨捅捅進前也○總聚束合也皆也衆也作孔切十五揔同惣俗嵸龍嵸山皃𢈖

衆立𩭤𩭤角本亦作總蓯蓯蓯草皃鬷爾雅云軌鬷一名素華猣犬生三子翪鳥飛竦翅上下也所謂鶻鳩醜其飛也𦖭方言

云南人竊視熜熅也說文曰然麻蒸也又青公切𢉈屋會又且公切輚關西呼輪曰輚傯倥傯○澒說文曰丹沙所化為水銀也又

濛澒大水胡孔切五鴻鴻濛又音紅𧈅汞蟲甲類嗊鳴声嗊嗊也汞水銀滓○蓊蓊鬱烏孔切九滃大水皃暡

氣盛皃𨛜𨛜濃多皃又音邕濃勜勜尦強皃尦音軋䈵竹盛又音翁䐥䐥臭皃出字林塕塕埲塵起㷅㷅然煙氣也○

繷奴動切一○琫佩刀飾也弁孔切四菶草盛𦃄小兒皮屨又巴棒切俸屏俸又扶用切○曨曈曨力孔切九襱袴也

又直隴切蘢蘢嵸竉孔竉籠籠竹器又龍聾二音攏攏略又拗攏籌謌也謂酒律㦕㦕倲不調儱儱侗未成器也驡駛馬又牽

也說文兼有也○嗊羅嗊歌曲出告幼童文呼孔切二㦗㦗懂心神恍惚皃○動躁也出也作也搖也徒揔切九𨔝古文酮酒壞

又音同姛項直皃眮瞋目詷訂詷訂音挺桶木器又他孔切挏推引也漢有挏馬官作酒又音同硐安硐㧓硐見馬融長

笛賦○菶蒲蠓切草盛皃又方孔切三唪大笑也埲塕埲塵起

二

○腫疾也說文癰也釋名曰腫鍾也寒熱氣鍾聚也之隴切六

種種類也又之用切踵足後又繼也趾也頻也說文追也一曰往來皃重說文跟也偅相跡也喠喠喀欲吐○寵寵愛也丑

隴切三 趤小兒行皃 埫埫塎不安 ○隴說文云天水大坂也亦州漢汧縣後魏置東秦州又改為隴州因山名之力踵切三 壠說文曰丘壠也
方言曰秦晉之間冢謂之壠亦作壟書傳曰畝壟也 塗塗也 ○擁手擁說文作攤抱也又擁劍蟲形似蟹崔豹古今注云一名執火其螯赤故謂之執火於隴切
三 㨩上同 壅壅堨亦基也障也又音邕 ○宂宂散也亦官名續漢志曰先臘一日大儺逐疫皃宂从僕射將之逐鬼于禁中俗作冗而隴切十二 内
上同 穁稓穁 傇不肖也一曰傇傇劣也或作搑茸又作𨽐𨾄 氄鳥細毛也 𣰆上同 軵推車或作輯 𤘜水牛 𪕮𪕮鼠也
找拒也亦作輯 𨋩輕車也 搑推擣皃也又而容切 ○重多也厚也善也慎也直隴切又直龍直用二切四 偅遲也 襱袴也又來
公力董二切又作裥 鮦魚名又直柳切 ○冢大也周禮天官冢宰說文曰高墳也釋名曰冢腫也象山頂之高腫起知隴切二 塚俗 ○奉
與也獻也祿也說文承也扶隴切二 唪口高皃出埤蒼 ○捧兩手承也夫奉切一 ○勇猛也說文作勈气也余隴切十五 恿古文 涌
涌泉說文曰滕也一曰涌水在楚國 甬草花欲發皃亦甬道周禮云舞上謂之甬用鐘柄也 踊跳也又踊刖者以之接足晏子曰踊貴屨賤 慂方言云慫
慂勸也 𧼼說文曰喪辟𧼼也經典作踊同 塎埇塎不安 悀心喜也又出也 埇地名在淮泗 溶水皃又音容 蛹蠶蟲化 傛
說文曰不安也又音容 俑木人送葬設關而能跳踊故名之出埤蒼 衕巷道出蒼頡篇 ○恐懼也丘勇切又丘用切三 𢖶古文 慹慹平
薗薚也 ○尰足腫病亦作瘇時宂切三 瘇上同出說文 𢙿自要𢙿出聲譜 ○拱手抱也又斂手也居竦切十八 拲兩手共械周禮
曰上罪梏拲而桎 𥓂水邊大石 鞏以皮束物又縣名在河南亦姓左傳晉大夫鞏朔 蛬蟋蟀又巨容切 孑孑孓井中小蟲 珙璧也 廾

說文曰竦手也篆文作㧐并具奐丞字並从此篆家同而隸異也手說文曰揚雄說升从兩手也㤨戰慓也又戶工切舉姓也巩鈲也𢪏

抱持說文㩀也鞏輞也⿰魚共鯤魚子也巩抱也說文作巩恐鞏類並从此栱爾雅云杙大者謂之栱輁輁軸所以支棺○悚怖也

息拱切十竦敬也國語云竦善抑惡慫驚也聳高也說文曰生而聾曰聳⿰糸頁絆前兩足㩳執也駷何休云搖馬銜走也愯

懼也亦作㥶從從從走意又先項切⿰衤從襌衣○洶洶溶水皃許拱切三詾詾嚇也又音凶兇恐懼說文曰擾恐也左傳曰曹人兇懼又

音凶○覂覂覆也或作⿸广之又作泛此覂駕之馬非良者說文曰反覂覆也方勇切三⿸广之上同○湩都䳇切濁多也此是冬字上聲○䳇莫湩

切䳇鶨鳥又莫項切二⿰月尨豐大○⿱巩木穫也渠隴切又渠恭切一○⿰重隹小鳥飛也充隴切二喠氣急之皃○⿰忄悤說文曰惲也職勇切

二⿰忄松上同又且勇切○⿰衤從子冢切襌衣又息拱切一

三

○講告也謀也論也說文曰和解也古項切四港水派⿰亻尨傋不媚

皃又虛項切耩耕也○⿰木丰杖也打也步項切八棒上同棓上同魏志云曹操為北部尉門左右縣五色棓各十枚玤周邑地名又珠

次王⿰忄丰⿰忄丰⿰忄翁很戾蚌蛤也蜯上同⿰耒咅⿰耒咅鑼器出埤蒼○⿰忄翁⿰忄丰⿰忄翁很戾鳥項切一○⿰亻尨⿰亻尨傋武項切二⿺尨鳥⿺尨鳥鶨鳥○

項頸項說文曰頭後也釋名項确也堅确受枕之處又姓本姬姓國公羊曰為齊桓公所滅子孫以國為氏項燕為楚將生梁梁兄子藉號霸王胡講切二缿說文

云受錢器古以瓦今以竹又大口切○⿱封糸小兒皮屨巴講切又補孔切○傋虛⿰忄翁切擔傋二⿰忄冓⿰忄翁⿰忄冓

四

○紙釋名曰紙砥也平滑

如砥石也後漢蔡倫以魚網木皮為紙又姓後魏書官氏志云渴侯氏後改為紙氏諸氏切十六帋上同只語辭坻隴坂也又直尼當禮二切軹

縣名在河内又字書云車輪之穿爲道縄子嬰於軹途是也枳木名周禮曰橘踰淮北而爲枳又居帋切咫咫尺賈逵云八寸曰咫抵抵掌說文云側

手擊也𣲷水名出扚扶山砥平也直也均也礪石也書傳云砥於礪皆磨石也坻說文云坻著也汦著上抧開也恀怙也又音

是稜曲枝果也鵦鳷鵲鳥如烏赤足可以禦火見山海經○是是非也說文曰直也又姓吳志云是儀本姓氏孔融嘲之曰氏字民無上乃改爲是

焉又虜複姓四氏西魏有開府是云寶後魏書又有是連是婁是賁三氏承紙切一十氏氏族又支精二音媞江淮呼母也又音啼諟理也正也諦也

審也恀爾雅曰恀怙恃也一云恃事曰恀徥行皃又池爾切彵彵狠褆衣服端下姼方言云南楚人謂婦妣曰母姼也𧿹𧿹封

也謂立也積聚也○靡無也偃也又靡曼美色也說文曰披靡也文彼切十𨇁行皃𢖻𢖻𢖻猶遲遲也骳骳屈曲也𪌭乘輿金耳又美

爲切縻熟麻也又莫禮切蘼薔蘼虋藥名又亡爲切○彼對此之稱甫委切五𠜱相分解也柀木名爾雅云柀煔佊埤蒼云佊

邪也僠倂○被寢衣也又姓呂氏春秋有大夫被瞻皮彼切又皮義切二罷遣有罪又平陂薄解二切○毁壞也破也缺也虧也許委切十

燬火盛㩻爾雅云㩻大椒毇說文曰米一斛舂爲八斗𥱉上同𡰅又於詭切義見下文譭謗也譖也擊手擊傷也烜

周禮有司烜氏以陽燧取火於日以鑑取水於月㜸說文曰惡也一曰人皃○委委曲也亦委積又屬也棄也隨也任也又姓漢有太原太守委進出風俗

通於詭切五骩骨曲又姓出纂文𡰅說文曰鷙鳥食已吐其皮毛如九又許委切蝼黍負爾雅云蛜威委黍字或從虫𦍼羊相𦍼積○

跪拜也去委切又渠委切二𡯁刖一足○詭詐也又橫財物爲詭遇也過委切十九垝垝垣毀垣也又作陒陒上同郈陸郈山名

出山海經鼓枕也銫戾鋸齒也說文曰銫臿屬一曰瑩鐵也觤角不齊恑變也悔也蛫蟹也祪毀廟之祖庪爾雅云祭山曰庪縣祋庋並上同洈水名出南郡東洈山至華容縣入江也蟡長八尺一首二身似蛇虵以名呼之可取魚鼈鵤鴝子丟嶲危云布穀也

姽宋玉神女賦曰既姽嫿於幽靜說文曰閑體行姽姽也桅短矛或作䃬說文曰桅黃木可染佹戾也○髓說文作𩪘骨中脂也息委切五嶲越嶲郡靃靃靡草木弱皃䭩䭩餅方言云餅瀡滑也○絫說文增也十黍之重也力委切六累上同又良僞切樏似盤中有隔也又音縲䉂法者䉂可以網人心厽說文曰絫坺土為牆壁垒說文曰厽墼也○技藝也說文巧也渠綺切六妓女樂也

徛立也伎侶也錡釜也又魚綺切𧋍蟬也○倚依倚也又姓楚左史倚相於綺切五猗猗狔猗狝窕也又於羈切椅椅掜又於宜切旖旖旎旌旗從風皃輢車輢○掎牽一腳說文云偏引也居綺切七剞剞劂曲刀庋又音詭𢈘一足又作踦踦公羊傳曰相與踦閭而語閉一扇一人在內一人在外𣧑棄也又丘知九奇二切攲持去也又居宜切○綺文繒又姓漢四皓有綺里季墟彼切七

婍好皃碕碕礒石皃又起宜巨支二切䞀行皃㥓戚又去奇切儉意也觭牛角又丘奇切㾨座也褒也又於盤切螘爾雅曰蚍蜉大螘小者螘魚倚切十二蟻上同蛾上同錡三足釜一曰蘭錡兵藏又姓武王分殷人六族有錡氏後漢有錡嵩礒碕礒也齮齧也艤整舟向岸檥上同說文魚羈切榦也嶬岌嶬山高皃轙說文曰車衡載轡者羛羛陽鄉名在魏郡㪙釜也亦作鈘說文曰三足鍑也一曰滫米器也○蔿草也又姓左傳晉大夫蔿伯韋委切九鄬地名儰不安也隝地名蘤花也栄也𤺌

口闒闢也國語曰闒門與之言又姓薳草又姓左傳楚有薳氏代為大夫寪說文云屋皃○觜喙也即委切二𧥮上同說文識也
一曰藏也○蘂花外曰萼花内曰蘂蘂如累切四惢草木叢生皃甤說文曰草木實甤甤也又人佳切繠茸也垂也又佩垂皃○此此氏
切九跐蹈也又阻買切佌小舞皃玼玉色鮮又千禮切泚水清又千禮切䮘馬名佌小皃䞈淺渡皃𡗟直大也說
文火介切瞋大聲也○豸蟲豸爾雅云有足曰蟲無足曰豸說文云獸長脊行豸豸然欲有所司殺形池爾切十二褫奪衣易曰以訟受服終朝三褫之陊
山崩也說文大可切落也䊓黏也踶踶跂用心力皃莊子曰踶跂為義傂傂傂參差皃杝析薪又敕氏切阤落也說文云小崩也𧣈
角端不正說文敕豸切角傾也廌解廌又宅買切又作觟褆好衣徥行皃朝鮮語也○徙移也斯氏切五璽說文曰王者印也所以主
土从土爾聲璽籀文佌佌小皃詩云佌佌彼有屋大本亦作佌佌又音此𢓭小皃又千禮切○酏酏酒移爾切九迆邐迆連接匜
杯匜有柄可以注水又音移衪衣中袖也肔引腸莊子云萇弘肔崔譔注云肔裂也又敕紙切崺峛崺沙丘狀峛音邐池加也又離也又弋支
切或作移𢣃不憂事也又弋支切孈問多態○邐邐迆也力紙切三峛峛崺㸚尒布明曰象形也○躧躧步也又作蹝說文曰舞
履也所綺切十𩏝上同灑灑埽又所買切纚韜髮者又颯纚長紳皃縰上同釃分也見漢書溝洫志說文曰下酒也一曰醇也𩌦
鞮屬屣屣履不躡跟矖視也簁籭也說文曰簁箄竹器也○俾使也从也職也并弭切十俾上同說文曰益也一曰俾門侍人鞞
刀鞞又蒲迷補茗二切箄竹器又卑篦二音稗黍屬又蒲賣切髀股也又步來切崥山足萆爾雅曰萆鼠莞郭璞曰亦莞屬纖細似龍

鬚可以為席 埤客 擗扶持○爾汝也說文作𡙁云麗爾猶靡麗也兒氏切四 尒義與爾同說文曰詞之必然也又虜姓二氏尒朱氏本北秀容

人也居尒朱川因以為氏後魏書官氏志尒綿氏後改為綿氏也 邇近也 迩古文○渳水兒說文飲也綿婢切十一 弭弓末又息也亦無緣

弓也 瀰水流兒 瀰詩曰河水瀰瀰瀰水盛兒也 芊羊鳴一曰楚姓 敉撫也愛也安也 侎上同 葞爾雅云弭春草也本草云芊草也

蛘爾雅注云今米穀中蠹蟲小黑蟲是也 闢力禰又乃禮切 [illegible]上也○婢女之下也便俾切二 庳下也或作埤又音卑說文中伏舍也一曰屋庳

○侈奢也泰也大也尺氏切十五 姼姑姼輕薄兒又美也又叱涉切 [illegible]上同 鉹甑 誃說文曰離別也 㢋廣大也國語曰俠滿而

侈我 㢋上同 垑恃土地也 [illegible]又昌厲切 [illegible]盛也 袲衣長亦作袲又宋地名 袲上同 豖 也 恀恃也又音豕 哆

張口又丑加昌者二切○弛釋也說文云弓解也施是切三 豕豬也 阤壞也又音豸○紫間色也又姓出何氏姓苑將此切九 訿訿毀

訾上同 呰窳也又子西切 泚水名在長沙 跐行兒 茈茈蕢又茈草也 呰口毀說文苛也 批捽也又子禮側買二切○

捶擊也之累切五 箠箠策也 [illegible]小卮出說文 騒馬小兒又子垂切 沝二水又音贅○揣度也試也量也除也初委切又丁果切二

敊試也○𤢖犲豚或似狐隨婢切一○舓以舌取物神帋切四 䑛上同 舐俗 狏獸名似狐出則有兵○批拳加人也

側氏切又音紫二 跐蹈也又音紫○破枝折匹美切三 紴水波錦文又補柯切 披開也又偏羈切○諀諀訾惡言匹婢切六 庀具也

疕瘡上甲亦頭瘍又卑履切 仳仳離別之意 䛊具也 吡呰也出莊子○蔎雞頭也羊捶切六 蘂草木藥初出兒 甤

爾雅云蕍芛葟華榮掅掅棄又撞猜小豬亦作隊𤻗瘡裂○惢心疑也才捶切一○跬舉一足丘弭切四趌上同頍
弁皃又舉頭皃跬跬踦開足[illegible]皃○狔猗狔從風皃女氏切三旎旖旎抳掎抳○硊硊硊石皃魚毀切四頠閑習容止也
姽好皃又過委切䳄布穀鳥跪長跪亦作䞈渠委切又去委切一○褫敕豸切衣絮偏也又池豸二音一○揓指也說文刺也
陟侈切二𧝆衍𧝆○𪖐去涕也興倚切一○企企望也丘弭切又去智切二跂踶跂山海經云有跂踵國人行脚跟不著地如人之跂足
也又去智巨支二切○菙周禮有菙氏燋焌用荆菙之類時髓切二娷娷不悅皃○枳木名似橘居帋切又諸氏切一

五○旨

說文云美也从匕日又志也亦作二日見經典職雉切八指手指也又示也斥也恉意也𨚕地名𧦝訐發人之惡厎平也致也說文云柔
石也砥砥礪也說文曰上同茋茋蒻小苹○視比也瞻也效也承矢切三眂並古文也○美好色說文曰甘也从羊从大在
六畜主給膳也美與善同意無鄙切五嬍上同周禮地官云一曰嬍宮室犛獸似牛也渼渼陂在京兆鄠縣媄字樣云顏色姝好也○鄙
陋也又邊鄙也方美切四啚說文嗇也娝姓出何承天纂文痞病也又音否○兕爾雅曰兕似牛郭璞曰一角青色重千斤徐姊切七𧰼
上同𠒋古文𠒆俗羠犍羊又以脂切薙燒草又直履他計二切苵蒿也○几案屬周礼司几筵掌五几凡朝覲大饗射封國
命諸侯設左右玉几祀先王亦如之諸侯祭祀右彫几筵國賓于牖前左彤几甸役右漆几喪事右素几吉事變几凶事仍几或作机居履切九麔爾雅云麔大麃旄毛
狗足麂上同𡵉女𡵉山名弱水所出机說文曰木也山海經曰族圍之山多松栢机桓𨚍地名犱獸名如兔喙蛇尾見則有煌災𡰪

赤䡵居也䃾石墮聲也○姊爾雅曰男子謂女子先生為姊將几切二秭千億也亦秭歸縣在歸州袁山松云屈原此縣人被放姊來因名其地姊與秭

同音風俗通云千生万万生億億生兆兆生京京生秭秭生垓垓生壤壤生溝溝生澗澗生正正生載載地不能載也○匕匕匙通俗文曰匕首劒屬其頭類匕短而便用

故曰匕首卑履切十妣爾雅曰父曰考母曰妣又甫至切秕糠秕比校也並也爾雅曰北方有比肩民焉迭食而迭望羴羊體人也又毗鼻郲三音⿰礻比

以豚祀司命也沘水名出廬江灊縣入芍陂今謂之渒水也枇禮記注云所以載牲體朼上同疕頭瘍髀股外又旁礼切○軌

法也車跡也說文曰車轍也居洧切十二簋簠簋祭器受斗二升內圓外方曰簋朹古文晷日影也又規也厬厬泉或作⿰氵軌爾雅云水醮曰厬謂水

醮盡也⿰氵軌上同宄內盜也匭匣也唐垂拱元年置匭以朝令上表者投之有延恩通玄招諫申冤等四匭也⿷匚飤古文說文云匭⿷匚飤比見古文簋字

頯小頭又巨追切氿水涯枯土爾雅曰氿泉穴出穴出仄出也⿴行九⿴行九跡○洧水名在鄭榮美切四鮪魚名痏瘡痏⿰黃有黃色○

矢陳也誓也正也直也說文曰弓弩矢也古者夷牟初作矢式視切四夭又作笶並俗𦸑說文曰糞也本亦作矢俗作屎屎俗本許伊切○

雉爾雅曰雉絕有力奮謂最健鬭也又陳也度也王肅云城高一丈曰堵三堵曰雉直几切三滍水名在魯陽薙芟草又辛薙字夷別名又音替○

死說文曰澌也人所離也息姊切一○牝扶履切又毗忍切二○履踐也祿也幸也福也字書云草曰扉麻曰屨皮曰履黃帝臣於則所造又姓出姓苑

力几切一○水說文曰準也北方之行也釋名曰水準也準平物也式軌切一○壘說文曰軍壁也又重壘亦姓後趙錄有壘澄本姓裴氏力軌切十四蜼

似猴仰鼻而尾長尾端有岐說文佳季切又音柚猚上同櫐藤爾雅曰諸慮山櫐蘽上同灅水出鴈門㠥嵔㠥山皃轠轠

鸓飛生鳥名飛且乳一曰鼺鼠毛紫赤色似蝙蝠而長藟葛藟藥似艾或作虆誄銘誄〻累也累述前人之功曰小史掌鄉大夫之喪讀誄也三

曰誄諡也耒田器又盧對切讄禱也𤢖飛𤢖獸○揆度也求癸切五楑木名又音癸㥇悸也又巨隹切嫢細也又聚

惟切湀泉出也說文曰湀辟深水處也○趡走也又魯地名千水切三踓蹵䧶細計○柅絡絲柎易曰繫于金柅女履切又音尼一○

癸辰名爾雅太歲在癸曰昭陽古作癸又姓姓苑云出齊癸公後居誄切二湀通流○否塞也符鄙切又方久切八痞腹內結痛圮岸毀

又覆也仳離也又芳比切殍草木枯落也又音孚㠾⿰巾祭裂⿰酉非覆也或作⿱山耴⿰比支方言云器破而未離南楚之間謂之⿰比支又匹支又芳鄙二切

○嶵崔嶵山皃徂累切一○嚭大也匹鄙切五秠一稃二米又孚悲切疕頭瘍嶏崩也⿰比支又匹支又符鄙二切○惢

草木實節生如壘切三甤說文曰草木實甤甤也繠垂也○唯諾也以水切又音惟入蓶草似馬韭而黃可食鰖解鰖字又他果切

壝捋也又音遺遺魚盛皃孈愚戇多態又九卦切揹棄也踓走也又千水切○欯歖欸驢鳴於几切一○濢

汁漬遵誄切四噿鳥噿嗺山狀臎肥皃○黹鍼縷所紩周禮祭社稷五祀則用黹冕也豬几切四㪲刺也夂後至也㨖挃也○⿸广柬移蠶

就箔猪几切一○𨀦止姊切一○瞲恚視火癸切又火季切一○⿰危阝山名暨軌切一○跽張跽暨几切一○巋巋然高峻又小山而衆曰巋丘軌切三

蘬龍古大者曰蘬■六○止停也足也禮也息也待也留也諸市切十畤說文云天地五帝所基止祭地右扶風有五畤又時止切沚釋名

曰沚止也小可以止息其上說文曰小渚曰沚洔上同說文曰水暫益且止未減也茝香草字林云蘪蕪別名又昌待切趾足也址基址阯

交阯郡劉欣期交州記云交阯之人出南定縣足骨無節身有毛臥者更扶始得起山海經云交脛國爲人交脛郭璞曰腳脛曲戾相交所以謂雕題交阯也○芷白芷藥名又芷陽縣名厎定也又厎柱也○市說文云買賣所之也周禮曰司市掌市之治教政刑量度禁令大市日側而市百族爲主朝市朝時而市商賈爲主夕市夕時而市販夫販婦爲主古史考曰神農作市世本曰祝融作市時止切三恃依也賴也畤又諸市切○徵五音曰配夏亦作徵見經典省陟里切又竹淩切三䜠䜠言也出方言㨖指也○喜喜樂又聞喜縣在絳州漢武帝幸左邑聞南越破遂改爲聞喜縣禮記曰人喜則斯陶陶斯咏虛里切又香忌切三憙悅也又許忌切蟢蟢子蟲俗○紀極也會也事也理也識也亦經紀又十二年曰紀又姓出丹陽居里切四己身己爾雅曰太歲在己曰屠維妀說文云女字也㠯說也○以用也與也為也古作㠯羊己切七㠯古文已止也此也甚也訖也又音似苡薏苡蓮實也又芣苡馬舄也又名車前亦名當道好生道間故曰當道江東呼為蝦蟇衣山東謂之牛舌苢上同佁癡也說文讀若騃又夷在切攺大堅也說文曰毅攺大剛卯以逐鬼鬽也○似嗣也類也象也詳里切十五佀上同祀年也又祭祀𥙊禩竝上同姒夏姓一曰娣姒長婦曰姒幼婦曰娣巳辰名爾雅曰太歲在巳曰大荒落耜耒耜世本曰倕作耜古史考曰神農作耜䎣上同汜水名在河南成皐縣說文曰水別復入水也一曰汜窮瀆也詩曰江有汜洍說文曰水也一曰詩曰江有洍㳅上同攺又羊巳切鈶鋌鈶䴠鹿一歲曰麛二歲曰䴠○史史籍說文作史記事者也亦姓周卿史佚之後出建康又漢複姓五氏世本衛有史朝朱駒漢書藝文志有青史氏著書又有新豐令王史音吳有東萊太守太史慈晉有東萊侯史光踈士切四使役也令也又踈事切駛疾也又音去聲𩠐香之美者○耳辭也說文云主聽也而止也五洱水名出罷谷山又而志

騄駬周穆王馬名⿰糹耳䋙䋙繐盛皃⿰鼠耳鼠名○里周禮五家爲鄰五鄰爲里風俗通云五家軌爲里里者止也五十家共居止也又姓左傳
大夫里克又漢複姓有相里氏良士切十裏中裏說文曰衣內也鯉魚名悝憂也詩云悠悠我悝又口回切李果名亦行李又姓風俗通云李伯陽
之後出隴西趙郡頓丘勃海中山襄城江夏梓潼范陽廣漢濟陽南陽十二望㾖病也理料理義理又正也文也說文曰治玉也亦姓皐陶爲大理因官氏焉殷有
理徵娌妯娌俚賴也聊也又南人蠻屬也⿰里阝亭名在西鄂一曰邑名○枲麻有子曰枲无子曰苴也胥里切七葈胡葈⿰彳思不安
皃又作偲⿱⺮怠竹萌也又音待葸質慤皃又畏懼也諰言且思之⿸厂異說文曰石利也○始初也詩止切一○歭說文踞也歭踞
不前也直里切九跱上同峙具也又峻峙痔病也偫待也儲也具也又看所望而往洔水中高土又音止畤儲秲
稻名秲穡庤詩曰庤乃錢鎛庤具也亦作偫○起興也作也立也發也又姓出何氏姓苑墟里切六邔縣名在南郡又渠記切杞木名又苟
杞春名天精子夏名苟杞葉秋名卻老枝冬名地骨根又國名夏之後也亦姓杞梁是也屺山無草木玘佩玉芑白粱粟也○士說文曰事也數始於
一終於十從一十孔子曰推十合一爲士又姓左傳晉大夫士蔿又漢複姓二氏古今人表有士思癸又士貞氏晉康公庶子士貞之後鉏里切五仕仕官柹果名
戺砌也閾也⿸广巳上同○俟待也亦作竢又姓風俗通云有俟子古賢人著書又虜複姓二氏後魏書曰云俟幾氏後改爲幾氏俟奴氏後改爲俟氏又虜三字姓
三氏俟力伐氏後改爲鮑氏俟伏斤氏後改爲伏氏周書曰太祖賜韓褒姓俟呂陵氏牀史切又音初七竢上同涘水岸涯也騃趨行皃西京賦曰羣獸駓
騃又吾駭切⿸厃糸繩緩⿰來矣不來也說文引詩曰不⿰來矣不來以來矣聲⿰彳矣說文同上○子子息環濟要略曰子猶孳也孳恤下之稱也亦辰名爾雅

云大歲在子曰困敦又郡姓又漢複姓十一氏左傳鄭大夫子人九魯大夫子服氏子家羈莊子有子桑邑皇子告敖何氏姓苑有子乾子仲子工子華子臧子師等氏即里切八

孳古文 仔說文克也本又音兹 虸虸蚄蟲 耔擁苗本也 秄上同 梓木名楸屬 杍工木匠或作梓 ○矣說文語已詞也于紀切二 𦯢蒿也 擬度也魚紀切六 儗僭也 薿草盛皃又魚力切 孴盛也 譺議也欺也調也又魚記切 𥢆禾盛 ○齒齒錄也年也又牙齒昌里切二 紕績苧一紕出新字林 ○恥慙也敕里切三 祉福也祿也 褫徹衣又奪衣又直追池耳二切 ○㓼割聲初紀切三 欼齧也 𣢾上同 ○滓澱也阻史切五 笫牀簀又側几切 胏脯有骨曰胏易曰食乾胏 䔺說文云羊矢棗

市止也从市一橫止之出文字音義說文即里切 ○譩恨也又應聲也於擬切又於其切二 醷梅漿 ○伱秦人呼傍人之稱玉篇云介也乃里切二 聻植物皃

[illegible]七

○尾首尾也易曰履虎尾又姓史記有尾生無匪切八 亹美也爾雅亹亹勉也 斖俗 浘水流皃又浘閭海水洩處出莊子作尾閭字不从水 娓美也說文順也又音美音媚 梶人名鄭大夫奈梶也 𥝙饘也 𩚵微也 ○扆戶牖間也禮疏云如綈素屏風畫為斧文也於豈切六 㥋痛聲 偯哭餘聲 㕈藏也 僾僾俙看不了皃又烏代切 靉靉䨴不明皃出云海賦又烏代切 ○豈安也焉也曾也也祛俙切二 䓇菜似蕨生水中 ○蟣蟣蝨居俙切四 幾幾何又既俙切 穖禾穖 魕鬼俗吳人曰鬼越人曰魕又音祈 ○斐文章皃敷尾切七 菲薄也微也又菜名又音紀 朏月三日明生之名 悱口悱悱也 騑馬名 奜大也 𩇯鳥如梟也說文別也又平利切 ○匪非也易曰匪寇婚媾說文曰器如竹筐今从竹為匪篚字府尾切八 篚竹器方曰筐圓曰篚 棐輔也 餥餱也一曰相請、……

木名子可食療白蟲蜰爾雅云蜚蠦蜰郭璞云即負盤臭蟲又音肥棐草也蜚蟲名咸蜚又扶沸切〇韙是也于鬼切十三煒

暐暐曅偉大也瑋玉名葦蘆葦椲木名可屈爲盂韡韡華盛皃颹大風皃媁醜也愇字書云恨鍏

方言云臿宋魏之間或謂之鍏⿰扌韋逆追〇鬼鬼之爲言歸也居偉切一〇虺蛇虺許偉切五⿰火尾齊人云火⿱雨虺震雷也虫鱗介

揔名卉百草揔名又音諱〇顗靖也樂也說文曰謹莊皃魚豈切二螘螘子蟲也〇狶楚人呼豬亦作狶虛豈切五俙僾俙也

𪖐𪖐鼻息又虛几切霼霼䨴唏哀而不泣〇磈磈硊石山皃又危也於鬼切二嵔嵔崔山高曲下〇膭膗多汁浮鬼切穓

稻紫莖不黏也又扶畏切樻船邊木也蟦蠐螬別名又扶沸切陫陋也又作扉又符沸切䑲船艒釘䑲

八

〇語說文論也魚巨

切十二篽說文曰禁苑也籞上同又池水中編竹籬養魚圉養馬又姓左傳有大夫圉公陽敔柷敔樂器釋名曰敔衙也衙止也所以止樂也

圄囹圄周獄名又守也衙行皃楚詞云導飛廉之衙衙又音牙齬齟齬不相當也或作鉏鋙說文曰齺齬不相值也鋙鉏鋙不相當也䥏

上同禦禁也止也應也當也說文祠也禦禦鸒〇呂字林云脊骨也說文作呂又作膂亦姓太嶽爲禹心呂之臣故封呂侯後因爲氏出東平力舉切十

三膂上同旅師旅說文曰軍五百人也亦姓漢功臣表有旅卿封昌平侯俗作旅䈱筥器祣祭山川名案論語只作旅穭自生稻也梠

楄端連綿木名說文楣也儢儢拒心不欲爲也出文字指歸侶伴侶⿰木衣木名可爲箭笴郘亭名絽紩也⿸户呂晉大夫名〇佇

久立直呂切九竚上同苧草也可以爲繩苧上同紵麻紵杼說文曰機之持緯者又神與切羜生羔五月宁門屏之間禮云

天子當宁而立眝說文曰長眙也一曰張眼也○與善也待也說文曰賞與也余呂切又余譽切二音七与上同舁古文歟歎也又音
余予郭璞云予猶與也又弋諸切藇蕃藇草亦作䕏又徐呂切𢍰說文曰趣步𢍰𢍰也○鬻說文曰享也章與切享普庚切四煑
上同陼丘也說文曰如渚者陼丘水中高者也渚沚也釋名曰小洲曰渚渚遮也能遮水使旁迴也又水名出常山○汝尒也亦水名山海經曰汝
水出天息山亦州名春秋時為王畿及鄭楚之地左傳楚襲梁及霍漢為梁縣後魏屬汝北郡隋移伊州於陸渾縣北遂改為汝州又姓左傳晉有汝寬人渚切六肗魚不
鮮茹乾菜也臭也貪也雜揉也又而恕切𤬪乾瓜⿰黍女⿰黍女黏⿰糸要楚人呼寐○暑熱也舒呂切五鼠小獸名善為盜說文曰穴蟲之
總名也黍說文曰禾屬而黏也引孔子曰黍可為酒故从禾入水也⿰虫黍⿰虫黍蝑癙癙病○杵世本曰雍父作杵臼昌與切二處居也止也
制也息也留也定也說文又作之亦姓風俗通云漢有北海太守處興○貯居也積也丁呂切九⿰宁者上同⿰巾宁棺衣褚裝衣⿰甾宁說文曰𢂍也所
以盛米也⿰缶宁上同著著任又張慮切直略切詝有所知也⿰衤宁⿰衤宁衣○諝才智之稱私呂切九胥上同又思余切偦上同
稰孰穫醑簏酒湑露皃糈說文云糧也又音所楈木也⿰示胥祭具○楮木名丑呂切三柠上同褚姓出河南
本自殷後宋恭公子石食采於褚其德可師號曰褚師因而命氏也又張呂切○女禮記曰女者如也如男子之教尼呂切又尼慮切二籹粔籹○許許可
也與也聽也亦州名本為許國太嶽之胤周武王伐紂所封漢為潁川郡周為許州又姓出高陽汝南本自姜姓炎帝之後太嶽之胤其後因封為氏虛呂切二鄦地名
也出史記○巨大也亦姓漢有巨武為荆州刺史其呂切十八拒拒捍也又格也違也秬秬黑黍也距雞距⿰角巨上同粔粔籹

曰粔籹膏環炬火炬虡飛虡天上神獸鹿頭龍身說文曰鐘鼓之柎也飾為猛獸釋名曰橫曰栒縱曰虡虡上同俗簴虡虡鐻上同金

澤名又大也苣苣藤胡麻駏駏驉蒙苦蒙江東呼為苦蕒罟罟也詎豈也又音遽岠至也齟齟齬○所

說文云伐木聲也詩曰伐木所所又𠸓所也詩曰獻于公所亦姓漢有諫議大夫所忠疎舉切七所俗糈祭神米也齭齒傷醋也說文音楚疋

巳也又山於切盨說文曰檯盨負戴器也貾齎財問十○楚萇楚亦荊楚又州本漢射陽縣春秋時屬吳秦屬九江郡晉為山陽縣武德初改為楚州

又姓左傳趙襄子家臣楚隆創舉切八礎柱下石也齭齒傷醋也齼上同𪓐說文曰會五采鮮兒引詩云衣裳𪓐𪓐裓埤蒼云鮮也一

曰美好兒憷痛也出音譜濋水名○阻隔也憂也側呂切二組組豆○齟齟齬牀呂切二鉏鉏鋙不相當也○咀

咀嚼茲呂切六沮止也又七余子預二切怚憍也又子據切祖嫭也說文曰事好又子邪切跙行不進兒趄雅出前也又子前結切○

掀擊也亦許切二膂脊骨○舉擎也又立也言也動也說文本作舉又姓出姓苑居許切十莒草名亦國名又姓嬴姓之後漢有縱氏今莒誦

櫸木名筥筐筥籧飲牛筐趄行兒弆藏也柜柜柳郘亭名在長沙郡昮共輿也○敘次第爾雅曰敘

緒也又姓徐呂切十緒由緒說文曰絲耑也亦姓藇姓也巳上三字並出何氏姓苑序庠序又爾雅曰東西牆謂之序漵水浦也抒渫水

俗作㵰又神呂切嶼海中洲也鱮魚名醑酒之美也本亦作醑詩云釃酒有藇𧝓[illegible]也[illegible]履後屬蜀○去除也說文从大山也羌舉

切又丘據切五麮麥粥汁弆藏也又音莒蚨蛣蚁紶繼入也又音疎○紓緩也神與切又音舒三抒左傳云難必抒矣抒

除也又音序杼橡也○野田野神與切又與者切二墅田廬○跛皴跛皮裂七與切一○苴履中草子與切又子余切三咀㕮咀清藥也又慈呂切又音甫䃣磃䃣外名也

九麌

○麌牡鹿又麌麌君羣聚皃虞矩切三俁俁俁容皃大也詩曰碩人俁俁噳噳噳笑皃○羽舒也聚也亦鳥長毛也又官名羽林監應劭漢官儀曰羽林者言其為國羽翼如林盛也皆冠鶡冠亦姓左傳鄭大夫羽頡又虜姓後魏書羽弗氏後改為羽氏又音芋王矩切十五禹舒也字林云蟲名又姓夏禹之後王僧孺百家譜蘭陵蕭道游娶禹氏女也雨元命包曰陰陽和為雨大戴禮云天地之氣和則雨說文云水從雲下也一象天冂象雲水霝其間也宇宇宙也又大也說文曰屋邊也易曰上棟下宇亦姓出何氏姓苑又虜複姓宇文氏出自炎帝其後以有嘗草之功鮮卑呼草為俟汾遂號為俟汾氏後出通稱宇文蓋音訛也代為鮮卑單于寓同上瑀石似玉也祤祋祤縣名在馮翊又况羽切栩栩陽地名又况羽切鄅鄅子國在琅邪其後以國為姓頨孔子頭也說文云頭妍也又讀若翩楀木名又音矩萬說文艸也鄅亭名在南陽聥張耳有所聞又音矩䨞雨皃○聚衆也共也斂也說文會也邑落云聚慈庾切二郰亭名在新豐○甫始也大也我也衆也說文曰男子之美稱也字從父用又姓風俗通云甫侯之後方矩切十九脯乾脯東方朔云乾肉為脯禮記曰牛脩鹿脯田豕脯斧斧鉞周書曰神農作陶冶斤斧也頫說文低頭也太史公書頫仰字如此俯上同漢書又作俛今音免府官府說文曰府文書藏也風俗通曰府聚也公卿牧守道德之所聚也又舍也亦姓風俗通云漢有司徒掾府悝腑藏腑本作府俗加月簠簠簋祭器又音膚黼白黑文也爾雅曰斧謂之黼謂畫斧形因名云蜅小蟹莆莆蓮堯之瑞草蚥爾雅曰蠸輿父守瓜郭璞云今瓜中黃甲小蟲喜食瓜葉故曰守瓜字或從虫俌俌輔也出埤蒼㕮㕮咀父尼父尚父皆男子之美

又漢複姓三氏孔子弟子有宰父黑漢有臨淄主父偃左傳宋有皇父充石宋之公
漢初有皇父鸞自魯徙居茂陵改父爲甫後漢安定太守皇甫儁始居安定朝那代爲西州著
姓又徙居京兆又音釜䃽䃽砠蚥蛨蚥蝗蝦別名鯆大魚郙亭名也在上蔡○武止戈爲武又迹也曲禮曰堂上接武又州名本自白
馬氐地魏文徙武都郡於美陽今好畤縣界武都古城是也後魏平仇池山築城置武都
鎮即今州是也亦姓風俗通云宋武公之後漢有武臣又漢複姓六氏漢有秉黃令武安
恭出自武安君白起之後風俗通云漢武強侯王梁其後因封爲氏世本云夏時有武羅
國其後氏焉何氏姓苑有廣武氏出自陳餘之後又武成氏武仲氏又虜複姓西秦錄有
武都氏文甫切二十四舞歌舞左傳曰舞所以節八音而行八風也周禮曰樂師掌國學之政以教國子小舞也山海經曰帝俊八子始爲舞又姓出何氏姓苑也
儛上同嫵嫵媚侮侮慢也侵也輕也𦌱𦌱中綱也憮憮然失意皃說文愛也一曰不動也𠍿上同珷珷玞石次玉碔
上同廡堂下也𢊅籀也甒甖甒甒潕水名在南陽䳇鸚䳇鳥名能言鵡上同𢝁愛也說文撫也膴土地腴美膴膴
然也瞴微視之皃娬好也敄彊也艣長艇船也䍢雉綱橆蕃滋生長說文豐也諫省作無今借爲有無字○父說文曰父矩也
家長率教者扶雨切十五輔毗輔又助也弼也亦姓左傳晉大夫輔躒入智果以智伯必亡其宗改爲輔氏䩉頰骨𩒃上同腐朽也敗也說文爛也
鴌鴌鳩越鳥滏水名在鄴山海經云神囷之山滏水出焉駁牡馬㕮㕮咀嚼也又音甫蚥蟾蜍別名疛病腫也說文俛病也秿
禾積積也鬴說文鍑屬又覆鬴九河之一名釜上同古史考云黃帝始造釜䩉尻衣○撫安存也又持也循也方武切十三改上同
弣弓把中也釛上同說文又方九切刀握也拊拍也說文揗也殕又食上生白毛䋨䋨綿俌輔也又音甫剖判也又普

厚切縸絲鬠說文云鬠髮皃又步侯切剖剖草趜健也亦作韵○柱廣雅云楹謂之柱又姓出何氏姓苑直主切三跓勇足

拄天拄安豐爾雅曰霍山爲南嶽郭璞云即天柱山字俗从山○詡和也普也遍也大也禮云詡謂敏而有勇況羽切十一冔郡冠名吁上同

姁呂氏春秋云姁姁然相樂也又漢高后字娥姁說文嫗也栩柞木名說文曰杼也其實早一曰樣樣音象珝玉名欨說文吹也一曰笑意又火

于切祤祋祤縣在馮翊咻噢咻病聲喣呈示郇鄉名在安邑昫温也又香句切○豎立也又童僕之未冠者又姓左傳鄭有大

夫豎柎臣庾切四竪俗樹物樹裋敝布襦也○庾倉庾又姓出穎川新野二望自堯時爲掌庾大夫因氏焉以主切十一窳

器中空亦病也窐上同扰刺也怏懼也萸百庾草愈差也賢也勝也瘉病也說文曰病瘳也㼌微弱本不勝末貐

獸名龍首食人說文曰猰貐似貙虎爪食人迅走也楰鼠梓似山楸而黑也斞說文量也○主掌也領也典也守也君也說文曰鐙小火主又姓出姓苑

之庾切五麈鹿屬華國志曰郪縣宜君山出麈尾枓斟水器也宔說文曰宗廟宔祏或作砫炷燈炷又音注○傴不伸也尫也荀卿子

曰周公傴背於武切三噢噢咻病聲迂曲迴皃○齲齒病後漢梁冀妻能爲愁眉啼粧齲齒笑折要脊步驅雨切三踽踽踽又獨行皃竘

巧也又音口○拄拄從旁指知庾切四柱柱夫草一名搖車也丶說文曰有所絕止丶而識之也黈黈黈義與上同○乳柔也而主

切三擩擩取物也醹厚酒○寠貧無禮也其矩切二貗爾雅云貒子貗○數說文曰計也所矩切又所句所角二切二籔

窶籔四足几也○矩法也常也俱雨切十一榘上同說文又其呂切踽獨行也驅雨切枸木名出蜀子可食江南謂之木蜜其木近酒能

味也萬姓漢有萬章又音禹聥張耳有所聞𣐤曲枝果也翑曲羽又求俱切楀楀氏木名又音禹竘蒟醬出葉似桑實似椹又音句椇枳椇○取收也受也七庾切一○縷絲縷力主切十三𨻳羸𨻳縣名在交阯僂僂傴疾也褸襤褸衣敝說文衽也簍小筐嶁峋嶁衡山別名謱謰謱言委曲慺姓出篆文漊說文曰雨漊漊也一曰汝南人謂飲酒習之不醉爲漊鷜鸓鷜鳥今云郭公也嫂女人惡稱蔞小蒿草蔞草可亨魚又力俱切○繻絆前兩足相庾切一頴草名○貗小母猪也雛禹切二豵上同

十○姥老母或作姆女師也亦天姥山也又姓出何承天纂文又莫補切六莽宿草又音蟒𨧹鈷𨧹又音蟒媽母也峔慈母山在丹陽亦作姥俗从山㥢愛也又音武○土釋名曰土吐也吐萬物也文字指歸無點他魯切四吐口吐亦虜複姓三氏後魏書有吐奚吐難吐萬氏又虜三字姓二氏慕容廆庶長兄吐谷渾後將所部居西零以西甘松之南極乎白蘭數千里其孫葉延曰禮云孫子得以王父字爲氏遂以吐谷渾爲氏又後魏書吐伏盧氏稌稌稻芏草名似莞生海邊可爲席○杜甘棠子似梨又塞也澀也又杜仲藥名亦姓本自帝堯劉累之後出京兆濮陽襄陽三望漢有御史大夫杜周以南陽豪族從茂陵始居京兆徒古切九靯鞴載別名一云靯韉瓨瓶也𡐩塡也𢿌塞也閉也肚腹肚又當古切𢻹桑皮𦶜杜衡香草似葵山海經云可以治癭帶之令人便馬馬亦善走都似細辛而氣小異字俗从艹土土田地主也本音吐○魯鈍也又國名伯禽之後以國爲姓出扶風又羌複姓有魯步氏郎古切十七櫓城上守禦望樓釋名曰櫓露也露上無覆屋也說文又云大盾也滷鹹滷虜虜掠又獲也服也擄虜掠或從手廣庵舍𢭏搖動樐彭排艣所以進船鑥金屬蓾杜衡別名䕡上同鹵鹵簿今𪉖畐也

鑥鐵以木爲刀柄 杼木名可染繒 鱸魚名 ○䕡草死爾雅曰菡䕡郭璞曰作履苴草采古切二 蔍麤草履 ○覩見也當古切二十 睹上同 暏詰朝日欲明 賭賭戲 堵垣堵又姓左傳鄭有堵叔又音者 肚腹肚又徒古切 帾幡也標記物之處也 居美石又音估 楮木名又音褚 𣀕柔皮又音杜 𦞣梁公子名仇𦞣 ○古故也又姓周大王去邠適岐稱古公其後氏焉蜀志有廣漢功曹古牧又漢複姓晏子春秋有齊勇士古冶子又虜三字姓後魏書有古口引氏公戶切二十一 鼓說文曰郭也春分之音萬物郭皮甲而出故謂之鼓周禮六鼓雷鼓靈鼓路鼓鼖鼓鼛鼓晉鼓亦作鼓 鼓說文曰擊鼓也 瞽無目 股髀股 𦙶上同 罟網罟 蠱疑也又蠱毒也又卦名蠱事也 估市稅也 盬鹽池也又左傳曰盬其腦杜預云盬啗也又詩傳云盬不固也 鈷鈷鉧 羖羖攊羊說文曰夏羊牡曰羖 𦍩俗 詁詁訓 牯牯牛 賈商賈又古下切 夃多債利也又古乎切 沽屠沽 皃人名出漢書 𠒇壅蔽 盬器也說文作盬 ○五數也又姓左傳有五奢亦漢複姓漢有五鹿充宗風俗通云氏於職焉三鳥五鹿是也趙有將軍五鳩盧國語云楚昭王時有五參蹇姓苑有五里氏疑古切凡五字 午交也又辰名爾雅云太歲在午曰敦牂 旿明也 伍行伍說文曰相參伍也周禮曰五人爲伍 仵偶敵又伍仵皆姓出姓苑 ○簿簿籍又車駕次第爲鹵簿裴古切二 部部伍又部曲 ○粗麤䟽也略也徂古切又千胡切五 䴐大也 駔駿馬又組朗切 伹伐也 𤙩牛角直下 ○祖祖禰又始也法也本也上也又姓祖己之後出范陽則古切六 珇珪上起又美好 組組綬又綸組東海中草名 蒩茅藉 葅說文菜也 靻靻勒 ○虎獸名說文曰虎山獸之君淮南子曰虎嘯而谷風至又姓風俗通曰漢有合浦太守虎旗其先八元伯虎之後呼古切七 琥發兵符有虎文周禮云白琥禮

戽戽斗舟中渫水器又音户滸水岸⿰虎阝地名虎虎豆名俗加艹⿰虫虎蝹虎蟲俗加虫○隖村隖亦壁壘說文曰小障也一曰庳城也

安古切十塢上同通俗文曰營居曰塢戴延之西征記曰蠔城川南有金門塢鄔郡名又姓鄔郡太守司馬年之後因以爲氏瑦石似玉也⿰石烏

小障也出埤蒼⿰巾烏頭巾⿰氵烏水⿰氵烏⿰言亞相毀皃⿺走烏走輕⿰車烏車頭中也○苦麤也勤也患也說文曰大苦苓也康杜切二⿱竹苦

竹名○怒恚也奴古切又奴故切五弩弓弩古史考曰黃帝作弩砮石可爲矢鏃又乃胡切努努力⿱努虫水弩蟲俗从虫○户

說文云户護也半門爲户侯古切二十三楛木名堪爲矢笴書云荊州所貢詩疏云東夷之所貢扈跋扈猶強梁也又扈國名亦姓風俗通云趙有扈輒又虜三字

姓有扈地干氏怙恃怙鄠縣名在京兆府本夏之扈國秦爲鄠縣也帍巾也祜福也昈文彩狀又明也⿰山扈山卑而大曰扈岵

山多草木芐地黃雇說文曰九扈農桑候鳥扈民不婬者也春扈鳻鶞夏扈竊玄秋扈竊藍冬扈竊黃棘扈竊丹行扈唶唶宵扈嘖嘖桑扈竊脂老扈鷃也鳸

上同亦作雇⿰雩鳥亦同䖜西京記云抱大含䖜婟婟嫪又音互戽抒也居美石又丁古切洿洿深皃⿱汚女貪也酤

一宿酒又音姑滬霑罟龜自晉書出玄滬水簄海中取魚竹名曰簄○普博也大也徧也又姓後魏十姓獻帝次兄爲普氏亦虜複姓周書辛威賜姓普屯氏

又虜三字姓周書楊忠賜姓普六如氏後魏書有普陋如氏滂古切五溥大也廣也誧文字音義云大也助也浦風土記云大水有小口別通曰浦說

文瀕也又姓晉起居注有浦選烳火行皃○補補綴說文曰完衣也博古切二譜譜籍錄圃園圃說文種菜曰圃亦姓又博故切

十一

○薺甘薺菜徂禮切五鮆魚名常以春時出九江也鱭上同癠病也方言曰生而不長也呰弱也又子西茲此二切○禮說文

曰履也所以事神致福也釋名曰禮體也得其事體也又姓左傳有衛大夫禮孔盧啓切十六 礼古文 䈙竹名 蠡蠡吾縣名在涿郡又彭蠡澤名 𦪇小船補也 澧水名在武陵又水名出衡山亦姓出何氏姓苑 醴醴酒亦醴泉縣屬京兆府本漢谷口縣也屬馮翊至後魏置寧夷縣隋改醴泉因周醴泉宮名也 鱧說文鱯也 鱺同上 鱻說文鮦也 欚江中大船名 盠簞也 劙刀剌又力移切 豊行禮之器 𧯷布也說文數也又音離

欐小船又力計切 ○體體身也又生也他禮切八 軆俗 醍醍酒又音帝 涕目汁 𩋃𩋃𩊠鞁皃 挮去涕 緹纁又音帝 𢾩橫首杖名 ○頩傾頭匹米切一 ○濟定也止也齊也亦濟濟多威儀皃又水名出王屋亦州本齊地秦屬東郡宋於此置濟北郡周武帝置肥城郡武德改為濟州或作泲又姓出姓苑襄城人也子禮切又音霽五 𢫬殺也又側買切 𦋺手搦酒又作擠 癠生而不長也

夘事之制也說文音卿 ○邸舍也又姓風俗通云漢上郡太守邸杜俗從互餘同都禮切十三 底下也止也作厎非也 詆呰也訶也 聜耳膿 坻隴阪又支氏切 抵擠也擲也 牴角觸 觝同上 柢本也根也 弤埤蒼云彈弓名 𢻰隱也 堤滯也 軧大車後也 ○弟兄弟爾雅曰男子先生為兄後生為弟徒禮切又特計切七 娣娣姒 悌愷悌詩作豈弟毛萇云豈樂也弟易也 䑯䑯船 遞更代也又亭繼切 𧼒小瓮 媞婦人安詳之容皃又啼是二音 ○禰祖禰亦姓出平原魏有禰衡亦作祢餘同奴禮切十三 嬭楚人呼母又奴蟹切 䦊智少力劣 苨薺苨 𩊠𩋃𩊠鞁皃 泥泥泥濃露也亦作泥 濔水流也 坭地名 𩯭髮皃 薾華茂也 檷絡絲趺也 鑈上同 𩍓轡垂也 ○洗洗浴又姓先禮切又音銑二 洒上同又所賣切 ○泚水清也千禮切四 玼玉色 此

白色也緀帛文皃○啓開也發也別也刻也說文教也俗作啓康禮切十二棨兵欄說文曰傳信也綮戟支二曰戟衣吀問也又
工兮切䭫首至地也稽上同又古兮切晵說文雨而晝姓也又姓後燕有將軍晵倫或作啓闙埤蒼與啓亦同启說文開也䏿
肥腸又口系切䙎開衣領也軫至也礙也○傒待也胡禮切八謑恥辱䉷所以安重船又音系䑧上同涀水名出高陵
𠋫說文待也匸有所藏也𥈚目動○米穀實說文作米又胡姓莫禮切七眯物入目中𥿋紩文如聚米出說文洣水名
在茶陵蘇蘇子菜䆀寐不覺鮇魚子○陛階陛也傍禮切八梐梐枑行馬髀髀股𩨂上同坒下也𠈅
𠈅傒開腳行也萆萆鼠莞見爾雅可為席又必鼻切犃犃牲牛馬行○㕧可也亦也烏弟切二訡應聲○垷埤垷女牆研啓切
六𣪠戰殹堅聲掜不從也觬角曲䘽梳䘽袿衣飾也睨明也亦作𥇍○𢼊補米切二皉明白

十二

○蟹水蟲仙方云投於漆中化為水服之長生以黑犬血灌之三日燒之諸鼠畢至胡買切七䲒說文上同解曉也又解廌仁獸似牛一角亦姓自唐叔虞食
邑於解今解縣也晉有解狐解揚出廣門又虜複姓魏書有解枇氏又佳買古賣二切獬字林字樣俱作解廌廣雅作貈豸陸作獬豸也澥澥嶰山澗
間又嶰谷名案漢書只作解谷𨻻小谿○買說文市也莫蟹切五嘪羊聲蕒吳人呼苦蕒𣿅水名鷶鷶鶬鳥名○芐
矣也苦蟹切三𡣍意難𦡐瘦皃○廌解廌宅買切三豸䝚上二同○嬭乳也奴蟹切三妳上同○罷止也
休也薄解蟹切六矲矲䂬短也猈犬短頸一曰案下狗也䥯大鐵杖𢟼疲劣𠢕𠢕解劣惡怒○矮矮皃烏蟹切三𢈘坐倚

皃又作躷 躷上同○擺擺撥北買切二 捭上同鬼谷子有捭闔篇○解講也說也脫也散也佳買切三 薢爾雅曰薢茩英茪 檞

松樠○灑灑水爾雅云大瑟謂之灑郭璞云長八尺一寸廣一尺八寸二十七弦所蟹切又所綺切三 韡徙屣韋屬 躧躧颯躧屣○丫丫丫羊角開皃

華買切又工瓦切三 䯓䯓肩𩪎也說文苦圭切肩搖也 拐老人拄杖也○掱擾擾撐撐物出聲譜文夥切一○夥多也懷丫切又胡果切一

○扮亂扮也花夥切一○箉竹具用之魚筍竹器也求解切二 拐手腳之物枝也

十三

○駭驚也又九河名一曰徒駭

出爾雅孫炎云禹疏九河功衆懼不成故曰徒駭侯楷切四 絯大絲又音該 侅無侅人名又音該 駴駴擊○楷模也式也法也說文曰木

也孔子冢蓋樹之者又姓苦駭切四 𧤗罷𧤗解𧤗 𥎸罷𥎸 鍇好鐵○騃癡也五駭切又音俟四 𤸁疾𤸁 娭喜樂 𧢿笑視○

挨打也於駭切一 唉飽聲又於來切

十四

賄財也又贈送也呼罪切七 䀏上同 脄腲脄大腫皃腲都罪切 燘熟皃

又亡罪切 悔悔吝 蛕土蛕毒蟲 煨南人呼火也○猥大聲又鄙也烏賄切十 腲腲腇肥皃 嵔嵔㟪 鍡鍡鑸不平也

㛱㛱婑好皃 碨碨磊石皃 䃬上同 𣩹猥𣩹不知人也 𡰪𡰪㞂行病 䢊䢊郲不平○磥衆石皃落猥切十六 磊上同

瘣疿瘣皮外小起 壘嵔壘山狀 礧礧硌大石 郲郲陽鄉名在桂陽 鑸鍡鑸 𤄶水名在右北平 郲䢊郲不平 絫絫䌐

山狀又力水切 蕾蓓蕾花綻皃 儡傀儡偶戲 𨻸𨻸䣂果實垂又力追切 膃脃膃腫皃 頪頭不正皃 櫑櫑劒古木劒也○錞

矛戟下銅鐏或作鐓徒猥切又徒對切五 𤅣遺沱水流沙動皃 陮陮隗不平狀 鐀鍊鐀車轄 蓶草名○辠文字音義云[illegible]

言辠人戚鼻辛苦之憂始皇以辠字似皇乃改爲罪也徂賄切三　罪上同　嶵嵔嶵山皃　○浼水流平皃武罪切六　潣上同　每上辭也

頪也說文作𡽟艸盛上出也　挴貪也　㦟㦟爤也又呼猥切　䫌巨碎其也　○骽骽股也吐猥切八　腿俗　聉聉頪癡頭皃說

文五罪切無知意也頪音隗　僓長好皃　脮腲脮　崣崣嶵山高皃　𣨼猥𣨼　𡯁𡰚𡯁行病　○瘣木病無枝胡罪切九　溾

溾浽纖濁也　𣩫𣩫殘　讉列也王篇云譯也說文云中止也又胡對切　匯回也　廆晉有大單于遼東郡公慕容廆　蒐爾雅云蒐懷羊又音

瑰　輠車轉之皃　鄓鄓郲不平　○䫥大頭說文云頭不正也口猥切五　䙡䙡䙡多皃　傀俗作傀儡字也　頠首大骨又口瓦切　磈

磈磊石也　○腲腲腇亦作胎都罪切五　𥪭木實垂皃　䅐陲䅐重皃　頧頭不正皃　謉謉諱譜言出聲譜　○餧飢也一曰魚敗

曰餧奴罪切八　餒上同　浽溾浽　娞娞娞皃　䬐風動皃　鮾魚敗　脮上同　𤬬瓜傷瓜　○鬌陟賄切假髮髻也一　○頠

頭也一曰閑習五罪切又五毀切七　顡聉顡說文音聵癡頭不聰明也　隗說文高也亦姓出大水後漢有隗囂　峞峞巍山皃　嵬山皃又五回切　䫥

頭不正也又口猥切　磈衆石皃　○㠑霜雪白狀七罪切八　漼新水狀也　灈上同　漼水深皃　璀玉名　𥻘物粗　𥺻

赤米　鏙鏙錯鱗甲皃　○琲珠五百枚蒲罪切三　痱痱瘤　𢴵靡起令虛　○𡾰山林崇積皃子罪切二　洧說文云雷震洧洧本

作代切　○俖痛而叫也于罪切一

十五　○海說文曰天池也以納百川者亦州名禹貢徐州之域七國時屬楚秦爲薛郡漢爲東海郡後魏爲海

州亦姓呼改切三　醢肉醬亦作醢　橀榽橀木名似檀齊人諺云上山斫檀榽橀先殫　○愷樂也康也左氏傳云八愷苦亥切九　凱同上豈字

颽南風亦豈作凱　塏爽塏高地爽豈明塏燥也　皚美　鎧甲之別名　闓開也亦音開　愷肉美　輆輆軩不平　○宰

冢宰又制也亦姓孔子弟子宰予作亥切四　縡載也　聹半聾字林云秦晉聽而不聰聞而不達曰聹　載年也出方言又音再　○駘疲也鈍也

駘蕩春色皃亦宮名徒亥切又音臺十一　殆危也近也　待待擬也俟也　怠懈怠　迨及也　隸上同　紿欺言詐見又絲勞也　⿱竹怠

竹笥　詒相欺　軩輆軩不平　⿰口怠言不上　○乃語辭也汝也奴亥切三　迺古文　鼐鼎大者曰鼐又奴代切　○改更也

又姓秦有大夫改產古亥切三　頦頰頦又戶垓切　絠解繩說文云彈彄也　○亥辰名爾雅云太歲在亥曰大淵獻亦姓戰國策晉有亥唐胡改切四

侅奇侅非常　㧡動也　⿰立亥堅⿰立亥神人　○啡出唾聲匹愷切一　○采事也又取也亦姓風俗通云漢有度遼將軍采皓倉宰切七

採取也俗　綵綾綵　寀寮寀官也　彩光彩　䰂髮䰂又七代切　㥒恨也　○茝香草也昌紿切一　○等齊也多改

切又多肯切一　○穤禾傷雨也莫亥切又莫代切二　挴貪　○在居也存也昨宰切一　○俖不肯也普乃切二　朏說文云月未盛

之明又音斐　○欸相然譍也於改切四　㕈藏也　毐嫪毐秦人名又音哀　挨擊也　○佁癡也夷在切一　○⿰口臺⿰口臺⿰口怠言不止他

亥切一　○疓病也見尸子奴亥切一　○釔連絲釣曰釔出字苑來改切二　唻囉唻歌聲又力諧切　○䐵肥也與改切二　⿰月幷上同

○倍子本等也薄亥切三　菩說文曰草也　蓓黃蓓草也

十六

○軫動也車後橫木也又姓今吴縣有之俗从尔餘同章忍切

二十三　縝結也單也又丑珍切　胗瘡胗皮外小起說文曰脣瘍也又音緊　疹籒文　畛田間道又音眞　賑隱賑說文曰富也又

㐱說文曰稠髮也引詩曰㐱髮如雲亦作鬒鬒上同槙木密又丁堅切紾軍衣或作縝縝上同眡告也診視也驗又
也袗說文云袨服也亦作裖裖上同敐輴輴敐敐喜也悅皃輴音畗眕目有所恨而止又厚重也䪰顏色䪰䫄愼事也黰黑皃
駗駗馬色也縝纑也稹緻也又聚物𠃓新生羽而飛也○腎五藏之一也時忍切六蜃大蛤說文曰雉入水所化又時刃切
祳祭餘肉說文云社肉盛之以蜃故謂之祳天子所以親遺同姓脤上同⿰辰欠指而笑也鋠王篇云圓鐵○囅大笑丑忍切一○忍
強也有所含忍而軫切二荵說文曰荵冬草也尒雅曰荵蔢隱荵郭璞云似蘇有毛涊水名在上黨○矤說文曰況也詞也从矢取詞如矢也式忍切六
矧訠並上同哂笑也弞笑不壞顏⿰臣頁舉眉視人○嶙嶙峋山高皃良忍切五僯恥皃䫰少髮橉門限
也又牛車絕轔又力進切撛扶也○紖牛紖直引切四䏖杖痕腫處說文曰瘢也一曰遽也眲䐜怒目皃眹目童子也又吉凶形兆謂
之兆○緊紉急也居忍切四胗脣瘍也又之忍切⿰月取⿸疒取並俗○盡竭也終也慈忍切又即忍切二濜濜溳水流急皃
○壗埤蒼云盂也即忍切二盡曲禮曰虛坐盡前又慈忍切○牝牝牡毗忍切又扶履切四髕去膝蓋骨刑名臏上同犏
獱犀屬又音邊○釿齊也說文曰劑斷也宜引切五磭脣大石脣齗齗齒見皃齗犬爭听口大皃○笉笑皃七忍切一○窘
急迫也渠殞切十僒上同莙牛藻也⿰口囷吐皃⿰王囷玉名箘竹名菌地菌又姓出姓苑䐃腸中脂也蔨爾雅曰蔨
鹿藿郭璞似大豆也鹿豆也葉蔓延生蜠爾雅曰貝大而險者曰蜠又音囷○引爾雅曰長也說文曰開弓也余忍切又徐刃切十四⿰弓人

上同玉篇云挽弓也蚓蚯蚓又余刃切螾螾行蚰蜒又餘刃切說文上同弞笑不壞顏㖟大笑又音衍𢭃伸又布也𦙍當脊肉也

濥水門又引水也說文曰水脈行地中濥濥也夂長行之皃戭長槍也又弋戭切縯齊武王名鈏爾雅曰錫謂之鈏𩉳說文

曰引軸也又余刃切○愍悲也憐也眉殞切十四慜聰也憫憫默亦憂也閔傷也病也又姓孔子弟子閔損敏疾也敬也聰也達也

敃說文強也暋上同潣水流浼浼皃簢竹名可以為席爾雅曰簢簝中言其中空簝余音條或作愍⿱竹愍上同⿱敏牛獸如牛也𪓰

細囷⿰車憂車軼兔下革也鰵海魚○泯水皃亦滅也盡也武盡切又彌鄰切十⿰民皮細理僶僶俛笢竹膚黽黽池縣在河南

府俗作黽又音緬澠上同又音緬⿰足民跡甲刡刡削⿰車昬車軼兔下軛也⿰月昬脗合○殞歿也于敏切七溳濜溳波相次也

磒石落隕墜也落也霣說文雨也齊人謂靁為霣一曰雲轉起也愪憂也⿱艹玽爾雅云⿱艹玽芺葽華其根可食者曰芺芺胡狡切

十七準

○準均也平也度也又樂器名狀如琵琶長丈而十三弦隱九尺以應黃鐘之律之尹切又音拙四准俗埻射的周禮或作準純緣也又音

淳○尹正也誠也進也說文治也又姓出天水河間周有尹吉甫又漢複姓二氏晉定王時有尹文子著書又漢書百官表曰內史周官秦因之掌治京師武帝更名曰京

兆尹應劭曰河南尹所以治周地秦兼天下置三川守河洛伊也漢更名河南太守也世祖從都雒陽改為尹余準切八⿰尹頁面斜允信也狁獫狁⿰馬允

馬毛逆玧充耳玉⿰崒允進也蚢蟲名○筍竹萌思尹切九笋俗[illegible]驚詞鵻說文曰祝鳩也隼鷙鳥也說文同

上箰箰律簨簨虡釋名曰所以懸鼓者橫曰簨簨峻也在上高峻也縱曰虡虡舉也在旁舉簨也⿱竹負上同⿰木⿱句大亦同又作喚

淮南子曰蠉飛蝡動或作蠕而允切又而兖切一○蠢出也爾雅云作也動也蠢不孫愻也尺尹切九𢧵古文䐏肥也偆又

踳踳駮相乖舛也惷惷惷擾動皃朐漢朐䏰縣名在巴東郡地下濕多朐䏰蟲音閏僢相背𢾝亂也○盾干盾食尹切四

揗摩也吮吮舐也楯欄檻○偆厚也富也癡準切一○稐束也力準切二稛上同○⿰毛隼毛聚而尹切一○⿸麇糸

束縛丘尹切一○螼蚯蚓也爾雅曰螼蚓豎蚕弃忍切三⿱臤皮皮厚皃⿺走臤行皃又去刃切○賰賰賰富有皃式允切一○脪腫起興腎

切二⿸疒希上同○濜濜溳水勢鉏紖切一○屒重屒黏好說文伏皃一曰屋宇珍忍切一

十八吻

○吻口吻武粉切七脗上同

刎刎頸抆拭也伆離也又武弗切勿覆也芴蕎芴○粉博物志曰燒鉛成胡粉又曰紂作粉方吻切三扮扮動也握也又

房吻切黺黺綵文○憤懣也房吻切十三⿰忄奮上同扮握也⿸疒賁病悶鼢字林云地中行鼠百勞所作亦作蚡蚡上同

墳土膏肥也魵鰕又音忿鱝鱝魚圓如盤口在腹下尾上有毒弅莊子有隱弅之丘也轒轒轀車名膹切熟肉也⿰巾奮盛穀

囊滿而裂也坋說文曰塵也一曰大防也又步吻切○忿怒也敷粉切又敷問切魵鰕別名○惲謀也議也亦厚重也於粉切十

薀藏也說文曰積也春秋傳曰薀利生孽俗作蘊蘊俗韞韞櫝縕枲麻褞褞袿轀轒轀車名賱賱賰富也醖醖釀也

又於問切揾沒也○齳無齒魚吻切五齫上同夽大也喗大口⿺走囷走皃又丘粉切○抎有所失云粉切四䫻

說文曰面色顛顛皃⿱艹䫻上同⿸疒賁病也○⿺走囷走皃丘粉切二⿸麇糸左傳云無勇麇糸之束縛也

十九隱

○隱藏也痛也私也安也

定也又微也又姓吳失志有廷尉左監隱蕃於謹切十一　磤雷聲　癮癮胗皮外小起　䜨縫衣相著　㥯謹也　檃說文括也　嶾嶾嶙

山皃　乚匿也　濦水名　㐆歸依也又於機切　䡲車聲○謹慤也慎也居隱切十一　䵖黏皃　𤛱牛馴也　槿木槿

櫬也又名蕣一曰朝華一曰日及亦曰王蒸又曰赤堇　堇菜也說文作𡋯黏土也又音芹　𦹐上同　漌清也　慬慤也　巹以瓢為酒器婚禮用

之也　𦹐上同　菦菜名○𧤾角齊多皃又丑謹切二　蓁草木眾齊本又音臻○赾跛行皃丘謹切一○近迫也幾也其謹切又

其靳切二　瘽病也○齔毀齒俗作齓初謹切又初靳切一○听笑皃牛謹切一○螼蚯蚓也吳楚呼為寒螼也休謹切又虛偃切一

二十○阮姓出陳留虞遠切三　𨸏小皃　邧秦邑名說文云鄭邑也○遠遙遠也雲阮切一　頨面不正○偃

偃仰又息也說文僵也又姓左傳舒庸舒鳩並偃姓於幰切十二　㫃旌旗之旒　𧶠物相當也　鶠鳳也　郾縣名　褗衣領　堰壅水也又

於建切　匽隱也　鄢鄭楚地名左傳曰晉侯鄭伯戰于鄢陵　鼴鼴鼠似鼠形大如牛好偃河而飲水也　蝘蝘蜓別名又爾雅云蝘蜓守宮也　鰋

魚名○湕水名居偃切五　𥢑秄　劧吃語也　揵難也舉也　蹇跛也屯也難也亦卦名又居免切○寋女字亦姓今蜀人有之其

偃切四　楗關楗　鍵上同　㒂居也○𧥣言言脣急皃去偃切一○言語偃切四　巘山形如甑　齴露齒也說文作齞

屵山屵𥖁又大脣皃𥖁音綽○幰蒼頡篇云帛張車上為幰幰虛偃切四　攇手約物　𧒒寒𧒒又休謹切　𧮈𧮈搏很戾○晚暮

無遠切七　娩婉娩媚也又忙件切　挽引也　輓上同　㬅皮悗也又皮無願切　㝃子母相解又音免　脕色肥澤又

反覆又不順也府遠切六 軓 車耳曰軓 阪 大陂不平 坂 上同 返 還也 播 木名 ○ 巻 黃巻晚切四 圈

稱字幼與撰陳留風俗傳圈氏本氏於其國又其卷切 菌 蕈草也又求敏切 卷 風俗傳云陳留太守琅邪徐焉改圈姓卷氏字異音同 ○ 婉 美

於阮切二十 菀 紫菀藥名又苑茂木也又姓左傳齊大夫苑何忌 苑 園苑白虎通云苑囿所以在東方者謂養萬物東方物所生也 踠 體屈 蜿

蜿蟺蚯蚓也亦作䖤 䖤 上同 畹 田三十畝王逸云十二畝也 琬 珪也 宛 宛然說文曰屈艸自覆也又姓左傳有宛春 惌 說文同上又周

禮注去惌小孔貌 倇 歡樂 ⿰革宛 ⿰革宛量物之⿰革宛也 ⿰革寃 上同 ⿰衤宛 襪也又安院切 夗 臥轉皃 ⿰韋宛 ⿰革宛底履名 ⿰耳宛 晼晚 ⿰耳宛 乖也

又無媚也 ⿰片宛 船⿰片宛木 ⿱夗言 慰也又於萬切 ○ 捲 相近皃去阮切六 綣 繾綣謹愼 虇 蘆荀 ⿰衤卷 襪也 ⿰米卷 粉也 ⿰黍卷 黏⿰黍卷

○ 暅 日氣況晚切七又古鄧切 ⿰目爰 大目 咺 兒啼不止朝鮮云也 烜 光明 愃 寬心又音宣 ⿰爰見 大視 諼 許也 ○ 飯

餐飯禮云三飯是扶晚切又扶萬切四 軬 車軬 笲 竹器所以盛棗脩 ⿰弁頁 無髮

二十一

○ 混 混流一曰混沌陰陽未分胡本切十

六 鯶 魚名 渾 渾元又戶昆切 緷 大束 焜 火光說文煌也 倱 倱伅四凶之一春秋作混沌 棍 木也 顐 頭面形圓 睔

大目又古悶切 梱 木末破也 ⿰角昆 角圓皃亦上同 ⿰酉軍 醨酒相沃 ⿰阝縣 大旱 ⿰扌昆 掍同 睴 視皃 煇 煇煌光又音揮 ○ 翉 飛起

又走也普本切一 ○ 忖 思也倉本切三 ⿰扌寸 截也 刌 細切又割也 ○ 本 本末又始也下也舊也說文曰木下曰本从木一在其下俗作夲本

自音叨布忖切六 畚 草器 ⿱弁由 上同 笨 竹裏又蒲本切 ⿸广本 戎姓 苯 苯蓴草叢生也 ○ 損 減也傷也蘇本切四 瘁 瘁疾惡寒

䐣切烝肉再煮也腪腪屬○剸繞損切剸減也八蓴草叢生皃撙挫趨礼曰恭敬撙節鄭云撙猶趨也僔衆也噂噂㗊
謴上同穩烏本切持穀聚亦安又穩三㥯㥯嗶小口㥯囤徒損切小廩盾人名趙盾[illegible]篴也説文篇也沌混沌
坉上同庉樓牆遁遁逡直目遯上同楯肝也倫文句又張二切鱒才本切説文曰赤目魚也一鯀古本切魚又名
亦作骸鯀魚也亦作鮌十一㨰大束衮天子服也緄帶也輥車轂齊等皃惃惃亂緷爾雅云百羽也一
上下相通蓘穮蓘擁苗硍石声錕車釭○畽它袞切畽㤏行无廣隅四吨氣相䐪䐪肉黗黃黑狀○
閫苦本切門限十梱戉梱門梱織戉㩲戉熟又縛衣也壼居也廣也又宮中道也𡈑篆文齫齳齫上齒起
頵禿頭又口沒切硱硱碲石落皃悃至誠惃盧本切睴怨行无廣隅四惀心思求曉事睔睔目皃碖碖硱石落皃稹
蒲本切守大四笨竹裏輽車弓体劣也𤊞鹿籔皃之○懣模本切煩悶也又亡頓莫旱二切一○炳乃本切炳熟也一
緷盧本切結也二惛惛懣忽庡皃

二十二○很胡墾切很戾也俗作佷二𦼮𦼮似薔花青白○墾康很切力
也耕也治也四懇懇惻至誠也又信也齦齧也豤豕食○頣古很切頣後一詪難語皃

二十三旱與緩通

旱胡笴切不雨五峎山名睅白皃䓍草名𧫢大言○亶多旱切信也厚也大也誠也俗作亶又

疸黄病又音旦癉病也嬗嫚也担擔也怛竹合狚獦狚䱇小䱇鮮又音但笪特𥫗又當割達坦二切○

坦他但切平也安也明也寬也凡二閪闌也門傍之𨷈所以止扉散蘇旱切散誕說文作𢻎分離也又作𢽳雜肉也分適作散亦姓又蘇旰切十一

𢻎見上注𢽳同上饊饊飯𢼈同上鏾奴旱牙䌫也篸篸簸概支竹名傘雨具㪚㪚扇

𢿣鳥形又思旰切繖繖絲綫今作散盡字○但徒旱切語辭又空也徒也十一袒祖裼又除鴈切襢上同又陟扇切𩍮弓帶

蜑南方夷潬水中沙為潬今河陽縣南有中潬城誕大也育也欺也信也僤疾也又音去聲繵束腰大帶膻說文肉膻

䱋小䱋○瓚藏旱切圭瓚秬鬯宗廟之盛礼𧽘散走又則捍切𥢑粲○笴古旱切箭笴又音幹十二簳上同

皯面黑又丁旦切皯上同皯亦同稈禾莖秆上同仠任長𦽒衆草莖也矸矸礬

衦摩展衣又音幹衦上同○侃空旱切強直又侃侃和樂皃二衎信言又苦旰切嬾落旱切惰也五懶俗讕着也

糷飯相着也𥻘上同○罕呼旱切希也亦鳥網又姓說文作罕或作罕七䍐辛也灘水濡而乾說文呼旰切又他丹切

厂山石之崖巖焊火乾熯人善一切熯上同又呼旰切𣈯日乾又呼旰切𩭉作旱切𩭉皃二

二十四緩○緩胡管切舒也又虞姓凡十四澣

濯也浣上同綄候風羽出淮南子又音桓㬇玉篇云目𧺆明也人姓晉有㬇倩鯇魚名䝹有財也梡木名又束薪苦管切睅大目昔

說文大目也睆大視篹藄篹箭也㯻木斷峘山名睆睆縣名短都管切促也不長也四䂨上同斷斷絕俗作断又徒管切○

作𢇍断又絲轉徒管切𢷺篹籑○椀器物烏管切三盌上同𧶬宛𧶬小有賄○疃說文曰禽獸所踐處也詩曰町疃鹿場毛萇云町疃

鹿迹也亦作畽吐緩切四暖上同瘓癱瘓皃𨇤行速○算物之數也蘇管切三匴器也冠箱也篹籮屬○管樂器

也主當也又姓出平原周文王子管叔後古滿切十二筦上同脘謂氣輨車轂端鐵盥洗也又公玩切琯玉琯又姓痯病也郭璞

云賢人失志懁憂病也悹悹悹憂無告也詩傳云悹悹無所依又音灌䩪聲轂具也錧車具蛌雨下蟲名䘴袴襬也○夗

說文曰凡物無乳者卵生力管切一○款誠也印也至也重也愛也苦管切八欵上同欵俗窾空也𨪩𨪩縫梡虞俎名形有足如案棵

斷木也鰀魚名○煗說文曰溫也乃管切七㬉上同暖亦同煖火氣亦上同又音暄餪女嫁三日送食曰餪渜湯也

稬方言云沛國呼稻也○纂集也作管切八攢綖也又子筭切纘繼也儹聚也籫竹器酇五百家也又五鄉爲酇周禮曰

四里爲酇五酇爲鄙又子旰切纂纂組本亦作纂䌰古文○伴侶也依也蒲旱切三扶說文云並行也從𠀤夫輦字从此拌棄也又音

潘○滿盈也充也亦姓出山陽風俗通邦有瞞氏音外變爲滿魏有滿寵莫旱切五懣煩悶𢝢古文䈼竹器鏋金○粄

屑米餅也博管切五粯上𩚩同瓪牝瓦也又音板昄均大也又扶板布綰二切○䣈字林云亭名在新豐具算纂切一○斷絕也徒管

切三𩋙屐後帖也緞上同○攤按也奴但切一○坢平坦坢也普伴切二䞟走皃

二十五

○潸涙下皃數板切

又音刪一○綰繫也烏板切一○版說文判也布綰切六板上同蝂蝂蝜蟲瓪瓪瓦昄大也又扶板

酢面酢酵面皺則板切三 扵扵撲 羬鷙飛○赧慙而面赤俗作赦奴板切四 酵面酢酵 㬎溫溼 𪏭音𨆘

武猛皃一曰寬大下赧切又姑限切五 僩寬大 僴猛也 捍捍握搖動 橺大木也○睆大目也戶板切七 睅目出 䰀

黃䩨皖魚名又皖鯇子也 鯇胡本切 𪍑𪍑麫𪍑麨 皖明星 莞莞爾而笑○阪陂別名扶板切又音返三 昄大也又音板 魬

魚名○𥈭視皃武板切二 莔草可染子可食○齾齾齗齒不正士板切一 蝬蟲名○齗五板切一○俴齺齒出也初板切一

○昄目中白皃普板切一○撰撰述亦作譔雛鯇切二 饌盤饌

二十六產

產生也又大篇似笛三孔而細又姓何氏姓苑云彭城人所簡切十 簅大篇或从竹 摌以手接物 犍畜犍畜牲 嵼嵼嵼 汕魚浮水上 滻水名在京兆 㦃全德又音剗 鏟

栗鏟 驏馬名○限度也礙也界也胡簡切五 硍石聲 䀍䀍䀍無畏視也 㹞牛堅很不从牽 閬門閬又作痕㫒並俗本只作限○

䀡武簡切一○簡札也牒也略也釋名曰簡間也編之扁扁有間也又姓左氏傳魯大夫簡叔蜀志簡雍傳云本姓耿幽州人後音訛改為簡古限切七 瀾

洗米 僩武猛皃 襉襉裙 柬分別也一曰縣名在新寧 暕日明 揀揀擇○剗剗削也初限切六

鏟王木器也 弗炙肉弗也 羼說文曰羊相厠也从羴在尸下尸屋也一曰相出前也 㦃全德 膣皮膣○棧閣也亦姓魏有任城

棧𡾊士山 峸山皃 棧上同 輚車名士限切八所乘也 孱孱陵古縣名在武陵又士連切 僝書傳云見也說文云具也 戔埤蒼云 輚卧車也

亦云車又儀禮注云載柩車也 虥虎竊毛謂之虥○眼眼目也五限切一○醆酒濁微清阻限切四 琖玉琖小杯 盞 醆並上同

○⿰忄産全德初綰切二 ⿰齒産[illegible]栗 ○齦齦齒聲起限切一

二十七銑

○銑說文曰金之澤者一曰小鑿一曰鐘兩角謂之銑息典切十一 洗姑洗律名 跣跣足 毨書曰鳥獸毛毨傳云毨理也毛更生整理 姺古國名 燹字統云野火也 筅筅帚飯具 箲亦同上

桄棗木名 茪草名 ⿰魚先魚名 ○腆厚也善也志也至也他典切十五 痶痶瘓病也 圢坦也 淟淟涊熱風 町町疃鹿迹 㙉上同 錪小釜 靦面慙 倎說文曰青徐謂慙曰倎 琠玉名 蚕爾雅曰螼蚓蜸蚕郭璞云即蛩蟺也江東呼寒蚓 ⿰⻊典行跡

⿰⻊亶行兒 賟賟富兒 睓明也玉篇云 ○典主也常也法也經也又姓魏志有典韋多殄切五 蕇葶藶 頣[illegible]後也又古很切 錪小釜又他典切 ⿱竹典大篋 ○蝘蝘蜓於殄切五 躽身向前也 ⿰目匽視也 宴安也又烏見切 嬿嬿婉又烏見切 ○殄絕也俗作 殄徒典切三 蜓蝘蜓一名守宮博物志云以器養之食以朱砂體盡赤重六斤擣萬杵以點女人體終身不滅婬則點滅故号守宮漢武試之驗也又音延 跈蹈也

○繭蠶繭古典切十三 絸古文 蠒俗 ⿰繭皮皮起 趼上同 柬小束 [illegible]俗 垷塗泥又大坂在隴西 筧以竹通水 襺纊著衣也 ⿰扌繭拭面 挸上同 ⿰扌蕣古文 ○峴峻嶺胡典切十三 臔肉急 哯小兒歐乳也又不歡而吐 睍日出好兒又乃見切 垷又古典切 蜆爾雅曰蜆縊女郭璞云小黑蟲赤頭喜自經死故曰縊女 俔譬喻又苦甸切 顈頼綴 [illegible]黑白 睍小目兒

詪諍語 ⿰忄然意難 嫢細要兒 顯明也著也光也觀也又姓風俗通云有顯甫爲周卿呼典切五 韅在背曰韅在胷曰靷在腹曰鞅在足曰絆 蜆小蛤 抮引戾 㬎衆明也微妙也從日中見絲今作㬎又五合切 ○搷塗也弭殄切四 芇相當也又 丏

不見也眄斜視又亡見切○撚以指撚物乃殄切四涊涊洟蹨蹂蹨又而善切跈蹈也○編編絹曰次第也又卑典切一
連切十一匾匾㔸薄也㔸湯奚切緶褰絭編上同萹萹茿草稨豆名𥡊上同惼㥢惼性狹碥乘車石也扁
扁署門戶糄燒稻作米○泫露光又泫然涕流皃胡畎切十四鉉鼎耳說文云舉鼎也琄玉皃贙獸名似犬多力出西海一曰對爭也
到虎者非也埍女牢也亦作妶又姑泫切繯韋昭云繯繫也旬說文云曰搖也䁂目童子又胡涓切鞙韉鞙刀鞘也說文曰大車縛軛
靼也䩌上同隕坑也䡅車䡅也鞇上同𩣡馬一歲也○く水小流也深尺廣尺曰く姑泫切八畎上同甽古文詃
誘也埍女牢也罥挂也羂上同汱爾雅云墜也又伏水也○辮說文交也薄泫切七艑吳船𪉵蜀人呼鹽扁姓也盧醫
扁鵲是也又方典切𣯨𣯨褋毛領𤷃骨風病也𩩍骨𩩍生皃○犬狗有懸蹏者曰犬屬爾雅云[illegible]盧晉獒楚獷韓獹宋浞並良犬苦泫切一
○𥥞不動牽[illegible]切四豤齧齒也𧱿豨別名蜸蜸蚕螼蚓○齞開口見齒研峴切一二十八○獮秋獵
曰獮獮殺也息淺切十三𡐨𧳜並上同見說文鮮小也尟俗尠寡也癬癬疥燹字林云逆燒又音銑𤒦上同
䉳𥳑䉳今人云飯籍也𥳑開音牽上聲廯屋廩𧖆蟮蛇蘚苔蘚○演廣也亦水長流皃以淺切八衍達也亦姓字統云水朝宗
於海故從水行縯長也蔩土瓜㖡大笑戭長槍又檮戭八元名𧗌螾衍蟲蟲衍上同○踐蹋踐慈演切七諓諂也
餞酒食送人又疾箭切俴淺也𤻶小瘡𧗳蹈也後跡也○展舒也整也審也適也說文作展轉也又姓魯孝公之子子展之後知

演切十㞡上同搌束縛又丑善切皽皮寬輾輾轉又虜複姓後魏輾遅氏改爲展氏紾轉繩也出玉篇又音軫𢀖極巧視之
又視戰切嫸嫸奷好皃蟸蟲名襢襢衣皃○膳耳門旨善切十七𠟉以槌去牛勢樿木名禮記用之爲杓顗說文
曰偋視人也饘饘粥又音饘醆杯又側限切皽皮寬又知善切燀又昌善切義見下文襢束也𨉣裸形無可蔽也䁴
說文曰視而不止也𥉀上同𣟩木瘤𦏸武也又鷙鳥鳥擊勢也𠟉擊也鐟上同嫸偏恔○趁踐也亦作蹍尼展切三輾
車轢物或作碾反柔弱○淺不深也七演切一○闡大也明也開也昌善切九燀說文炊也春秋傳曰燀之以薪又然也又章善切繟
寬綽䵐黃色幝車敝詩曰檀車幝幝鄲魯邑名灛汶水爲灛嘽寬綽名也樂記曰其聲嘽以緩綫偏緩又徐翦切○遣
送也縱也去演切八繾繾綣不相離皃又黏也䭠乾麪餅也𥳐𥳐開鮮戶籍𤜭牛很不从引也𠳝小塊說文作𠳝𦣝見上注
館黏也○蹇跛也屯難也又姓秦有蹇叔九輦切十一謇吃又止言搴取也攓上同僆偃僆傲也𢯷𢯷搌䰄長皃搌丑輦
縒緩縮𡾊𡾊嵼山屈曲皃𢹘爾雅釋草去蹇茜詞鱶魚名襺襺袴○善良也大也佳也說文作譱吉也又姓呂氏春秋云善
卷堯師常演切十一譱見上注篆文又作善墠除壇地名鱓魚名異苑云死人髮作也蟺蛩蟺蚯蚓單單父縣名亦姓出周卿士單襄公之
後又丹禪二音僐說文云作姿也鄯州名本漢之破羌縣地屬金城郡後魏孝昌二年置鄯州又鄯善西域國也本名樓蘭又音擅墡白土𥗁上同
𪌉大麥新熟作𪍑𪌉也○翦截也齊也殺也勤也俗作剪即淺切十四剪俗揃揃搣戩福祥也錢錢銚𠝏明

又子離切俴淺也帴狹也蕑王蒭草名鬋鬋髮垂簪簪䉳䉔竹名籛竹名又姓揃切俗

續也執也緊也人善切五橪橪棗木名戁懼也又音赧熯乾皃又音漢又音罕㦓意脃也又式善切○綫緩也徐翦切一○輦

人步挽車又姓出何氏姓苑力展切九𪍑大麥𪌉𪍑㸋小然火也璉瑚璉鄻地名在周僆𤲞雙生子摙擔運物也蓮蓮芍

縣名在馮翊又音憐膦膦䡬無力○齴齒露魚蹇切七巘山峯𨓈行皃嵃𡾊嵃山形讞議獄瓛玉甗甗器也

周禮曰陶人為甗甗無底甑○件分次也其輦切四𡾊𡾊嵼又音蹇鍵管籥鑳上同○辯別也理也慧也說文治也符蹇

切五𨐨俗辡罪人相訟又方免切辨別也說文判也又蒲莧切諞巧佞言也又符沔切○緬遠也說文曰微絲也彌兖切十沔

漢水別名亦州名春秋鄖國之地戰國時屬楚秦屬南郡武德初平朱粲置沔州汅俗湎沈湎愐思也黽黽池縣名在河南府俗作澠又忌忍

切䩄勒靼名也偭背也勔勉也⿰巾面幕帶出玉篇○褊衣急方緬切二⿰辛辛憂也亦曰急也○臇臛少汁也子兖切三

⿰火雋上同⿱雋䖵蟲食○雋鳥肥也又姓漢有雋不疑徂兖切五隽俗⿸疒雋大痒吮敕也又徐兖切⿱艹雋蔦雋菜名○辡

罪人相訟方免切又符蹇切四⿰耳睘蔽目說文曰兒初生蔽目者䚈視皃⿰年鳥毋蓄云鷹鷂二年色又云人姓○兖州名尚書禹貢曰濟河惟兖州

武王封周公於曲阜為魯公秦為薛郡後魏置南兖州於譙城又置西兖州於定陶城隋改為曾州武德初平徐圓明復為兖州又姓出姓苑以轉切十沇濟水別名出王

屋也沇上同𢮿動也抁上同莌草名駺馬逆毛㕣山間泥也綄紉綄颽小風○臠肉臠說文曰臞也一

曰切肉也力兖切四臠美好⿰女蜀從也脟割也○轉動也運也陟兖切二叀乘東○卷卷舒說文曰厀曲也居轉切六菤
菤耳苓耳韏爾雅曰革中辨謂之韏車上所用皮也辨音片⿰阝卷河東安邑聚名捲捲衣埢冢土○圈說文曰養畜閑也渠篆切又求晚切
三蔨爾雅云蔨鹿藿芫耎也○輭柔也或从需餘同而兖切十七軟俗蝡蟲動楆紅藍又楆棗也䓴木耳碝
碝石次玉瑌同上愞愞弱又奴亂切腝腳疾䝈䝈小有財物也耎說文曰稍前大也⿰忄尺弱兒㞋弱也又尼展切偄
敬也亦弱也⿱艹兊柔韋又作⿱艹兊見經典㽭城下田也緛衣縫也○舛剌也說文曰對卧也从夕牛相背夕中凡切牛口瓦切昌兖切四喘
喘息說文曰疾息也荈茗草名歂揣也又初委切○膞切肉市兖切七腨腨腸鄟地名⿰卮專說文曰小巵有蓋也歂口氣
引兒踹脚跟蕡草名生鄭無魚○篆篆書持兖切七瑑璧上文也沌水名在江夏又徒混切摶周禮百羽爲摶十摶爲縳縳音
渾又音鯀縳上同亦作縳⿰阝彖道邊埤也⿰土彖耕土卷也○剸細割旨兖切九㓹上同孨孤露可憐說文謹也又莊眷切鱄
魚名美也出洞庭湖嫥等也膞切肉又市兖切⿵門䜌開閉門利⿴囗兖囚刑圓出古今音字⿰巵耑小巵也又之累切○選擇也思兖切又
思絹思管二切三⿱罒巽罟也籑竹緣○撰述也定也持也士免切五僎具也數也持也又子倫切顨具也見也鱔魚名譔
專教也又音詮○蜎爾雅曰蜎蠉郭璞云井中小蛣蟩赤蟲一名孑孓又姓漢藝文志有老子弟子楚人蜎淵著蜎子十三篇狂兖切一○蠉香兖切二
⿰走專走兒○楩木名符善切又父綿切四㦗急也諞巧言扁又辯篇二音○免止也黜也脫也去也[illegible]左傳衛大夫

娩婉娩美也又音挽 勉勖也勸也強也 俛俯俛 鮸魚名 挽生子挽身 冕冠冕 絻音問上同又 ○扌丑善切七 鋋鋋物令長 旃旃旗柱又幢徽二音 蕆備也一曰去貲 丳伸行 延安步行之又丑延切 韂驂具又丑井切 ○鵿埤蒼云鷹鷂二年 ○僊說文曰意䰅也式善切三 㜣女姿態又奴見切 䁴視面色變也 ○㫃旌旗之皃於蹇切三 𧽊走也 嫣長皃 ○邅移行除善切一 ○棧士免切棚也一

【二十九】篠

○篠細竹先鳥切七 筱上同 鮡魚名 謏誘為善也又小也 謏上同 䃤黑砥石也又思六切 𢷬打也 ○皎月光詩云月出皎兮古了切十二 璬佩玉 憿行縢也憿脛布也 鐃鐵文又呼了切 的白也又四白切 皦明也皎也又珠玉白皃 恔恔憭慧也 繳纏也又音酌 䦘喪之降殺 晈光明也 𧙌小袴 儌儌抄 ○鳥說文曰長尾禽總名也象形都了切九 𢁒絹布頭也 㣿垂心 蔦樹上寄生 釕釕鈌帶頭飾出聲譜 扚扚擊 𧜗短衣 秎禾穗垂皃 𠄏懸皃 ○了慧也訖也盧鳥切十四 蓼辛菜 瞭目睛明也 蹽蹽蹻長皃蹻巨夭切 鄝地名 繚繚繞纏也 憭照察也 舠玉篇云小船也 獠火炙 憔拭也 䕩蔘䕩蚴垂皃 撩抉也又力凋切 潦水清又小水也 𧙃袴也 ○朓月行疾出西方土了切三 窱窈窱深遠皃 䠷身長皃 ○鐃鐵文馨皀皛切四 曉曙也明也慧也知也 皢白也 膮豕羹 ○杳冥也深也寬也烏皎切十五 窅深目皃 窈窈窱深也靜也 偠偠㒡好皃 騕騕褭神馬日行千里 𩡧上同 𩬌𩬌跡長而不勁 葽廣雅云遠志也 𣄟旗類 䳰爾雅曰䳰頭鵁郭璞云似鳧脚近尾略不能行又音拗 婹婹嬈細弱 㫐合也

窅遠也隱也說文冥也 窅說文曰戶樞聲也室之東南隅也 葯草長 ○嬲戲相擾奴鳥切九 嫋長弱皃 跡踋跡 㒡

偠㒡 褭騕褭 嬈苛酷也又擾戲弄也又音遶 嬝嬝嫋 䃵䃵硄 𢹂摘也 ○皛明也胡了切五 㵿水渺㵿皃 芍

鳧茈草又市若切 葯上同 [illegible]修續譜云相誑也玉篇云惠也 ○窕美色曰窕詩注云窈窕幽間也徒了切八 兆兆林子 眺眺䁭中穴

誂弄也俗作挑說文曰相呼誘也 掉搖尾又動 嬥嬥嬥往來皃韓詩云嬥歌巴人歌也 挑挑戰亦弄也輕也 䂪磽䂪 ○磽山田

亦作硗苦皎切二 硗上同 ○湫湫隘子了切又子攸切五 劋截也說文絕也 朴木忽高也 𥝝凶首飾 藮似蒜菜

三十○小

小微也思兆切三 𩵖魚名 𦬁𦬁草遠志也 ○肈始也正也敏也長也治小切十一 肁開也又姓戰國策趙有大

夫肁賈 兆十億曰兆說文分也又姓 趙少也久也字林云趍也亦州名春秋屬晉秦屬邯鄲郡後魏以廣阿城置殷州至齊改為趙州又姓本自伯益孫造父善

御幸於周穆王賜以趙城因封為氏簡襄始大列為諸侯今出天水南陽金城下邳潁川五望 旐旗旐爾雅曰長尋曰旐郭璞云帛全幅長八尺釋名曰龜蛇為旐旐兆也

龜知氣兆之吉凶建之於後察事宜之形兆也 𢓜大有力也 𦍩羊子 鮡魚名似鮎而大 駣馬四歲 垗葬地 𠧞灼龜坼出文字指歸

○沼池沼之少切三 菬菬子草 䈃竹緣 ○夭屈也於兆切四 殀殁也 芺爾雅曰鉤芺郭璞云大如拇指中空莖頭有臺似薊

初生可食 仸仸僑不伸又尪弱皃 ○[illegible]意氣息皃丑小切一 ○少不多也書沼切又式照切三 䒚草名 𨚍說文地名 ○擾

亂也順也說文作擾煩也而沼切七 𢺕上同 繞纏繞又姓左傳秦大夫繞朝 遶圍遶 嬈亂也 犪牛馴說文作[illegible]犪牛[illegible]爾

注云即蒙貴也狀如雌而小紫黒色可畜之健捕鼠亦作猱又諾髙切 ○摽落也又擊心也字統云合作此受符少切八 擙上同見說文今從票餘同 鰾魚鰾可作膠

慓急性 顠髮白又孚小切 鬃上同 膘脅前又孚小切 莩莩草又零落也 ○麨糗也尺沼切五 𪍑同上字

弨弓反曲又昌招切 槱赤木名又音猶音酉 昭弄人昭目也 ○縹青黄色也敷沼切八 醥清酒 犥牛黄白色 顠髮白

鷅鳥變色也 篻實中竹名 瞟埤蒼云一目病 膘脅前又音莩 ○眇說文曰一目小也亡沼切十 渺渺淼水皃 訬擾也

一曰訬獪 ⿱艹𦕈草細 淼大水 杪梢也木末也 秒禾芒 藐字書藐遠又亡角切 吵雉聲 篎笙管 ○紹繼也又姓出何

氏姓苑市沼切五 ⿱卲糸古文 佋佋介 袑袴上 ⿰召見玉篇云見也 ○矯許也說文曰揉箭箝也又姓左傳晉大夫矯父居夭切十二 鱎

白魚別名 ⿰角喬角長 敿盾也 撟說文曰舉手也一曰撟擅也 嬌女字又居喬切 ⿰目丩目重瞼也 蟜山海經云野人身有獸文說文曰蟲

也又姓後漢有蟜愼字彥仲 譑多言 鄡國名 ⿰女⿱艹盧竦身 蹻驕也又具虐切 ○表明也亦牋表釋名云下言於上曰表說文作䙷上衣也古

若衣裘以毛爲表也又姓出姓苑陂矯切四 䙷上同 ⿰衤⿱覀灬古文 ⿱艹猋草名 ○褾袖端方小切四 覭字林云目有所察 標標杪木末

⿰山票峯頭 ○藨草名可爲席平表切八 ⿱艹⿱包灬上同 殍餓死又音孚 莩上同又音孚 𠬪物落皃 ⿱欠谷歐吐 ⿰彳备儈也

⿰豸⿱止止似狐善睡 ○鷕雉鳴也以沼切又羊水切七 溔浩溔大水皃 舀說文曰抒臼也 ⿰目尤 抌並上同 ⿰骨号肩骨 ⿰目䍃

眇⿰目䍃目皃 ○悄悄悄憂皃親小切三 愀容色變也 釥好也又淨 ○剿絕也子小切八 劋上同出說文 勦勞也又音巢 漅

水名䢧魯地濯盪洒瞟又符小切燋拭也○驕驍驕長皃巨夭切一○繚繚繞力少切九燎說文曰放火也左傳曰若
火之燎于原䰘長皃璙好皃憭慧也又音聊繚繚衣也僚朋也又音平聲[酉尞][酉尞]醪好皃○鷍蒼頡篇云鳥毛變色
本作皫滂表切又經典釋文云徐房表切劉普保切一○闄隔也於小切一三十一○巧好也能也善也苦絞切又巧僞苦教切二䳊
䳊婦鳥按爾雅注云鷦鷯桃雀也俗呼為巧婦字俗从鳥○澩動水聲下巧切說文音學六[彳翏]事露又奴巧切說文音哮[艹骹]草根亦竹筍也或作茭又
音佼佼庸人之敏說文又交也又古巧切𥂕溫器又公巧切[竹骹]竹筍○飽食多也博巧切三[食妥]並古文○獿擾亂
奴巧切三撓撓亂又音蒿獶犬獶說文又奴交切○卯辰名爾雅曰太歲在卯曰單閼晉書樂志云正月之辰謂之寅寅津也謂物之津塗二月卯卯
茂也言陽氣生而孳茂三月辰辰震也謂時物盡震而長四月巳巳起也物至此時畢盡而起五月午午長也大也言物皆長大六月未未味也言時物向成有滋味七月申申身
也言時物身體皆成就八月酉酉緧也時物皆緧縮也九月戌戌滅也謂時物皆衰滅十月亥亥劾也言陰氣劾殺萬物十一月子子孳也謂陽氣至此更孳生十二月丑丑紐也
謂終始之際故以結紐為名也莫飽切七戼篆文緢旄也又絲名泖水名在吳華亭縣媌好皃又莫交切茆鳧葵說文曰作茆音柳
昴星名○絞縛也又姓出何氏姓苑古巧切十五狡狂也滑也疾也健也說文曰少狗也匈奴地有狡犬巨口黑身佼女字攪手動說文
亂也[艹骹]郭璞云江東呼藕根亦作茭又下巧切筊竹索也又音交挍挍捼物也鉸鉸刀𥂕器也姣姣媚烄烄木然也[炏交]
上同𥂕盪也說文器也又胡巧切[竹骹]竹筍[疒丩]腹中急痛俗作㽱○爪說文曰丮也覆手曰爪象形丮音戟側巧切叉[illegible]

足甲也貈貈獠璪玉名說文曰車蓋玉璪笊笊籬爪爪頭抓亂搔掐也𦬠草○拗手拉絞切五鴢鵁頭鵁以鳧而腳近尾怮靴韈拗亦从革見深目狕獸名○鮑魚名又姓出東海泰山河南三望本自夏禹之裔因封爲氏薄巧切四骲骨鏃皰面地鞄柔革名○齩齧也五巧切一○𩴾黠也士絞切二僺僺僺長皃出聲譜○煼熬也初爪切七炒𩰲並上同謅相弄䰭乾也吵聲也本音眇○獠夷別名張絞切又盧皓切二獠上同○𢽾擊也一云擾覺也亦作數山巧切一

三十二○晧光也明也日出皃也胡老切十六昊昊天說文作昦昦上同暤明也旰也曜也亦太皞又姓本出武落鍾離山里黑穴中者見蜀錄鎬鎬京浩浩汗大水皃又姓漢青州刺史浩賞又漢複姓魯人浩星公治穀梁顥太也又天邊氣說文曰白皃楚詞曰天白顥顥南山四顥白首人也今或作皓灝灝溔水勢遠也鰝大鰕夰說文放也昦字从此本音果薃薃侯莎鄗光武立處邑名郹上同號土公金亦作號𦄒網綴滈水名在京兆○抱持也說文曰引取也薄浩切十一○老耆老亦姓左傳宋有老佐盧皓切十四獠西南夷名獠上同轑車軸橑屋橑簷前木曰蓋骨一曰欄也說文椽也潦雨水藔乾梅栳栲栳柳器欗木名顟廣大皃恅憛恅心亂嘐嘐嘐無人䵏黃黃色澇水名又力到切○討治也誅也他浩切二套套長也槄山楸又他刀切○道理也路也直也眾妙皆道也說文曰所行道也一達謂之道徒皓切七衜古文稻杭稻禮記曰凡祭宗廟之禮稻曰嘉蔬又姓向氏姓苑云今晉陵人駣馬四歲又音兆𥞤禾一莖六穗也出字林𨲠䠷駣長皃又奴皓切○瑙頭瑙奴皓切九腦

上同或从巛山餘同剀亦同出周禮惱懊惱碯碼碯寶石䠇䠇長皃獶䧳狢獿上同𡢃相𡢃亂也說文曰有所恨痛也

○嫂兄嫂蘇老切七嫂上同㛮俗燥乾燥埽掃除掃上同䕂藪草○倒仆也都晧切十一擣

擣築搗俗島說文曰海中往往有山可依止也又音鳥禂祭也牲馬祭也騊上同檮說文曰斷木也本音陶禱請也求福𤺄

病壔高土也懤憂也○草說文作艸百卉也經典相承作草采老切七艸篆文隸變作艹懆憂心慅上同騲牝馬

曰騲嘈嘈嘈無人慅慅悼心亂○早晨也子晧切十二澡洗澡藻文藻說文同下薻水草也蚤齧人跳蟲抱朴子曰

又蟣蝨攻君卧不獲安蚤上同又古借為蚤暮字鱢魚名似鯉雞足璪玉名璪石次玉者棗果名史記曰楚莊王時有所愛馬啖以脯棗漢

書曰安邑千樹棗等千戶侯又姓出在頴川文士傳云棗氏本姓棘避難改焉繰紺色繰曰繰繅雜五繅綵文○皁皁隸又槽屬亦黑繒俗作皂非昨早切四

草草斗櫟子造造作又七到切艁艁舟以舟為橋說文云古文造○暠明白也古老切十一槁木名杲日出又明白也稾

禾稈又稾本草莖之本藁俗夰說文放也縞素也又音告槀槀本藥名臭大白澤也藁乾草碌女碌石似玉

○好善也美也呼晧切又呼号切二㚥人姓○蓩毒草武道切又地名又亡毒切四蓩細草叢生媢夫妒婦也說文音冒冃

重覆○寶珍寶貨又瑞也符也道也禮記曰地不藏其寶又天寶晉灼云天寶雞頭人身又姓出何氏姓苑博抱切十五珤古文保任也安也守也說文

作保養也亦姓呂氏春秋云楚有保申為文王傅也呆古文堢堢障小城堡上同褓襁褓緥說文曰小兒衣鴇鳥名亦作

葆草盛皃又羽葆 鴇郭璞云鴇鳥驄 𦐇彩羽 宲藏也 賲有也 𠦂相次也 ○襖袍襖烏皓切十四 镺長也

懊懊惱 䐿藏肉又烏到切 芺苦芺 䴠䴠子 媪女老稱 燠甚熱又音郁 夭禮曰不殀夭又於喬切 仸仸正

之皃 鄗邑名 蝹蟲名如猿常地下食人腦 䯉藏骨 鷎鳥名 ○考校也成也引也亦瑕釁界淮南子云夏后氏之璜不能無考是也又姓出何

氏姓苑苦浩切十 攷古文 栲木名山樗也 槁木枯也說文作槀 祰禱也說文曰告祭也 洘水乾 熇火乾 丂氣欲舒也

顥顥頷大頭 䓘乾魚周禮曰辨魚物為鱻䓘鄭注云䓘乾也亦作槁又䓘里字音蒿 ○䕨瓜蔓苗頭五老切二 䫜顥頷大頭

三十三

○哿嘉也古我切四 舸楚以大船曰舸 笴箭莖也又公旱切 䈅笴䈅出南中 ○瑳玉色鮮白千可切三 𩭹髮好皃也

又昨何切 磋䃨石地名 ○嚲垂下皃丁可切五 𡅏古文 哆語聲又昌者切下脣垂皃 癉勞也又怒也 須醜皃 ○縒

鮮潔皃也蘇可切又楚宜切三 娑䮾娑舞名又蘇哥切 褨衣長皃 ○爹北方人呼父徒可切九 柁正舟木也俗从㐌餘同 舵上同

陊下坂皃又落也 袉裾也 拕引也 沱灅沱沙水往來皃又徒何切 沲同 詑輕也 ○我己稱又姓我子古賢者著書五可

切五 騀駊騀馬搖頭皃 䫏側弁也 𢫽差也 硪砐硪山高皃 ○袉長䘾皃吐可切一 ○𢹬𢹬極樹斜來可切九

郎釣出異字苑 攞裂也 砢磊砢石皃 㦬㦬懡慙也玉篇又作儸懡 曪色光明出釋典 𣂷相擊也亦斫也 剆上同 䶑

䶑哆脣垂皃 ○橠檴橠木盛皃奴可切六 娜婀娜美皃 𢃇戍也 𢅏上同 那俗言那事本音儺 袲袲衣衣好皃 ○

荷負荷也胡可切又戶哥切二 何上同○㰤大笑虛我切五 呵上同 𢼍擊可也 𣪍上同 𩑒傾頭皃又音訶○可許可也又虜複姓三氏周太保王雄賜姓可頻氏梁有河南王可沓振又有可達氏又虜三字姓三氏後魏書可地延氏改爲延氏又幷州刺史男可朱渾買奴前燕慕容儁皇后可足渾氏 岢岢嵐鎮在嵐州 軻轗軻又音珂 坷坎坷○閜閜砢欲傾皃虛可切七 椏𣐿椏樹斜 [illegible] 婀婀娜亦作妸 娿人姓莊子有娿荷甘又音婀 旑旌旗旑施皃又倚蟻切 [illegible]○左左右也亦姓齊之公族有左右公子後因氏焉又漢複姓二氏左傳宋公子目夷爲左師其後爲氏秦有左師觸龍晉荀林父爲左行其後爲氏漢有御史左行恢臧可切三 㨃㨃又子賀切 ナ戾也說文曰左手也象形

三十四○果

果果敢又勝也定也剋也亦木實爾雅曰果不熟爲荒俗作菓古火切十一 菓見上 倮倮然躶名 輠車脂角又音禍 鐹刈鉤又古臥切 划划刈 裹苞裹又纏也 蜾蜾蠃虫也 惈蒼頡篇果敢作此惈 䴹餅餜麥食 粿淨米○埵土埵丁果切十五 鬌小兒翦髮爲鬌 揣揣量 朶朶皃前絲垂也 朶木上垂也 𣎼同上 綞綞子綫出字林 揣搖也又初委切 鍺車鍋 [illegible]小崖 [illegible]朶欲也 𥟬禾垂皃又丁官切 [illegible]試也又初委切 [illegible]復跟緣也 褍衣正幅也○鎖鐵鎖也俗作鏁蘇果切十二 瑣青瑣漢書音義曰黃門令日暮入對青瑣門拜名曰夕郎又瑣瑣小皃 溑水名 葰葰人縣在上黨又蘇戈切 䈢竹名 [illegible]說文曰小麥屑之覈 [illegible]魚名 [illegible]小石 [illegible]亭名在河南 惢心疑也又醉隨才捶二切 [illegible]動也 [illegible]貝聲○墮落也徒果切又他果切十四 垛射垛亦作垜 [illegible]長沙呼甑也 [illegible]小積之 [illegible]竹名 [illegible]上同 [illegible]復跟緣也或作[illegible] [illegible]車轄又[illegible] [illegible]

嬾惰也說文曰不敬也惰上同嫷美也說文曰南楚人謂好曰嫷又吐臥切鬌髮又丁果切鰖魚子已生者又弋水二切陊山高〇

妥安也他果切九嫷好也隋裂肉也又徒果切鰖魚子已生崣山長皃墮倭墮髻也又徒果切橢器之狹長𡐦

山皃鵎鳥名〇麼幺麼細小亡果切三䁾䁾曬曰無色懡懡㦬人慙〇坐釋名曰坐挫也骨節挫屈也徂果切二𡉉古文

〇婐好皃又五果切二厄木節也亦作㧓〇裸赤體說文曰袒也郎果切九躶臝並上同𡖐又力管切瘰

瘰癧病筋結也𧕿上同蓏果蓏說文曰木上曰果地上曰蓏應劭云木實曰果草實曰蓏張晏云有核曰果無核曰蓏蠃蜾蠃蒲盧郭璞云細

腰蜂也負螟蛉之子於空木中七日而成其子法言云螟蛉之子殪而逢蜾蠃祝曰類我類我久則肖之〇婐婐姬身弱好皃又烏果切三倭倭墮髻也又烏戈切

𡖅多也〇㛂好果切二㧓㧓摘〇跛跛足布火切又彼義切四簸簸揚又布箇切駊駊騀馬惡行又音叵𡰪𡰪尪行不

正也〇叵不可也普火切四駊駊騀又普波切頗頗峨山皃〇禍害也胡火切七祸上同夥楚人云多也緺

上同旤說文云逆惡驚詞輠車脂角又音果𨕣𨕣過也秦人呼過為𨕣也〇火河圖挺左輔曰伏羲禪於伯牛鑽木作火說文曰燬也南方之

行炎而上象形呼果切二邩玉篇云地名〇顆小頭苦果切三堁堀堁塵起皃敤研理又音課〇爸父也捕可切一〇脞

書傳云叢脞細碎無大略也倉果切二硰碎石〇䃋沙石地名作可切一三十五〇馬說文曰怒也武也象馬頭髦尾四足之形尚

書中候曰稷為大司馬釋名曰大司馬馬武也大總武事也亦姓扶風人本自伯益之裔

趙奢封馬服君後遂氏焉秦滅趙徙奢孫興於咸陽為右內史遂為扶風人又漢複姓五

氏漢馬宮本姓馬矢氏功臣表有馬適育溝洫志有諫議大夫乘馬延年何氏姓苑云今西陽人孔子弟子有巫馬期風俗通有白馬氏莫下切一 碼 碼碯石之似玉也 鄢 郁鄢縣名在犍爲 罵 罵詈又莫霸切 ⿱宀馬 穴馬在燕野 鷌 鳥 馬異 鰢 魚名 ○者 語助章也切三 赭 赤土 堵 縣名又姓左傳鄭有堵女父堵狗又音覩 ○野 田野說文云郊外也羊者切五 埜 古文 也 語助辭之終也 冶 銷也尸子曰蚩尤造九冶又妖冶亦姓左傳衛大夫冶廑 虵 羌複姓有虵丘氏又食遮切咥都結切 ○雅 正也爛雅也說文曰楚烏也一名鸒一名鵯鶋秦謂之雅五下切五 疋 正也待也說文所菹切足也古文以爲詩大雅字又山呂切 庌 廡也說文曰廡也周禮曰夏庌馬 厊 厏厊不合 ⿱疋皿 酒器 ○檟 山楸古馬切十 榎 同上字 嘏 大也福也 假 且也借也非真也說文又作假至也又姓漢有假倉 叚 說文借也 賈 姓也出河東本自周賈伯之後又音古 斝 玉爵禮記曰夏后氏以醆商以斝周以爵 瘕 久病腹內又古牙切 椵 爾雅曰櫠椵郭璞云柚屬子大如盂皮厚二三寸中似枳食之少味 ⿰女叚 好也 ○灑 灑水也砂下切一 ○啞 不言也烏下切又乙革切三 瘂 𤸷 並上同 ○灺 燭燼徐野切三 担 取也 ⿰黑予 ⿰黑予漫污也出文字辨疑 ○下 賤也去也後也底也降也胡雅切四 丅 古文 夏 大也又諸夏亦州名秦屬上郡漢分置朔方部晉末赫連勃勃於州稱大夏爲後魏所滅置鎮又改爲夏州又胡駕古下二切 廈 廈屋 ○寫 寫憂也除也程也盡也又轉本曰寫悉姐切四 ⿰扌寫 安寫之別名 瀉 寫水 ⿱舄鼠 獸名 ○蛆 蛆蛆好皃⿰食坐瓦切一 ○乜 蕃姓彌也切一 ○且 語辭七也切又子余切一 ○閜 大笑許下切三 閜 大裂 襾 說文曰覆也覆覈覂覃類皆從此 ○社 社稷又漢複姓二氏風俗通云齊有司徒居社南因以爲氏何氏姓苑云右扶風有焉又有社北氏常者切三 ⿱林皿 器名 樹 宜樹吾若[illegible]神見[illegible] 可 跒

行皃苦下切一○跁傍下切三𨁈短人立也笆竹名出蜀又音巴○捨釋也書冶切五舍止息亦同又音赦騇也

⿰食各餘餔餘飫⿰食舍上同○姐羌人呼母一曰慢也茲野切三担取也又才也切飷無食味也○把持也執也博下切一○踝足骨

也胡瓦切十一稞淨穀綵青絲綬又繩履䣀地名䵷鮮明黃色黊說文曰黃華又音壞觟牝牂羊生角者又楚冠名⿰魚果魚似

鮎也𢧵大口又聲說文曰擊踝也輠轂頭轉皃⿱果夊⿱果夊名○寡鰥寡說文少也古瓦切八冎剔人肉置其骨剮俗呆老人

拄杖⿰亻咼⿰亻咼⿰亻咼行皃丫羊角皃⿱⺮咼籆或⿱⺮咼收絲具⿰角咼⿰角咼⿰角咼牛角開○瓦古史考曰夏時昆吾氏作瓦也五寡切二邷衙地○

若乾草又般若出釋典又虜複姓一氏周書有若干惠傳曰其先與魏俱起以國為姓後燕錄有步兵校尉若久和人者切又人勺切三惹亂也吤應聲也

○鮓釋名曰鮓葅也以鹽米釀魚以為葅側下切五厏厏厊不合謯謯訝訶皃䈟炭籠也又音鹺痄痄瘂不合○觰竹角横都

賈切又竹加切一○槎逆斫木士下切又仕加切二厊厏厊○奲寬大也昌者切五⿰扌者數擊也⿰者鬼醜⿰者鬼哆脣下垂皃又當

可切撦裂開○䋿䋿紮相著皃竹下切一○⿱奴糸奴下切一○髁要骨苦瓦切七跨腰跨又苦化切骻上同㡁㡁社

袉也銙帶飾⿰巾奓帛衣干踦步又口化切○⿰石坐好雌黃又瓦切又七火切一○欙欙禾穀南人食之或云我葵丑寡切一○傻

傻人縣名沙瓦切三謏強事言語傻傻俏不仁○姹嬌姹也丑下切又陟嫁切一○𥗘玉篇云𥗘磍泥不熟皃盧下切一

三十六

○養育也樂也飾也字从羊食又姓孝子傳有養奮餘兩切七痒皮痒癢上同瀁滉瀁水皃蛘蟻名說文曰搔蛘也勨

二一〇

勉也又音象⿰虫養蟲名○像似也徐兩切十一象說文曰象長鼻牙南越大獸三年一乳象耳牙四足之形爾雅曰南方之美者有梁山之犀象

蟓桑乙蠶蟲橡櫟實襐未笄冠者之首飾也勨勉也又音養鱌魚名似鮔白身長也潒潒遠蒙草名嶑山名也

⿺辶象行也○奬勸也助也成也譽也即兩切六獎上同說文本作⿱竹將剖竹未去節也又秦杖切槳檝屬⿰木將上同

蔣國名亦姓風俗通云周公之胤又漢複姓漢有曲陽令蔣匠熙又子羊切○兩說文曰再也易云參天兩地令通作兩良獎切八兩上同說文曰二十四

銖為一兩脼膎脼㭸松脂緉雙履蜽蝄蜽蟲名說文曰蝄蜽山川之精物也國語曰木石之怪夔蝄蜽亦作魍魎魎注見上⿰兩力

⿰兩力勥力拒○鞅牛羈也說文頸靻也於兩切十一柍木名秧秧穰禾稠也又音央⿰食央飽皃詇早知也岟岟山足駚駚驡

馬皃炴火光⿰耳央無資量謂無極限也怏怏悵也又於亮切紻冠纓○強迫也勉力也其兩切五彊說文云弓有力也或作強又姓

前秦錄有將軍強求又其良切弜弓有力也誩競言滰乾米之皃○仰偃仰也說文舉也魚兩切三茚昌蒲別名卬望也欲有

所度○磢瓦石洗物初兩切六㼜瓦上同⿰爽刂皮傷搶頭搶地見史記又七良七養切漺淨也愴愴怳失意皃又音創○想

思想也息兩切二鯗乾魚腊也○掌手掌又姓晉有琅邪掌同前涼有燉煌掌據諸兩切三仉姓仉梁公子仉督後也爪友瓜○爽

明也差也烈也猛也貴也踈兩切九爽上同縔屩中絞繩鷞鷫鷞鳩塽塽塏高也樉木名㼽瓦半瓦漺淨也又初兩切⿰爽頁

醜皃○響聲也許兩切八饗歆饗蠁說文曰知聲蟲也⿰虫向上同亯獻也祭也臨也向也歆也書傳云奉上謂之亯亨上同

享嚮爾雅兩階間謂之嚮本亦作鄉又音向曏不久也又音向○敞高也昌兩切七惝惝怳驚皃氅鷩鳥毛也⿱敞鳥上同
廠屋也出方言又音唱⿱尚足踞也又丑尚直庚二切僘僘寬也繈絲有類又孟康曰繈錢貫也俗作鏹居兩切五鏹俗見上注襁
襁褓負兒衣博物志云繈織縷為之廣八寸長二尺以約小兒於背上膙筋頭憼敬也說文音景○丈說文曰十尺為丈直兩切四杖說文
曰持也大戴禮曰武王踐阼為杖之銘曰惡乎失道於嗜慾惡乎相忘於富貴呂氏春秋曰孔子見弟子抱杖而問其父母拄杖而問其兄弟曳杖而問其妻子尊卑之差也禮曰
苴杖竹也削杖桐也仗憑仗本又音去聲⿸疒丈病也○昶通也明也舒也丑兩切二鋹利也○獷獷平縣在漁陽居往切又居猛切一
○壤土也書傳曰無塊曰壤風土記曰擊壤者以木作之前廣後銳長尺三四寸其形如履臘節僮少以為戲也逸士傳曰堯時有壤父擊於康衢藝經曰擊壤古戲
又漢複姓孔子弟子有壤駟赤如兩切八⿱蘘酉蘘醸菜為菹䑋肥蜀人云穰豐穰又汝羊切蠰蟲名似蜋而小攘揖攘又汝羊切躟躟躟
行疾皃⿰石襄惡雌黃○賞賜也又吳姓有賞氏書兩切五⿰食象日西食餳上同饟周人呼餉食曏少時也又火亮切○
髣髣髴亦作仿彿妃兩切六仿俗彷彷彿仿說文曰相似也紡紡績鶭鶭澤鳥蒼黑色常在澤中俗呼為護澤鴋上同○
罔罔罟說文曰网庖羲所結繩以田以漁也丗本曰庖羲臣芒所作五經文字作罔俗作罔文兩切十二網上同⿵冂亡上同又無也輞車輞棢
上同惘惘然失志皃菵菵草誷誷誣⿱亡王上同䋞耳疾蛧蛧蜽魍魍魎上同○昉明也分兩切四倣學也
放上同瓬周禮有瓬人為簋盛者蓋埏埴之土又音甫○枉邪曲也亦姓今虢州有紆往切四⿰㞷攴曲浸⿰㞷欠倿人汪汪陶縣在鴈門

又烏光切。往之也去也行也至也于兩切二 暀德也是也光也尒雅曰暀暀皇皇美也。怳惝怳許昉切二 謊夢中言也又火光切。
搶七兩切又初兩七羊二切二 繈上同。長大也又漢複姓晉有長兒魯少事智伯智伯絕之三年其後死智伯之難知丈切又直張切一。上
登也升也時掌切又音尚二 乚古文。彺楚詞注云彺彺遑遽皃求往切一。臩說文曰驚走也一曰往來皃俱往切四 迋欺怨也
儣戴器也出埤蒼 逛走皃。𩦠姓也眦養皃切一。𩕄醜也初丈切二 傸惡也 三十七。蕩大也又水名出
湯陰又姓宋之公族也徒朗切十二 崵山名漢高鳳隱處 婸淫戲皃 簜大竹篇甫 潒水大之皃又洗潒也 像放[illegible]或作婸 愓
不憂 璗王名說文曰金之美與玉同色者也 盪滌盪搖動皃說文曰滌器也又吐浪切 暘舂也持米精也 簜大竹 嵣嵣崆山皃也。
顙額也蘇朗切四 𪔗鼓匡木也 𪔜上同 磉柱下石也。廣大也闊也古晃切二 鄺姓出廬江。榜木片也北朗切六
牓題牓 𣯴毛𣯴罽文 螃陸居蝦蟆 蒡牛蒡菜 髈鬔鬤亂毛。駔會馬市人又壯馬也子朗切三 驡駚驡馬容也
髒骯髒躰盤。曩久也奴朗切二 灢泱灢水不淨見海賦。沆沆瀣氣也胡朗切六 骯骯髒體盤 䟘也亢伸脛 頏直項
之皃 蚢具大者如車輞爾雅作魧 吭声也。曭日不明他朗切十二 儻倜儻不羈又他浪切 偒長皃 戃戃慌失意皃 矘
矘目無睛 簜說文曰大竹筩也 帑金帛舍又音奴 爣爣朗火光寬明 䑗䑗朦月不明也 𤓺大瓜名又𤓺陽長皃 [白黨]曭白曭白也
攩攩挽搥打。莽草莽說文曰南昌謂犬善逐菟於艸中爲莽又姓前漢反者馬何羅後漢明德馬后耻與同宗改爲莽氏摸朗切又莫古切一 茻說

曰衆草也苣吴王孫休子名見吴志⿰目莽無一睛⿰莽色⿰莽色⿰莽色無色狀⿰日莽日無光⿰金莽鈷⿰金莽又莫古切蟒蛇長大者又漭漭沆

水大⿰山芒⿰山芒嵣山皃。黨釋名曰五百家爲黨黨長也一聚所尊長也又非輩也美也累也說文曰不鮮也多朗切五讜直言欓木名鄺地名

說文作䣊䕶草名。朗明也亦姓出姓苑盧黨切七朖誏並上同俍俍傷長皃崀嵻崀山空樃木名㝗㝗宸

空虛。坱塵埃也烏朗切十姎女人自稱姎我又烏郎切映映𣊡不明泱滃泱水皃咉咉咉咽悲也醠濁酒䇦竹名

玉篇云盎無色也盎盆也又烏浪切駚駚驡馬容軮軮軋聲也。慷慷慨竭誠也苦朗切七忼上同嵻嵻崀山空骯

骯髒體盤⿰車亢車軏之名㝩㝩宸空虛懬大也又丘廣切說文又口謗切。汪大水烏晃切二瀇水深廣皃。晃明也暉也光也

亦作骯胡廣切七幌帷幔也晉惠起居注云有雲母幌櫎兵欄榥讀書牀也滉滉瀁水皃攩摚打又吐朗切皝人名前燕慕容皝

骯也。髈髀吴人云髈匹朗切二⿰旁色⿰旁色艴無色。慌⿰忄黨慌呼晃切七爌爌朗寬明也又苦晃切宺宺㝗宸⿰目巟⿰目黨⿰目巟目疾出新

字林⿰月巟⿰月黨⿰月巟月不明皃⿰月巟日旱熱也謊夢言也。⿰鹵亢⿰鹵亢鹽澤也各朗切四⿰酉亢⿰田亢並上同⿰足亢⿰足亢伸脛也。⿰馬卬

馬怒驡龍馬⿰馬卬也五朗切一。奘大也徂朗切一。蒼莽蒼鹿朗切一。汻姓今涇州有之呼朗切二酐苦酒⿰田干鹵⿰田干。懬

大也寬也怨也丘晃切三⿰車亢⿰車亢⿰車亢輞也爌爌朗寬明也又火光

三十八。梗梗直也又桔梗藥名古杏切九挭挭既大略也

哽哽咽郠邑名在莒綆井索鯁刺在喉又骨鯁塞言謗之曰埂堤封吴人云也骾骨骾⿰虫更蟲名。丙辰名爾雅云太

歲在丙曰柔兆又光也明也又姓風俗通云齊有大夫丙歜兵永切九　昞光也亦作昺　怲憂也　邴邑名在泰山又姓左傳曰有大夫邴預也又音柄

炳炳煥明也　秉執持又十六斗曰藪十藪曰秉又姓漢書有秉漢　窉爾雅云三月爲窉今本作寎又兄病孚命區詠三切　苪著丙也　蛃蛃蟲

〇警寤也戒也居影切八　儆上同　景大也明也像也光也炤也又姓齊景公之後後漢有景丹　境界也　璥玉名　蟼蛙屬　擏

所以正弓出周禮亦作檠　憼敬也　〇影形影於丙切八　璟玉光彩出埤蒼　璄上同　䭘飽亦作䬬　⿰扌竟中擊　⿰英毛毛車　⿰英刂

玉篇云刺也　⿵風英馮風　〇省省署漢書曰舊名禁中避元后諱改爲省中又姓左傳宋大夫省臧所景切又息井切九　眚過也災也　㾪瘦㾪也

媘減也　⿰省見䚇䚋察也　⿵門省⿵門省府今爲省字　㼡瓶㼡有耳瓶　渻水名亦泉名　𨛜同上　〇永長也引也遠也遐也亦姓出何

氏姓苑于憬切一　栐木可爲笏　〇⿱艹兄小風許永切一　〇皿器皿武永切三　⿱穴皿器上同　盟明盟也　〇憬遠也俱永切六　囧

光也　⿱景火火也　璟玉光　⿱景犬驚走皃　⿰目景明也曲見語也　〇杏果名廣志曰滎陽有白杏鄴有赤杏黃杏何梗切三　莕莕菜　荇

上同　〇猛勇猛又嚴也害也惡也亦姓左傳晉大夫猛獲之後莫杏切六　⿰目黽⿰目黽盯視皃　蜢蚱蜢蟲　艋舴艋小船舴陟格切　⿰魚黽蛙屬也

鄳縣名在江夏　〇礦金璞也古猛切七　鑛上同　釙古文　⿰麥廣⿰麥廣麥　⿰麥黃同上　獷犬也又居往切獷平縣名也在漁陽也

穬穀芒又曰稻不熟　〇浜浦名布梗切又布耕切二　併詠偽人也　絣絣急皃　〇盯盯䁅張梗切一　〇瑒祀宗廟圭名長

一尺二寸徒杏切又音暢一　〇⿱𤇾目清絜烏猛切三　泂泂濴水回旋也　奣六合清朗　〇打擊也德冷切又都挺切一　〇冷寒也

切又魯頂切一○廾金玉未成器也呼誉切二澋㴔澋水回旋也○鮩鮑魚別名蒲猛切一○界界然舉礦切又音句一

木皮入酒浸治風努挙梗切

三十九耿

○耿耿介也又耿耿不安也又姓晉大夫趙夙滅耿因封焉遂以國爲氏古幸切三䎙芋莖也瞖

耿皆瞌視皃○䁅武幸切三鼆句鼆魯邑名黽蛙屬○幸說文作㚔吉而免凶也从屰从夭夭死之事故死謂之不㚔胡耿切四㚔

見上倖僥倖𤭸甑瓶有耳○倂俱也或作併羅列也蒲幸切四鮩蛤鮩䵴䵷並上同皏皏唱薄見普幸切一

四十

○靜安也謀也和也息也疾郢切十睜䀁睜不悅視也𩇧清飾靖立也思也理也審也又姓齊靖郭君之後風俗通云單靖公之

後姘女人貞潔也婧同上竮坑也𠊧同上猙獸如狐有翼又音爭竫安○整正也齊也之郢切二𢻱俗

○逞通也疾也盡也丑郢切六騁馳騁又走也裎禪衣悜慎悜意不盡也𩋠驂具又丑善切睈視也又音意不盡○郢

楚也以整切三浧泥也梬梬棗似柹而小○痙風強病也巨郢切二涇玉篇云寒也○潁水名在汝南亦州名禹貢豫州之境春秋

時沈丘也秦爲潁川郡漢爲汝南郡之汝陰後魏置潁州也餘頃切二穎禾末也穗也又姓左傳有穎考叔○領理也錄也說文頂也良郢切六嶺

山坂也裴耆廣州記云大庾始安臨賀貝林陽揭陽爲五嶺與鄧德明南康記云別也阾古文柃木名可染衿衣衿禮云左執領不以衣蘏草名○

頸項也居郢切又巨成切一○餅必郢切五屛蔽也爾雅曰屛謂之樹又爾雅曰罘罳謂之屛風俗通云卿大夫帷士以簾以自鄣蔽鉼鉼金

謂之鈑周禮祭五帝則供鉼金併併合和也又必姓切𪍑索𪍑出食苑○頃田百畝也去潁切六𩒚古文檾苘也縈泉草也

苘蕒並上同○井說文曰八家一井象構韓形䍐缶之象也古者伯益初作井今作井見經典省又姓姜子牙之後也左傳有井伯子郢切二郱

郱邢地名○㥜安也又㥜陶縣名在趙州於郢切五⿰嬰阝地名癭瘤也博物志云山居之人多癭疾嬰人嬰氣⿱賏月滯氣○請乞也

求也問也謁也七靜切又疾盈疾姓二切二睛眳睛不悅自皃出字林又音精○省察也審也息井切六渻說文曰少減也一曰水門又水丘前謂之

渻丘睲睲睲照視惺惺悟出字林⿰扌省狙儿名⿰忄省⿰忄省悟皃俗○眳眳睛亡井切二慏慏悜意不盡也○徎兩後徑也

文井切二浧涌也

四十一○迥遠也戶頂切五同空也炯光也明也又音熲泂詩云泂酌⿺辶苘草名○熲

光也又輝也古迥切八炅光也又古惠切烱火明皃又音迥泂滄寒顈䈴名餇餇飽䁝目驚皃⿰虫冋蛃蟀似蛙也○

茗茗草莫迥切七嫇嫇奵自持也酩酩酊瀴瀴溟大水皃溟上同眳眳睛姳姳好○頂頂額頭上說文顛也

都挺切十三⿰丁首上同⿰鼎頁籀文奵嫇奵耵耵聹耳垢鼎說文云鼎三足兩耳和五味之寶器昔禹牧九牧之金鑄鼎荆山之下⿱艹鼎草名

酊酩酊濎濎濘水皃葶葶藶毒草蕇音丁丁補屐後又打擊也又都冷切⿸尸冥展也○挺挺出說文拔也徒鼎切十二艇

小船鋌金鋌梃木片娗長好皃町田畝又音汀霆疾雷又音庭莛草莖又音庭涏涇寒蜓蟲名又徒典切

訂平議誔說言○珽玉名說文曰大圭長三尺抒上終葵首他鼎切十二圢平也脡脯胸侹長也直也代也敬也頲直也

⿰彳𡈼徑也𡈼善也町田疃艼蔺也又禿鈴切⿰甾丁田器⿱罒丁⿱罒零小網閅門上關○汫汫濴小水皃二○

濴泂濴鳥迥切一。謦謦欬也云挺切一。顈頂顈乃挺切五聤聤聤耵䗴蝏似蛙濘泥也又乃定切薴葶薴。

婞很也胡頂切七涬濴涬大水皃鮏魚名鋞似鐘而長脛腳脛又胡定切悻悻恨綷綷絓。醒醉歇也蘇挺切

二箵箵笭篝籠。鞞刀室補鼎切一。耿耿介又說文燊也古迥切六燊台桌蘔上同烓行竈又烏圭切顈禪枲也絅

一衣。剄斷首古挺切二烴焦臭。頩斂容匹迥切一。嫈嫈濴山水烟涬切二甖誙獻濴濴涬大水皃。笭

篝笭篝籠也力鼎切二䉖罗笭小網冷寒也又姓前趙錄有徐州刺史冷道字安義又盧打切。竝比也蒲迥切四並上同鮩白魚名也併

立竝又必姓切。詗明悟了知也火迥切一。脛直視皃也五剄切二䠶小皃 四十二。拯救也助也無韻切音蒸上聲五

拼撜並上同見說文𨊥輕車後登出字林丞晉譙王名。庱亭名在吳晉陵丑拯切又丑陵切一。殑殑殑欲死也其拯切

。殑殑殑色凌切一 四十三。等齊也類也此也輩也多肯切一。倗不肯也普等切二𨙅穆天子傳云西征至𨙅郭璞云

國名也前漢書有𨙅成侯。肯可也說文作肎骨間肉肎肎著也一曰骨無肉苦等切二肎上同。能夷人語奴等切又奴登切一 四十

四。有有無又果也取也質也又也又姓孔子弟子有若又漢複姓有男氏禹後分封以國為姓出史記云久切九右左右也又漢複姓五氏左傳宋樂大

心為右師其後因官為氏漢有中郎右師譚晉賈華為右行因官為氏漢有御史中丞右行綽何氏姓苑有右閭右扈右南等氏䳑鳥名似雉友朋友同志為友

㕛上同出說文有盍器也又余救切盍上同栯木名服之不妬又於六切苜草名。柳木名說文作桺小楊也从木丣聲丣古文

酉餘倣此又姓出河東本自魯孝公子展之孫以王父字爲展氏至展禽食采於柳因爲氏魯爲楚滅柳氏入楚楚爲秦滅乃遷晉之解縣秦置河東郡故爲河東解縣人力久切
十四 罶 魚梁 ⿱罒卯 上同 懰 好也 珋 石之有光璧珋也說文本音留 飀 飀飂風皃 嬼 妖美又嫪婦也 鐂 竹聲 ⿰鼠卯 似鼠而大
又音留 熮 火爛 瀏 水清 綹 升絲爲綹 ⿰車卯 載柩車也 茆 鳧葵水草詩云言采其茆即蒓菜也大莫飽切 ○狃 相押也女久切十一
紐 結也 鈕 印鼻又姓何氏姓苑云今吳興人東晉有鈕滔也 杻 木名 莥 玉篇云鹿豆也 厹 爾雅云狸狐貒貈跡也 扭 扭手轉皃
⿰彳柔 習也 ⿰月丑 食肉 ⿰丑阝 地名 莥 藺實亦作⿰月丑 ○丑 辰名爾雅曰太歲在丑曰赤奮若敕久切三 杻 杻械 杽 古文 肘
臂肘陟柳切四 疛 說文曰小腹痛 ⿸疒肘 上同 扭 扭按也又音紐 ○朽 腐也許久切四 ⿰歹丂 上同 ⿸疒丂 病也 ⿰歹臭 臭 ○久
長久也舉有切七 九 數也又漢複姓二氏何氏姓苑云昔代山縣人姓九百名里爲縣小吏而功曹姓萬縣中語曰九百小吏萬功曹列子秦穆公時九方皐一名歅善相
馬也 玖 玉名 灸 灸灼也又居又切 韭 說文曰菜名也一種而久者故謂之韭象形在一之上一地也俗作韮 奺 女字也亦作奺 ⿱夂隹 姓出
纂文 ○首 頭也始也書九切云 𦣻 上同 百 人頭象形 手 手足 守 主守亦姓出姓苑 ⿰首頁 人初產子 ○醜 類也衆也擇名
曰醜臭也如物臭穢也又虜複姓西秦錄有下將軍醜門十弟昌九切三 ⿱艹醜 瑞草也 魗 棄也惡也又市籌切 ○湫 湫水瀆也在九切又子由子小切二
愀 變色又鍬小切 ○婦 說文曰婦服也从女持帚酒婦也房九切十五 ⿱阜蟲 阜螽 負 擔也荷也又受貸不償曰負背恩忘德曰負也 萯
王負草 蝜 蝜蝂 阜 陵阜釋名曰土山曰阜阜厚也言高厚也廣雅曰山无石曰阜 𠂤 上同 ⿰負鳥 鵯別名也 偩 礼云礼樂偩

香草阜盛也亦作隝隝上同焊焊熾喆香草又步乃切蝠鼠蝠○缶瓦器盎也史記云會于澠池藺相如使秦王擊缶是也詩疏云缶者瓦器也所以盛酒漿秦人鼓之以節歌方久切八缹蒸缹否說文不也又房彼切不弗也說文作𠀚鳥飛上翔不下來也从一一大也象形又甫鳩甫救二切鴀鶉鴀痞病也殕物敗也𡜊好色也○糗乾飯屑也孟子曰舜糗飯茹菜又姓風俗通漢有糗宗爲鬲長去久切一○蹂踐也人九切十楺屈木煣上同輮車輞沑說文曰水吏也又溫也禸獸跡又女九切葇葇蘇菜不切䅎禾䅎韖車軔粈糅粈○舅夫之父也亦母之兄弟又姓左傳秦大夫舅犯其九切十一倃說文毀也臼杵臼世本曰雍父作臼又姓左傳宋華貙家臣曰任齨齒齨亦馬八歲俗作䭯麔牝麋𪀉鳥名似鳩有冠咎愆也惡也過也災也从人各各者相違也𣏒糗木㽱病也𢚰怨𢚰諮毀也○紂紂王號也方言云自關而東謂緧曰紂俗作紬除柳切六𥳇竹易根而死也鮦鮦陽縣在汝南又直冢切葤菓也聚姓也襄州有之又音籌䐍小腹痛又腿後○酉飽也老也就也首也又辰名爾雅曰太歲在酉曰作噩又姓魏有酉牧與久切二十一丣古文誘導也引也教也進也說文曰相誅呼也𧦝𧨙上同竝見說文牖道也向也說文曰牖穿壁以木爲交窻也礼曰篳門閨竇蓬戶甕牖卣中形鐏又音由槱積木燎以祭天地𥙆上同莠草也羑羑里文王所囚處又有羑水並在陽陰又姓也庮久屋木也周礼曰牛夜鳴則庮鄭司農曰庮朽木臭也蜏朝生暮死蟲名夂字書云久貧病也𣢑說文云言意也琇王名又音秀梄朽梄木鋚遺主輶輕車又音由醙醙酒羐水名○受容納也承也盛也得也繼也殖酉切五壽壽考又州名楚考烈王自陳徙都壽春號曰郢

秦為九江郡魏為淮南郡梁為南豫州周為楊州隋平陳為壽州亦壺壽木名生曰南又
姓王莽升兖州牧壽良又漢複姓前漢燕王遣壽西長之長安蘇林云壽西姓也又承呪切
⿰壽阝水名在蜀亦地名也　璹玉名又音孰　綬組綬禮云天子玄公侯朱大夫純世子綦士緼應劭漢
官曰綬長一丈二尺法十二月廣三尺法天地人也
○滫溲麵說文曰久泔也息有切四　搜溲搜　醙白酒　⿰糸須絆前兩足又相主切　○⿰風幼⿰風幼飀於柳切三　⿰魚幼魚名　懮懮愛舒遲
也○酒酒醴戰国策曰帝女儀狄作酒而進於禹亦云杜康作元命包曰酒乳也又酒泉縣在肅州匈奴傳云水甘如酒因以名之亦姓也子酉切一　○浚
浚麴亦作叟蹂有切一　○帚少康作箕帚之九切五　箒俗　鯞鯞鯞魚名　睭明睭　[illegible]猛獸　○怌小怒芳否切三　紑
鮮也又孚丘切　雺不霧雺　○掫持物相著側九切三　搊搊翁別名　⿰虫取蟲名　○⿰木聚聚名士九切一　○⿰革取⿰革取束初九切二　⿰革芻
上同○秠爾雅曰一稃二米此亦黑黍漢和帝時任城生黑黍或三四實實二米得黍三斛八斗是芳婦切又匹几孚悲二切一

【四十五○厚

厚薄又重也廣也說文作垕曰山陵之厚也又姓出姓苑胡口切七　垕古文　後先後說文遲也又胡豆切　𨒥古文　后君也又姓漢有少府后倉又音
候　郈鄉名在東平又姓左傳魯大夫郈昭伯　⿰口后欲吐又呼后切　○母父母老子注云母道也蒼頡篇云其中有兩點象人乳形豎通者即音無莫厚
切十四　牡牡壯　某詔前人之言也　拇大拇指也　胟上同　畝司馬法六尺為步步百為畝秦孝公之制二百四十步為畝也　畮　⿰田⿱十久
並古文　莽草莽　⿰彳毋偑⿰彳毋獸名　痗病痗　踇踇偶山名　⿰足母行皃　䳇鸚䳇能言之鳥又音武　○部署也又姓出姓苑蒲口切
十　培培塿小阜或作䧵　⿰牛咅⿰牛咅⿰牛后偏高又牛頭短　⿰月咅豕肉醬　瓿瓿甊瓦罌　⿰缶咅小缶　⿺麥咅⿺麥咅麩十

魚器也易云豐其蔀王弼曰蔀覆暖鄣光明之物亦音剖 婄婦人皃又音剖 ○斗說文作𣁬十升也有柄象形石經作斗當口切八 㪷 枓

柱上方木 蚪蝌蚪蟲名 阧阧陖 陡上同 抖抖擻舉皃 襡衣袖又音蜀 ○䵠䵠䵠天口切九 鋀上同 妵人名左傳

有華妵說文女字也 黈冕前纊也 䳢水鳥黑色又大口切 黈好皃又木苗出 ⿰黃斗⿰黃斗兵奪人物出字書 鈄姓出姓苑 ⿰魚丑魚名 ○

苟苟且又姓出河內河南西河三望國語云本自黃帝之子漢有苟參古厚切十三 玽石似玉 狗狗犬 垢塵垢 笱笱扇縣名在交阯又

魚笱取魚竹器 罶上同 耇耇老壽也 詬詬恥也又呼候切 枸枸杞 茩薢茩 峋峋嶁山巔 敂敂扣打也 豿能虎之子

○藕爾雅曰荷芙蕖其根藕五口切六 蕅上同 偶合也匹也二也對也諧也 耦耦耕也亦姓風俗通云宋卿華耦之後漢有侍中耦嘉也

髃肩前髃也 ⿰禺瓦瓦盎名 ○㨾衣上擊也方垢切二 掊擊也 ○㲉乳也乃后切云 ⿰氵乳說文水也 陾衆輭 ⿰女乳⿰女乳婷女肥

皃 ⿰口乳⿰口乳食物出新字林 ⿰小乳小乳皃 ○叜老叜蘇后切十五 叟上同 傁上同亦从叟餘倣此 嗾使犬聲 ⿰口造同上字

瞍瞽瞍舜父 謏謏訹誘辞 擻抖擻舉也 藪藪澤爾雅有十藪魯曰大野晉曰大陸秦曰楊陓宋曰孟諸楚曰雲夢吳越曰具區齊曰海隅燕曰昭余祈鄭曰圃田周曰焦護又

十六斗曰藪 籔淅米器也 ⿰耳叜字林云聰物名也 廋廣雅云隈也 棷薪也 駷馬搖銜走又思隴切 操車轂中空 ○吼

牛鳴呼后切七 吽上同 呴亦同 ⿰牛后[illegible]牛子也 ⿰牛句上同 蚼蚍蜉名也又渠俱切 ⿰口后厚怒聲 ○剖判也破也普后切五 婄

婦人皃 蔀小席又音部 ⿰咅鳥⿰咅鳥雀名 ⿱髟咅鬖皃 ○歐吐也或作嘔烏后切又烏侯切七 嘔上同 毆毆擊也俗作敺 ⿰牛后

特牛又吼口二音乢山名在溧陽縣塸聚沙䙔次衣也又於侯切○塿培塿郎斗切十嘍連嘍煩皃又力侯切簍籠也周礼
作簝甊瓿甊甖𪎫𪍿𪎫糔餅嶁文字音義云山巔也𣂠斢斛斞尊人物出新字林謱謰謱小兒語又力侯切漊溝通水漊也
耬耕畦○走趨也子苟切又音奏一○口說文曰人所以言食也亦姓今同州有之苦后切九扣扣擊也亦作叩𤙖牸𤙖上牛口同
釦金飾叩叩頭𧥛先相訽可吅鄉名竘健也又區甫切○蕍圓草褥也徒口切九鋀酒器也或作鍮𧯞水盥皃也
說文同上揄揄引𪀉水鳥又他口切襡袉衣○鯫魚名一曰姓漢有鯫生又淺鯫小人仕垢切又七溝切一○趣趣馬書傳云趣馬掌
馬之官也倉苟切又七屢切三取又千庾切棷棸也又側溝切

四十六

○黝黑也於糾切又於夷切七怮憂皃𩙦𩙦淚
風声又於柳切蚴蚴蟉龍皃泑崑崙山下澤也𦕒幽靜之皃𣢐愁皃○糾督也恭也急也戾也俗作糺居黝切四赳武皃詩曰
赳赳武夫抖爾雅曰抖者聊又居幽切䦊䦊取皃○蟉蚴蟉龍皃渠黝切一

四十七

○寑室也臥也七稔切九𡪢
上同見說文寝上同見經典梫木名桂也㾛㾛痛又皃醜也𥨿說文曰病臥也蕈覆也鋟瓜刻揁拔又子廉切醏小甜
○朕我也秦始皇二十六年始為天子之稱直稔切六𦨣古文𦢊魚名似蝦赤文出廣雅𦢡𦢡蚝栚說文曰槌之橫也關西謂之㩇
頷頷頤醜皃○坅坎也丘甚切一○㐭倉有屋曰㐭力稔切八亩上同懍敬也畏也菻菻蒿澟寒澟然顲
作色皃𤆀火舒𤺌粟體○罧積柴取魚斯甚切二伈伈伈恐皃○踸踸踔行无常皃丑甚切三鍖鍖鉎𩒱顑𩒱

劣皃。䰼小甜也子朕切四 㵦斬也漬也䰼濕 䐶䐶脣病也。荏菜也如甚切十四 食也
餁上同 䭃亦同又王篇云飽也 稔年也亦歲熟廣雅曰稔秋穀孰也 栠木弱皃 恁念也 䘊文字音義云卧席也 肗肉汁
䇮字書云單席 棯果木名爾雅云還味棯棗 羊稍甚 銋鍖銋 腍味好。𣓌枕席又姓出下邳章荏切又之賃切三 䫐頭骨
後 䫮頭銳長也。沈国名古作邥亦姓出吴興本自周文王第十子聃季食采於沈即汝南平輿沈亭是也子孫以国為氏式任切又丈林切十四
邥古文 宷說文曰悉也知宷諟也 審詳審也說文同上亦姓漢有辟陽侯審食其 橎木名山海經云煑其汁味甘可為酒 瞫竊視又姓
出後漢書云武落鍾離山有黑穴出四姓瞫氏相氏樊氏鄭氏也 諗告也謀也深諫也又如甚切 魿大魚 魫魚子 淰念潤水動也禮運曰龍以為畜
故魚鮪不淰淰之言閃也 嫜志下也 眹瞋也 魫大魚 蕈草名。葚說文曰桑實也食荏切二 [illegible] 椹上同俗又作 椹椹本音砧。甚
劇過也說文曰尤安樂也常枕切二 諶信也又市林切。瀋汁也昌枕切。墋士也初朕切三 醦酢甚 磣食有沙磣。拰
拰搦尼稟切一。噤寒而口閉渠飲切四 䫴切齒怒也 凚玉篇云寒極也 唫說文曰口急也。錦釋名曰錦金也作之用功重其價如
金故字从金帛居飲切一。蕈菌生木上慈荏切一。僸仰頭皃牛錦切又音禁二 䞐低頭疾行。痒寒病疎錦切三 瘮同上字
槮木實名也。稟供穀又與也筆錦切一。㱃說文曰歠也於錦切三 飲上同 㵪大水至又於感切。品官品又類也衆
庶也式也法也二口則生訟三口乃能品量又姓出何氏姓苑丕飲切一。顲頷顲醜皃欽錦切二 顉曲頤之皃又五感切。廞大喪[illegible]也許錦切又

義今切○戡小斫也張甚切又音堪二㲉深擊說文曰下擊上也○潭潭瀋水動搖皃以荏切又徒南切一○顲顲顩醜皃士瘁切一

四十八感

感動也古禫切十一䉵竹名亦竹贑鱤魚名灨水名在南康又音紺醰酒味淫也贑水名在

豫章𩓩方言云箱類又云覆頭也又音貢𧄍薏苡䃭石篋見封禪議灨水名○禫除服祭名徒感切十六橝糝橝

滓也霮霮䨴雲皃黮黯黮雲黑又他感切窞坎傍入也易曰入于坎窞髧髮垂萏菡萏荷花未舒䕾上同倓倓安也

𥥍𥥍𥦲突說文深也䁍徐視醰長味嘾莊子曰大甘而嘾說文曰含深也贉買物先入直也譚大也又姓橝木名也○

晻晻藹暗也冥也烏感切九黭黭黮揞手覆唵手進食也隌隌闇罯魚網黤青黑色也䞝䞝跛又蹇也㶅

大水至○腩煑肉奴感切六湳水名在西河又姓䈒竹弱𦑣羽弱揇揇搦萳草長弱皃○襑衣大也他感切五

䀎䀎醢亦作醓肒肉汁嗿衆聲黮黤黮黑也又徒感切○歜菖蒲葅徂感切四𢏳弓弦𢏳又作虥魿大魚又才枕切

𠠍朁又割前羽出也○慘慘慼也說文毒也七感切八憯痛也朁說文曾也黲暗色說文曰淺青黑色也又倉敢切㜗說文

婪也傪好皃又音平聲噆銜也又子盍切𩔗顉𩔗搖頭又素慘切○顉顉𩔗五感切三㜝含怒皃嵁嵁崿山形○昝

姓也子感切三寁速也撍手動○糂羹糂墨子曰孔子厄陳藜羹不糂也或作糝桑感切八糝上同糣糣橝滓也傪顉傪傪探

撼探搖動也槮郭璞云藂木於水中魚寒入其裏因以箔取之𩔗顉𩔗搖頭粽蜜藏木瓜○坎險也陷也又小罍

歁食未飽也　惂憂困也又恨也　輡輡轗車行不平　鋡字書云鋡鏆連鑣也　轗轗軻多迍　埳埳陷　顑瘦也

名　臽小穽名也　○頷漢書曰班超虎頭燕頷說文曰面黃也胡感切十六　頷說文曰頤也　媕姓也　撼撼動　淊

水和泥或作𣶒　菡菡萏　欿欲得　蜭爾雅云蜭毛蠹　涵水入船又胡南切　肣牛腹又音含　马說文曰嘾也草木之華未發圅然

象形　右右嘾乳汁狀出莊子　㡘𧑂耳　菳花開　顄頤也又胡南切　㟏㟏崿　○壈坎壈盧感切八　燣黃焦　轗輡轗

㴱藏梨汁也出字林　醂桃菹　顲面黃醜說文曰面顑顲也又力稔切　𥢄秋愁皃　漤鹽漬果　○黕滓垢也黑也都感切十　耽

虎視又丁含切　𡖔玉篇云多也又丁含切　衴埤蒼云被緣也　䫲顲䫲醜也　丼姓也　瓭瓦屬　抌刺也擊也又音由　箴箱屬

又作䉶賨　𥳫上同　○顑食不飽呼唵切一

四十九　○敢勇也犯也說文作𠭖進取也古覽切七　𠭖上同　𣪠籀文

㪉古文　橄橄欖果木名出交阯　㵊敢餤食無味　笚竹名實中　○𤅶果決勇也賞感切一　○覽視也又姓何氏姓苑云彭城人盧敢

切六　爁火爁　擥手擥取　攬上同　欖橄欖　罱罱網　○菼說文曰雚之初生也一名薍一名鵻吐敢切八　䓝上同　緂

青黃色說文充彡切白鮮衣皃　㷋上　帛同　毯毛席　𦆅毳衣說文曰帛騅色也引詩曰毳衣如𦆅　裧俗　厰厰崄也又五今切　○膽

肝膽都敢切六　紞冕前垂也說文曰冕冠塞耳者　礵石礵藥名出玉篇　黵大污垢黑　䒞黴䒞蕃又音沈　鸇雁惢福鳥名　○噉噉食

或作啖又姓前秦錄有將軍敢鐵徒敢切八　啖上同　啗亦同　澹澹淡水皃淡音琰又恬靜又徒濫切　菼竹名　淡滔淡水滿皃又薄味也又

徒濫切　憯憯言安緩又徒濫切　惔上同○黲黲日暗色倉敢切一○⿰女岩鄉名在河東猗氏縣亦作⿰女岩譟敢切二　⿰飠岩吴人呼哺皃也○

𩞊澉𩞊子敢切一○槧削版牘才敢切又七廉切七豔切四　鏨鏨鑿鏨金也又音暫　嵌開張山皃出蒼頡篇　拑上同○喊聲也

乎覽切四　嚂上同　⿱臨土⿱臨土土地之堅也　⿱臨木上同周禮注云強⿱臨木地之堅者又音檻○埯坑今之窞埯是烏敢切二　揜手揜物也○

⿸厂敢⿸厂敢嶮側穴口敢切二　⿰去虎⿸虍出屬

五十

○琰玉名周礼曰琰圭九寸以冉切十一　剡削也利也亦姓又時冉切　⿰足炎疾行也

棪木名實似柰可食　⿰臽炎⿰臽炎大初著也　淡澹淡水皃又徒敢切　扊扊扅户牡所以正扉或作剡移　淊潭淊水滿　夵上大下小也

⿰耒炎⿰耒炎邦　⿰糸臽續也○斂收也又姓姚秦録有輔國將軍斂憲良冉切十三　撿說文拱也　薟白薟藥名又力驗切　蘞上同　瀲

瀲灩水溢　獫大長喙也又音險　溓薄冰也　嬚女字　⿰食兼廉也又小食也　羷羊角三觠羷也　⿰糸僉縣蠶薄也　⿺辶兼善美

之名　⿺辶兼功勤之稱○險危也阻也難也虛檢切八　獫獫狁　玁上同　嬐嬐姱性不端良又棄業切少氣也　譣譣詖說文息廉切問

也　憸憸詖又息廉切　⿰音僉胡被又音枚　嶮嶮巇○貶損也方斂切二　㝵說文曰傾覆也或上同○颭風吹落水占琰切一

○預預顩不平丘檢切二　嵰山高○顩預顩魚檢切七　广因巖為屋　隒山形似重甑　嬐嬐然齊也　⿱僉魚⿰魚僉鰅魚名出樂

浪　嶮嵰嶮山不平　噞噞喁魚口上下皃○儉約也少也饑饉也又姓出姓苑巨險切二　芡說文曰雞頭也方言曰南楚謂之雞頭北燕謂

之䓈青徐淮泗之間謂之芡○檢書檢印窠封題也又檢校俗作撿檢本音斂又姓出姓苑居奄切二　瞼眼瞼○黶面有黑子

[illegible]禳檿山桑厭厭魅也又於豔切魘睡中魘鬼也又於協切厴蟹腹下厴擪手特[illegible]

行皃又姓孔子弟子冉有而琰切十姌長好皃也又奴簟切苒草盛皃又荏苒猶展轉也染染色周禮染人掌染絲帛又姓石勒時有染閔橤垂也

䎃䎃弱羽也枏木名䣸𩞁食䣸味薄𥰭竹弱之皃媣諟也○陝縣名在弘農亦州名周爲二伯分陝之地郎號國之上陽也秦屬三

川郡漢弘農之陝縣後魏改爲陝州失冉切八睒暫見閃出門皃[illegible]蕃姓亦作貟覢蒼頡篇云覢覢視皃[illegible]水動皃夾盜竊

懷物[illegible]不媚○諂諂諛丑琰切二讇上同○奄忽也止也藏也取也遽也說文覆也大有餘也又姓左傳秦三良奄息衣檢切十七䨄

雲狀[illegible]國名[illegible]掩柰閹閹闇掩閉取也說文云斂也小上曰掩揜說文曰自關以東謂取曰揜一曰覆也裺衣縫緣也晻

晻晻日無光渰雲雨皃詩云有渰淒淒罨鳥網又於劫烏合二切弇蓋也[illegible]掩也媕女有心媕媕也[illegible]屋腌雀也崦

崦嵫山日没處[illegible]掩光又於業切○漸漸次也進也稍也事之端先覩之始也地理志有漸江今之浙江也慈染切十磛磛礹蔪說文曰草相蔪

苟也[illegible]埤蒼曰麥秀皃䟅說文進也嚵小食又初咸切[illegible]䣸味薄鏨小鑿名螹說文曰螹離也槧說文曰牘樸也

○憸憸詖七漸切二醶醋味𩞁食薄味也子冉切一○脥腹下謙琰切一○剡縣名屬會稽時染切一

五十一

○忝辱也他玷切五[illegible]鄉名在齊北蛇丘縣栝說文云炊竈木也銛取也又鍤屬又音纖悿悿弱○淰水流皃乃玷切四

[illegible]弱也[illegible]亭名在鄭姌纖細又音冉○點點畫多忝切五玷玉瑕[illegible]老人面黑子[illegible]斫鉆說文曰鈌也

簟竹席徒玷切六㾞閉戶䀡上同驔驪馬黄脊潭潭滔水滿橝屋梠名又音潭○嗛猿藏食處苦簟切四歉食不
飽又苦減切慊慊恨膁腰左右虛肉處○稴禾稀力忝切三溓薄水鬑瓜名○鼸鼠名胡忝切二獑大吠又胡斬切
○㦓㦓悽青忝切又七感切一○嬐疎身皃兼玷切一○𡿨腦盖也俗作囟明忝切又亡犯切二厶厶張口

五十二豏

豏豆半生也下斬切九減減耗又古斬切𤢂大齧物聲喊喊聲獑大吠不止㜠健皃糮糮塗也甉瓦屋
湛水皃又沒也安也亦姓後漢有大司農湛重徒減切又直心切三[illegible]古文偡偡然齊整○㡨㡨也一曰小戶苦減切七㦊㦊㦊意不
安也歉食不飽也撖撖危顲面長[illegible]不安槏牖傍柱也○鹼鹵也古斬切又七廉切四鹻鹵也減損也又姓漢有
減宣箴竹名出玉篇○瀺瀺灂士減切三嶃高峻又士咸切嵁嵁絶山皃○臉臉臘羹屬也力減切二醶醶醲醋味也
斬周禮曰秋官掌戮掌斬側減切一○[illegible]初減切二[illegible]酢味○闞虎聲火斬切又苦暫切二欿笑也○摻摻手也詩曰摻執
子之袪兮所斬切四[illegible]𢓈監大吠又山檻切醦醋味蔪芟林木也○黯黯然傷別皃說文曰深黑也乙減切一○喊聲也呼豏切一
○罱捕魚網也女減切三[illegible]上同淰水無波也又乃玷切○儑癡也丑減切二旵日光照也

五十三檻

檻闌也說文曰櫳也一曰圈胡黤切十艦禦敵船四方施板以禦矢如牢壏堅土[illegible]樏也[illegible]利也濫泉正出也又盧瞰切[illegible]網車
轞車聲獵犬吠不止也撖姓也姓苑云今河內有之○顲長面皃丘檻切又五減切一○[illegible]斬手

三十二

○黤青黑色於檻切二 黭黃黭人名說文曰黭者忘而息也 ○醶初檻切一 ○㺒

巉巉嶃巉皃仕檻切一

【五十四儼】○儼敬也說文曰昂頭也一曰好皃魚掩切七 广因巖爲屋 俺

礹嶃礹礹礹 㢛齊㢛㢛 曮日行 ○欦欠崖丘广切三 顩醜顩 笒小竹 ○埯土覆於广切二 [illegible]翳

【五十五范】○范姓也出南陽濟陽二望本自陶唐氏之後隋會爲晉大夫食采於范其後氏焉防錽切六 範法也常也式也前也 軓說文云車軾前也周禮曰立當前軓 笵說文云法也从竹竹簡書也 犯干也侵也僭也勝也 䖑蜂也案禮云范則冠而蟬有緌字不从虫 ○錽馬首飾西京賦云金錽鏤鍚亡范切三 𡕓腦蓋也俗作𡕓又明忝切 鋄刃也 ○腇今河東謂淫腫爲腇府范切一 ○凵張口皃立犯切二 扣以手扣物

釩釩拂峯犯切一 ○䦲䦲行丑犯切二 䟯跧足望

廣韻上聲卷第三

【新添類隔更音和切】

否並鄙切 貯知呂切 縹偏小切 摽頻小切 褾邊小切

廣韻去聲卷第四

代第十九 徒戴

廢第二十 方肺 獨用

震第二十一 職刃 稕同用

稕第二十二 之閏

問第二十三 無運 獨用

焮第二十四 許靳 獨用

願第二十五 魚怨 慁恨同用

慁第二十六 乎困

恨第二十七 乎艮

翰第二十八 乎旦 換同用

換第二十九 乎喚

諫第三十 古晏 襇同用

襇第三十一 古莧

霰第三十二 蘇見 線同用

線第三十三 私箭

嘯第三十四 蘇弔 笑同用

笑第三十五 私妙

效第三十六 乎教 獨用

号第三十七 乎到 獨用

箇第三十八 古賀 過同用

依澤存堂本補

古臥 過第三十九

莫駕 禡第四十獨用

余亮 漾第四十一宕同用

杜浪 宕第四十二

於敬 映第四十三諍勁同用

側迸 諍第四十四

居政 勁第四十五

古定 徑第四十六獨用

諸應 證第四十七嶝同用

都鄧 嶝第四十八

于救 宥第四十九候幼同用

乎遘 候第五十

幽謬 幼第五十一

七鴆 沁第五十二獨用

苦紺 勘第五十三闞同用

苦濫 闞第五十四

以贍 豔第五十五㮇釅同用

他念 㮇第五十六

魚欠 釅第五十七

戶韽 陷第五十八鑑梵同用

鑑第五十九古儼 梵第六十扶泛

一〇送遣也蘇弄切三 鬆⿱髟東鬆髮皃 凇東凇冰也 鳳爾雅曰鶠鳳其雌皇郭璞云瑞應鳥雞頭蛇頸燕頷龜背魚尾五彩色高六尺許孔演圖曰鳳爲火精說文曰神鳥也亦州在秦隴西郡地漢改雍州爲涼州魏其地没蜀蜀平屬雍州本自白馬互羌所居晉爲仇池國後魏置固道郡又爲南岐州又改爲鳳州馮貢切二 ⿰糹鳳古文

〇貢獻也薦也又姓漢有貢禹古送切十 贛賜也 灨水名出豫章 虹縣名在泗州今音絳 羾至也甘泉宮賦云登椽欒而羾天門 ⿰阝虫從⿰阝虫山名又戶工切 䇘杯䇘名 ⿷匚贛小杯名又音感 槓格木說文同上 贛薏苡別名

〇弄說文玩也盧貢切七 㑣㑣贛愚也 梇梇棟古縣名在益州 礱磨礱又音聾 哢郭公鳥吟 庰庰屏 ⿰氵弄水名

〇涷瀑雨又水名出發鳩山多貢切又音東七 凍冰凍又音東 棟屋棟爾雅曰棟謂之桴 湩乳汁巨蒐民取牛馬湩以洗穆天子之足 ⿰東瓦⿰東瓦⿰臽瓦 ⿱髟東⿱髟東鬆髮皃 䍶獸名似羊一角一目出秦戲山又音東

〇控引也告也苦貢切六 倥

倥偬困皃 悾 誠心又苦紅切 鞚 馬鞚 空 空缺又苦紅切 崆 穿垣出文字集略 ○糉 蘆葉

裹米作弄切七 粽 俗 睃 竊視 偬 倥偬 㚇 斂足又子貢切 鯼 石首魚又子工切 緵

小魚罟也又子工切 ○瓮 說文罌也烏貢切五 甕 上同 罋 瓶也說文曰汲缾也 罋 上同 齆

鼻塞曰齆 ○謥 謥詷言急俗作謥千弄切二 憁 憁恫 ○洞 空也又洞庭湖徒弄切十六 恫 憁恫

不得志 眮 轉目 絧 相通之皃 洞 冷也 峒 磵深 詷 謥詷 胴 大腸 慟 慟哭

哀過也 筒 簫達又音同 駧 馬急走也 衕 通街 迵 過也說文迭也 戙 船纜所繫 ⿰口動

大歌聲出埤蒼又戶冬戶宋二切 ⿰音貢 鐘聲 ○痛 病也傷也姓出姓苑他貢切一 ○仲 中也爾雅曰中䉶謂

之仲亦姓風俗通云凡氏於字伯仲叔季是也湯左相有仲虺又漢複姓四氏左傳衛大夫仲叔圉魯有仲顏莊叔宋有司馬

仲行寅後漢有山陽仲長統直眾切三 ⿱中蚰 ⿱中蚰食物又音冲或作蚛 鴤 鳥名 ○諷 諷刺方鳳切二 風

上同見詩 ○焪 火乾物也去仲切三 ⿰言穹 ⿰言穹多言也又詾問也 ⿰身穹 使役也亦作⿰亻曲 ○㝱 寐中神游說文

云寐而有覺周禮以日月星辰占六㝱之吉凶一曰正㝱無所感動平安自㝱二曰噩㝱驚愕而㝱三曰思㝱覺時所思念之而㝱四曰寤㝱覺時所道之而㝱五曰喜㝱喜悅而㝱六曰懼㝱恐懼而㝱亦作夢莫鳳切五 夢上同又亡中切 瞢雲瞢澤在南郡亦作夢 鄸邑名在曹 ⿺走夢⿺走夢趥疲行皃 ○⿺走臭⿺走夢⿺走臭香仲切二 ⿰足臭跳皃又丘幼切 ○幏幏穀蓋宁也莫弄切三 霿天氣下地不應曰霿 艨艨艟戰船又音蒙 ○⿺走曾行皃千仲切一 ○賵賵賻撫鳳切二 麷熬麥 ○⿰聚殳⿰聚殳⿰聚殳不迎自來徂送切二 ⿰亻聚聚也 ○中當也陟仲切又陟沖切二 衷又陟冲切 ○哄唱聲胡貢切五 烘火皃 港港洞開通 鬨兵鬭也又下降切俗作閧 蕻草菜心長 ○齈多涕鼻疾奴凍切二 癑痛也 ○衆多也三人為衆又姓左傳魯大夫衆仲之仲切又音終一 ○銃銎也充仲切一 ○⿰宗刂諸屬仕仲切一 ○烘火乾也呼貢切二 戇惸戇愚人

二○宋

宋州名即閼伯之商丘也微子封宋二十餘世為齊楚魏所滅魏得其梁陳留齊得濟陰東平楚得沛梁即今郡地是也隋置宋州爾雅曰宋有孟諸之藪今為睢陽縣地又姓取微子之所封遂為氏出西河廣平燉煌河南扶風五望

蘇統切一。綜織縷宋切三　綜牡豕　錝金毛。統揔也紀也又姓他綜切二　䖆黃色　雺
地氣上天不應莫綜切一。碂石聲乎宋切二　⿰口動大聲
〔三〕用　。用使也貨也通也以也庸也又姓漢有
用蚪爲高唐令余頌切一。頌歌也詩云吉甫作頌穆如清風又姓出何氏姓苑似用切四　誦讀誦　訟
爭罪曰獄爭財曰訟　吅爭言也出文字音義又宣讙二音。俸俸秩也扶用切四　⿰忄逢款書　縫
衣縫又房容切　捀灼龜視兆也說文父容切奉也。共同也皆也渠用切一。葑菰根也今江東有葑田方
用切亦作尌二　封又方容切。供設也居用切又居容切二　龔又九容切　雍九州名雍擁也東嶠
西漢南商北居庸四山之所擁翳也又姓風俗通云文王子雍伯之後於用切又於容切三　灉河水決出還入爲灉
又義容切　壅加土壅田。湩乳汁竹用切又都貢切三　堹池塘塍埂　諥言相觸也。縱放縱
說文緩也一曰舍也子用切又子容切二　瘲病也。蹱躘蹱行不正也丑用切二　惷愚也又丑江切。⿰革茸
毳飾而用切三　⿰革毛上同　⿰魚農鮐魚。種種植也之用切又之隴切三　偅儱偅不遇見　⿰重瓦

甕屬○重更爲也柱用切又直容切三　緟繒縷　⿰身重婦人娠也○贚貧也良用切三　躘躘踵
儱儱偅○恐疑也區用切三　⿱工心古文　⿱艹恐蘭蕩○從隨行也疾用切又才容切一○⿰扌戎
推也穠用切一
〔四〕○絳赤色又州詩譜云晉穆侯遷都於絳曾孫孝侯改爲翼翼晉之舊都後獻公又命爲絳邑
秦爲河東郡後魏置東雍州周爲絳州又姓古巷切五　虹又音紅　降下也歸也落也又音缸伏也　⿸尸降
上同　洚水流不遵道○巷街巷又姓詩云巷伯胡絳切三　衖上同亦作鄉　閧說文云鬬也孟
子鄒與魯閧俗作鬨○戇愚也陟降切一○幢衝城戰車直絳切六　憧戇憧凶頑皃又尺容切　⿱憧心
上同　幢后妃車幰又宅江切　撞撞鐘又直江切　艟短船名○⿱巷目直視丑絳切二　⿰巷見視不
明也又丑江切○漴水所衝也士絳切一○胖脹臭皃匹絳切一○⿰耒降不耕而種楚絳切一○淙水出
皃色絳切二　⿰舂戈桿船木也
〔五〕○寘止也置也廢也支義切八　忮懻忮害心說文很也　伎
傷害也詩云鞫人伎忒亦作忮　觶爵受四升或作觗觝　伿惰也又以智切　⿰言攴快也　⿰多攴多也　嵮

山名。避違也迴也毗義切一。惴憂心也之睡切三睡杵擊𥈡上同詈罵詈力智切六

荔荔支樹名葉綠實赤味甘高五六丈子似石榴出廣志又音隸離去也又力知切廲瘦黑又力計切

珕刀飾也又力許切籙篤籙。攱鹽攱廣雅云苦李作攱是義切六技上同[illegible]青州

人云彈[illegible]鯷魚名重千斤郭璞云鮎之別名又音提音是䩄䩄𩈽面皃出新字林𥻦黏皃。積

委積也子智切又子昔切四𣢯歐也積草名𦍼羊相𩭣積賜與也惠也又姓世本云齊大夫

簡子賜之後斯義切六𦵺草名澌盡也禮注云死之言澌也𣩠上同儩上同杫肉机

後漢之亂尚書郎無被枕杫也。爲助也于僞切又允危切一。𧶜賭也詭僞切五垝坫堂隅可致物𢻱

瘦極又去奇切攱攱戴物又居委切庪毁也。帔衣帔披義切三秛禾租襬衣也。賁

卦名賁飾也亦姓漢有賁赫彼義切又肥墳奔三音七佊哀也論語云子西佊哉詖諂詖又慧也佞也

貱益也陂傾也易曰無平不陂又音埤跛偏任又波我切蘢草名又旄牛尾舞者所執又音

帔 髲頭髲也南越志云開平縣出髲及平義切六 被被服也覆也書曰光被四表又平彼切寢衣也 鞁
裝束鞁馬 㢰弓㢰 旇埤蒼云旌旗又衣服皃 ⿱此皮⿱此皮襧 累緣坐也良僞切一 寄寄附
說文託也居義切二 ⿰月奇肉四⿰月奇 倚石杠聚石以爲步渡 臂肱也卑義切一 芰蔆也奇寄切八
騎騎乘又姓燕有騎劫又音奇 鬾鬼服又音奇 輢枕輢又於綺切 ⿰貝芰⿰貝芰具四向用也 ⿱此手
積也又前智切 汥水戾 誠謀也 刺針刺爾雅曰刺殺也釋名曰書姓名於奏白曰刺漢武帝初置部刺
史掌奉詔察州成帝更名牧哀帝復爲刺史七賜切又七亦切十 刾俗 ⿸广束偏⿸广束舍也 朿木芒 ⿸广且
人相依⿸广且 諫數諫也 莿草木針也 庛周禮車人爲耒庛長尺有一寸鄭玄云耒下前曲接耜者 𢦏
毛蟲 誠謀也 易難易也簡易也又禮云易墓非古也易謂芟除草木以豉切又以益切六 偒相輕慢也
貤物之重次也 伿憜也 ⿸尸毛⿸尸毛罽面衣又失智切 敡輕簡爲敡 議謀也擇也評也語也
宜寄切六 誼人所宜也又善也 竩上同 𥪡正也止也 䤊酏䤊面皃出新字林 義仁義

釋名曰義者宜也裁制事物使合宜也又姓漢有義縱又複姓西戎義渠爲秦所滅後因氏焉漢有光祿大夫義渠安國○
譬說文諭也匹賜切二⿱辟水蜀漢人呼水洲曰⿱辟水○漬浸潤又漚也疾智切八眥目眥又在計切
⿰耒責⿰耒妾積⿱此丰說文積也一曰臧頻旁也殨骨也又獸死髊髊枯骨見呂氏春秋骴鳥鼠
殘骨胔上同又骨有肉也○智知也又姓晉有智伯知義切三𥏼古文潪水名○倚侍也
因也加也於義切又於蟻切三輢車輢陭陭氏縣在上黨又於奇切○縋繩懸也馳僞切七膇
重膇病或作瘇槌蠶槌錘稱錘或作鎚又直危切腄縣名在東萊甀小口甖硾
鎮也呂氏春秋云硾之以石○吹鼓吹也月令曰命樂正習吹尺僞切又尺爲切三龡古文⿰禾出納纙
○戲戲弄也施也謔也歇也說文曰三軍之偏也一曰兵也又姓魏志有潁川戲志才香義切二嚱聲也○企望也
去智切六⿰七支傾也跂垂足坐又舉足望也⿺辶支避也蚑蟲行吱行喘息皃○縊自經死也
於賜切三⿰歹益物凋死又腳手小病螠螠女蟲案爾雅曰蜆縊女郭璞云小黑蟲赤頭喜自經死故曰縊女字俗

從虫○翅鳥翼施智切十三翄翍並上同施易曰雲行雨施又式支切馶馬強啻
不啻鍦短矛䗐爾雅曰蛣䗐強蛘郭璞云今米穀中蠹小黑蟲是也建平人呼爲蛘子䧳鳥名本又
音支卶有大慶也胣几也暆暆施暆翕雨衣翨鳥翮又居跂切屣履不躡跟孟子曰舜去天
下如脫屣所寄切又所綺切五灑灑埽說文汎也韆靴屬襹褷襹毛羽衣皃曬暴也○觖
望也窺瑞切又音決一○餧餧飯也於僞切四萎萎牛𦍩羊相羧積又音委𣨙禮記注益
州有鹿𣨙○僞假也欺也詐也危睡切一○毀男八歲女七歲而毀齒說僞切一○恚怒恨也於避切二
𡞿說文曰不說也○睡眠睡是僞切四瑞祥瑞也符也應也說文曰以玉爲信又姓出姓苑𩀌
雅鳥別名又音垂種小積○馶強也居企切二翨鳥翮說文云鳥之彊羽猛者周禮翨氏掌攻猛鳥又
音翅○枘内也而瑞切一○卶充豉切有大慶也一○𥝩禾四把也思累切二隨滑也○娷竹恚
切飢聲二諈諈諉累也○瓗王名以睡切四纗絃中絕也𧩯𧩯恨也⿱殹貝⿱殹貝婎也○

諉諈諉累也女恚切三㨵内也又姓⿰弓委⿰弓委弢弓皃○瞡規恚切視也一○⿱此衣爭義切衣不展

也二⿱此皮⿱此皮皺皮不展也○孈呼恚切過也一○⿺尢奇跛也卿義切二掎跛也說文曰偏引也又居綺切

六○至到也說文曰鳥飛从高下至地也篆文象形脂利切十三摯國名亦持也又姓左傳周禮有摯荒

贄執贄也周禮云以禽作六贄以等諸臣孤執皮帛卿執羔大夫執鴈士執雉庶人執鶩工商執雞本亦作摯鷙

擊鳥礩柱下石又音質⿱執金田器說文曰羊箠也端有鐵又先列切鴲雀鷙鳥懥怒也⿱執魚

魚名⿰革旨杠絲名亦作⿰革至⿰革至上同⿱執巾禮巾⿱執女至也○位正也列也莅也中庭之左右謂之位

于愧切一○郿縣名在岐州明祕切又音眉十媚嫵媚魅魑魅鬽上同篃竹名蝞

蝞似蝦寄生龜殼中食之益人顏色嚜嚜尿小兒多詐獪⿱⺮媚笋冬生名煝焅熱娓從也又音

眉音尾○遂達也進也成也安也止也往也從志也又州名又姓出姓苑徐醉切二十四彗帚也一曰妖星

又音歲又因芮切隧埏隧墓道也俗作⿰土遂襚贈襚旞羽繫旌上璲玉也詩曰鞙鞙佩璲鄭玄坙

謂以瑞王爲佩檖陽檖木名一曰赤羅子似梨小酢可食詩云隰有樹檖椽上同𨻶說文曰塞上亭守𤏖者隧上同燧上同又論語云鑽燧改火澻田間小溝𨍃輚轙車也鐩陽鐩可取火於日中鐩上同穟禾秀說文曰禾穗之皃䔹上同彗王彗草繸佩玉繸也㒸從意也采禾穟成皃說文曰禾成秀人所收从爪禾穗上同𥳔籧篨韢櫜囊組名或作𩏂醉說文曰醉卒也各卒其度量不至於亂也將遂切二檇左氏傳曰越敗吳於檇李又遵爲切邃深遠也雖遂切九祟禍祟誶言也詩云歌以誶止粹易曰純粹精也睟視皃又潤澤皃𥛉說文云楚人謂卜問吉凶曰𥛉賥貨也譢讓也誎也告也問也㥞意思深也○類善也法也等也種也說文云種類相似唯犬爲甚从犬頪力遂切九淚涕淚俗作涙瓃玉器又力追切𧗌血祭說文音律坖坖墼也出字林蘱爾雅曰蘱薡蕫郭璞云似蒲而細纍係也𨽻臨也又力地切禷祭名祕密也神也視也勞也又姓西秦錄有僕射祕宜俗作秘兵媚切十五毖告也慎也一曰遠也閟

閟閉 轡馬轡說文作䜌 柲戟柄左傳有鏚柲 鉍上同 泌泉皃 鄪邑名在魯 費
上同 眡直視也 㱁引洩 邲好皃 柴惡米又魯東郊地名說文作粊 粊上同 妼
女子 ○匱竭也乏也說文曰匣也又姓何氏姓苑云今廬江人求位切十一 蕢草器也 臾上同今作
虫蕢書皆從之 饋餉也 餽上同 繢織餘 櫃櫃篋 樻木名又腫節名又口塊切 鞼
繡韋也盾綴革也亦作韇 簣土籠 𩋙馬轡 ○濞水聲匹備切六 嚊喘聲 𦢊盛肥 癭
氣滿 𣿖敗皃又魚名 淠水名在汝南 備備具也防也咸也皆也副也慎也成也又姓風俗通云宋
封人備之後平祕切十七 偹俗 葡說文具也 葡古文 奰怒也又一曰迫也 𦋺上同
見經典省 𦢊壯大 糒糗也 犕牛具齒 絥說文曰車絥也 鞴上同 韍上同 贔
贔屓壯士作力皃 𣗳木名出蜀其穗可食 𢏻以筋帖弓 𩇨鳥如梟又非尾切 𤗚牑模 ○媿
慙媿俱位切六 愧 聭 謉竝上同 騩馬色淺黑 䁛大視 ○帥將帥也曹憲文字指

歸云佩巾也所類切又所律切二 率 鳥網也又所律切 ○喟 大息也丘愧切又苦拜切九 嘳 上同
樻 樻梧木腫節可爲杖 ⿰骨貴 膝加地也 ⿰髟貴 髻屈髮也 ⿰月卷 筋節急也 ⿰衤貴 紐也俗又作⿱罒緊 ⿸尢危 桅
也 ⿱北車 地名在洛陽 ○豷 豕息也許位切二 燹 火也字統音銑 ○嗜 嗜慾常利切六 ⿰食耆
⿰酉耆 並上同 視 看視又音是 眎 眡 並古文 ○利 吉也說文銛也亦州名華陽國志昔
蜀王封弟於漢中号曰苴侯因命其邑曰葭萌秦滅蜀置巴蜀
二郡先主改葭萌爲漢壽屬梓潼郡晉爲晉壽南齊分置東晉
壽郡於烏奴今州城是又於其郡置西益州梁改爲秦州元帝
又改爲利州又舍利獸名亦姓風俗通云漢有利乾爲中山相
力至切八 ⿰禾勿 古文 颲 列颲風說文音栗 莅 臨也亦作涖 涖 涖涖水聲 痢 瀉也 ⿰麗見
求也 ⿰立隶 臨也 ○膩 肥膩女利切四 ⿰月疑 上同出道書 ⿰目⿱癶目 目深皃又一活切 ⿰酉耳 重釀酒也
○屁 氣下洩也匹寐切二 ⿰米費 上同 ○劓 割鼻漢文帝除肉刑劓者笞三百魚器切一 ○致 至也說文
曰送詣也陟利切十五 懫 止也 疐 礙不行也又頓也詩曰載疐其尾疐跲也 ⿰扌疐 ⿰足疐 並俗 躓

礙也頓也說文跲也䡹車前重也輊上同騺馬腳屈也⿰貝致賑也亦貝也跮赴也又於
進也懥怒也恨也⿰扌致刺也又劫財也質交質又物相贅又之日切駤䮻駤○棄說文捐也
詰利切五弃古文𡖊𡖊多𡰥身欹坐一曰尼螲螲蟷蟲名○緻密也直利切十二稚
幼稚亦小也晚也又姓史記云湯後因國爲姓遲待也又直尸切稺晚禾⿰糸屖刺紩針縫也⿰魚致
魚名治理也又直之切⿰亻致會物樲當也對也謘語謘⿰革致履䩚底也⿰金致上同○
寐寢也臥也息也彌二切二媢夫妬婦又音冒○屎簸柄也又屎嚜多詐丑利切八𡳐上同誺
不知⿱豩至叨𧳟也訵陰知亦作呬⿱豩蟲分𧕿跮跮踱乍前乍卻⿰言致笑也○冀九州
名爾雅曰兩河間曰冀州續漢書安平國故信都郡光武師薊南行太守任光開門出迎今州城是又姓左傳晉大夫冀芮几
利切八兾上同見經典省覬覬覦希望穊稠也驥騏驥⿰馬豈上同洎肉汁又音
臮懻強力皃○臮衆與詞也其冀切七暨及也至也與也鱀魚名鼻在額上又音忌洎潤也及也

垍堅土塈息也又仰塗也湶水名。悸心動也其季切五㑂左右兩視也猤壯勇皃
痵病中恐也𥨊熟寐也翠字林云青羽雀又翠微亦姓急就章有翠鴛鴦七醉切三濢下濕
臎鳥尾上肉。二說文云地之數也而至切五弍古文貳副也亦攜貳變異也疑也敵也又姓
後秦錄有後魏平陽太守貳塵樲酸棗髶髮飾。恣縱也資四切二⿰歹次說文曰戰見血曰傷亂或
為惛死而復生為⿰歹次又七利切。次次第也亦三宿曰次又姓呂氏春秋荊有勇士次非七四切九䳄鳥名似梟
人面山居所經國國必亡出山海經佽佽飛漢武官名又助也利也代也遞也及也髹以漆塗器絘
績所未緝者鴜鳥名蛓蟲似蜘蛛⿰歹次又資四切載見上文⿰髟次髮也。懿美也大也溫柔
聖克也又姓秦錄有吏部懿橫乙冀切七饐食傷熟也⿰土壹陰皃欭喑欭歎也鷧鷧鸕鶿鳥撎
拜舉手左傳注云若今之揖亄貪也四說文曰陰數也象四分之形息利切十四亖籒文卯
古文肆陳也恣也極也放也說文从隶極陳也又姓何氏姓苑有漁陽太守肆敏镸聿上同柶角匕大喪

用之泗水名在魯說文曰受泲水東入淮又泲泗也牭牛四歲貄爾雅云貍子貄㣈鼠名

說文曰希屬希羊至切俗作肆駟一乘四馬膟膍蓋蕼葦也說文曰赤蕼也肂埋棺坎下○器

器皿史記曰舜作什器於壽丘又姓出姓苑去冀切一○季昆季也又少也小稱也亦姓左傳魯有季友又漢複姓四

氏晉有唐邑大夫季連齊古鬼方氏第六子名季連其後氏焉晉有祁邑大夫季瓜忽宋有季隨逢世本云周有八士季隨季

騧之後騧或作瓜又有魯大夫齊季窺昔齊公子季奔于楚楚遂号爲齊季氏居悸切二瞡視皃○鼻說文曰引

气自畀也畀至切十比近也又阿黨也又房脂必履扶必三切枇細節痺足氣不生坒地相

次坒也鼻司馬相如亦音[illegible]上林賦[illegible]𥙊以豚祠司命也𩒎首也𦢊盛也芘草名○

瞲恚視也香季切三婎醜也又許葵切睢恣睢暴戾又許葵切○痹脚冷濕病必至切六畀

与也庇庇廕萆鼠莞可爲席𥙊以豚祠司命也比近也併也○萃集也聚也秦醉切六

顇顦顇悴推悴憂愁崪止卒穟稻禾黏也瘁病也○地土地說文曰元气初分輕

清陽爲天重濁陰爲地萬物所陳列也元命包曰地者易也言養萬物懷任交易變化含吐應節故立字從大一一者爲地又虜複姓有地連氏地倫氏徒四切二**墜**籒文**齂**鼻息也虛器切六**㕧**呻也又火尸切**屓**屭屓**呬**息也又丑致切陰知也**㺇**夏后氏有澆㺇寒浞子名**霼**說文云見雨而止息曰霼○**肄**習也嫩條也羊至切八**殔**釋名曰假葬於道曰殔說文云瘗也**㢞**倉也**貤**重物次第**勩**勞也**隶**本也及也又音代**㣇**說文曰脩豪獸一曰河內名豕也又徒計切爾雅作貄**絼**重多○**示**垂示神至切五**諡**易名又申也說文作謚**謚**上同又音益**眎**星也**貤**重物次第○**自**從也用也由也率也疾二切二**嫉**妬也又音疾○**墜**落也直類切三**懟**怨也**鎚**好銅半熟**出**尺類切又昌律切一○**遺**贈也以醉切又音惟七**𦘺**𦘺清侯出漢書王子侯表**𢡸**忘也出廣雅**蜼**爾雅曰蜼仰鼻而長尾雄似獼猴鼻露向上尾長數尺末有岐雨中自縣於樹以尾塞鼻又余救切**瞶**目疾**蟦**蠐螬**𧕋**蛘𧕋蟲名○**侐**靜也詩云閟宮有侐火季切又火逼切一○**轛**車橫軨追萃切一**痓**惡也

充自切一。屍似皺皃也矢利切二誒誒忘皷栗體楚愢切一。疢病皃釋類切二宷方言云深也趙魏間語

七志

。志意慕也詩云在心爲志爾雅曰骨鏃不翦羽謂之志職吏切七娡有莘氏之女鮌娶之謂之女娡䓓遠䓓誌記誌痣黒子織織文錦綺屬又音職識標識見禮本音式。値持也措也捨也當也直吏切五植種也又市力切治理也又丈之切㨁植投貣或也寺寺者司也官之所止有九寺釋名曰寺嗣也治事者相嗣續於其內又漢西域白馬駝經來初止於鴻臚寺遂取寺名𠟧置白馬寺祥吏切五嗣繼也又姓風俗通云衛嗣君後孠古文飤食也飼上同。𧍘毛蟲有毒七吏切四蚝螆䗁並上同。笥篋也圓曰簞方曰笥竹器也相吏切四伺伺候也察也思念也又音司覗覗覰也。試用也式吏切四弑大逆亦作殺幟旗幟又音織僿史記云小人以僿胾大臠也側吏切六椔木立死亦作檣事事刃又作剚倳剚上同倳上同又置也鶅東方雉名又音甾。吏說文曰治人者也力置切二慗

憂也。字春秋說題辭曰字者飾也說文乳也又愛也疾置切六 牸牸牛 孶孶尾乳化曰孶交接曰尾
孛爾雅曰孛麻母郭璞云苴麻成子者 芓上同 孖雙生子又音咨。眙任視丑吏切五 佁
佁儗不前 魅癘鬼 [illegible]忿戾 誺不知。餌食也說文粉餅也仍吏切十六 鬻上同 珥
珥飾 衈開刑書殺雞血祭名周禮注云云割牲耳血及毛祭以爲刉衈 眊氅眊羽毛餌也 咡口刎 刵
截耳 佴次也 誀誘也 洱水名 聑以牲告神神欲聽曰聑也 [illegible]女字 [illegible]筋建 [illegible]
重釀 眲耳目不相信也 [illegible]聽音不敢言也。駛疾也踈吏切七 使又色里切 [illegible]水名在河
南 [illegible]郭璞曰今江東呼貉爲𤞞猍 [illegible]列也 [illegible]山阜突也 [illegible]穴也。廁說文圊也釋名
曰廁雜也言人雜廁其上也又間也次也初吏切一。異奇也說文分也羊吏切七 异异哉歎也退也舉也 潩
水名在河南密縣出文字音義 食人名漢有酈食其又音飤 㠯過事語辭又去也弃也成也 [illegible]連翹
草名 廙恭也敬也。置安置也驛也設也說文赦也陟吏切二 [illegible]青州呼彈弓。侍近也從也

承也時吏切三　蒔種蒔　秲同上　事使也立也由也鉏吏切又側吏切二　餕玉篇云嗜食。

忌忌諱又畏也敬也止也憎惡也亦姓周公忌父之後出風俗通渠記切十二　郘古縣名在襄陽　惎教也一曰謀也說文毒也　⿰紀心連針　鱀魚名又音臮　鵋鵋鶀鵂鶹鳥今之角鵄　貄狸子也又音四　誋告也信也說文誡也　諅志也說文忌也周書曰上不諅于凶德　梞梞柎　𢍈舉也說文音其　帺繫也又音其　⿱竹忌竹名。

熾盛也昌志切八　饎方言云熟食也說文云酒食也　⿰飠配說文同上　糦大祭亦稷也說文同上　幟又音試音志　⿸戠土赤土　哆哆聲　埴黏土。

意志也又姓於記切四　鷾鷾鴯玄鳥也出莊子　⿰豈乚貪也又音乙　⿰黑乚深黑。

記記志也說文疏也居吏切一。

憙好也許紀切二　嬉可嬉美姿顏也又音熙。

懝恐也魚記切六　豙豕怒毛豎也出說文　嶷唭嶷無聞見也　譺調譺　䰯大髮　儗佁儗不前。

亟數也遽也去吏切又紀力切三　唭唭嶷無聞見也　⿱既皿⿱既皿居獸名似蝟而赤尾

八未

未辰名爾雅曰太歲在未曰協洽無沸

切八味五味酸鹹甘苦辛周禮瘍醫以酸養骨以辛養筋以鹹養脉以苦養氣以甘養肉以滑養竅菋五味子藥名五行之精頮面前㮃饋也亦作⿱尾木沬水名鮇魚名⿰山未山名○貴尊也高也釋名曰貴歸也物所歸仰也說文作䝿亦姓出自陸終之後風俗通有貴遷為廬江太守居胃切三瞶極視⿰亻歸使也○胃腸胃說文作𦞅穀府也于貴切十七謂言也告也說文報也⿰忄胃悱⿰忄胃不安也媦楚人呼妹公羊傳曰楚王之妻媦⿰舟胃運船緯經緯又姓彙類也說文作𢑴蟲也似豪豬而小爾雅曰彙毛刺是也蝟說文同上渭水名亦州名書曰終南敦物至于鳥鼠山名渭所出也秦伐義渠始置隴西郡後魏莊帝置渭州因水為名也煟火光⿰魚胃魚名山海經曰樂游之山桃水多⿰魚胃魚似蛇而四足⿱聿異獸似鼠緭緭繒也𠦑草木𠦑字也⿱艹胃草名⿺風胃大風圍繞也又音韋○魏魏闕又州名夏觀邑之國春秋時晉地秦為東郡隋為武陽郡武德初平竇建德改置魏州亦姓本自周武王母弟受封於畢至畢萬仕晉封魏城後因氏焉出鉅鹿任城二望魚貴切二犩夔牛肉重千斤又魚歸切○沸詩曰觱沸檻泉箋云

鬛沸者謂泉涌出皃方味切十一　疿熱生小瘡　芾毛長詩傳曰蔽芾小皃　茀上同　誹謗人

又音非　鯡魚子　⿱非十覆耕　⿰氵費湯⿰氵費　⿰衤弗蔽膝　⿰言弗言急　⿰𧾷巿行疾　○費耗也惠也

芳未切又房未冰備二切六　髴髣髴　靅靉靅雲布狀也　樻木名　曊日光又物乾也　⿰米費

失氣　○⿱毀米細米丘畏切三　⿰衤貴⿰衤貴紐　⿱毀衣俗　○尉候也說文作尉云从上案下也从尸又持火所以申

繒也風俗通云火斗曰尉俗作熨又尉氏縣鄭大夫尉氏邑也亦云鄭之別獄又姓左傳鄭大夫尉止於胃切又紆物切十二

尉出說文　熨俗見上注　慰安慰　畏畏擢　罻罻網　犚牛也　墛芜墛　螱

飛蟻　⿱尉䖵上同　褽衣袵也　鮇魚名　○諱說文誋也許貴切四　卉草總名詩曰卉木萋萋又

音虺　芔古文　⿰氵卉水波紋也　○⿱由禺獸名說文曰周成王時州靡國獻⿱由禺人身反踵自笑笑即上脣掩其目食

人北方謂之土螻爾雅曰狒狒如人被髮迅走一名梟羊俗謂之山都今交州南康山中有之郭璞讚云狒狒怪獸被髮操竹

獲人則笑脣蔽其目終乃號咷反為我戮扶沸切二十四　⿱由禺　狒並上同　⿰氵費⿰氵費渭水溢　腓又音

一三

肥 佛 佛愲又扶物切 菲 菜可食又霏斐二音 屝 草屩蒯蕢帝臣於則所造也 蜚 蜚盧蟲也一名
蜰即負盤臭蟲也又獸名山海經曰蜚如牛白首一目蛇尾行
水則竭行草則枯見則有兵役郭璞讚云蜚之無名體似無害
所經枯竭甚於鴆厲萬物攸擢思介遐逝 ⿱非䖵 上同 厞 隱也陋也 翡 赤羽雀也 ⿱非土 塵也 萉
枲屬 ⿱非巾 非帯隱 痱 熱瘡 䠊 刖足亦作剕 ⿰非力 壯勇之皃 ⿰禾糞 稻不黏也 費 姓也夏禹
之後出江夏後漢汝南費長房孫盛蜀譜云益州諸費有名位者多又後魏書費連氏後改爲費氏 ⿱服虫 ⿱服虫蟦神蛇 ⿱弗目
目不明或作䀟 ⿸麻貝 爾雅曰⿸麻貝枲實禮曰苴麻之有⿸麻貝又音肥 蟦 蠐螬蟲也 ○既 已也盡也又姓吳王夫既
之後居豙切七 暨 諸暨縣在越州又其兾切 禨 福祥 漑 漑灌又古代切 ⿰乞欠 幸也不便言也 旡
飲食逆氣不得息也 蔇 說文曰艸多皃 ○毅 果敢也魚既切七 忍 怒也 豙 豕怒毛豎也 ⿱艹⿰豙頁
說文曰煎茱萸也 藙 上同 顡 說文曰癡頭不聰明也 ⿱竹毅 竹名 ○氣 氣息也去既切說文本音
欷五 炁 同上出道書 气 与人物也說文曰雲气也今作乞又去訖切 ⿰耳乞 姓也出篡文 ⿱既皿

⿱既皿屋獸似蝟毛赤也　欷歔欷許既切十八　唏唏也　塈仰塗　愾大息也又苦愛切　氣

說文曰饋客芻米春秋傳曰齊人來氣諸侯　餼⿱既米並上同見說文　鎎怒戰　⿱既心息也　熂

燹火　黖黖菲黑也　⿰雲氣霼⿰雲氣雲狀　摡拭也　⿱既皿獸名又音氣　⿰豕氣豕息　⿰馬希馬走　⿰牜氣

牛病　忥靜也說文曰癡皃　○⿰酉幾秋酒名其既切二　幾未已又音蟣音機　○衣衣著於既切又音依一

九○御

御理也侍也進也使也又姓左傳有大夫御叔牛倨切三　馭使馬也　語說也告也又魚

巨切　慮思也又姓良倨切九　勴助也　⿱竹慮舟中簣籧見方言　勴助也導也　鑢錯也　櫖

林櫖山林又山櫐也　⿰馬旅傳馬　⿰山慮山名　⿱罒呂網罟　○據依也引也案也亦姓出姓苑居御切十　鋸

六鋸古史考曰孟莊子作鋸　倨倨傲　踞蹲又踑踞大坐　椐靈壽木名又居居祛二音　鐻樂器

形似夾鐘削木爲之出埤蒼說文与虡同　澽乾水又音遽　⿰角居角似雞距　⿰魚居魚名　豦獸大如狗

似猴多顯舞好奮迅其頭能投石擲人出建平山又音渠　覷伺視也七慮切六　⿰目虘同上　⿰且刂耕土起亦

作粗坥蝡場又七余切胆蝿胆又七余切蜡周禮有蜡氏又音作○㰦欠故丘倨切九去

離也又卻呂切麮麥汁呿臥聲鼁鼁䵷似蝦蟆居陸地胠脅也又去魚切厺閉也又口

荅切䒧草名[illegible]鳥名○署書也又部署也常恕切四藷藷蔗又音諸薯薯蕷俗曙

曉也恕仁恕商署切四庶衆也冀也俟也幸也又庶幾也亦姓樜木名[illegible]水名○著明

處也立也補也成也定也陟慮切又張略長略二切二箸上同翥飛舉也章恕切九𦑣上同[illegible]

[illegible]䭈犬糜又豕食⿱者䖵蟲名爾雅云蝳蟕醜鐯剖毋背而生或作⿱者䖵庶周禮有庶氏掌除毒蠱又音恕

蟅舂也⿰山庶舂也⿰庶斤斫也○䟽記也亦作疎所去切三捒裝捒又色句切㫘明也

○飫飽也厭也賜也說文本作䬨燕食也依倨切十𩛂上同瘀血瘀鄔縣名在太原又音塢醧

私醵扵扵擊淤濁水中泥也又音於菸臭草棜無足樽也⿱宀⿰爿婁假寐也○箸匙箸

遲倨切四筯上同⿸疒除痴⿸疒除不達又丑御切除去也見詩○遽急也疾也亦戰慄也窘也卒也其據

切五勮勤務也又懼也疾也詎又其呂切醵歛錢飲酒又音渠又其虐切澽乾澽○絮
說文曰敝緜也息據切又抽據尼恕二切一○助佐也益也牀據切三耡又士魚切麆爾雅云麆麕牡麌
牝麋其子麆怚憍也將預切二沮沮洳漸濕亦作沮○詛呪詛亦作⿰示虘莊助切二阻馬阻
跡又莊所切洳沮洳說文作澤漸濕也人恕切三茹飯牛又菜茹也如又介諸切○豫逸也
備先也辨也早也安也猒也敘也又州名尚書禹貢曰荆河爲
豫州釋名云豫州在九州中京師東常安豫也秦爲三川郡漢
爲河南郡後魏置司州又改爲豫州亦獸名象屬又姓晉有豫讓羊洳切二十預安也先也廁也樂也佚也猒也怠也
譽稱美也又姓晉書有平原太守譽粹又音余礜礜石藥名蠶食之肥鼠食之死⿱與馬馬疾行皃輿
車輿又方輿縣名又音余鸒爾雅曰鸒斯鵯鶋郭璞曰雅烏也小而多羣腹下白悆悅也⿸鹿與大鹿⿱與木
舁食者或作轝藇藷藇又音序蕷薯蕷俗穥穥穥黍稷美也⿸尸予寝屬忬安也歟
歎也又音余悇憂懼與參與也澦灩澦水名⿱與土高平○噓吹噓許御切又音虛一

女以女妻人也尼據切二 絮姓也漢有絮舜 ○楚楚利又木名出歷山瘡據切又瘡所切二 儊
儊不滑也 ○處處所也昌據切又音杵二 ⿸厂彖俗 ○絮和調食也抽據切三 悇憚悇憂也 ⿸疒⿱余示
痴⿸疒⿱余示不達 ○屐屐履屬徐預切一 【十遇】 遇不期而會又姓何氏姓苑云東苑人風俗通云漢有遇沖爲河內太
守牛具切七 寓寄也 庽同上 媀媀妬也女子妬男子 㾢疣病 禺獸名母猴屬也又音
愚 鸆鸆鼠鳥名 ○嫗老嫗也衣遇切三 蓲茎也 饇飽饇 ○樹木總名也立曰又姓姓苑
云今江東有之後魏官氏志樹洛干氏後改爲樹氏常句切五 ⿱耂勿老人行皃 澍時雨又音注 尌立也
又音住 侸上同 ○住止也又姓出姓苑持遇切三 牏築垣短板 逗姓也出何承天纂文又音
豆 ○附寄附又姓晉書有附都符遇切十一 坿白坿說文益也 祔祭名亦合葬也 賻贈死也助
也 駙駙馬都尉官名漢武帝置掌駙馬晉尚公主者並加之駙副馬也一曰近也又疾也 鮒魚名 ⿰身付
⿰身付⿰身俞著衣也 蚹蚹蛇腹下橫鱗可行者又爾雅曰蚹蠃螔蝓即蝸牛也 跗古之醫人俞跗出史記 ⿰卮尃

小庖有蓋胕胕胕心膂○注灌注也又注記也之戍切十六疰疰病罜小罟㹥黃犬黑頭

鑄鎔鑄又姓堯後以國爲氏馵馬後左足白註註射出埤蒼又音駐炷燈炷澍時雨

又殊遇切霔霖霔獁鄉名在河南𦖷聧顩又音赴祩詛也祝也飳邑名𩊱

皮袴蛀蛀蟲屨屝屨方言曰屝屨自關而西謂之屨九遇切十句章句又音溝音構蒟蒟醬

又音矩絇絲絇瞿視皃又音衢䀠目驚䀠䀠然出埤蒼怐恐怐笱竹名郇

邑名朐左右視也○昫日光說文曰日出溫也北地有昫衍縣香句切六煦上同酗醉怒亦作

䣱呴吐沫姁姁嫗𧑑幺蟄戍遏也舍也從人荷戈也傷遇切八腧五藏腧也輸

送也又式朱切𧼯馬𧼯前也𩌦刀鞘隃鴈門𨉷射𨉷𣭥𣭥毛○裕饒也道也容也

寬也羊戍切七衮上同覦覬覦又音俞諭譬諭也諫也又姓東晉有諭歸撰西河記二卷何承天云

喻音樹豫章人喻上同籲呼也又和也見書傳𣈳面衣○孺稚也爾雅曰屬劉也說文曰乳子也一

曰輸鑐向小也而遇切四 ⿰需鳥 俗 擩 擩莝手進物也 ⿰牛需 牛莝○赴 奔赴爾雅曰至也說文曰趨也芳遇切十一 ⿱兔兔 兔急疾也 ⿺走孚 同上 ⿰耳朱 ⿰耳朱額也又音注 豧 豕聲 簠 簠簋又甫于方武二切 訃 告喪也又至也 ⿺走咅 僵也說文音匐 仆 僵仆說文曰頓也 ⿰⻊卜 說文曰趣越皃 婏 兔子曰婏又孚万切 務 事務也又強也遽也趣也又姓列仙傳有務光亡遇切十四 婺 婺女星名 霧 元命包曰陰陽亂爲霧爾雅曰地氣發天下應曰霧釋名曰霧冒也氣蒙冒覆地之物也 霚 上同見說文 鶩 馳也奔也驅也 ⿱敄羊 六月生羔 ⿱敄隹 雞雛 蝥 蝥蟲名亦作蟊 ⿱敄足 長跪又拜 ⿰糸舞 ⿰糸舞綸餘也 ⿱敄巾 髮巾 ⿱敄丘 丘也 敄 說文強也 鶩 鳥名又音目 緅 青赤色子句切又子侯切二 足 足添物也本音入聲○懼 怖懼其遇切四 具 備也辦也又姓左傳有具丙 埧 堤塘 臞 瘦又音瞿○芋 一名蹲鴟廣雅云蜀漢以芋爲資凡十四等大如斗魁其車轂鋸子旁巨青鳥等四等多子王遇切五 雨 詩曰雨雪其雱又音禹 羽 鳥翅也又五聲宮商角徵羽晉書樂志云宮中也中和之道無往而不理商強也謂金性

之堅強角觸也象諸陽氣觸動而生徵止也言物盛則止羽舒也陽氣將復萬物孳育而舒生又音禹䨥說文曰水音也吁疑怪辭也○堅桀也才句切二聚又秦雨切○捒裝捒色句切又所據切三數筭數周禮有九數方田粟米差分少廣商功均輸方程贏不足旁要也世本曰隸首作數又色矩色角二切又音速愉裁殘帛也○付與也方遇切六賦賦頌詩有六義二曰賦釋名曰敷布其義謂之賦漢書曰不歌而頌曰賦又斂也量也班也稅也傅相也亦姓本自傅說出傅巖因以爲氏出北地清河二望四𩬔露髻陚兵名搏擊也又布莫切○娶說文曰取婦也七句切二趣趣向又親足倶倉苟三切○註解也中句切又音注九鉒置也又送死人物也駐止馬軴車軴住停手又長句切𨗴不行壴說文云陳樂也咮鳥聲亍步止也○驅驅遇切又羌愚切二⿰牛區牛名○菆鳥窠窮住切三⿰豆攵敀勇⿰月豆膳也○閠直開也丑注切二⿸尸土同上○尠思句切少也又息淺切二○屢數也疾也良遇切二⿰口屢⿰口屢吳人呼拘方言也

十一○暮日晚也冥也又姓出何氏姓苑莫故

切六**慕**思慕又慕容複姓二氏前燕錄云昔高辛氏游於海濱留少子厭越以居北夷邑于紫蒙之野號曰東胡秦西漢之際爲匈奴所敗分保鮮卑山因山爲號至魏初莫護跋率部落入居遼西時燕代多冠步摇冠跋好之乃斂髮襲冠諸部因謂之步摇後音訛爲慕容焉跋孫涉歸進拜單于尊循華俗自云慕二儀之德繼三光之容以爲氏歸子廆據遼東稱王僭號燕後又有將軍慕輿虔**募**召也**墓**墳墓**慔**勉也**⿱竹莫**竹筥○**渡**濟也過也去也徒故切五**斁**猒也一曰終也詩云服之無斁又音亦**鍍**金飾物也**度**法度又姓出後漢荊州刺史度尚又徒各切**⿱竹度**蠶⿱竹度○**路**道路亦大也周禮曰合方氏掌達天下之道路爾雅曰一達謂之道路又姓本自帝摯之後出陽平襄城陳留安定東陽河南等六望洛故切十三**露**說文曰露潤澤也五經通義曰和氣津凝爲露也蔡邕月令曰露者陰之液也又露見也亦姓風俗通云漢有上黨都尉路平**潞**水名又州名春秋時初爲黎國後爲秋境古黎亭也周爲潞州隋爲韓州又爲上黨郡唐爲潞州開元中陞爲大都督府又縣名在幽州**輅**車輅釋名曰天子乘玉輅以玉飾車也輅亦車也謂之輅者言行於道路也**鷺**爾雅曰鷺舂鉏郭璞云白鷺也頭翅背上皆有長翰毛江東人取以爲睫攡名之曰

白鷺縗璐玉名賂遺賂也簬竹名簵上同蕗蔠葵蘩露⿸疒慮瘻癒痞病⿸疒盧上同⿱罒路⿱罒路罟取魚具也妒妒忌當故切十一妬上同秅禾束又縣名在濟陰或作秺秺上同奼美女⿸尸乇肚胍腹大𤵸乳病⿱冖託奠酒爵也蠹食木蟲也螙古文殬敗也斁上同菟菟絲草名又虜複姓後魏書有菟賴氏湯故切四兔獸名崔豹古今注云兔口有缺尻有九孔論衡曰兔舐毫而孕及其生子從口而出說文曰象踞後其尾形兔頭與㲋頭同吐歐也又湯古切鵵木鵵鳥有毛角顧迴視也眷也又姓出吳郡古暮切十五頋俗雇本音戶九雇鳥也相承借爲雇賃字稒稒陽縣在五原故舊也事也常也又姓出姓苑酤賣也又音姑沽上同痼久病固堅也一也常也故也四塞也錮錮鑄又禁錮也亦鑄塞也⿸疒古小兒口瘡鯝魚肚中腸⿱罒固⿱罒路⿱罒固取魚具也棝射鼠斗十也凅凝也閉也誤謬誤五故切十四悞上同寤覺寤忤逆也牾上同迕遇也遻上同晤明也朗也悟心了逜

于逜寤廣雅云竈名捂斜柱也又枝捂也娛娛樂也又五于切䎸聽也護救也
助也胡誤切十七瓠匏也又瓠子隄名亦姓淮南子有瓠巴善鼓琴嫭美好婟婟嫪戀惜也出聲類
頀大頀湯樂周禮作濩互差互俗作㸦餘倣此濩布濩䇘所以收絲沍寒凝枑
門外行馬雘青屬韄佩刀飾也䛤誌也認也鱯魚名擭布擭猶分解也⿱罒互兔網
⿱艹互草名○訴訟也毀也說文作𧦝告也桑故切十五愬譖也說文同上⿰言朔向也說文同上泝
逆流而上廣雅曰泝斗舟中抒水斗遡說文同上素列子曰太素者質之始也又空也故也帛也說文作⿱𡗗糸白
繳縎也又虜複姓二氏後趙録有宜陽公素和明又後魏書云素黎氏後改爲黎氏傃向也嗉鳥嗉膆
上同玝玉名塑塑像也出周公夢書塐捏土容出古今奇字⿰言素諳⿰言素⿰犭素牲白也亦作⿱𡗗糸
⿰扌素暗取物也○祚福也祿也位也胙誤切七胙祭餘阼阼階東階[illegible]魚醬飵相謁
食也虘往也秨禾稼皃又音昨○笯盛鳥籠也乃故切又音奴二怒恚也又音努○布

布帛也又陳也周禮錢行之曰布藏之曰泉又姓陶侃列傳有江夏布興博故切六圃園圃說文曰種菜曰圃又音補

佈佈偏也抪抪持刜裁刀蜅蜅蛸蟲也汙染也烏路切又音烏四惡憎惡也又烏各切啞喑啞怒皃謼相毀說文作謼怖惶懼也普故切五悑上同見說文鋪設也又普胡切誧謀也痡痡廬痞病又音步厝置也倉故切五措舉也投也說文置也醋醬醋說文作酢錯金塗又姓宋太宰之後又千各切⿰氵昔壅水絝說文曰脛衣也苦故切七袴上同

庫財物舍也又姓風俗通云古守庫大夫之後以官爲氏後漢輔義侯庫鈞亦虜複姓二氏周有少師庫狄峙又有庫門氏亦虜三字姓前燕錄有岷山桓公庫傉官泥胯股也韓信出於胯下酷醋菹苦困也今人苦車是跨踞也捕捉也薄故切十三哺食在口也步行步爾雅曰堂下謂之步白虎通曰人践三尺法天地人再舉足步備陰陽也又姓左傳晉有步揚食采於步後因氏焉又虜三字姓三氏後魏書步六孤氏後改爲陸氏又西方步鹿根氏後改爲步氏北齊書有步大汗氏鞴鞴靫盛箭室餔餔餔又作𥺅鮬

魚名駊駊馬習馬案左傳曰左師見夫人之步馬字不從馬𦪙艇船郶亭名鵏鵏鼓鳥痡痡癔痞病又音怖荹亂草說文曰亂藁也駻大馬名謼號謼亦作呼荒故切又火姑切二戽戽斗𣢾水器也○作造也臧祚切一

十二

○霽雨止也子計切八隮升也又子奚切躋上同濟渡也定也止也又卦名旣濟又子禮切擠排擠又將西反鬄婦人束小髻也又音祭音節懠懠緝麻紵名出異字苑穧穫也又音劑○帝說文曰諦也王天下之號也爾雅曰君也都計切二十三諦審也嚏鼻氣也嚔俗柢木根柢也蔕草木綴實螮螮蝀蝃上同見詩摕撮取䑭䑭䲧水戰船出字林𦸗姓也漢書王莽傳有中常侍𦸗惲𧼊𧼊抵也爾雅棗曰𧼊之謂去抵也骶背也僀俊也㨖兩手急持人也䟡躍也𤭛甓大瓮偙偙儶腣胅腹皃又當兮切趆趆走皃蝭寒蜩又音啼鞮補履下也渧埤蒼云渧隷漉也○嚌嘗至齒也在詣切十劑分劑又子隨切穧刈禾把數𨡓醶也眥目際又才

賜切齊火齊似雲母重沓而開色黃赤似金出日南又齊和又徂兮切齌吹鋪疾也癠病也懠
怒也𪘂𪘂齰替。廢也代也滅也說文本作普廢一偏下也他計切二十暜𣋑並上同出
說文鬀說文曰鬄髮也大人曰髡小兒曰鬀盡及身毛曰鬄剃同上屉鞜車殀殀殃楴
楴枝整髮釵也涕涕洟洟鼻洟𦓡不耕而種屜屧履中薦也亦作屟屜迏足滑薙
除草慸寧慸心安𣚐補也殢極困𨌥唾聲笶車節也第。次第說文本作弟韋
束之次弟也今為兄弟字又漢複姓二氏後漢書第五倫傳云齊諸田徙園陵者多故以次第為氏有第五第八等氏特計切
二十九弟見上注又音上聲遰迢遰又底隸切去也避也髢髲也鬀上同說文音剃締
結也睇睇視悌孝悌又音上聲娣娣姒禘大祭五年一禘軑說文曰車輨也釱
以鏁加足說文鐵鉗也又音大鷤鷤鴂鳥又音啼棣車下木又常棣子似櫻桃可食又姓王莽司馬棣並杕
木盛皃踶蹋題又徒雞切遞更遞𧡾視皃㣊說文曰脩豪獸也一曰河內名豕也

㨝兩手急持人 摕取也 䚦審諦 懘極也又恥厲切 鯷鮎魚別名 鶗鶗鴂鳥又

音啼 墆墆貯也又墆翳隱薉皃又徒結切 䈕竹名 逮逮及也又徒戴切 ○砌階砌也七計切

八 切衆也又千結切 䀾視也 妻以女妻人又七兮切 𢶏挑取 𦗲耳聽 眑目眑

聅耳聸 ○細小也蘇計切六 𦃈古文 些可也此也辝也何也楚音蘇箇切 栖雞所宿也

又先奚切 壻女夫 洒水出汝南又新郪入潁 ○詣至也五計切十一 羿古能射人名說文曰帝嚳

射官也夏少康滅之 𢌿上同 羿說文曰羽之羿風亦古諸侯也一曰射師 睨睥睨 栺枍栺殿名

盻恨視又下戾切 覞傍視 甈破罋 堄埤堄女牆也見博雅 霓虹又音倪 ○計籌計

說文會也筭也又姓後漢有計子勳古詣切十二 係連係 繼紹繼俗作継 繫縛繫又口奚胡計二切

薊草名爾雅曰木山薊又縣名又州開元十八年以漁陽縣為薊州又姓後漢有薊子訓俗作蓟 髻綰髮 [illegible]

燕都 檕爾雅曰杭繫梅說文云繘耑木也 檵枸杞 蘻狗毒草也 轚舟中互序而行也

毄係也盡也○蒵屛蒵胡計切十四⿰月絜喉脈⿰月契上同系緒也又姓楚有系益⿱系絲
籒文妎心不了也說文妬也又音害禊祓除不祥也又禊飲繫易之繫辭瘛小兒病又尺制
切㥳恨足⿰扌奚⿰扌奚換盻恨視又五計切閞門扇又胡介切稧稧事揳秧○契契約
苦計切又苦結切十栔刻也罊說文云器中盡⿱𠆢月字林云腨腸蟿蟿螽螇蚸⿰舟契舟名
⿱毄心劇也又怫也⿱毄女難也⿰契頁恐也⿱启目省視○翳羽葆也又隱也奄也鄣也又鳥名似鳳於
計切十七曀陰風詩曰終風且曀枍枍指⿸广⿱夾心靜也安也恭也⿱宀殹安也靜也⿱殹土塵也殪
殪死瞖目瞖医藏弓弩矢器嫕婉嫕柔順皃蘙蘙薈縊自縊豷豕息繄
是也賴緍走絲也⿰土壹天陰塵也譩譩譆殹擊中聲也○謎隱言也莫計切二⿰扌戴裁也
○閉掩閉說文曰闔門也博計切五閇俗嬖愛也卑也妾也箅甑箅也說文蔽也所以蔽甑底
又必至切⿰畁攴⿰畁攴毀毀也又補米切○慧解也胡桂切十三憓憓愛也潓水名惠仁也

亦惠然順也又姓出琅邪周惠王之後梁有惠施蟪蟪蛄蕙香草蘭屬橞木名繐繐帳又音
歲槥槥裂儶俤儶譓多謀智曰譓也鏸銳也又三隅矛䎚羽䎚桂木名叢生
合浦巳南山峯間無雜木葉長尺餘冬夏長青其花白山海經曰八樹成林又姓後漢太尉陳球碑有城陽炅橫漢末被誅有
四子一守墳墓姓炅一子避難居徐州姓香一子居幽州姓桂一子居華陽姓炔此四字皆九畫古惠切九香炅
炔並見上注筀竹名罣挂也昳昳田殃殃極妖也死皃也鴂鶗鴂即杜鵑也
嘒聲急說文小聲也亦作嚖呼惠切三嚖同上暳小星詩亦作嘒媲配也匹詣切七𨃩
上同見管子睤睤睨渒水名在汝南濞水名又芳備切𣽯水聲𠜾𠜾斫薜
薜荔蒲計切五𨫼所以理苗殺草𥴬弋鳥具也䤚醬也𣖍木名麗美也著也又姓出姓
苑郎計切三十三戾乖也待也利也立也罪也來也至也定也又很戾說文曲也从犬出戶下戾者身戾曲也𠊱
很𠊱俗隸僕隸隸上同俗作隸儷伉儷盭綠色又綬名或作綟又云弼也綟草也

衣也。劙割破⿰麗刂上同唳鶴鳴曰唳蜧大蝦蟆也⿱艹戾紫草沴妖氣說文曰水不利

也荔薜荔香草又茪複姓有荔非氏捩琵琶撥也欐梁棟之名也又師禮二音⿰氵隸埤蒼云渧

⿰氵隸漉也⿱竹隸札也泣泣也又力二切悷⿰忄龍悷多惡又懍悷悲吟也栛小棟木名丽本也

又鹿皮蜦神蛇又音倫⿱㸚文止也係也珕刀飾又力智切⿰杢⿱又目視竊也廲瘦黑又力

⿺走兒切覼求視又師蟻切⿱艹麗草木生亞土也⿺風劦急風離漢書云附離著也⿰木隸木名。⿺辶戾

胡竹名也杖也丑戾切一。泥滯陷不通詩云致遠恐泥奴計切又奴低切五埿俗⿰忄罵㥾悔音慢又相

罵摩也迡近也濘濘陷。⿰丗欠氣越名呼計切三⿱大日肥大殢殢極困也

十三。祭享也祀也薦也至也察也子例切七際邊也畔也會也穄黍穄呂氏春秋曰飯

之美者有山陽之穄說文曰穈也穈音縻鰶魚名⿱髟祭露髻又音霽⿱衛心寱言穧穫也又才計切

。歲釋名曰歲越也越故限也從步戌相鋭切四⿰木慧小棺又篲衛二音⿰糸彗布縷細也繐上同

○衞 護也垂也加也亦州名郡所都也本衞國爲翟所滅齊桓公代翟遷衞于河南秦屬東郡魏文置朝歌郡晉爲汲郡東魏爲義州周武改爲衞州亦官名漢書曰衞尉秦官掌宮門衞屯兵又姓周文王子衞康叔之後國滅因氏焉出河東陳留二望又精衞鳥名山海經云狀如鳥白首赤喙其鳴自呼取西山木石以塡東海于歲切十三 軎 說文曰車軸耑也从車象形 轊 上同 璏 劒鼻王莽碎玉劒璏 𥴺 竹名 ⿴衞豚 豚屬 ⿴衞彖 上同 槥 小棺 彗 日中必彗 ⿴衞心 寐言 ⿴衞言 上同 ⿴衞牛 牛蹄 熭 曬乾 ○芮 草生狀又姓周司徒芮伯之後而銳切六 汭 水曲說文曰水相入皃 枘 柄枘 蜹 蚊蜹又音爇 笍 竹名 鈉 銳鈉 贅 贅肉也又最也聚也又贅衣官名也之芮切二 叕 卜問吉凶 ○啐 小歃也山芮切一 ○毳 細毛也又姓出姓苑此芮切又楚稅切十二 韢 囊屬以盛賊頭又音遂 脃 說文曰小耎易斷也 膬 上同又七劣切 脆 俗 帨 佩巾又音稅 竁 葬穿壙也又楚稅切 ⿱⺮⿰貝斤 斷也 蠽 蟲名 劂 小割 ⿱毳木 重橇 又楚稅切 ⿰氵⿱⺮⿱目大 歃也 ○銳 利也又姓姓苑云升平中鮮卑有御史中丞銳管以芮切六 ⿱折金 銅生五色 叡

聖也睿上同䓯草生狀蜹毒蟲又而税切○綴連綴陟衛切又丁劣切十一醊祭也
畷禮注云井田閒道吳都賦云畛畷無數又張劣切笍小車具也裰重祭啜嘗也餟
說文曰祭酹也司馬禎曰漢志作腏字通腏上同又皮腏著也錣針也卂鈎也輟車小缺也
○稅斂也舍也又姓盛弘之荆州記云建平信陵縣有稅氏舒芮切九說說誘裞衣送死也又禮注云
日月已過乃聞喪而服曰稅又他活切又他外切蛻蛻皮又他臥切又他外切帨佩巾也又音脆[illegible]
說文曰禮巾也涗溫水又清也䬽小餟也又郎外切𩞃上同獘困也惡也說文曰頓仆也
俗作弊毗祭切五斃死也說文同上幣幣帛㡀說文曰敗衣也从巾象敗衣之形又匹世切敝
說文曰校也一曰敗衣也又姓左傳齊有敝無存○[illegible]重禱楚稅切四[illegible]節斷竁葬穿壙也毳
細毛篲埽帚爾雅曰前王篲本亦從竹祥歲切九[illegible]古文鏏大鼎彗星名又音遂[illegible]
小鼎槥小棺軎車軸頭也又音衛轊上同[illegible]布巾○蔽掩也必袂切四鄨縣名

二一三

集韻

在𤄊洞又音鼈鷩爾雅曰鷩雉郭璞云似山雞而小冠背禮云王享先公饗射則鷩冕又音鼈彆弓彆○
劌傷也割也居衛切六鱖鱖魚名大口細鱗有班文一曰婢魚也劂剞劂斷割也躛爾雅云躛
洩苦棗亦作蹶蹶行急遽皃曲禮曰足無蹶又居月切⿱衛牛跟⿱衛牛展足袂袖也彌獘切一㡜
殘帛所例切三鎩矛戟類又所戒切蔱椒蔱又所八切掣掣曳尺制切又尺折切八瘛小兒
驚懘怗懘音不和也怗懘樂記作怗痸郭璞云痸病⿸疒掣上同⿰忄壴說文曰小怒也⿱列金
除利也⿰犭⿱帶心狂犬別名○制禁制又斷也止也勝也說文作利裁也从刀从未物有滋味可裁斷也征例切十八
⿰未刂見上注⿱制月魚醬亦作⿱制酉淛水名製製作又裁也⿰目制入意一曰聞也晢
星光也亦作晣又音折⿱⺮折方言云自關而西謂簟或謂之⿱⺮折⿸疒心婦孕病皃⿰子折蝗子⿱制魚魚名
可爲醬⿱折目目光也又丑世切狾狂犬⿰豸折矛也⿰革折刀鞞⿱折食臭敗之味⿱丵是古人
姓迣迾也度也○逝往也行也去也時制切十三忕忕習⿱折角牛角豎也噬齧噬

誓哲誓約斷古文筮龜曰卜著曰筮巫咸作筮筮決也簭上同見周禮澨水名書曰
過三澨銴車樘結一曰銅生五色又音銳遾逮也逝踰也㓭割肉曳牽也引也餘制
切二十九裔邊也苗裔也又容裔也說文曰衣裾也俗作裛琷石之次玉也勩勞也泄水名
在九江又音薛洩同上瘈病也䳇鳥飛枻檝枻詍多言⿰忄曳明也一曰習也⿰羽惠
鳳六翮靾以馬鞍贈亡人跇超踰又丑例切𠂆施明也又身皃袣長被又衣長皃⿰禾曳
自⿰禾曳稻名鶂鳥名⿰氵裔容⿰氵裔水皃⿰彳斤合板⿰彳斤縫也抴數也⿱曳女婦人病胎也⿱竹曳長也⿰犭曳
狸子丿至抴⿱艹渫蒸也又葱⿱艹渫也⿱折巾裂也呭呭樂說文曰多言也亦作⿰口曳⿱艹裔草名○
⿰糹曷急也一曰不成也於罽切五瘞埋也餲又於葛於介二切⿰月曷⿰月曷臆⿱艹渴清也又音
譪○藝才能也靜也常也準也又姓出姓苑魚祭切八埶說文種也周禮音世蓺上同寱睡語
⿱衞心上同⿱埶云亦同槸樹枝相摩褹字林云複襦也○滯廢也止也凝久也直例切七彘

豕也又姓左傳有聶恭子䠠蹛林又音帶𨯧除利也璏劒鼻玉也茜草補缺[illegible]一

魚名○例比也皆也力制切二十五厲惡也亦嚴整也烈也猛也又姓漢有魏郡太守厲温礪砥石勵

勸勉禲無後鬼也癘疫癘𤻲上同鮤魚名又音列濿以衣渡水由膝已上為濿亦作

厲詩曰深則厲淺則揭說文又作砅履石渡水也砅義上見注蠣牡蠣蚌屬蠇上同櫔木名

䮥馬馳[illegible]上同[illegible]黍穱[illegible]上同贎贎貨糲麤也又力達切巁巍也犡

牛白脊栵栭栗又音列[illegible]帛餘亦作裂[illegible]恐人冽清水又音列一○憩息也去例切六[illegible]上同[illegible]

藒車草愒爾雅貪也說文息也揭褰衣渡水由膝已下曰揭甈爾雅康瓠謂之甈郭璞云瓠壺也賈

誼曰寶康瓠是也○世代也又姓風俗通云戰國時有秦大夫世鈞舒制切三勢形勢貰賒也貸也

又時夜切○猘狂犬宋書云張收嘗為猘犬所傷食蝦蟆鱠而愈居例切八罽氈類織毛為之說文曰西胡毛毯布也

罽上同說文曰魚网也[illegible]亦同瀱泉出皃訐持人短又居列切彑彔頭說文作彑

二云豕之頭象其鋭而上見也 薊薊蘻草似芹 瘛赤白痢亦作䐲竹例切又音帶一 ○偈偈句其憩切一

○啜嘗也嘗芮切又臣劣切一 ○跇跳也踰也丑例切十二 趩上同 傺侘傺侘敕加切 㤝

習也 慸困劣 㣣㣣傺 晢瞢也 𧣴觖也又丑列切 揥佩飾 踅躍皃 𨄈渡也

䁯視也 ○䥯曲刀也削竹也除芮切一 ○劓去鼻也牛例切一 ○蕝束茅表位子芮切又子悅切三

𧑒蟲名又作會切 㨖裂也 潎魚游水也匹蔽切一 ○𥎊𥎊𥏔短皃丘吠切一 ○𥏔短皃呼吠切一

十四○泰大也通也古作太他蓋切四 忲奢也又逝大二音 太甚也大也通也周禮曰太史掌建邦之六典宋書曰太史掌歷數靈臺掌侯日月星氣焉經典本作大亦漢複姓六氏漢有尚書太叔雄古今人表有太師亭何氏姓苑云太征氏下邳人太士氏宋嘉人又有太室氏太祝氏 汰太過也 ○蓋覆也掩也通俗文曰張帛也禮記曰敝蓋不棄為埋狗也又發語端也說文曰苫也俗作盖古太切三 匃乞也 丐上同本又音緬 ○艾草名一名冰臺又老也長也養也亦姓風俗通云龐儉母艾氏五蓋切三 䝭䝭豭豕 鴱巧婦別名

○藹晻藹樹繁茂又姓晉南海太守藹奐於蓋切十 壒塵也 馤香也 靄雲狀又於葛切 [illegible]日色 濭覆也清也微也說文蓋也 [illegible]死也 [illegible]請謹 [illegible]鼺鼺小鼠相銜而行 曖曖曃 ○柰果木名廣志曰柰有青赤白三種俗作㮈奴帶切五 奈如也遇也那也本亦作柰又致箇切 [illegible][illegible]多毛 [illegible]魚名 渿說文曰沛之也 ○大小大也說文曰天大地大人亦大故大象人形又漢複姓五氏晉獻公娶大狐氏楚襄王時有黃邑大夫大心子成史記秦將軍大羅洪周禮大羅氏掌鳥獸者其後氏焉又大庭氏古天子之号其後氏焉又有太叔氏又虜複姓後魏末有南州刺史大野拔又虜三字姓周書蔡祐賜姓大利稽氏周末有尉回將軍大莫干玄稽後魏書南方大洛稽氏後改為章徒蓋切八 汏濤汏說文曰淅𤄊也 軑車轄 釱鉗也又大計切 馱鳥也 [illegible]黑跡 忕奢忕 伏地名在海中 ○害傷也胡蓋切四 夆相遮也 妎字林云疾妎妬也 [illegible]快也 ○帶衣帶說文曰紳也男子鞶革婦人鞶絲象繫佩之形帶有巾故从巾易曰或錫之鞶帶又蛇別名莊子云蝍蛆甘帶也當蓋切七 [illegible]倒[illegible] [illegible]帶下病也 蹛匈奴傳有蹛林又音滯

𢃀方山名艜艇船摕槌也○貝說文曰海介蟲也居陸名猋在水名蜬象形古者貨貝而寶龜亦州名春秋時屬晉七國屬趙秦為鉅鹿郡漢為清河郡周置貝州以貝丘為名博蓋切十四沛郡名又姓出姓苑又匹蓋切邶上同鋇鋇柔鋌也芾小皃又方味切䟺步行躐跋狽狼狽犻牛二歲也爾雅云體長犻伂顛伂之亦作沛魳魚名食之殺人茷草木葉多𣮂𣮂毸多毛眛目不明皃又音霈柿行皃霈霶霈沛普蓋切五浿水在樂浪沛流皃亦滂沛又水名出遼東又音貝䀟䀟昧目不明也怖恨怒○會合也古作會亦州秦屬隴西郡漢分為金城郡周為防隋為鎮武德初平李軌置會州又姓漢有會栩黃外切又音儈五𨑓說文曰日月合宿為𨑓達說文云無違也禬除殃祭也又古外切繪繪五采也○兊突也又卦名說文本作兌說也又姓杜外切五𩋆補𩋆綐細紬銳矛也又弋稅切𡸯山名○儈合市也晉令儈賣者皆當著巾白帖額言所儈賣及姓名一足白履一足黑履古外切十八膾魚膾說文曰細切肉也鱠上同襘說文曰帶所結也禬福祭

檜柏葉松身又古活切旝水置石投敵也巜說文曰水流澮澮也方百里有巜廣二尋深二切澮
上同爾雅曰水注溝曰澮又木名在平陽鄶國名在滎陽廥芻稾藏也䯤五綵束髮說文曰骨擿之
可會髮者詩云䯤弁如星鬠上同劊說文曰斷也會會稽山名又黃外切⿱⿰自毛月[illegible]扁擓
收也獪狡獪小兒戲○最極也俗作冣祖外切三⿰巾卒五色采也[illegible]蟲也又山芮切○⿰言歲
眾聲呼會切六噦鳥聲⿰歲鳥鳥飛聲鐬鈴聲渙水名在譙又音奐濊說文曰水多皃
又烏會切○檜麤䵊糠苦會切一○酹以酒沃地郎外切五頪說文曰難曉也一曰鮮白⿰乖毛馬色班也
⿰飠兌門祭[illegible]瘦病又力卧切○外表也遠也五會切一○祋祋栩縣名在馮翊又祋殳也丁外切一
○懀惡也烏外切七濊汪濊深廣又呼會切薈草盛嬒婦人女名也⿰鼻會息鼻也瞺眉目
之間⿰黑會淺黑色○蕞小皃才外切二⿱竹最篹最笔⿰石最小石光外切三⿰歹最瘦病⿰目最[illegible]
○⿰衤最衣游縫也麤最切三⿰足最行⿰足最窾塞外道也○旆旗也繫旐曰旆蒲蓋切三⿰足貝賴⿰足貝行不

正也軷祭道神又蒲葛切○磕磑磕石聲苦蓋切九鶡鶡鴠鳥又音渴轄車聲愒貪也

公羊傳云不及時而葬曰愒愒急也溘船著沙也⿰犭害子屬⿱亯大擊也⿰害攴伐也擊也𨛍地名

或作𨛍○蔡龜也亦國名又姓出濟陽周蔡叔之後也倉大切三⿱艹⿱林囟古文⿰蔡鳥⿰蔡鳥鳩鳥○賴蒙也

利也善也幸也恃也又姓風俗通云漢有交阯太守賴先落蓋切十四籟簫三孔也癩疾也說文作癘惡疾

也今爲疫癘字瀨湍瀨糲麤米又力達切襰隤壞藾藾蒿莿上同犡牛名說文

曰牛白脊⿰魚賴魚名⿰足厲跛⿰足厲行皃⿰火賴火之毒鵣鳥名⿰口厲聲⿰口厲○餀食臭呼艾切五

⿰臭曷上同⿰犭爲獸名出音譜⿸疒艾疫病⿰魚曷魚名○娧他外切五蛻蛇易皮又音稅駾

奔突也詩云昆夷駾矣毻鳥易毛又音唾祱送死衣也○眛⿰耳帀眛目不明也莫貝切三沬水名

⿰木末木名○⿰目最春小⿰目最也七外切一

十五○卦說文曰筮也易璅云挂也懸挂萬象於其上八

卦者八方之卦也乾坎艮震巽離坤兌古賣切六挂懸挂又罫挂弩矢鏃名潘岳射雉賦云出罫挂以潛擬掛

俗註誤也又胡卦切鮭肴揠也罣罣擬又胡卦切○懈懶也怠也古隘切六解除也
繲繲浣衣出埤蒼廨公廨薢薢茩藥名疰病也○隘陝也陋也烏懈切六𨽍古文
阸阻塞又阸嶭山形或與隘同瘱病聲𥡛稻小把也賹賹記人物○邂邂逅胡懈切二
解曲解亦縣名在蒲州又古賣古買胡買三切○賣說文作賣出物也莫懈切一○畫釋名曰畫挂也
以五色挂物象也俗作畫胡卦切又胡麥切九註礙也罣上同絓絲結澅水名在齊黊
鮮黃色繣繣徽乖違纗弦中絕也嫿愚戇多態也○差病除也楚懈切又楚宜楚皆初牙三
切七瘥上同又音醝衩衣衩杈杈把平田具也又音叉泾浦泾訍訍持短又疑心
名也䛽異言○睚目際又睚眦怨也五懈切又五佳切○謑怒言火懈切又胡禮切一○庍到別方卦
切一○粺精米傍卦切四稗稻也又稗草似穀䊪黍屬又音俾把田具本又音琶○㾯
疾也士懈切二眦睚眦○派分流也俗作派匹卦切七𠂢說文曰水之衺流別也𥿃未緝麻也

說文曰散絲也𣏟麻紵𣸣說文曰水在丹陽㧓藾屬蜀人以織布出埤蒼𣎳分枲皮也又匹刃切。債徵財側賣切一。㜸難也苦賣切又音契二𨛜鄉名曬暴也所賣切又所寄丑離二切五䵘不黏之皃或與灑同𨡓簀酒汛水皃說文灑也本又音信洒洒埽又先禮切。諣疾言呼卦切一。嶭陀嶭山形方賣切一。膪亦作膪腏肉也竹賣切又竹亞切脛膪肥皃二倍倍步立皃出聲譜

十六怪

。怪怪異也古壞切八恠俗硁硁石似玉蒯草名𢿨毀也壞上同又胡怪切𤼍大皃𢩦訬也。噫噫氣烏界切二呃不平聲。瘵病也側界切三祭周大夫邑名又姓周公第五子祭伯其後以爲氏𨛦說文曰周邑也。誡言警也古拜切二十三戒慎也具也備也警也易注云洗心曰齋防患曰戒界境也垂也介大也助也佑也甲也閡也耿介也說文曰分畫也俗作分又姓介之推也届至也舍也說文曰行不便也一曰極也疥瘡疥玠大珪長尺二寸𠆙獨居𢂑幘也砎硬也魪比目魚也尬尷尬行不正尷音緘价

虞道堅刀

善也又佋价也𩬻髻結悈飾也司馬法曰有虞氏悈於中國鶡鶡雀也似鶡而青出羌中艐

爾雅云至也亦云古屆字䀫怒也芥辛菜名又草芥衸布衣幅也又胡介切丰草介乔

乔人到馻馻馬馬尾結也◦褹紩布襦女介切一◦譮怒聲許介切九欸同上𠲜喝𠲜齂

鼻息噧高聲皃又多言𧭹譀𧭹眉臥息𡘙說文曰瞋大聲也忦說文曰忽也孟子曰

孝子心不若是忦◦械器械又杻械胡介切十一韰葷菜也葉似韭薤俗𪉖顡𪉖切鹵怒顡

于禁切𨳲門扇瀣沆瀣北方夜半之氣又胡代切𠐩俠也𡣩韰僄猶果敢也𢙽心𢙽雌俗

衸補滕褶也說文祄也𣶐水名◦𦗼不聽五介切四譺誡譺𢜩忦𢜩慳恪人也𧒂

蟲名呞食草木葉也◦蒯茅類又姓出襄陽漢有蒯通或作𠞊苦怪切九喟歎也又丘愧切嬇女字𣪯

太息䉔箭竹名也簣籠也嘳譏他人也蕢杜蕢蕢尚並見禮記墤俗云土塊本音隤

◦拜周禮曰大祝辯九拜一曰稽首二曰頓首三曰空首四曰振動五曰吉拜六曰凶拜七曰奇拜八曰褒拜九曰肅拜

博怪切三拜上同扒拔也詩云勿翦勿扒案本亦作拜。湃滂湃普拜切二湨水名在樂浪
。壞自破也胡怪切三聉古文蘾蘾鳥蘾草。聵聾也五怪切三䚌說文䚌同上顡
說文曰頭蔽顡。憊病也說文𢢁也蒲拜切八𢢁𤺊並同上韛韋囊吹火橐上同𦪙
船後𦪙木棑木名濞水波。𥄎眼久視莫拜切三𧳃𧳃䝟頑惡韎東夷樂也。䝟
𧳃䝟火怪切五𧗿過也𧘂木名皮可牽船濊水聲咶鼻息。鎩翦翮說文曰鈹有鐔也所
拜切又所八切四𧝝衣𧝝縫也殺殺害又疾也猛也亦降殺周禮注云殺衰小之也又所八切繝
上同亦見周禮。烗熾也盛也苦戒切四烒同上劾勤力作也揩鼓名又客皆切。顡頑惡
也辿怪切說文五怪切癡頭不聰明也一

十七。夬決也亦卦名古賣切三獪狡獪𥳕
𥳕竹名。快稱心也喜也可也又姓漢有快欽苦夬切五噲咽也又人名漢有樊噲又姓孝子傳有噲參鷦
銜珠與之穭麤糠駃駃馬日行千里璯姓也晉有璯錢。邁行也遠也莫話切四勱勉也

強也譪誇誕又火犗切休僸休○話語話說文作譮合會善言也下快切一○敗自破曰敗說文

毀也薄邁切又北邁切四𣀞籒文⿺辶貝散走唄梵音○⿰黑會淺黑色烏快切又烏外切三⿰鼻會

喘息聲又烏外切噲惡見○嘬一舉盡臠曲禮曰無嘬炙楚夬切四⿰齒最南方呼齧歠齧也毳

上同○犗犍牛古喝切二⿰衤害衣上也亦作⿰衤盍○蠆毒蟲丑犗切二懘極也劣也又懘芥○喝

嗅聲於犗切五餲飯臭又於罽切嗄聲敗又所嫁切餀通食氣也欬上同○𡂢喝𡂢所犗

切一○⿰臭祭大臭又事露也除邁切一○譪譀譪火犗切譀火懴切二⿰臭害⿰臭害⿰臭祭臭皃○咶息聲火夬切一

○敗破他曰敗補邁切又音唄一○啐陷也倉夬切一寨羊栖宿處犲夬切二砦山居以木柵

○⿰虘攴纔然何犗切一

十八隊○隊羣隊徒對切十二䨴⿰黑對䨴雲狀薱草盛憝

怨也惡也周書曰元惡大憝憞上同譈亦同鐓矛下銅也曲禮曰進矛戟者前其鐓錞上同

礈礧礈物墜也䯊䯏䯊愚人⿱隊鼓鼙也濧清也濡也○佩玉之帶也說文曰大帶佩也从

人从凡从巾佩必有巾巾謂之飾禮曰凡帶必有佩玉蒲昧切十二珮玉佩俗孛星也又蒲沒切鄁
紂之畿內國名東曰衛南曰鄘北曰鄁邶上同偝向偝誖言亂又補內蒲沒二切悖心亂
又蒲沒切背弃背又姓也又補妹切輩埤蒼云珠百枚曰輩孫權貢珠百輩輩貫也又云珠五百枚也亦作
琲又蒲罪切柭拂取茷爾雅曰茷山巔窠本亦作勃勃音勃◦妹姊妹莫佩切十一昧晻昧
眛目暗每數也又武罪切痗病也又音晦瑁瑇瑁亦作帽蝐又莫沃切黴點筆又武
悲切莓莓子木名似葚又莫杯切䍙鳥網脢背肉也又莫杯切䆀禾傷雨則生黑斑也◦
配匹也合也滂佩切四朏向曙色也妃妃偶也又匹非切嶏崩聲◦誨教訓也荒內切
十一悔改悔晦冥也又月盡也⿰每卜易卦上體靧洗面頮上同秏稻名出南海又
火号切痗病也頮面肥也詯休市洄大清說文曰青黑皃今作潪◦對荅也當也
配也揚也應也古作對漢文責對而面言多謂非誠對故去其口以從士也都隊切六對見上注碓杵曰

廣雅曰磄碓也通俗文云水碓曰轓車杜預作連機碓孔融論曰水碓之巧勝於聖人之斷水掘地[木對]車箱考工記云
曰[亻對]橫曰軓轛同上[亻對][亻對]市○倅副也七內切五淬染也犯也寒也焠作刀鋻也大官
書曰火與水合為焠[石妻][石妻]磨啐嘗入口又先對切○晬周年子也子對切七祽月祭名也[黹卒]
說文曰會五綵繒也綷同上[巾卒]亦同捘推也夎失容節拜又子臥切○[尢鬼][尢鬼][尢委]風苦熱
烏繢切三[厂衣]隱翳隈字林云映隈也○退卻也說文作復他內切五復同上𨓍古文[忄隶]
肆也又他沒切[尢委][尢鬼][尢委]○憒心亂也古對切十幗婦人喪冠又古獲切刉刉刃使利慖
恨也䵋黃色又于鄙切[既月]膏忽瘍也簂筐也亦作慖[竹恢]籧也[艹黃或]病皃蔮儀禮
注云滕薛名蔮為頍○潰逃散又亂也胡對切十三迴曲也又音回又作匯繢畫也嬇女字殨
肉爛闠闤闠市門蕢草名呂氏春秋云菓之美者有雲夢之蕢螝蟲蛹詯胡市膭肥大
僓長也讉覺悟說文曰中止也司馬法曰師多則民讉讉止也[言回]市[言回]○塊土塊苦對切三凷

上同說文曰墣也禮曰寢苫而枕凷 塊 塵起又於卧切 碎 細破也蘇內切五 𥕦 說文破也 誶

告也 啐 送酒聲 繀 織繀說文曰著絲於筟車 內 入也奴對切一 纇 麤纇絲也盧對切十四

耒 耒耜世本曰倕作耒古史考曰神農作耒說文云耕曲木也 儽 極困也 攂 攂鼓 酹 酹酒

蘱 草名似蒲一云似茅 ⿰畾力 推也 ⿱艹耒 耕多草 ⿰禾畾 秮⿰禾畾稻名 ⿱類土 ⿱類土墤土皃 礧 礧磥

重也 郲 郲陽縣漢書作耒 錸 錸鑽 ⿰金戾 平板 背 脊背補妹切三 輩 等輩又比也類也俗

作輩 誟 亂也 磑 磨也世本曰公輸般作之五對切 蚚 爾雅曰強蚚胡輩切又音祈一

十九代 代 更代年代亦州名春秋時屬晉其後趙襄子以銅斗擊殺代王取其地至秦隸太原郡漢置雲

中鴈門代郡魏爲州又姓史記趙有代舉徒耐切十三 岱 泰山 黛 眉黛 黱 上同 逮 及也又徒

帝切 埭 以土堨水 ⿰土录 上同 帒 囊屬 袋 上同 ⿱戈甘 甘也 酨 醋也又昨代切 瑇

瑇瑁亦作蝳蝐異物志云如龜生南海大者如蘧篨背上有鱗

鱗大如扇有文章將作器則煑其鱗如柔皮俗又作玳又徒督

切靆靉靆雲狀○載年也事也則也乘也始也盟辭也又姓風俗通云姬姓之後作代切又材代切六再
重也兩也縡事也出字林截古國名䣽說文曰設飪也戴染戴○穤禾傷雨莫代切
又莫亥切二脄背側肉也○賽報也先代切四簺格五戲說文云行棊相塞故曰簺也塞邊塞
又蘇則切寨寶見也實也○貸借也施也假也他代切四儓儓儗癡皃態意態亦作㑷曃
曖曃不明皃出王篇○溉灌也又水名出東海桑瀆縣覆甑山古代切六槩平斗斛木摡滌也詩云摡之
釜鬵[illegible]深堅意又偶也[illegible]主也扢磨也○慨慷慨苦蓋切六愾大息欬欬瘷鎧
甲也管子曰葛盧之山發而出黃金蚩尤制以爲鎧也闓開也又音開嘅嘅嘆○礙止也距也五漑
切七硋同上㝵釋典云旡㝵也閡外閉儗儓儗懝騃也禾水曲頭不出又音礙
○愛憐也說文作𢖻行皃烏代切九㤅惠也[illegible]古文曖日不明又晻曖暗皃僾隱也[illegible]
隱也爾雅作薆靉靉靆雲狀薆薆薱草盛璦珠璦王篇云美玉也○瀣沆瀣氣也胡槩切三

侅患苦劾椎劾○耐忍也奴代切七能小蟲蟲也鼐大鼎能技能又能何氏姓苑

云長廣人佴姓也山公集有佴湛能日無光也彨頦也又如之切○戴荷戴又姓出濟北本自宋

戴穆公之後風俗通云凡氏於謚戴武宣穆是也都代切一○賚與也賜也洛代切九来查也又音來睞

傍視徠勞也勑上同瘶病惡誺誤也覫內視逨就也又音來○菜草可

食者皆名菜倉代切五埰古者卿大夫食采地郭璞云采地葬之因以名棌木名⿱髟采髺也䐩

大腹○載運也昨代切七裁製裁纔僅也在所在酨醋醬栽築牆長板⿰氵戝

測也○儗儓儗癡也海愛切又音礙一

二十廢

○廢止也大也方肺切九癈固病發

賦斂撥木似柚也祓福也除惡祭也又敷物切䈇蘆䈇⿸厂發上同⿰角發說文云弋射收繳具

也砩以石遏水曰砩○肺金藏方廢切四柹所木札也怫怒也晹暘也又音代

○穢惡也於廢切六薉蕪薉說文蕪也濊濊貊夫餘國名或作穢貊又狂濊又烏外切獩見上注

三十二

餯飯臭䮭䮭驗馬怒○吠犬聲符廢切四茷草葉多也又方大切鱿魚名鼣鼠名如大吠也○喙口喙許穢切又昌芮切六𤸰困極也詩云昆夷𤸰矣本亦作喙殔同上趪行走之兒餯飯臭顪頰也○衛牛觸人渠穢切一○刈刈穫魚肺切八乂才也汉水名

𢖿困患爲戒乂鳥爾雅云桃蟲鷦其雌刈俗呼爲巧婦亦作鴱又音艾艾治也見詩𧇖虎兒辟乂才人名

二十一震

○震雷震也又動也懼也起也威也草刃切十一振奮也裂也舉也整也救也又之人切賑贍也娠妊娠又音身侲侲子逐厲鬼童子也挋説文云給也一曰約也又爾雅曰挋拭刷清也袗玄服須須類頭少髮説文曰顏色㐱鄰順事也頁皆在左䟴動也邸地名又音辰鷐鷐鷐○信忠信又驗也極也用也重也誠也又姓魏信陵君無忌之後又漢複姓何氏姓苑有信都信平二氏息晉切十一訊問也告也訙同上迅疾也又私閏切囟説文曰頭會腦盖也顖同上卂疾飛而羽不見汛説文灑也𤝞小獸有臭居澤色黃食鼠奞奮奞毛

阠八陵名爾雅曰東陵阠又所臻切○刃刀刃而振切十一認識也肕牢肕韌柔韌
亦與肕同仞七尺曰仞軔礙車輪木牣滿也詩曰於牣魚躍杒木名訒難言⿰巾忍
枕巾眹眩瀗○胤繼也嗣也亦姓羊晉切十一酳酒漱口也靷引軸引又羊忍切⿰車東
小鼓在大鼓上擊之以引樂亦作⿰車申濥說文云水脈行池中濥濥然胂脊肉又直忍切⿰扌衍伸也⿰氵⿱八月
小水釼鐵釼⿰車申車名○遴行難也又姓良刃切二十八吝悔吝又惜也恨也俗作⿱厶去恡
鄙恡本亦作吝磷薄石閵閵鷌鳥名似鴝鵒而黄⿱竹粦竹名堅中粦說文作⿱炎舛鬼火也兵死及
牛馬血爲之燐上同藺草名莞屬亦縣名在西河又姓出西河本自有周晉穆公少子成師封韓韓獻子玄
孫曰康食邑於藺因氏焉轥轥轢車踐轔上同⿰虫粦螢火⿰粦頁須⿰粦頁一曰頭少髮⿰粦乙獸名
似鹿身黃尾白麐牡麟又音鄰⿱竹閵損也⿱艹粦草名瞵視不明皃橉木名鏻鏻健
⿰粦瓦器也⿰貝吝貪也⿵門蟲蟲也閄火皃疄田壟撛扶也又力盡切⿰粦刂水在石間

躙蹸躙○儐儐相也說文導也必刃切七擯擯斥殯殯殮鬢頰上髮也娦不相
見也嬪上同覿覿見又匹人切○陣列也直刃切五陳上同見經典陣俗今通用診
候脈又之忍切閅登也○慎誠也謹也亦姓古有慎到著書又漢複姓家語魯有慎潰氏奢侈踰法時刃切三
昚古文亦姓蜃蛟蜃又縣名○眒張目試刃切三阠東方陵名抻抻物長也○菣
香蒿可煑食去刃切又苦見切三趣行皃臤堅也○賮琛賮又財貨也會禮也徐刃切又疾刃切六
燼燭餘𦘺上同藎進也詩云王之藎臣一曰草名濜水名壗石似王○憖且也
一曰傷也又曰閑也魚覲切三猌犬張齗怒皃垽滓也○晉進也又州名堯所都平陽禹貢冀州之城
春秋時晉地秦屬河東郡後魏為唐州又為晉州爾雅晉有大陸之藪今鉅鹿是也亦姓本自唐叔虞之後以晉為氏魏有晉
鄙即刃切十𣈆上同出說文搢搢紳之士搢笏而垂紳又插也縉淺絳色又古有縉雲氏[虫進]
蟲名又蛤屬進前也善也升也登也又姓出何氏姓苑枃凡織先經以枃梳絲使不亂出埤蒼瑨

美石次玉 璡上同又音津 墊羊名又亭名 ○衅牲血塗器祭也許覲切三 舋上同又罪也瑕

舋也 釁俗 ○鎮壓也周禮有四鎮揚州之會稽青州之沂山幽州之醫無閭冀州之霍山又姓出姓苑陟刃切

三 瑱玉充耳又吐甸切 填定也亦星名又音田 ○僅餘也纔也劣也少也渠遴切十一 覲

見也 殣埋也 瑾美玉名 饉無穀曰飢無菜曰饉 勤少也 廑小屋 瘽病也 墐

塗也詩曰塞向墐戶 𠟗𠟗割也又去槿切 歏歏欠 ○櫬空棺也初覲切七 瀙水名 嚫

親施 䞋上同 襯近身衣 儭裏也 齔說文曰毀齒也男八月而齒生八歲而齔女七月而齒生

七歲而齔俗作齓又初忍切 ○印符印也印信也亦因也封物相因付又漢官儀曰諸王侯黃金槖駝鈕文曰璽列侯

黃金龜鈕文曰章御史大夫金印紫綬文曰章中二千石銀印龜鈕文曰章千石至四百石皆銅印文曰印又姓左傳鄭大夫

印段出自穆公子印以王父字爲氏於刃切四 鮣魚名身上如印 𧿳跌又音致 䨠氣行 疢病也

俗作疹丑刃切二 趁趁逐俗作趂 ○𣎵麻片撫刃切三 闠闠也 𥉀暫見 ○親親家七遴

切又七𨙻切四窺屋空皃說文至也儭至也又畏也瀙水名○螼螼蚓一名蜸蚕蚯蚓也羌

印切蜸苦典切一○吣唫也九峻切二訠欺言

二十二稕

○稕束稈也之閏切六䔦

上同諄告之丁寧𥈕鈍目盹上同訰訰訰亂也○陖高也長也險也峭也速也私閏切十

三峻上同濬深也浚水名在衛亦浚儀縣名陖亭名在馮翊說文曰陗高也埈

上同迅疾也又音信鵕鵕鸃似鳳說文曰鷩也漢初侍中服鵕鸃冠𢏗弓蕭奞奮奞鳥張

羽毛也賰賰益睃早也又音俊迿出表詞也○殉以人送死辭閏切四徇自衒名行

侚以身從物徇巡師宣令又從也或作徇○儁智過千人曰儁又羌複姓有儁蒙氏子峻切十二俊

上同晙早也餕食餘畯田畯農夫詩傳曰田大夫也駿馬之俊周穆王有八駿驊騮騄駬赤

驥白兎犧渠黃踰盜驪山子又音峻㕙㕙古東郭之狻兔名又音逡𪕽石鼠出蜀毛可作筆雋人中

最才焌然火𣯩獵之韋袴說文曰柔韋也又音耎𤑔上同又而隴切○舜虞舜仁聖盛明曰舜

說文作𦱤艸也楚謂之葍秦謂之藑蔓地連華象形舒閏切八𦱤見上注蕣木槿瞬瞚目目動也

瞚瞤並上同眣亦同見公羊傳鬊毛皃禮注云亂髮也○閏閏餘也易曰五歲再閏史

記曰黃帝起消息正閏餘漢書音義曰以歲之餘為閏如順切三潤潤澤也又益也䏰漢朐䏰縣名地下濕

多朐䏰蟲朐音蠢○順從也食閏切二揗說文摩也

二十三○問

問訊也又姓今襄州有之云運切十一璺破璺亦作璺方言曰秦晉器破而未離謂之璺絻喪服亦作免汶水名紊

亂也聞名達詩曰令聞令望莬新生草也脕上同詩曰微亦柔止鄭玄云柔謂脃脕之時抆

拭也鼤鼠文娩生也又音免○運遠也動也轉輸也國語云廣運百里東西為廣南北為運又姓出姓

苑又漢複姓二氏史記云秦後以國為姓有運奄氏後漢梁鴻改姓為運期氏王問切十六暈日月傍氣餫

野餉韗理鼓工考工記云韗人為皐陶皐陶鼓木也又況万切韗上同鄆邑名又州名魯大昊之後

風姓禹貢兗州之城即魯之附庸須句國也秦為薛郡地漢為東平國武帝為大河郡隋為鄆州亦姓魯大夫食采於鄆後因

氏焉貟姓也前凉録有金城貟敞唐有棣州刺史貟半千鴆鳥名似烏一名同力忶心悶鶤
雞三尺曰鶤又音昆⿰貟云物數亂也韻韻和也⿰貟見衆視⿰軍見上同⿸疒貟病也又尤粉切緷
說文緯也。訓誡也男曰教女曰訓又姓許運切五爋火乾物臐羊羹薰薰香又許云切鐼
鐵類。湓含水潠也匹問切四忿怒也魵小魚濆水浸也又音奮。糞穢也方問切八⿱米廾
上同⿱弁土⿱弁土埽除也拚上同見禮僨僵也奮揚也鳥張毛羽奮奞也又姓左傳楚有司馬奮揚
瀵水名有三眼一在蒲州泉眼大如車輪濆沸涌出一在同州界夾黃河一在河中央皆潛通大小並相似但深不測
又音湓殨殨也。醖醖釀於問切又於刎切四慍怒也縕亂麻蕰習也俗作藴又音上
聲。攈說文拾也居運切五捃上同皸足坼又居云切豩豕求食也又衢物切⿰豸軍小野
豕名。郡說文曰周制天子地方千里分爲百縣縣有四郡故春秋傳曰上大夫受郡是也至秦初置三十六郡以監其
縣釋名曰郡君羣也人所羣聚也渠運切一。分分劑扶問切又方文切五⿸疒貟⿸疒貟痛瘖悶⿰巾奮滿而裂秎

穦粉穫也坋塵也又房粉切

二十四焮

焮火氣香靳切六炘同上𤸫瘡中冷庍𦙁並上同脪說文曰瘡肉反出也靳靳固又姓楚有大夫靳尚居焮切五斤爾雅曰明明斤斤察也又居勤切抻覆巾手名㨷說文拭也劤多力皃近附也巨靳切又巨隱切一㥯依人也於靳切八㥯同上隱隈隱之皃又於謹切檼屋脊又棟也𤔌所依據也㥯說文謹也濦水名又於靳切𢅤𢅤裹相著垽爾雅曰澱謂之垽吾靳切一

二十五願

願欲也念也思也說文云大頭也魚怨切四𩓞上同說文云顚頂也傆說文黠也愿敬也善也謹也怨恨也說文恚也於願切二䛩從也說文慰也又於阮切販買賤賣貴也方願切二畈田畈券券約說文契也釋各曰券綣也相約束繾綣爲恨也去願切六絭束腰繩也勸獎勸也勉也助也教也又姓蘿萌筍又蘆牙綣繾綣志盟又去阮切韏曲也又革中辨也說文又九萬切万十千又虜三字姓二氏西魏有柱國万忸于謹周書唐瑾樊深並賜姓万紐子氏無販切十八

萬 萬舞字林云萬蟲名也亦州名自漢及梁猶爲朐䏰縣地後魏分置萬川郡及魚泉縣武德初割信州南浦置浦州貞觀改爲萬州又姓孟軻門人萬章 輓 輓車也亦作挽本又音晚 蔓 瓜蔓又姓左傳楚有蔓成然 曼 長也

蟃 螟蛉蟲 鰻 魚名 鄤 蜀有鄤鄉 娩 纂文云姓也古萬字 僈 僈蜒獸長百尋說文曰狼屬也爾雅曰貙僈似狸

⿰豸㒼 貙僈似狸或作此⿰豸㒼 ⿰需免 姓梁公子⿰需免杰之後 ⿰糸勉 挽舟繩也 贎 贈貨

䡘 戰車以遮矢也 𤿍 皮悅又無遠切 脕 肌澤 鬗 髮長 飯 周書云黃帝始炊穀爲飯符万切六

飰 上同俗又作飰 閞 門欂櫨也 粄 粉粄 ⿱緐泉 泉水 ⿰虫弁 蟲名 ○嬔 嬔息也一曰鳥伏乍出說文曰生子齊均也或作嬎芳万切十

⿸疒反 吐⿸疒反 ⿱弁酉 一宿酒 ⿱大弁 上同 ⿰箅攴 小春 㤆 急性

娩 說文云兔子也娩疾也 ⿺九也 說文云其義闕 ⿱䜌斗 量也又居願切 汳 水在睢陽 建 立也樹也至也又木名在弱水直上百仞無枝又姓楚王子建之後漢元后傳有建公又州名居万切二 ⿰方建 捷也 ○

堰 堰水也於建切十 鄢 地名在楚 郾 上同 ⿰貝匽 引與爲價又於面切 傿 上同 褗

郭璞云衣領也歐大呼用力溤水名在襄陽宜城入漢江也嫣長皃⿱罒⿸尸大說文曰大皃也○獻進也禮云大曰羹獻又姓風俗通有秦大夫獻則許建切四憲法也又姓也姓苑𧼮走意瀗水名○楥靴楥又法也虛願切四楦俗韗攻皮治鼓工也亦作⿰革軍又音運⿰革宣俗○健伉也易曰天行健渠建切二腱筋本也○⿰⿱米升攵小舂也亦作⿰米隹又方切一○遠離也于愿切一○甗甑也語偃切二鬳鬲屬○圈邑名臼万切一⿱䜌廾眈物也說文曰抒滿也居願切二桊弦也

二十六慁

○慁悶亂也說文憂也一曰擾也又禮云儒有不慁君王慁猶辱也亦作㥵胡困切四溷濁也倇全一圂廁也一云豕所居也○頓說文云下首也亦姓魏志華佗傳有督郵頓子獻都困切三扽撼扽敦豎也又都昆徒官二切○巽卦名說文具也亦作巺巽蘇困切六顨說文云巽也比易顨卦為長女為風者潠潠水噀上同遜遁也從也伏也恭也愻順也○困亂也病之甚也悴也逃也極也苦悶切四⿱止木古文涃水名顐耳門又苦根切○嫩弱也奴困切四嫰

上同腝肉腝抐揾抐按物水中○揾烏困切二饂相謁食又於恨切○悶說文曰懣也易
曰遯世無悶莫困切二懣煩也又莫緩亡損二切○鐏說文曰柲下銅也曲禮曰進戈者前其鐏徂悶切五
⿰王存人名魏時張⿰王存又至也栫大名艀船底孔也鱒魚名又魚入泥○睔大目露睛古困
切七睴視皃琯出光也又音管璭俗⿰氵鄆水名諢諢摩人也⿰言貫順言謔弄皃出
聲譜○噴吐氣普悶切三歕上同湓水聲○鈍不利也頑也徒困切五遁逃也隱也去也
遯上同⿰豚鳥癡鳥⿰豚頁⿰豚頁顐○寸說苑曰度量衡以粟生之十粟為一分十分為一寸十寸為一尺家
語云孔子曰布指知寸倉困切二鑴瓦器又千見切○坌塵也亦作坋蒲悶切二⿰氵坌水聲○顐
秃也五困切二諢玉篇云弄言○論議也盧困切又虜昆切三淪水中戕船曰淪碖大小勻皃
又盧本切○奔甫悶切又音犇一○惛迷忘也呼悶切又呼昆切一○焌然火周禮云遂龡其焌子寸切
三鬊委髮也捘左傳曰涉佗捘衛侯之手

二十七恨

○恨怨也胡艮切一○艮

卦名也止也說文限也古恨切四艮草名珢石次玉詪語也○䭡飽也五恨切一○饐
饐䭡飽也烏恨切一
二十八○翰鳥羽也高飛也亦辭翰說文曰天雞赤羽也又姓左傳曹大夫翰胡
侯旰切二十五捍抵捍扞以手扞又衞也鼾鼾睡螒螒天雞爾雅注云小蟲黒身赤頭一名莎
雞垾小堤豻野狗又音岸釬釬金銀令相著亦作銲汗熱汗悍猛悍瀚
瀚海北海閈里也居也垣也說文曰閭也汝南平輿里門曰閈䩗射䩗以皮䩗臂駻馬高六尺說文
曰馬突也雗雗鶾鷽別名䮧馬毛長也馯姓也蘚苩名又音寒䏷臏䏷刀箭瘡藥
出古兵格忓善也弙拒也又關名在巫縣矸磓也𣯔長毛𣪘說文上也𩹔魚名
○炭火炭又姓西京雜記有長安炭蚪他旦切六歎歎息嘆上同㵃㵃漫水廣皃出字林𢿡
𢿡𢿡無文章皃㜷㜷嫨無宜適也○按抑也止也烏旰切七案几屬也史記曰高祖過趙趙王張敖自持
案進食又曹公作欹案臥視書又察行也考也驗也洝說文曰渜水也晏晚也又於諫切荌草也郔

里名案欙禾○旦早也得按切八疸黃病鴠鶡鴠鳥名觛小觶又丁但切狚獦狚

獸名似狼怛傷也笪笞也𡧚小舍○憚難也又忌惡也徒案切六彈行丸又徒丹切澶

亶漫僤疾也周禮云句兵欲無僤但辭也又徒亶切撣撣觸也又徒干切○旰日晚也晏也古

案切十一幹楨幹築垣板倝說文曰日始出光倝倝也俗作翰榦莖幹又強也又姓杆

檀木𧹞赤色也盰說文曰目多白也一曰張目也骭脅也澗淲淲澗澗水流疾皃忓

布袋矸石淨○岸水涯高者五旰切九犴獄也又五干切豻野狗頇頭無髮也䮗

駻䮗馬行又馬白額至脣㷳說文云火色也讀若鴈𡹈唇也喭弔失容又五弁切㟁長文

○侃正也苦旰切又苦旱切六偘同上靬乾革看又苦干切衎樂也鶾鶡鶾鳥名

○漢水名又姓姓苑云東莞人呼旰切九暵日氣乾曤耕田熯火乾又人善切罕抱罕

縣在河州亦作罕抱音扶嘆呼也灘水濡乾也耩冬耕地厂山石之崖爛火熟又明

也郎旰切七　爤上同見說文　瀾波也又音蘭　彰粲彰文章皃　糷飯相著爾雅曰摶者
謂之糷　鑭光鑭　讕逸言又蘭嬾二音　○攤按攤也奴案切又他丹切六　灘水奔又他丹切
難患也又奴丹切　[illegible]編也　[illegible]說文曰安[illegible]溫也　[illegible]巾捫又塗著也　○粲鮮好皃又優也
察也明也亦作粲又姓出姓苑蒼案切六　㛑詩傳云三女為㛑又美皃好詩本亦作㛑說文又作奻　燦明淨
皃　璨美玉又璀璨　[illegible]草可為席　[illegible]鳥名　○繖蓋也蘇旰切又蘇旱切六　㪚分離也布
也說文作㪚分離也㪚雜肉也今通作散又蘇旱切　散見上注　帴二幅說文帬也　[illegible]說文曰竹器也
㪚說文曰繳㪚也一曰飛散也　○贊佐也出也助也見也說文本作贊則旰切十一　讚稱人之美
酇縣名在南陽　饡羹和飯也　趲散走　灒水濺　[illegible]食也　嬻女從　鬢髮光
澤也　襸衣好皃　攢訟也　○嬻不謹也一曰美好皃徂贊切五　[illegible]禽獸食餘　[illegible]同上　穳
禾肥死又在丸切　囋譏囋潮也也才葛切

二十九　○換易也胡玩切九　逭逃也迭也

轉也步也周也⿺走雚上同肒颮肒垸桼骨垸也髋上同悹慢悹不可知也眈睕眈

轉目又大目皃瘓癱瘓屬也穳鋋也子筭切二鑽錐鑽○惋驚歎烏貫切六腕手腕⿰月幸

上同捥亦同睕睕眈大目琬琬圭又於阮切○貫事也穿也累也行也又姓漢有趙相貫髙古玩

切二十八矔張目祼祭石說文曰灌祭也館館舍也周禮五十里有市市有館館有積以待朝聘之客

俗作舘瓘王升左傳曰瓘斚玉瓚杜預云瓘珪也鑵汲水器也𤺄病也痯上同灌

水名在廬江又聚也澆也清也又姓漢有灌嬰雚雚雀鳥鸛上同樌木叢生也鏆臂鐶⿰火果

楚人云火懽憂無告也錧車軸頭鐵一曰江南人呼犂刃爟烽火說文曰取火於日官名舉火曰爟周

禮曰司爟掌行火之政令遦行也冠冠束白虎通曰男子幼娶必冠女子幼嫁必笄又姓列仙傳有仙人冠先

又音官觀樓觀釋名曰觀者於上觀望也說文曰諦視也爾雅曰觀謂之闕亦姓左傳楚有觀起又音官涫

佛也悹憂也悺上同盥說文曰澡手也从臼水臨血也春秋傳曰奉匜沃盥棺殯屍又音官

毌穿也　婠好皃　棺祫別名　○竄逃也誅也放也藏也匿也從鼠在穴中七亂切五　鑹
小矟　爨炊爨又姓華陽國志云昌寧大姓有爨習蜀志云建寧大姓蜀録有交州刺史爨深　殩孝泰人云饋
喪家食　攢鋋也本音鑽俗爲槍攢字　○玩弄也五換切五　貦說文上同　翫習也　妧好皃
忨忨貪　○段分段也又姓出武威本自鄭共叔段之後風俗通云段干木之後段氏有出遼西者本鮮卑檀石槐
之後晉瞬段匹磾徒玩切三　㱭卵壞　椴大名　○亂理也又兵寇也不理也俗作乱郎段切四　灓
絶水渡也亦作亂　𢿣煩也　𤔔理也　○鍛打鐵丁貫切六　腶鍛脯　碫礪石　斷決斷
俗作𣃔斷　瑖石之似玉　踹足踹　○彖易有彖象通貫切四　褖后衣　貒野豚　湪水名
○喚呼也火貫切八　嚾上同　[illegible]上同出說文　煥火光　奐文彩明皃又姓　渙水散
又音翾　[illegible]國在流沙東　喛恚也又虛元切　○筭計也數也說文曰筭長六寸計歷數者也又有九章
術漢許商杜忠吳陳熾魏王粲並善之世本曰黃帝時隷首作數蘇貫切四　蒜葷菜也張騫使西域得大蒜胡荽

笇竹器祘明也。縵說文曰繒無文也漢律曰賜衣者縵表白裏莫半切十幔帷幔漫大水⿰曼攵⿰曼攵數⿰耒曼不蒔田也獌狼屬又音萬⿰豸曼上同墁所以塗飾牆又莫干切
鏝上同又鏝刀工人器謾欺也又莫干切。半物中分也博慢切七絆羈絆靽上同姅傷孕⿰馬半⿰馬半騂馬行料五升⿰口半吺⿰口半失容。判剖判又分也普半切八泮泮宮禮記作頖
頖見上注沜水涯胖牲之半體姅傷孕人音半冸冰散牉牉合夫婦也本亦作判周禮云媒氏掌萬民之判。叛奔他國薄半切四𡛝嬔𡛝無宜適也畔田界也伴伴奐見詩。偄偄弱也奴亂切五愞上同稬稻稬也渜俗餘汁也䴨說文曰鹿䴨也
攢聚也在玩切一。⿰金欵燒鐵灸也口喚切二⿰魚欵魚撞䰃聲

三十。諫諫諍直言以悟人也又姓風俗通云漢有治書侍史諫忠古晏切三澗溝澗爾雅曰山夾水澗亦作磵⿰山間鐗車間鐵也。鴈禮曰孟春之月鴻鴈來賓白虎通曰贄用鴈者取其隨時五晏切六鳫同上雁鳥也出說文贗

僞物偐上同犴逐獸犬晏柔也天清也又晚也又姓左傳齊有晏氏代爲大夫烏澗切五騴

馬尾白也暥目相戲也鴳爾雅曰鳸鴳郭璞云今鴳雀鷃上同訕謗也所晏切又所攀切七汕

魚乘水上狦獸名似狼說文曰惡健犬也罠取魚網也疝病也又所蓺切柵籬柵又又革切

⿰山麥餅⿰山麥麴骭脛骨下晏切又音旰二娨慢也慢怠也倨也易也俗作僈謨晏切五嫚

侮易謾欺謾縵綏縵㾺牛馬病又莫駕切綰鉤繫烏患切三贃支財貨出文字指歸

⿰面官面曲皃患病也亦禍也憂也惡也苦也又姓出何氏姓苑胡慣切九閞古文擐擐甲宦

仕宦亦閹宦又學也左傳云宦三年矣轘車裂人又音還豢穀養畜又牛馬曰芻犬豕曰豢⿰羊患獸名

似羊無口出山海經槵無槵木名繯縞文慣習也古患切六丱總角也幼稚也摜摜帶

倌主駕官也又音官串穿也習也矔矔眮轉目孿雙生子亦作孌生患切又所眷切二

涮涮洗也篡奪也逆也初患切一亂菼亂五患切一輚臥車又寢車亦作轏士諫切三

棧木棧道又士限切虥虎淺毛又士限切俴谷在上艾〓馬〓蟲名○襻衣襻普患切一○奻訟也女患切一○鏟削木器初鴈切又初限切三〓穀麥〓也羼羊相間也○〓赤色也丑晏切三〓牛馬病

三十一襉

○襉襉裙古莧切六犴逐虎犬間廁也瘳也代也送也迭也隔也又音平聲覵視也〓醎也衦古衣○莧菜名侯襉切三〓菫餘也粯粉頭粯子○瓣瓜瓠瓣也薄莧切五辨具也周禮曰以辨民器又步免切辦俗辧小見釆說文云辨別也象獸指爪分別也○盼美目匹莧切二〓小兒白眼視也○幻幻化胡辨切一○蔄人姓亡莧切一○袒衣縫解又作綻丈莧切三綻上同組補縫○扮打扮晡幻切一○鰥鰥視古幻切一

三十二霰

○霰雨雪雜又作霓霰釋名曰霰星也水雪相摶如星而散說文云霰稷雪也蘇佃切九霓𩆷並同上〓散也廠舍也亦作敞先先後猶跣姺又姓出河東又蘇前切汛灑汛又所隘息進二切軐轉軐車迹也〓紡〓○蒨草盛倉甸切十三茜草名可染絳色輤載柩車蓋大夫以布士以葦席綪青赤色倩倩利又巧笑皃芊芊菓

草木相雜皃 詠詠散 精木名 帤惓也又幧頭 䘻[illegible]也 鑴紡緯說文曰瓦器也又七鉎切 䑶輕舟 篟青竹 ○絢文彩皃許縣切八 絃上同 敻營求也又休娉切 眴目動又音舜 駽青驪馬也 𧾩走皃 𢫬擊也 讂流言有所求也又古縣切 ○縣郡縣也釋名曰縣懸也懸於郡也古作寰楚莊王滅陳爲縣縣名自此始也又姓孔子門人縣單父黃練切十五 寰古文 袨好衣 眩瞑眩書曰若藥弗瞑眩厥疾弗瘳 炫明也火光也 衒自媒 衙上同 𧵍行𧵍賣 贙獸名又音泫 𩑶顯後 迿出表辞 姰狃也又相倫切 玹玉名 旬目搖 眴上同 ○睊視皃古縣切十一 讂流言 瓹盆底孔 䣺說文曰釃酒也釃音歷 羂鳥羅 罥綰也 懁急性 𧗴車搖 𢕍躍也 狷急也又音絹 弲辭也 ○電陰陽激耀釋名曰電殄也乍見則殄滅也堂練切十八 殿宮殿風俗通云殿堂象東井形刻爲荷蔆荷蔆水物所以厭火又都甸切 奠設奠禮注云薦也陳也書傳云定也 畋平見 澱澱滓亦藍澱也 淀陂淀泊屬 甸郊甸書曰五百里甸服 佃營田 鈿寶鈿以寶

飾器又音田闐于闐國在西域域或作窴又音田娗美好皃黰藍黰滓者也塡塞塡
窴同上墊堂基⿸尸眞待也又音項⿸尸先髀也⿺走眞走也○瑱玉名說文曰以玉充耳也
詩曰玉之瑱也他甸切又音田四⿰眞耳同上滇滇酉大水又音田睼迎視又音啼○練白練
又姓何氏姓苑云南康人郎甸切十五浰水疾流皃鍊鍊金揀揀擇楝木名鵷鶵食其實
⿰柬瓜瓜⿰柬瓜鰊魚名似鼃僆釋采成也萰草名堜堜塘墟名在吴郡湅熟絲也周
禮曰㡛氏湅絲⿰氵敕熟⿰氵敕敕搥打物也⿰木彖與蠹⿰片柬木解理也○見視也又姓出姓苑古電切
又胡甸切二鋻堅鐵○睍日光奴甸切四⿰目然同上⿰女然姓也涀說文曰水也○俔
磬也譬也苦甸切八牽牽挽也又苦堅切⿱艹敁爾雅曰蔦⿱艹敁又去刃切蜆爾雅曰蜆縊女郭璞曰小
黑蟲赤頭喜自經故曰縊女又音峴⿰木牽橫⿰木牽木涀水名汧泉出不流緊緈也又口典切○
見露也胡甸切四現俗涀水名⿺辶牽無也○硯筆硯釋名云硯研也研墨使和濡也吾甸

切六研摩研又音平聲⿰𧾷見行不正也⿰犭开逐虎犬也豣爾雅云麕絶有力豣趼趼骨○

宴安也息也於甸切十三驠馬名燕說文云玄鳥也作巢避戊巳鷰俗今通用醼

醼飲周禮云以饗燕之禮視四方之賓客詩云鹿鳴燕羣臣嘉賓也古無酉今通用亦作宴讌讌會本亦同上嬿

嬿婉美也又於典切嚥吞也咽同上曣星無雲出說文溎大水皃䣍邑名⿰目宴

視也或作⿰目燕○薦薦席又薦進也說文曰獸之所食艸古者神人以廌遺黃帝帝曰何食何處曰食薦夏處川澤冬處松

柏又姓出姓苑作甸切廌丈買切二⿱艹⿸广麥玄畜食○麪束晳麪賦云重羅之麪塵飛雪白莫甸切八麵同上

瞑瞑眩眄斜視⿰氵眄滇⿰氵眄水大皃⿱宀丏冥合䤨䤨眩汗血⿰米眞屑米○片半也

判也析木也普麪切三⿰月片半體也辧爾雅革中絶謂之辧革車轡勒也本亦作辦荐重也乃也

再也在甸切七洊水荒曰洊亦再也易曰洊雷震𦤾重至又魏有高士張𦤾戴鵀之鳥巢其門陰者又徂問切

栫圍也左傳云栫之以棘瀳水名袸小帶⿰門薦門次○⿰飠肙饜飽烏縣切四⿰衤𣶒廣雅

云衣衿袖曲處䙈嬛甘不猒也肙小蟲又空也○殿軍在前曰啓後曰殿又殿最漢書音義云上功
曰最下功曰殿都甸切又堂練切三唸唸吚呻也亦作⿰口殿屎經典又作殿屎⿰口殿見上○顯在背曰顯
亦作顯呼甸切又呼典切一【三十三】○線線縷也周禮云縫人掌王宮縫線之事以役女御縫王及
后衣服私箭切四綫細絲出文字指歸說文同上惗思惗鮮姓也本音平聲○戰懼也恐也
又性之膳切二顫四皮寒動○繕補也時戰切十二鄯鄯善西域國名擅專也膳食也
饍同上僐廣雅云姿態禪主禪又禪讓傳受⿰示亶古文單單父縣亦姓⿰亶瓦
器緣⿰金單同上嬗說文緩也一曰傳也漢書霍去病子名嬗○彥美士魚變切六唁弔失國說文曰
弔生也詩曰歸唁衛侯喭同上甗甑也諺俗言這迎也○譴問也責也怒也讓也亦姓
去戰切五遣人臣賜車馬曰遣車又去尠切⿰革遣罥帶晵雨而晝止繾又去演切絹縑也
廣雅曰繁總鮮支縠絹也吉掾切五狷褊急又古縣切鄄鄄城縣在濮州⿰木絹⿰木絹青木皮葉可作衣似絹

出西域烏耆國覭視也○瑗玉名于眷切又于願切五援接援救助也亦姓媛淑媛褑
佩帶院垣院○面向也前也說文作圁顏前也俗作靣彌箭切二偭說文曰鄉也引禮少儀云尊壺者偭其
鼻○釧鐶釧續漢書曰孫程十九人立順帝各賜金釧指鐶尺絹切四窀穿也又初稅切穿貫也又音
川諯相讓也○掾官名以絹切四緣衣緣彖弓彖䬝再揚穀又小風也○驏
馬土俗陟扇切三襢周禮王后之六服其一曰襢衣襢上同○瞤城下田人絹切又而宛切一○
箭箭竹高一丈節間三尺可爲矢爾雅曰東南之美者有會稽之竹箭子賤切九箾古文鬋女鬢垂皃
葥草名湔水名在蜀榗木名籛陸終子名又子田切濺濺水又作甸切煎甲煎
又將仙切○硟展繒石昌戰切一○扇崔豹古今注舜作五明扇說文扉也式戰切六煽火盛皃又音羶
傓熾盛蝙蠅動翅也說文曰蠅醜蝙𦸸草名箑竹○𦨣怒瞋於扇切三𥌟視皃
又於殄切堰堰埭眷眷屬說文顧也居倦切十五睠上同捲西捲縣名在日南劵

曲也又書劵今作卷卷同上桊牛拘帣囊也亦三石爲一帣絭連弩三十絭共一臂棬
爾雅云牛腳黒棬又音權觠爾雅云羊屬角三觠羷郭璞云觠角三匝𧯷黃豆又求晚切餋祭名蜷
蜷蠋蚸蛛別名𢍏說文曰摶飯也隸省作龹眷字類從此俗作弃勬勸也又居員切○倦疲也猒也懈也
說文又作券勞也或作勬渠卷切五綣緣韡縫也韏同上襈重繒淃水名○戀慕也力卷
切四𢇍又音亂䜌何承天云姓也漢有䜌秘爲南郡太守孌順也○猭獸走皃丑戀切二
鶨鳥名又音彖○變化也通也易也又姓出姓苑彼眷切一○𨏥篹輦車軸所眷切二孿一乳
兩子亦作孿又生患切○縓絳色七絹切又七全切三諯相責眦更視見皃說文作遺相顧視而行也
又弋絹切○卞縣名在魯又姓出濟陰本自有周曹叔振鐸之後曹之支子封于卞遂以建族皮變切十五拚
擊手抃同上弁周冠名覍同上汴水名在陳留亦州名秦屬三川郡漢爲陳留郡留鄭邑爲
陳所并遂名之東魏置梁州周改爲汴州𤢪大鬭声閞門欂櫨又音飯昪日光皃匥笥也

弁雀草 笲竹器 玣玉名 忭喜皃 頩傾冠 ○淀回泉辭戀切九 鏇轉軸裁器 縼長繩繫牛馬放 㯀上同 旋遶也 嫙好皃 ⿰羊巽羊也 ⿺走⿸厂敢大也 ⿰月旋⿰月旋短者 ○選息絹切八 潠歆也 ⿰氵選口含水濆 ⿰羊巽羊也 ⿱罒巽罥獸足網 ⿰足巽上同 繏索也 渲小水 ○篹說文曰具食也七戀切九 饌上同 ⿰月巽上同見儀禮 ⿰示巽緣也 僎具也 譔專敬 ⿰王巽珍⿰王巽 僝見也具也 ⿰巳巳具也 ○孨謹也莊眷切一 ○傳訓也釋名曰傳傳也以傳示後人也直戀切又直專丁戀二切二 縳纏繞也 ○賤輕賤又姓風俗通云漢有北平太守賤瓊才線切三 諓巧讒皃 餞酒食送人 ○羨貪慕又餘也又姓列仙傳有羨門似面切二 ⿺辶羨遮也 ○⿰馬扁躍上馬匹戰切二 偏又音篇 ○⿰扌叀縣繩望時釧切二 叀說文曰專小謹也 ○輾水輾女箭切二 碾上同 ○囀韻也又鳥吟知戀切三 傳郵馬釋名曰傳傳也人所止息去後人復來轉轉相傳無常人也又直專直戀二切 轉流轉又張兖切 ○衍水也溢也豐也于線切又以淺切八 ⿺辶莚蔓莚

不斷羨延也進也狿獌狿大獸名長八尺延曼延不斷其莚也涎湎涎水皃⿺辶羨移也

嗔犬笑○便利也婢面切又音平聲一○邅逐也持碾切又張連切二纏纏繞物也○𤸷痓𤸷

惡病也連彥切二漣按漣之皃○䊵祭祀區倦切三絭臂繩⿰⻊巽羂網○剸切肉皃之囀切二

○徧周也說文帀也方見切二遍俗

三十四

○嘯說文曰吹聲也蘇弔切五歗

籀文⿰扌肅打也⿰月肅切肉合糅熽火皃○糶賣米也他弔切十𥻍俗眺視也覜

周禮曰大夫衆來曰覜寡來曰聘趒越也咷叫咷楚聲又音桃頫薛琮云低頭聽本又音府窱

叫窱深邃皃鋽鉎鋽絩綺絲數也○弔弔生曰唁弔死曰弔多嘯切又音的七伄伄儅不當

皃瘹瘹星狂病釣釣魚淮南子曰詹公釣千歲之鯉詹公古善釣者呂氏春秋曰太公釣於滋泉以遇文王

窵窵窅深也蔦寄生草⿺辶弔至也又音的○叫呼也古弔切十二訆說文曰大呼也

徼循也小道也⿰巾敫行縢又古鳥切⿱敫言訐也又痛聲也激水急又古歷切噭噭噭深聲

呌犬嘷說文曰高聲也一曰大呼獥狼子敫歌也鷔爾雅云鷇鷊鶻似鳥而蒼白色轎轎車轄○尿小便也或作溺奴弔切二尿古文藋藜藋也徒弔切七銚燒器又音姚掉振也搖也又徒了切調選也韻調也又音苕莜草田器又音苕𥁕上同嬥嬥嬈不仁又徒了切

○竅穴也苦弔切二擊旁擊亦作撽○顟顟顤長頭力弔切九尥牛脛交嫽嫽倰又音僚料料度量也又音僚嘹病呼鐐美金又音僚璙玉名罺魚網炓大光

○顤五弔切五獟狂犬澆韓浞子方又音梟𪖐仰鼻又牛救切嘄叫也○窔隱暗處亦作安東南隅謂之安俗作突烏叫切二窅窅篠幽深皃又音杳○歗說文云悲意也火弔切三嬈嬥嬈不仁又而沼切娎娎婡喜皃

三十五

○笑欣也喜也亦作笑私妙切五咲俗肖似也小也法也像也韒刀韒鞘上同○照明也之少切三炤上同詔上命釋名曰詔照也照人暗不見事以此示之使昭然也又告也教也垗隄也界也卲卜問也又音邵○燿

燿燿說文照也弋照切十七鷂鷙鳥也莊子曰鷂爲鸇鸇爲布穀此物變也摇摇動又音遥覞
普視說文曰並視也䚻同上耀光耀曜日光也又照也䚺視誤也𥉂同上𧻓
行不正也𣢾遺王又音由笔屋上薄也趡走也鷣一名負雀䔄菟絲也又帝女花也
艞對艞江中大船論誤言皃要約也於笑切又於招切三葽草盛皃又於招切約
又於略切召呼也直照切一邵邑名又姓出魏郡周文王子邵公奭之後寔照切七召同上劭
自強也卲卜問也又音韶𠷸倒懸鉤也䬰小食又尺邵切卲高也嶠山道又山銳而
高渠廟切又音喬二轎輶車也又音喬剽強取又輕也匹妙切十一彯彯畫瞟置風日中今乾
漂水中打絮韓信寄食於漂母又撫招切僄僄狡輕迅翲飛皃𦗺聽繞鬧出字林勡
劫也摽摽落嫖身輕便也慓急疾噍嚼也才笑切又子幺子由二切四誚責也顦
刈也趭走也妙好也彌笑切三玅同上篎爾雅云小管也陗山峻亦作峭七肖切八

峭上同 篍竹簫洛陽亭長所吹又七流切 消峻波 哨壺口⿰黑肖者名也 俏俏醋好皃 帩帩縳 ⿰黑肖⿰黑肖⿰黑黽 尞說文曰祡祭天也凡從尞者作尞同力照切八 燎照也一曰宵田又放火也又九小切 ⿰土尞周垣 ⿸疒樂⿸疒樂病說文治也 療上同 熮火皃 膫炙也 鷯爾雅云鶉一名鷯其雄曰鶛又音僚○ 趬行輕皃丘召切五 ⿱喬几⿰喬几⿰虛几不安 ⿸广喬玉篇云高屋 譑譑弄 ⿱喬几髙⿱喬几⿱喬几○ ⿰虛几⿰喬几⿰虛几牛召切一○ 醮祭也子肖切十一 ⿰示焦上同 釂飲酒盡也 皭白色 潐盡也 爝火也 ⿰面焦面不光 僬行容止皃禮曰庶人僬僬 趭走皃 ⿰禾⿱覀焦物縮小又作穛 ⿰目爵目瞋○ 廟皃也齊職儀曰周有守禮之官掌先王之宗廟也亦作庿眉召切二 庿上同○ 驃驃騎官名又馬黃白色毗召切又卑笑切又匹召切一○ 少幼少漢書曰少府秦官掌山海池澤之稅以給供養又漢複姓五氏說苑趙簡子御有少室周魯惠公子施叔之後有少施氏家語魯有少正卯孔子弟子有少叔乘何氏姓苑有少師氏失照切又失沼切二 燒放火又失昭切○ 朓祭也丑召切一○ 裱領巾也方廟切二 俵俵散○ ⿺几⿰幸丑尾起

也巨要切又巨堯切一。饒益饒人要切又人招切二繞卷取物皃

三十六。效

效具也學也象也又效力效驗也胡教切八効俗校校尉官名亦周禮校人之後又音敎斆學也書曰惟斆學半恔快也出孟子傚敎也詩曰是則是傚毛萇云言可法傚也殽誤也詨詨叫。敎教訓也又法也語也元命包云天垂文象人行其事謂之敎敎之爲言傚也古孝切十一效古文窖倉窖校檢校又考校鉸鉸刀又裝鉸酵酒酵覺睡覺又音角膠膠黏物又音交較不等又音角𡥉又音交珓杯珓古者以玉爲之。孝孝順爾雅曰善父母爲孝孝經左契曰元氣混沌孝在其中天子孝龍負圖庶人孝林澤茂又姓風俗通云齊孝公之後呼教切六哮嗅也又音虓涍水名在南陽嗃大嘷又呼各切詨上同⿰孝廌解廌屬又音敎罩竹籠取魚具也都教切五⿱⺮卓上同⿱罒隹說文曰覆鳥令不得飛走也⿺走周⿺走周趙跳皃鵫鵫雉今白雉也。豹獸名雀豹古今注曰豹尾車周制也象君子豹變尾言謙也古軍正建之令唯乘輿建焉廣志曰狐死首丘豹死首山又姓風俗通曰八元叔豹之後北

教切五　謈謈謈惡也　㒖㒖直吏官　爆火裂又音駁　䶌鼠屬能飛食虎豹出胡地又音酌○
敲擊也苦教切又苦交切三　磝磝磽又口交切　巧巧僞山海經曰義均始爲巧倕作百巧也又苦絞切
○皃儀皃莫教切七　䫉說文同上　貌籒文　䡷引也　帽幗也　緢旄雜絲也說文音苗
㒵綵雜文也○奅起攫亦大也匹皃切六　窌上同說文窖也　炮灼皃又步交切　抛抛車
又普交切　皰面生氣也又旁教切　礮礮石軍戰石也　趠行皃丑教切二　踔猨跳○稍均也
小也說文曰出物有漸也所教切七　𧱯豕食又雨濺也　𢯷木上小或作𢯷　𣔳上同　娋小娋侵也
𨛫大夫食邑　𦓔耰種○棹檝也直教切四　櫂上同　濯浣衣又直角切　焯火急煎皃
橈木曲奴教切又如昭切四　淖泥淖　吏不靜又猥也擾也　閙上同○抓爪刺也側教切
三　𤺋縮也小也亦作瘷　笊笊籬○靤面瘡防教切五　皰面生氣也　鞄持皮　鉋
鉋刀治木器也　𩰠手擊○抄略取也初教切八　鈔上同　縐惡絹也又初爪切又側救切　耖

重耕田也 仯仯仯小子 觘角上浪也 ⿰舟少船不安也 罺小網 ○靿靴靿於教切五 袎

襪拗 怮很也房也出字林 箹竹節又於角切 軪車有機 ○樂好也五教切又岳洛二音三

磽磝磽又五交切 ⿰孝鬼醜皃 ○巢棧閣也士稍切又士交切一

三十七号 ○号号令

又召也呼也謚也亦作號胡倒切六 號上同又平刀切 ⿰王號石似玉也 ⿱號土土釜 ⿰言皋相欺 ⿰女皋

女字 ○導引也徒到切十四 翿舞者所執 纛左纛以犛牛尾爲之大如斗繫於左騑馬軛上 悼

傷悼 蹈踐也 盜盜賊 燾覆也又徒刀切 幬同上 䆃嘉禾一莖六穗 儔隱也 ⿰镸兆

長皃 ⿱敖日年九十或作耄 ⿰黍壽黏也 ⿰糸翟不青不黃 ○到至也又姓出彭城本自高陽氏楚令尹屈到之

後漢有東平太守到質都導切六 禱祭也請也文字音義云得福曰祠求福曰禱又當老切 倒倒懸又當

老切 𠬪姓也出河內 ⿰衤毒衣背縫 菿大也 ○誥告也謹也古到切七 郜國名在濟陰又

姓晉有高昌長郜玫 告報也說文作告又音捁 縞白縑又音蒿 膏高車又音高 ⿰木蒿苦木

烄交木然也 傲慢也倨也說文作傲餘傲此五到切八 嫯慢也 䵖頭長 鏊餅鏊 驁

馬名 奡陸地行舟人也 謷志遠皃 ⿱敖身⿱敖身身魚鳥狀也 冃說文曰小兒蠻夷頭衣也莫報切十

九 帽頭帽 耄老耄亦作耄見經典省 ⿱艹耄上同見說文 芼菜食又擇也搴也謂拔取菜也

芼以蘋蘩亦為羹亦草覆蔓 眊目少睛 瑁圭名天子所執 玥古文 冒覆也涉也又莫北切 䁅

低目細視 旄狗足旄毛 毛毛鷹鷂鶹 媢夫妬婦出說文 ⿺毛鳥鳥輕毛也 ⿰扌冒手扶之也 覒

邪視也亦作眊 ⿰毛隹鳥毛盛也 ⿰糸毛刺也絹帛⿰糸毛起如刺也 ⿰木冒說文曰門樞之橫梁 嫪悋物又姓

郎到切八 澇淹也又水名或作潦 潦上同 勞勞慰又郎刀切 僗俗 髝髝髞麤急皃又

音牢 癆癆痢惡人說文曰朝鮮謂飲藥毒曰癆 ⿰糸勞麻莖大也又施絞於編也 操持也又志操七到切

又七刀切七 造至也又所早切 艁古文 慥言行急 麬米穀雜 糙同上 鄵

鄭地名 暴侵暴猝也急也又晞也案說文作㬥疾有所趣也又作曓晞也今通作暴亦姓漢有繡衣使者暴勝之薄

報切九虣上同周禮曰以刑教中則民不虣曝曝乾俗瀑瀑雨勽說文覆也菢

鳥伏卵也裒衣前襟又云今朝服垂衣又薄高切𡕢姓也出姓苑鸔鳥名又博木切報報告

又下婬曰報博耗切一○漕水運穀在到切二𢷇手攪也○奧深也內也主也藏也爾雅曰西南隅

謂之奧烏到切十一懊懊悔䐿藏肉埤蒼云鳥胃也𩜾妬食隩說文曰水隈崖也燠

燠釜以水添釜𧬰語也镺長也墺四墺四方土又於六切𩸢魚名澳澳深又水

名喿羣鳥聲蘇到切九譟羣呼噪上同瘙疥瘙𤻲上同髞髝髞埽

埽灑說文棄也又桑道切掃上同懆情性踈皃○𩜁餉軍苦到切五犒上同槀槀飫書篇

名靠相違也顤顤頪大頭○竈淮南子曰炎帝作火死而為竈則到切三躁動也趮

疾也○秏減也亦稻屬呂氏春秋云飯之美者南海之秏又姓出何氏姓苑俗作耗呼到切四好愛好亦璧孔也

見周禮又姓出纂文又呼老切㚵姓也或作𡥋歊歊縮也○䐿臂節那到切三𨱖長皃腦

傻皮也

三十八○箇 箇數又枚也凡也古賀切三 个 明堂四面偏室曰左个也 個 偏也 賀 慶也擔也勞也加也亦姓出會稽河南二望本齊之公族慶封之後漢侍中慶純避安帝諱改爲賀氏又虜複姓九氏北俗謂忠貞爲賀若魏孝文以其先祖有忠貞之稱遂以賀若爲氏周書賀蘭祥傳曰其先與魏俱起有紇伏者爲賀蘭莫何弗因以爲氏賀拔勝傳云其先與魏俱出陰山代爲酋長北方謂土爲拔爲其揔有地土時人相賀因爲賀拔氏後自武川徙居河南也南燕録有輔國大將軍賀賴盧後魏書有賀葛賀婁賀兒賀遂賀悅等氏胡箇切四 䙆 被袖也 袔 上同 ⿰氵賀 水名○佐 助也則箇切六 左 左右又作可切 ⿰方左 副也 ⿰扌左 行不正也 袏 襌衣 作 造也本臧洛切○跢 小兒行也丁佐切四 癉 勞也 痑 病也 哆 語助聲○邏 游兵也郎佐切三 ⿰衤羅 婦人衣 ⿸疒羅 病也○坷 坎坷不平也口箇切四 軻 轗軻不遇也孟子居貧轗軻故名軻字子居又苦哥切 蚵 爾雅商蚵蟲一名蜥又胡哥切 艘 船著沙不行也○餓 不飽也五个切一○馱 負馱唐佐切二 大 又唐蓋切○柰 柰何奴箇切又奴帶切二 那 語助又奴哥切○

些楚語辭蘇箇切又音細一○呵噓氣呼箇切又呼哥切二歌歌歌大笑○拖牽車吐邏切一

三十九○過誤也越也責也度也古臥切七裹包也又音果鍋鎌也亦作划划

上同蝸蟷蠰也即螗蜋涐水名鍋食也出玉篇○和聲相應胡臥切又音禾三盉調味

咊和也○挫摧也則臥切三夎拜失容又詐也經典作蓌侳安也有也○課稅也試也第也

苦臥切七堁堀堁塵起皃敤研治髁髁骨也⿸尸果上同⿸疒果禿瘰科滋生也又

音窠○唾說文云口液也湯臥切七涶上同毻鳥易毛也蜕蜕去皮婧好皃⿰彳毛

落毛⿰衤青無袂衣也○播揚也放也弃也說文曰種也一曰布也又姓播武殷賢人補過切五⿰番攵古文簸

簸揚又布火切番獸走譒敷也謡也○剉破也麤臥切三莝斬草銼蜀呼鈷鏻○磨

磑也摸臥切又莫禾切四䃺上同塺塵也摩按摩又莫禾切○愞弱也或從需下文同乃臥切又

乃亂切四堧沙土又而緣如兖二切稬秫名㽜城下田又隍池內也○破破壞又虜三字姓三

氏北齊書有破六韓常後魏書有北境賊破六汗拔陵又西方破多羅氏後改為潘氏普過切二頗又普禾切○
座牀座徂卧切二坐被罪又藏果切○卧寢也釋名曰卧化也精氣變化不與覺時同也說文曰休也从
人臣取其伏也吾貨切一○諎諎磨千過切二措拭措○貨財也蔡氏化清經曰貨者化也變化反易之物
故字有化也呼卧切一○惰惰懈也徒卧切四媠嬾婦人也⿰衤隋無袂衣也⿰犭隋猪別名也○
縛符卧切一○臝痿病也魯過切七⿰扌臝擊物之名⿰糹臝不訓也又不均也⿸疒臝畜產疫病
⿺辶臝膝病摞理也儽儽弱也○挅木本都唾切四㛊量也刴刴斫剉也挅
落帆○磋磨磋治象牙七過切一○⿰月貨臀膏肓也先卧切一○侉痛呼也安賀切一○涴泥著物也
亦作污烏卧切又烏官切又於阮切一

四十○禡師旅所止地祭名莫駕切九榪牀頭橫木
⿱髟莫婦人結帶⿸疒馬牛馬病又音慢說文曰目病一曰惡气著身也一曰蝕創罵惡言⿰馬阝縣名在犍
為又音馬⿰言馬多言⿰阝馬增益又巧也傌齊大夫名○駕行也乘也說文曰馬在軛中也古訝切十二

稼稼穡種曰稼斂曰穡嫁家也故婦人謂嫁曰歸瘕腹病架架屋亦作枷禮記曰不同椸枷
⿰扌叚舉閣價價數假借也至也易也休假也又古雅切幏蠻夷賓布⿸广叚⿸广叚屋間也⿱加月⿱加月賸不密
賈賈人知善惡○亞次也就也醜也衣嫁切十俹倚俹⿱亞日姓也⿰亞欠歐⿰亞欠驢鳴歐乙利切
稏䆉稏稻名⿰月亞⿰月亞膪肥皃啞啞啞烏聲婭爾雅曰兩壻相謂為亞或作婭⿺辶亞次第行也
襾覆也覆覈要覂賈從此又許下切○嚇笑聲呼訝切又呼格切八鏬孔鏬唬虎聲謼誑謼
⿰土虖地名在晉謑怒言煆赫也熱也乾也⿰口問詬問責怒○迓迎也吾駕切六訝嗟訝亦上同
犽獸名齖齰齖不相得也枒木名一云車輞合處砑碾砑○詫誑也丑亞切三
侘侘傺失志見楚詞⿰言⿱䀠大相誤○吒吒歎說文曰噴也叱怒也陟駕切十二咤上同禮記曰無咤食
姹美女又丁故切灹火聲哆哆吳大口奓張也開也又陟加切⿰月奓⿰月奓膀相黏也
⿰彳啻⿰彳啻步肥也膪⿰月亞膪肥也⿱艹姹⿱艹姹⿱艹肩黃苓別名⿱宀託祭奠酒爵又丁故切闍上同○詐

僞也側駕切六 溠周禮職方氏云河南曰豫州其浸波溠春秋傳云楚子除道梁溠 咋咋語聲 笮

笮酒器也 醡壓酒具也出證俗文 榨打油具也出證俗文 ○乍鋤駕切五 䄍年終祭名或作蜡廣

雅曰夏曰清祀殷曰嘉平周曰大䄍秦曰臘也 蜡上同 齰齰齚 詐說文曰慙語也 謝辤謝又姓

出陳郡會稽二望辝夜切三 榭臺榭爾雅曰有木者謂之榭 㴬水名 ○髂腰骨枯駕切六 䯊

上同 㾏小兒驚 謑謑詬巧言才也 㰤大笑 呵歎聲 ○暇閑也書曰不敢自暇俗作暇胡

駕切四 夏春夏又胡雅切 下行下又胡雅切 芐蒲芐草 ○褯小兒褯慈夜切五 藉

以蘭茅藉地又慈亦切 躤踐也 𨧫鏡𨧫 䣢亭名在貝丘也 ○夜舍也暮也君子有四時朝以聽

政晝以訪問夕以修令夜以安身又姓羊謝切三 射僕射 䳈鳥名似雉 ○赿怒也一曰牽也充夜切又

丑格切二 斥山名爾雅曰東方之美者有斥山之文皮焉又音尺 ○蝑鹽藏蟹司夜切又司余切四 卸

卸馬去鞍 瀉吐瀉又音寫 篤笘篤 ○柘木名亦姓之夜切七 樜上同 鷓鷓鴣鳥似雉南

飛蟅蟅蝢蟲名亦作蟅也嗻多語之皃炙炙肉周書曰黃帝始燔肉爲炙又之石切蔗甘蔗

○唶歎聲子夜切二借假借又將昔切舍屋也又姓古作舍始夜切五赦赦宥騇牡馬

涻文字音義云涻水出北嚻山也厙姓也出姓苑今合括有之又昌舍切○射射弓也周禮有五射白矢

參遠剡注讓尺井儀又姓三輔決錄云漢末有大鴻臚射咸本姓謝名服天子以爲將軍出征姓謝名服不祥改之爲射氏名咸

神夜切又音石又音夜僕射也四䠶上同見說文麝獸名爾雅曰麝父麕足又華山之陰多麝貰

貰賒也貸也○霸國語曰霸把也把持諸侯之權又姓益部耆舊傳有霸相必駕切七覇俗弝弓弝

欛刀柄名靶轡革灞水名垻蜀人謂平川爲垻○帊帊幞通俗文曰帛三幅曰帊帊

衣襆也普駕切二怕怕懼○摦寬也大也胡化切七吴大口崋崋山西嶽亦州名春秋時秦晉

之公境後魏置東雍州改爲崋州又姓出平原殷湯之後宋戴公考父食采於崋後氏焉華上同樺木名鱯

魚名似鮎白大檴亦木名又胡郭切一○化德化變化禮記曰田鼠化爲鴽紀年曰周宣王時馬化爲狐又姓呼

霸切六匕變也從到人譌疾言傀傀變魤魚名杹木名皮可為索○跨越也又兩股間苦化切三胯兩股間也夸一步也又口瓦切○誜桂也所化切二傻傻偢不仁○狛獸名似狼白駕切六杷田器又白巴切鮁海魚皅色不眞也跁跁踦短人䆉䆉稏稻名○䏧臓也乃亞切二絮絲結亂也○笡斜逆也遷謝切二䞘䞘脚立也嗄老子日終日號而不嗄注云聲不變也所嫁切又於介切三茸姓也沙周禮云鳥皫色而沙鳴注云沙嘶也又所加切○坬土埵古駕切二諛相諛誤也○蛇水母也一名蟦形如羊胃無目以蝦為目除駕切二秺開張屋皃○瓦泥瓦屋五化切一○攨吴人云牽亦為攨也烏吴切三窊窊下處也𨃨𨃨踣踏地用力

四十一○漾水名在隴西餘亮切十二恙憂也病也又噬蟲善食人心也羕長大也颺風飛煬炙也向也暴也樣式樣養供養眻美目皃諹讙也讙也𩟗餌也㺊㺊獸如師子食虎豹及人瀁水溢蕩皃○亮朗也導也亦姓出姓苑力讓切十五諒信也

相也佐也又姓後漢有諒輔掠笞也奪也取也治也悢悢悢悲也緉緉履屐雙也椋牛色雜也兩車數踉踉蹡行不迅也量合斗斛就字統云事有不善曰就薄⿺風京北風又音涼⿰目京目病⿰目良同上哴哴哴啼也涼薄也又呂張切○狀形狀鋤亮切一○讓退讓責讓又交讓木名兩樹相對一枯則一生岷山有之人樣切三欀道木攘文字指歸云揖攘又音穰懹憚也○餉餉饋式亮切十傷未成人或作殤又音商向人姓出河內本自有㓩宋文公支子向文盱盱孫戌以王父字爲氏又許亮切蠁桑蠁即桑蠶也曏少時也不久也慯憂也⿸疒向同上饟爾雅曰饁饟饋也又自家之野曰饟蠰食桑蟲似天牛珦玉名○帳帷帳釋名曰小帳曰斗帳形如覆斗也漢書曰東方朔云陛下誠能用臣朔之計推甲乙之帳知亮切五脹脹滿痮同上漲大水又陟良切張張施又陟良切○悵失志丑亮切十暢通暢又達也亦姓陳留風俗傳曰暢氏出齊鬯匕鬯又香草韔弓衣韔同上⿱艹暢草盛⿺走旦逮也日長也通也遠也又丑兩切畼不生也⿰禾鬯穡也

悵失志。向對也窻也說文曰北出牖也从宀口詩云塞向墐戶許亮切八珦玉名又音餉曏又音餉闀門頭也說文曰門響也蠁蛹中蟲也又許兩切薔薔芼食[鄉言]非美言也嚮與向通用。仗器仗也又持也直亮切三長多也又直良切瓺瓶也又音腸。釀醞酒女亮切三攘雜也[艹釀]菜也又如養切。匠工匠漢書曰將作少府秦官掌理官室又姓風俗通云凡氏於事巫卜陶匠是也疾亮切三[走匠]行皃[匠鳥]自關以東謂桑飛爲女[匠鳥]郭璞云工雀今謂之巧婦也。障界也隔也又步障也王君夫作絲布步障三十里石崇以錦障五十里以敵之之亮切五㢓上同墇墇塞嶂峯嶂瘴熱病。尚庶幾亦高尚又飾也曾也加也佐也韻略云凡主天子之物皆曰尚尚醫尚食等是也又姓後漢高士尚子平又漢複姓有尚方氏時亮切四上居也猶天子也又時兩切丄古文償備也還也又音常。壯大也側亮切三裝行裝又側良切[氵壯][氵壯]米。怏情不足也於亮切四[飠央]飽也詇智也又早知也[女皮]青面。弶張取獸也其亮切又魚兩切一。唱發歌又導也亦作誯倡尺亮切四[龠昌]

籀文廠露舍倡導引先又音昌○刱初也說文曰造法刱業也初亮切四創上同又初良切愴

悽愴滄寒也醬說文作𤅢醢也漢書武帝使唐蒙風曉南越南越食蒙蜀蒟醬子亮切四𤅢籀文⿰爿酉

古文將將帥○𨋢轎𨋢魚向切二仰又魚兩切○訪謀也敷亮切三妨妨礙又敷方切邡

邑名○妄虛妄又亂也誣也巫放切六望看望說文曰出亡在外望其還也亦祭名又姓何氏姓苑云魏興人

又音亡朢弦朢說文曰月滿與日相朢以朝君也又音亡忘遺忘又音亡汒谷名在京兆也⿰言望

責也○況匹擬也善也矧也說文曰寒水也亦脩況琴名又姓何氏姓苑云今盧江人許訪切四况俗岲

山名貺賜也與也○誑欺也居況切四㤮㤮惑也俇往也又遠行也⿰⿱日日目乖也○迋

往也勞也于放切五旺美光暀上同㤮誤人王霸王又盛也又于方切○放逐也去也

甫妄切四舫並兩船又音謗趽曲脛馬名⿰方隹鳥名○相視也助也扶也仲虺為湯左相漢書曰相

國丞相皆秦官金印紫綬掌丞天子助理万物亦州名春秋時屬晉秦邯鄲郡地魏初以東部為陽平郡西部為廣平郡兼魏

王都爲三魏後魏置相州取河亶甲居相之義周自故鄴移於安陽城也又姓後秦録有馮翊相雲作德獵賦又漢複姓三氏前趙録有衛將軍相里覽又務相成廩君之姓也晉惠時空相機殺平南將軍孟觀息亮切又息良切一 彊 屍勁硬也居亮切一 ○唴 唴哴小兒啼也丘亮切三 䁢 䁢䁢目病 羻 陳桓子名 ○蹡 蹡踉行不正皃七亮切一 ○狂 輒爲也渠放切二 誑 謬言 ○防 守禦也符況切一

【四十二】○宕 洞室一曰過也亦州名禹貢梁州之域秦漢魏晉諸羌處之後魏内附置蕃鎮周爲宕州也徒浪切七 踢 跌踢行失正又音唐 碭 石又山名又縣名在梁郡又音唐 逿 過也 ⿱艹碭 蘭⿱艹碭毒藥 ⿴囗石 碎石聲 嵣 嵣碭山皃 ○浪 波浪謔浪游浪又姓晉永嘉末張平保青州爲其下浪逢所殺來宕切又魯當切五 閬 高門又閬中地名在蜀又閬風崑崙峯名也 埌 冢也 蘭 蘭⿱艹碭 莨 莨蕩渠名在譙 ○吭 鳥咽下浪切三 行 次第 笐 衣架 ○盎 盆也又姓出姓苑烏浪切一 醠 濁酒 ○枊 繫馬柱五浪切三 駠 馬怒又五郎五剛二切 岇 山名在越剡縣界 ○葬 葬藏也則浪切一 ○傍 蒲光切又蒲郎切二 徬 附徬

藏通俗文曰庫藏曰帑徂浪切又徂郎切三　奘說文曰駔大也　⿱壯車修車　○讜言中丁浪切六　儅不中　瓽大甕一曰井甃說文云大盆也又姓姚弋仲將瓽耐虎　當主當又底也亦音璫　擋擋搒　闣閃闣人　○抗以手抗舉也縣也振也苦浪切十二　閌閌閬門高　炕火炕　犺猰犺不順　伉伉儷敵也又姓漢有伉喜爲漢中大夫出風俗通　亢高也旱也亦姓出姓苑　蚢蟲名爾雅云蚢蕭蘭　砊砊硠石聲　邟邑名　⿰黃亢黃色　阬門也又口庚切　頏咽頏　○螃蟲名似蝦蟆補曠切四　搒掉船一歌　舫舫人習水者也　謗誹謗　○儻倜也他浪切六　摥排摥　湯熱湯也又他郎切　蕩蒗蕩渠又土郎徒朗二切　盪盪盪行又度朗切　鐋工人治木器　○曠空明也遠也大也久也又姓苦謗切五　爌同上　矌目無眸也　壙墓穴　纊絮也又細緜也禹貢豫州厥貢厥篚纖纊又作絖　○儾緩也奴浪切三　灢泱灢濁　⿰土囊坱⿰土囊塵也　○喪亡也蘇浪切又音桑二　䘮同上　攩廣雅云搥打也胡曠切四　擴同上　潢釋名曰染書也又音黄　暀暀明　○桄織機桄古

曠切又古黃切二○光上色又古黃切○鋼古浪切又古郎切二掆捎掆舁也出字林○荒草多皃呼浪切一○漭漭浪大野莫浪切三吂老人不知[illegible]嵣山皃○汪水臭也烏浪切二䤀潑䤀酒

四十三○映明也隱也於敬切四暎上同賏頸飾詇早知也又音快敬恭也肅也慎也又姓陳敬仲之後出風俗通後漢有揚州刺史敬歆居慶切四竟窮也終也又姓出何氏姓苑鏡拾遺錄曰穆王時渠國貢火齊鏡廣三尺六寸暗中視如晝人向鏡語則鏡中響應之晉鎮南大將軍甘卓照鏡不覩其頭視庭樹而頭在樹上獍獸名食人○競爭也強也逐也高也遽也渠敬切七竸俗誩爭言倞強也蘔蘔子疊名儆儆慎又音警曔明也○慶賀也福也亦州名周之先不窋之所居春秋爲義渠戎國城本漢郁郅縣魏文置朔州隋爲慶州州立嘉名也亦姓左傳齊大夫慶封又漢複姓有慶父師慶忌慶父三氏出姓苑丘敬切一○更易也改也說文作㪅古孟切又古衡切一○命使也教也道也信也計也召也眉病切一○病憂也苦也說文曰疾加也皮命切四評平言又音平坪地名說文作坪地平也枰

獨坐版牀一日投博局又音平○孟長也勉也始也又姓出平昌武威二望本自周公魯桓公之子仲孫之胤仲孫爲三
桓之孟故曰孟氏莫更切四⿰目孟⿰目孟盯瞋目⿱亡明⿱亡明倀失道皃又音盲倀猪孟切盟盟津又音明○
蝗蟲名戶孟切又音皇三潢說文曰小津也一曰以船渡也横非理來又音宏○柄本也權也
柯也陂病切六棅說文同上怲憂心也邴邑名又姓左傳魯大夫邴洩鈵堅鈵寎
驚病○詠歌也爲命切五咏上同泳潛行水中禜祭名周禮禜門用瓢齎又永兵切醟
酗酒○行景迹又事也言也下更切又胡郎胡浪胡庚三切三絎刺縫胻脛也○瀴瀴瀙冷也於孟
切一○瀙冷也楚敬切一○倀⿱亡明倀失道猪孟切又丑良切五趟趟趟行皃偵廉視憕開張
畫繒也出文字指歸⿰韋登張皮也○牚邪柱也他孟切一○榜榜人船人也北孟切二⿺走并走也
跰史記云歲星晨出爲跰踵○鋥磨鋥出釰光或作⿰石長除更切三瞠任視⿰石長塞也○生所敬
切又所京切三鼪鼪鼬鼠貹財富○迎迓也魚敬切一○膨脹也蒲孟切一○⿰言幸瞋語許更切一

○竤小水皃烏橫切一

四十四○諍諫諍也止也亦作爭側迸切一○迸散也北諍切一○偋皆也俱也蒲迸切二靐雷靐靐聲○䙬文字集略云襴錯綵郭璞江賦云䙬以蘭紅殹烏迸切二嫈小心態○鞕堅牢五爭切二硬上同○轟衆車聲也呼迸切又呼宏切二輷上同

四十五○勁勁健也居正切一○倩假倩也七姓切又七見切二凊溫凊○政政化釋名曰政正也下所取正也亦姓出姓苑之盛切四正正當也長也定也平也是也君也亦姓左傳宋上卿正考父之後魏志有永昌太守正帛又漢複姓漢有郎中正令宮又之盈切証諫証鴊雞也又之盈切○聖生也通也聲也風俗通云聖者聲也言聞聲知情故曰聖式正切一○鄭鄭重慇懃亦州名秦屬三川郡史記管叔鮮之所封也宋武置司州於武牢後魏爲北豫州周爲滎州隋罷滎州於管城置鄭州又姓滎陽彭城安陸壽春東陽五望本自周宣王封毋弟友於鄭及韓滅鄭子孫以國爲氏今之望多滎陽直正切三呈自媟衒又音程⿰貞瓦甖也○遉邏候也丑鄭切三偵偵問⿰言光覘也○性性行也息正切二姓姓氏說文云姓人所生也古之

神聖毋感天而生子故稱天子女女生聲又姓漢書貨殖傳臨菑姓偉貲五千万○令善也命也律也法也力政切又
力盈切又歷丁切二詅自衒賣也○聘聘問也訪也匹正切三娉娶也俜伶俜夐遠也
休正切四詗自言長醟酗酒又爲命切矎直視皃○摒摒除也畀政切三併兼也並也皆也
并專也○偋偋隱僻也無人處字統云廁也防正切又蒲徑切二庰上同○淨無垢也疾政切八瀞
古文穽陷穽又音靜䝼䝼賜靚裝飾也古奉朝請亦作此字請延請亦朝請漢官名張禹首爲
之又秦盈親井二切婧竦立顈顈首說文好皃○盛多也長也又姓後漢西羌傳有北海太守盛苞其先
姓奭避元帝諱改姓盛承政切又音成三墭堰器晟明也熾也器也○詺詺目或單作名彌正切一○輕
墟正切又去盈切一○欦含笑也許令切二⿰面巠面酖⿰面巠也○精強也子姓切又音旌一

四十六徑

○徑步道古定切七經經緯又古靈切逕近也⿰口巠俟聲俓直也⿰鬲巠隔也桱
桱木似杉而硬寗邑名亦姓說文作甯所願也乃定切四佞諂也一曰才也俗作佞濘泥濘鸋

爾雅鶗鴂鳥屬也楚詞云鶗鴂之鳴。腥豕息肉肉中似米蘇佞切又音星三醒酒醒又蘇丁先頂二切睲目。睲脛腳脛釋名曰脛莖也直而長似物莖也胡定切二踁同上。定安也亦州名帝堯始封唐國之城秦為趙郡鉅鹿二郡漢為中山郡後魏置安州又改為定州以安定天下為名徒徑切四掟天掟出道書廷朝廷又音亭錠錫屬。矴矴石丁定切九釘入得亭切訂字林云逗遛也定題額詩云定方之中定營室也又徒徑切飣貯食⿱亼頁上同⿰月丁亦同顁題顁錠豆有足曰錠無足曰鐙。罄盡也說文曰器中空也苦定切七𥦗說文空也磬磬石樂器周禮曰磬人為磬殸擂文麉爾雅云鹿絕有力又堅奚二音⿺足輕一足行鑋金聲。聽待也聆也謀也他定切又音廳三汀汀瀅不遂志又音廳侹侹頲直也代也儆也。靘靘䩄青黑千定切二掅捽也。䩄莫定切二瞑夕也。鎣鎣飾也烏定切四瑩上同說文曰玉色一曰石之次玉者⿰忄瑩志恨也瀅小水。零零落郎定切又魯丁切三⿰扌霝挿空皃又魯丁切令令支縣在遼西郡四十七。證驗也諸應切二烝熱又音蒸。孕懷孕以證切七䵴面黑子賸增益一曰送也又物相贈媵送女從嫁倂倂送行也鱦小魚䐛大視又雙也。乘車乘也實證切又食陵切七鱦魚子媵又音孕[月黽]孕也嵊山名在剡縣也賸又音孕剩剩長也。認認物而證切又而振切四扔強牽引又音仍艿草不翦杒上車又木名。應物相應也說文作應當也於證切又音膺三譍以言對也䧹上同。甑古史考曰黃帝始作甑子孕切四䰝上同𩱧籀文䙢衧襦。興許應切又許陵切三[舁月]腫起嬹悅也喜也。勝勝負又加也克也亦州名春秋時戎狄地戰國時晉趙地漢雲中五原也隋置榆林鎮屬雲州唐武德中改爲勝州詩證切又詩陵切四䐛美目蕂苣蕂胡麻榺織機榺也。瞪直視皃陸本作眙丈證切三䵬米黑壞[黑亭]雲黑色。[食夌]馬食穀多氣流四下也黑甑切一。凭依几也皮證切又皮陵切二[雨龠][雨龠][雨鬲]雷雷聲也。稱愜意又是也等也銓也度也俗作秤云正斤兩也昌孕切又昌陵切二秤

俗○凝牛餒切又牛夌切一○丞縣名在沂州匡衡所居常證切又音承一○瞪直視丑證切一○殑

釋典殑伽其餕切又其陵切一

四十八嶝

○嶝小坂都鄧切八鐙鞍鐙隥梯隥橙

几橙凳牀凳出字林⿱艹登夢⿱艹登饚祭食磴巖磴贈玩也好也相送也昨亘切二⿰黑曾

好⿰黑曾○亘通也遍也竟也出方言古鄧切六堩路揯急引又古登切絚急張亦作緪⿰魚亘

魚名⿰石亘石蓮皃○蹭蹭蹬千鄧切二⿰曾刂刀割過也○鄧國名周爲申國平王毋申后之家戰國時

地楚昭襄王取韓置南陽郡釋名曰在楚地昭襄王取韓置南陽郡釋名曰在南中而居陽地故以爲名始皇三十六郡即其

一焉隋以南陽爲縣改爲鄧州取鄧國名之又姓出南陽安定二望殷王武丁封叔父於河北是爲鄧侯後因氏焉徒亘切六

蹬蹭蹬僜僜倰不著事⿰歹登⿰歹夌⿰歹登困病⿰馬登行欲倒也幐囊屬憎悶也武亘切五

鱛魚名懜不明⿰金夢重鏍夢夢⿱艹登新睡起○⿱穴朋束棺下之説文作堋喪葬下土也方隥切

二○堋上同又壅江水灌溉曰堋○倗輔也父鄧切一○倰倰蹬行皃魯鄧切二⿰歹夌⿰歹夌⿰歹登○增

剩也子鄧切一。𪗯𪗯𧀎睡覺思贈切一。澄小水相益台鄧切一
四十九。宥寬也于救切十六又又猶更也佑佐也助也右左右又于久切祐神助𥁕抒水器也𥁕
上同酭報也頄說文顫也疚上同囿說文曰苑有垣一曰禽獸有囿又于目切姷偶也
忧動也𧻨走皃侑勸食爾雅曰酬酢侑報也𦳝草名。救護也止也又姓風俗通漢有諫
議大夫救仁居祐切十一灸灼也又居有切廄馬舍釋名曰廄聚也生馬之所聚也又灸廄並姓出姓苑俗作
廏究窮也深也謀也盡也宄說文云貧病也疚病也𣪘強擊𩚜說文飽也詸
文字音義云止也禁也助也猶爾雅云猶如麂善登木又音由音柚遚恭謹行也。胄胄子國子也說
文曰裔也又姓出姓苑直祐切十三冑介冑說文曰兜鍪也𩊓古文酎三重醲酒宙宇宙繇
卦兆辭也籀史籀周宣王太史名造大篆伷系也䛆訓也疛心腹疾也𤸬上同駎
競馳馬也懤愁毒晝日中又姓晝邑大夫之後因氏焉出風俗通陟救切三咮鳥口又闘卓二音

噣上同○狩冬獵舒救切五獸說文曰守備者周禮曰獸人掌罟田獸辨其物名字林曰兩足曰禽四足

曰獸守大守首自首前罪收穫多○臰凡氣之總名俗作臰尺救切二殠腐臭○岫

山有穴曰岫似祐切四宙籀文袖衣袂也亦作褎褏牰牛黑眥○齅以鼻取氣亦作嗅許

救切三嘼嘼產亦作畜珛朽玉○呪呪詛職救切四⿰髟周髮多椆木椆船篙木也祝

說文曰祭主贊詞又音粥○舊故也亦姓出姓苑巨救切三柩尸柩禮記曰在牀曰尸在棺曰柩匱

古文○瘦瘦損說文臞也所祐切四痩上同嗽嗽口鏉鐵姓鏉○皺面皺俗作皺側救切

五瘷縮小⿱芻毛并⿱芻毛縐衣不申又絺之細者⿰月芻字書云⿰月芻脯也○副貳也佐也又虜姓後

魏書副呂氏後改為副氏敷救切七仆前倒⿱髟畐假髻又敷六切覆蓋也又敷六切⿸疒复病重發也

恒小怒也福衣一福今作副○簉簉倅一曰齊也初救切三⿺辶⿱艹告上同又草根⿺辶叟不進

○富豐於財又姓左傳周大夫富辰方副切四輻輻湊競聚又音福鍑釜而大口一曰小釜葍

爾雅曰蕾蓄大葉白華根如指曰可食詩云言采其蕾蓄音福○畜六畜丑救切又許宥許六丑六三切二俞漢姓有司徒掾俞連又羊朱切○溜水溜力救切十九廖姓周文王子伯廖之後後漢有廖湛霤中霤神名嬼美好鷚雞子一曰鳥子餾餾飯瘤赤瘤腫病也出文字集略窌地名左傳云與之石窌之田留宿留停待也宿音秀⿰土究䜌土曰⿰土究僇癡行皃廇屋霤东也畂百畝𥙊留祀祝𥙊飀高風又古國在南陽湘陽勠併力又力竹切翏高飛切又力幺切塯瓦飯器也⿰瓦留⿰瓦㥯也又力回切○秀出也榮也息救切五繡五色備也尚書大傳曰未命爲士不得衣繡又姓漢書游俠傳有馬領繡君賓螑蟲名琇王名宿星宿亦宿留又音夙○僦僦賃即就切三稍稻稔實又秕也媨醜老嫗皃○驟馬疾步也奔也鋤祐切三㑳任身人也僽㑳僽惡言罵也○就成也迎也即也說文曰就高也从京尤尤異於凡也又姓後漢書莬賴氏改爲就氏疾僦切四鷲鳥名黑色多子殧殧殄又子六切𡽱山名又嶺名○糅雜也女救切五⿰食丑雜飯亦作粈腬

嘉膳猱爾雅曰猱蝯善援又奴刀切狃習也就也又狐狸也○復又也返也往來也安也白也告也扶
富切又音服八𢓭古文㾈再病伏鳥菢子又音服椱機持繒者𨺅兩阜間也覆
伏兵曰覆複重複○狖獸名似猨余救切十四貁同上鼬蟲名似鼠槱積薪燎之柚
似橘而大廣志曰城都柚大如斗爾雅注柚似橙而醋出江南蜼似獼猴鼻露向上尾長四五尺有岐雨則自縣於樹
以尾塞鼻又以季切褎服飾盛皃油藿子桐花曰油猶獸似麂善登木鼬鼬鼠櫾木名
輶輶車又音由牰牛黑眥蜏不知蟵蝴又音酉○授付也又姓出何氏姓苑承呪切六
訓荅也又市州切𠹆口𠹆壽壽考售賣物出手綬綵衣皃○輮車輞人又切四
蹂蹂踐煣蒸木使曲也鞣絮皮又音柔○莓覆盆草也亡救切一○𪖙仰鼻牛救切一
○𪖐𪖐𪖙仰鼻丘救切一○趥進也七溜切一五十○候伺候又姓周禮有候人其後氏焉胡
遘切十五鮜魚名郈地名在晉逅邂逅訽罵詬睺半盲后君也皇后也後

方言云先後猶娣姒 堠今封堠也 鱟郭璞注山海經云形如車文青黑色十二足長五六尺似蟹雌常負雄漁者取之必得其雙子如麻子南人爲醬 鍭爾雅曰金鏃翦羽 厚厚薄 䞧蹇行又蒲北切 睺睺瞜貪財之皃 儌石蜜膜也 ○寇鈔也暴也又姓出馮翊河南二望陳留風俗傳云浚儀有寇氏黃帝之後風俗通云蘇忿生爲武王司寇後以官爲氏苦候切十 滱水名在代郡 怐怐愗愚皃 扣扣擊 鷇鳥子亦作𣪊生而須哺曰鷇鳥自食曰鶵 嫛嫛瞀無暇 㲉說文曰未燒瓦器也 簆織具 瞉瞉瞀 詬詈又巧言 ○茂卉木盛也古作楙莫候切十五 貿交易也市賣也又姓出姓苑東莞人 鄮縣名在會稽亦姓出姓苑 戊辰名 愗怐愗 袤廣袤東西曰廣南北曰袤 楙爾雅曰楙大瓜實如小瓜味酢可食 懋美也勉也 瞀瞀瞀 莪細草叢生 姆女師說文作娒 苺苺子即覆盆 菻草名 冃重覆又亡保切 雺地氣發天不應 ○仆倒也匹候切又匐覆二音五 踣上同 䞳僵也 㰯語而不受 豧豕息 ○豆穀豆物理論云菽者衆豆之名也又姓後魏有將軍豆代田候切十六

竇空也穴也水竇也又姓出扶風觀津河南三望風俗通云夏帝相遭有窮氏之難其妃方娠逃出自竇而生少康其後氏焉 窬禮曰蓽門圭窬又音俞 逗逗遛又住也止也 酘酘酉 荳荳蔻 脰項脰

郖地名 梪籩豆或作梪古食肉器也 餖飣餖 浢水浢 裋祭裋 毭氈罽 䩌車鞁具

𥨍木名 㛒嫗㛒語帖也 ○鬥說文曰兩士相對兵仗在後象鬥之形凡從鬥者今與門戶字同都豆切九 鬭鬭競說文遇也又姓左傳楚有大夫鬭伯比 鬪俗 噣鳥口或作咮又丁救切

䛠䛠譳不能言也 狵狵尾張衡東京賦云日月會於龍狵 斣斣也用力走也又相易物俱等 襡衣袖又時燭切

餖餖飣 ○搙說文曰薅器也篆文曰搙如鋤柄長三尺刃廣二寸以刺地除草奴豆切六 鎒上同亦出說文

耨上同五經文字云經典相承從耒衣故不可改 㝅乳也 擩搆擩不解事 譳詛譳

○瘶欬瘶蘇奏切七 嗽同上 欶上氣 漱漱又音瘦 鏉鏽利 謏諵謏怒言也

嗾使狗 ○奏進也說文作𡕛則候切二 走釋名曰疾趨曰走又祖苟切 ○透跳也他候切又書育

切五吘說文作𠰍相與語唾而不受也隸變如上歐說文同上俗又作𠱘殴索驅殴也𧼮自投下或作𣪍漚久漬也烏候切三𧞤頭衣𡎓地名又市由切遘遇也古候切二十構架也合也成也蓋也亂也媾重婚覯見也姤卦名姤遇也又偶也購購贖䞀稟給雊雉鳴彀張弓𤛓取牛羊乳亦作𣫈句句當又姓華陽國志云王平句扶張翼廖化並爲大將軍時人曰前有王句後有張廖俗作勾軥軥㮶挽車也𡩟夜也搆搆㩼也怐怐愗愚皃又苦候切㶌舉火也𥔲甃井也又罰也冓數也㝅說文曰乳也一曰㲉瞀也𦁀綿𦁀輳輻輳亦作湊倉奏切八腠膚腠湊水會也聚也嗾使犬𪉗南夷名鹽蔟太蔟律名又倉谷切楱橘屬𧳜豱豕○陋踈惡也說文曰阨陝也盧候切十三漏漏刻說文曰漏以銅受水刻節晝夜百刻爾雅曰西北隅謂之屋漏又禹耳三漏鏤彫鏤書傳云鏤剛鐵也又鏤漏並姓出何氏姓苑又力誅切屚說文曰屋穿水下也从雨在尸下尸屋也一曰笱屚縣名在交阯瘻瘡也𦼮𦼮蘆䝏

瞜瞜貪財 鍽鏉鍽 茼姓也 數數歐小兒凶兇惡 謱謱詬忽怒 剹剹剹細切 僂僂佝

短䩦兒 ○蔻荳蔻呼漏切十 豿豕聲 [illegible]字統云勤作 詬怒也 訽同上 吼聲也

又呼後切 歐歐數 呴恥辱 佝僂佝 怐同上 ○䏽豕肉醬也蒲候切二 鞾皃○夭

偶不期也五遘切一 ○剹細切才奏切三 棷鍽棷鐵齒把名 𨇆醉倒兒出埤蒼

五十一○幼少也伊謬切一 ○謬誤也詐也差也欺也靡幼切二 繆紕繆又姓漢書儒林

傳有申公弟子繆生 𨁥踑踦行兒丘謬切一 ○䠓䠓踑醜行之兒巨幼切一

五十二○沁水名在上黨亦州名本漢穀遠縣後魏置沁源縣武德初置州因沁水以名之七鴆切四 沁沁冷 吣犬吐 㑴[illegible]湮里工人具

○浸漬也漸也子鴆切四 㵪上同出說文 寑上同出字林 祲袄氣也又子心

切 ○妊妊身懷孕汝鴆切五 紝織紝亦作絍絍 鵀戴鵀鳥 任已上四字並又音壬 衽

衣衽 ○鴆鳥名廣志云其鳥大如鶚紫綠色有毒頸長七八寸食蛇蝮雄名運日雌名陰諧以其毛歷飲食則殺人直禁

切三沈又直壬切⿰瓜冘青皮瓜名枕枕頭也論語曰飯水曲肱而枕之之任切又之稔切二針又之
林切⿰舌今牛舌下病巨禁切十⿰齒今⿰牛今並上同噤說文曰口閉也⿰舟今蜀人呼舟紟
紟帶或作襟又音今鈙說文云持止也讀若琴亦作⿰木禁澿寒澿笒笒籖齽齒向裏禁
制也謹也止也避王莽家諱改曰省又姓何氏姓苑云今吴興人居蔭切三僸北夷樂名又居林切⿰木禁格也
賃傭賃也借也乃禁切一蔭說文曰草陰地也於禁切七䅧上同窨地屋喑聲也
㾢心中病亦作癊廕庇廕飲又於錦切滲滲漉所禁切二罧爾雅曰槮謂之涔郭璞云
今之作罧者聚積柴木於水中魚得寒入其裏藏隱因以簿圍捕取又息甚切槮與罧同也闖馬出門皃丑禁切二
⿰舟見私出頭視譖讒也毀也莊蔭切一讖讖書釋名曰讖纖也其義纖微楚譛切一吟長詠宜禁
切一揕擬擊史記曰右手揕其胷知鴆切二⿰參冘掘也⿰參冘又赤黑色臨哭臨又偏向良鴆切又音林二
⿰亻臨⿰亻臨僋頭向前甚太過時鴆切二僋⿰亻臨僋⿰禁頁⿰禁頁⿰齒今切齒怒皃于禁切二⿰壴皮鼓聲見兵

書○深不淺也式禁切又式今切二 瘮瘮瘮大屋

五十三

○勘校也苦紺切七 衉凝血 [血甚]上同 [鹵甚]鹹味厚 轗轗軻坎壈也 竷擊也 磡巖崖之下 ○紺青赤色也古暗切五 淦新淦縣在豫章 𧄍薏苡別名 灨贛縣名記云章貢二水合流因其處立縣便以爲名在南康郡亦作贛 贛贛愉縣在琅邪郡 ○憾恨也胡紺切七 琀送死口中王亦作含 浛水和物 唅哺唅 蜭有毛之蟲 莟苗莟心欲秀也 [月臽]食肉不猒 ○暗日無光又默也深也貧也不明也烏紺切二 闇冥也說文曰閉門也 ○僋僋倸癡皃他紺切八 [氵闖][氵闖]汎水浮皃 撢探取 㐁無光又舌出皃又吐念切 傝傝㒌不自安又吐盍切 [月覃]食味美 憛憛悇懷憂 誩競言也又渠仰渠政二切 ○倸僋倸蘇紺切四 閹閹覆蓋也 [忄罙]憛[忄罙]失志 [宀禾頁]頷顉搖頭皃 ○謲相怒也七紺切三 參參鼓俗作參 [田參]田隴縣也 ○醰酒味不長徒紺切又音譚五 [貝覃]買物預付錢也 [彳覃]沈水底役潭 瞫括也又徒南切 [覃盍]羊血凝 ○㒌傝㒌五紺切一 ○馾

冠幘近前丁紺切三䫲頭劣皃䳪鳥○妠取也奴紺切一○顲面色黃皃郎紺切三僋僋伸皃又僋俕不淨淰淰灂浮皃○顑面虛黃色呼紺切二䭩食不飽也○篸以針篸物作紺切二

撍手撼

五十四闞

○闞魯邑亦視也又姓左傳齊大夫闞止苦濫切五瞰視也矙日出皃嚂可也又工覽切⿰鹵敢味苦○濫叨濫汎濫盧瞰切九⿰監刂刀利⿰酉監醶觴說文曰泛齊行酒也纜維舟吳書曰甘寧常以繒錦維舟去輒割弃以示奢爁火皃⿰女監貪也失禮也過差也俗作從水⿰忄監貪也⿱穴監⿱穴監⿱穴炎不平嚂食皃○賧夷人以財贖罪吐濫切七⿰鹵監⿰鹵臽⿰鹵監無味⿱穴炎⿱穴監⿱穴炎不平⿰鹵炎無味睒候視澉薄味舕舚舕舌出○⿰鹵臽⿰鹵臽⿰鹵監無味古蹔切二⿰鹵敢味苦

○⿰貝甘乞戲物或作歛呼濫切三蘫爪葅也出說文⿰土虎虎怒○憨害也果決也下瞰切又呼甘切六⿰犭敢犬吠聲譀誇誕東觀漢記曰雖誇譀猶令人熱又呼甲切⿱甚虫爪蟲蝕⿰月臽多令熟或作⿰豸臽⿰豸臽上同○憺恬靜徒濫切又徒敢切八惔上同澹水搖動皃⿰月炎相飯也或作啖淡水味啗

噉也食也啖誑也倓安也靜也恬也亦作憺○暫左傳云婦人暫而免諸國暫借卒也藏濫切三
蹔上同鏨鑴石又音蹔○擔負也都濫切二甔甔石大甖又都甘切○三三思蘇暫切又
蘇甘切一

五十五豔

○豔美色也以贍切九艷俗爓光也焰上同燄
火華也⿰扌焱豔也鹽以鹽醃也本音平聲灩上同灧瀲灧水波動皃○贍賙也時豔切一
○染而豔切又如撿切二髥髥領毛又人占切○厭論語曰食不厭精於豔切五㤿快也又於
驗切猒飽也又於廉切饜上同嬮嬮嬱美女○窆下棺方驗切又方亘切二砭石針說文
曰以石刺病也又甫兼切○驗證也徵也效也說文云馬名也魚窆切三噞噞喁魚口撿證也○閃
說文曰闚頭門中也舒贍切又舒斂切四炶火行皃苫以草覆屋掞舒藻○⿰口韱⿰口韱噉不廉子豔
切又子廉切一○壍坑也遶城水也七豔切四塹上同說文槧插也論衡曰斷木為槧釋名曰槧版
長三尺者也槧漸也言漸漸然長也又七廉切又才敢切嬱嬮嬱美女皃○殮殯殮力驗切七斂聚也

韻四

又力驗切瀲泛瀲一曰水波也亦作瀲爁爁炎火延瞼市先入直也⿱雨僉小雨獫長喙犬名○覘候也說文云闚視也春秋傳曰公使覘之丑豔切二貼視也○⿰𧾷詹音譜云馬急行昌豔切八幨披衣或作襜裧襜裧並上同韂鞍小障泥䪜同上壛蔽也⿵門詹闚⿵門詹○憸快也於驗切亦作𢞬二俺大也○潛藏也慈豔切一○占固也章豔切又職鹽切一

五十六㮇

○㮇火杖他念切六䑙舌出皃忝辱也又他玷切阽亭名在京兆炶火光㐁無光說文曰舌皃○念思也又姓西魏太傅念賢奴店切二⿰糹念字林云挽船篾也○店店舍崔豹古今注云店置也所以置貨鬻物也都念切十一坫墇也屏也沾水名在上黨說文他兼切痁病也又式詹切墊下也又墊江在巴陵又徒協切⿱雨執旱霜寒唸呻吟⿱穴執窮也說文曰屋傾下也埝下也⿱老占老人面黑皃貼目垂皃又丁炎切○䃞䃞磹電光先念切二⿰禾韱禾草不實⿰禾乘⿰禾韱之皃○磹徒念切二⿰土⿱占儿支也出通俗文○趝疾行皃紀念切一○酓苦味

於念切一○僭擬也差也子念切一○⿰目朁閉目思也漸念切一○兼古念切又古嫌切二鮎魚名○
傔傔從苦念切一○稴稴䅐力店切一

五十七○釅酒醋味厚魚欠切二鹻鹵皃

○脅妨也許欠切二⿱夾女奻皃○⿰欠支屋下也丘釅切二⿰歹今似瓶有耳芡草木無葉也丘𣢾切一

五十八○陷入地隤也戶韽切五餡魚名又古念切臽小坑⿰月臽說文云食肉不猒也又腿⿰月臽也鋁車鐶○韽下入聲俗作韽於陷切四⿰犭音犬吠又乙咸切淊水沒揞吳人云抛也○蘸以物内水莊陷切一○⿰鹵占鹹多陟陷切三站俗言獨立又作⿱亞土⿺辶占江岸上地名也出活州記○歁歁喙口陷切又口感切二⿰兼頁⿰兼頁顑面長皃又公陷切○賺重買佇陷切三詀被誑譧俗○儳輕言仕陷切三⿰阝詹陷也⿰革毚⿰革焉之短也○⿰鹵臽鹹味公陷切二⿰兼頁顩胡剝面也○諵尼賺切一○顑顑長面也王陷切一

五十九○鑑鏡也誡也昭也亦作監格懺切又古銜切五鑒上同監領也亦姓風俗通云衞康叔爲連屬之監其後氏焉又古銜切⿰目監瞻也

韻四　三十六

劖利也又細切也○懺自陳悔也楚鑒切六儳雜言又食陷切擶投[illegible][illegible]屬⿰彳敢小犬聲嚵試人食○⿰車⿱斤見⿰車⿱斤見傲高危皃子鑑切三𩈣長面皃又昨三切[illegible]以物內水中出音譜釤大鎌所鑑切三䀐暫見⿰占彡相接物也又利也出字諟○傲⿰車⿱斤見傲許鑑切三譀譀讝讝呼戒切闞大聲○埿深泥也蒲鑑切二湴上同○[illegible]大瓮似盆續漢書云盜伏於[illegible]下胡懺切二槧大櫝又下斬切○鑱鑱士具士懺切又士銜切六[illegible][illegible]欃水門又作[illegible]⿱斬鳥似鶡而斑白出音譜讒譖也又士衫切艬艬船○⿰黑敢叫呼仿佛⿰黑敢然自得音黯去聲一

六十梵

○梵梵聲扶泛切三帆船使風又音凡颿上同說文曰馬疾步也○汎浮皃孚梵切八泛上同⿰亻凡輕也[illegible]杯也⿺乏皿上同氾濫也⿱艹乏草浮水皃又匹凡切姂好皃○劒釋名曰劒檢也所以防檢非常也廣雅曰龍泉太阿干將鏌鋣斷蛇魚腸純鉤燕支蔡愉屬鏤干隊堂谿墨陽巨闕辟閭並劒名也崔豹古今注云吳大皇帝有寶劒六一曰白虹二曰紫電三曰辟邪四曰流星五曰青冥六曰

百里列子云孔周有三劍一曰含光二曰承影三曰宵陳吳王賜子胥屬鏤之劍而死周穆王有銀鋙劍切玉如泥居欠切一

○欠欠伸說文曰張口气悟也今借爲欠少字去劍切二 佽俗 ○俺大也於劍切八 ⿰忄奄甘心 淹伇也又繅絲一淹也 ⿰羽奄劍羽 㛪誣挐 裺衣寬 䛳䛳匿 ⿰見子⿰見子口墟名在富春淸上也

廣韻去聲卷第四

新添類隔更音和切

裱賓廟切 窆班驗切

鉅宋廣韻入聲卷第五

烏谷屋第一獨用　烏酷沃第二燭同用　之欲燭第三

古岳覺第四獨用　之日質第五術櫛同用　食律術第六

阻瑟櫛第七　文弗物第八獨用　許訖迄第九獨用

魚厥月第十沒同用　莫勃沒第十一　胡葛曷第十二末同用

莫割末第十三　胡八黠第十四鎋同用　胡瞎鎋第十五

先結屑第十六薛同　私列薛第十七　以灼藥第十八鐸同用

徒各鐸第十九　莫白陌第二十麥昔同用　莫獲麥第二十一

私積昔第二十二　先擊錫第二十三獨用　之弋職第二十四德同用

多則德第二十五　七入緝第二十六獨用　胡閤合第二十七盍同用

胡臘盍第二十八　與涉葉第二十九帖同用　他協帖第三十

侯夾洽第三十一狎同用　胡甲狎第三十二　魚劫業第三十三乏同用

乏第三十四房法

一○屋舍也具也淮南子曰舜築牆茨屋風俗通曰屋止也亦虜複姓後魏書官氏志云屋引氏後改爲房氏烏谷切七 屋籒文 𡲮古文 剭

鄭玄注周禮云剭誅謂所殺不於市而以適甸師氏又音握 鄎地名 黫墨刑名又音握 𦢊𦢊膏肥皃○獨說文曰犬相得而鬭也羊爲羣犬爲獨

獨一曰獨俗獸名如虎白身豕鬣馬尾出北嚻山俗音欲亦單獨又虜複姓有獨孤氏後魏書云西方獨孤渾氏後改爲杜氏徒谷切三十 黷垢也蒙也黑也 讟

謗讟 髑髑髏 𩔇上同 殰殤胎 讀讀誦 櫝匱也又曰小棺 牘簡牘 儥見也動也又音育 𤵸字書云怨痛也 殰

卵敗 碡碌碡田器 𨗹遺也 騳騼騳野馬 𣀷滑也 𧏯獸名如鼠 襡襡韜藏又音蜀 韣弓衣又之蜀切 瓄圭名 瀆

說文曰溝也一曰邑中溝爾雅曰江河淮濟爲四瀆 𨽍說文曰通溝以防水 𧮯古文 藚萹蒲 嬻媟嫚 犢牛犢 鸀鸀鳿鳥也 罜

罜麗魚罟 𠍌獨倲短醜皃 匵匵匱○穀五穀也又生也祿也善也說文曰續也百穀之總名今經典相承省作穀餘從殼者並同古祿切十七 穀

俗 轂車轂 穀木名 瀔水名 谷山谷亦養也窮也又姓漢有谷永又欲鹿二音 瑴玉名又音角 鷇布穀鳥按爾雅只作穀 𣨛

殗殜死皃出廣雅 𪕊鼠也 𤼩瓦名 貐貐䝻多皃 𩩲足跗 𧳥獸如赤豹五尾又音欲 𥉼目動 𥈏大目 唂鳥各又作

唃○縠羅縠胡谷切十四 槲木名 斛十斗又虜複姓二氏後魏有尚書斛斯延又有丞相咸陽王斛律金 螜螻蛄 穀水米可人食

礐說文石聲也 觳周禮注云受三斗又昔角切 蔛石草 𩱐酒濁 𣽅水声 䶜齒聲 𤮊瓦坏 𥳜箱斛 焀火皃

○哭哀聲空谷切八㱿未燒瓦𣪊卵也𪍿餅麴𨸝大阜縠臬末續者𣪊土墼𣪊麻䅵○禿說文云無
髮也从人上象禾粟之形文字音義云苍頡出見禿人伏於禾中因以制字又國語云史
伯曰祝融之後八姓已董彭禿妘曹斟羊是也又虜複姓有禿髮氏其先壽闐之在孕其
母胡掖氏因寢而產於被中朝鮮謂被為禿髮因而姓焉禿髮烏孤以後
魏元興元年稱王遷于樂都號涼及國滅入魏賜姓原氏他谷切五秃籀文誎訛誎
狡猾㧊杖拍鵚鶖鵚鳥也○豰豰縠丁木切八啄啄木鳥也豚尾下竅也𡱂俗斵衣至地也說文音斲㪺擊声
竺竺厚剢力鋤○速疾也召也戚也徵也桑谷切十八遬籀文𧨒古文蔌郭璞云菜茹之搃名也詩云其蔌維何傳謂菜肴也
餗鼎實鬻說文同上蝀蝶蝀蟲樕槲樕木縠縠縠動物縠丁木切倲儱倲又音東梀赤梀木名𨖍麋鹿跡也
遬白茅也殐殑殐嗽吮也𦩰𦩷鋉多也棴棴常樹名涑水名在河東○祿俸也善也福也錄也又姓紂子祿父之後
盧谷切四十七鹿獸名國語曰周穆王征犬戎得四白鹿四白狼而荒服不至又姓風俗通云漢有巴郡太守鹿旗漉滲漉又瀝也說文云浚也一曰水下皃
淥說文同上觻觻得縣名在張掖睩視皃𧠠笑視視觮東方音轒轒轤圓轉或作樚轆上同甗甂𦨭舟
名琭玉名老子曰琭琭如王注云琭琭喻少簏箱簏說文云竹高篋也箓說文同上螰螇螰蟲螻蛄也𦋺罜罷麓山足
殺梁曰林屬於山曰麓𣘸古文碌多石皃盝去水也瀝也竭也或作漉㴪上同騼野馬磟磟碡又音六逐簶弧簶箭室
也出音譜䎼䎼聽似蜴蜥居樹上輙下嚙人上樹垂頭聽聞哭声乃去出字林谷漢書匈奴傳有谷蠡王蠡音离娽埤蒼云顓頊妻名說文云隨從也史

記毛遂入楚謂十九人曰公等娽娽可爲因人成事耳又力玉切按史記亦作録　⿰目鹿⿰目歷⿰目鹿眼淨也　摝振也周禮曰摝鐸鄭玄云掩上振之爲摝　⿰示鹿祭也

⿱罒彔捕魚具也　⿰盍巨吴王孫休三子名　觮白獸　廘賈逵曰廘庾也　角角里先生漢時四皓名又音覺　⿰立彔見立皃　录本也亦刻木也

濼水名又古朴　鏕鉅鏕郡名案漢書只作鹿　趢趢趗局小　⿰彔羽水上飛也　⿰車彔車聲　⿰彔殳剥聲　⿱雨鹿大雨　蔍蔍葱　⿰鹿阝地名

○嗀歐聲呼木切七　豰獸名似豹而小食獮猴又名黄腰按説文豰作殼天屬要脅已上黄要脅已下黑食毋猴　熇熱皃　臛羹臛又火各切

㲉日出赤皃　𣪊又上𣪊同　嚛大歠聲　○族宗族昨木切三　銼銼鑢釜屬　鑿鏤花葉也又音昨　○瘯瘯瘰皮膚病也

千木切六　䃚䃚碌石皃　蔟蠶蔟又千候切　趗趢趗局小皃　梀短椽説文丑録切　簇小竹　○鏃箭鏃作木切二　⿰金缶姓也

出説城　○暴日乾也蒲木切十二　曝俗　瀑瀑布水流下也　⿰虫菐⿰虫菐蝀蟲名　⿱菐毛⿱菐毛毿毛不理也　樸爾雅云樸樕心又音卜

僕侍從人也　⿰日菐古文　鏷矩人又倉君候切　菐瀆菐　⿱交夂行皃　穙穙穙也　○扑打也普木切十一　醭醋生白醭也

濼齊魯間水名左傳云公會齊侯于濼　墣説文云塊也又匹角切　穙草生穊也　⿰鼠攴⿰鼠攴鼭鼠名　攴擊也凡从攴者作又同　撲拂着

骲骨鏃名也　⿰黑卜淺黲黑也　⿰卜鳥鳥也　○卜卜筮龜曰卜蓍曰筮又姓孔子弟子卜商博木切十四　濮水名出陳留郡入鉅野亦州名古昆吾之

墟左傳齊桓公會諸侯於鄄今鄄城縣是後漢獻帝時兖州刺史治於此後魏爲濮陽郡隨初置濮州又姓出何氏姓苑也　⿰阝菐彭⿰阝菐蠻夷國名　轐車中伏兔也

⿰女菐昌意妻也　樸樕樸叢木又音僕樸樕小木也　⿰菐鳥⿰菐鳥鉊南極之夷尾長數寸巢居山林出山海經　蹼足指間相著爾雅云鳧鴈醜其足蹼　纀

爾雅曰裳削幅謂之纀郭璞云削殺其幅深衣之裳 襥上同 䰷⿱髟貝⿱髟甫 ⿰韋菐⿰韋菐絡頭繩 鳪鳪鵏 鵏鳥鵏水鳥似鴨而短頸鵏腹翅紫白背上有綠色

又音剝○木樹木說文曰木冒也冒地而生東方之行又姓木華字玄虛作海賦莫卜切十三 沐沐浴說文曰濯髮也禮記曰頭有創則沐又姓風俗通曰

漢有東平太守沐寵又漢複姓有沐簡氏何氏姓苑云今任城人 杒初桑 毣思皃一曰毛濕也 鶩鳧屬 霂霢霂也 ⿱敄車車轅之名也

𧝒轅上絕也 蓩毒草 艒小艒艖 鞪說文曰車軸束也 𥢶屋架五𥢶詩曰五𥢶梁輈傳云𥢶歷録也 蚞蠑蚞蟲 ○福德也

祐也方六切十七 腹腹肚 複重衣 幅絹幅又姓也 輻車輻 ⿰亻复⿰亻复 葍葍䔰爾雅曰葍蓄又葍蕧芽 蝠說文曰蝙蝠伏

翼也崔豹古今注云一名仙鼠 ⿱竹復實竹 鍑說文云釜而大口者或作鍢又音富 鶝戴勝別名 踾踾踧聚皃 輹車軸縛也 菐瀆菐也

偪偪陽宋國 楅東以木逼於牛角不令牴觸人 ⿱艹福草名 ○伏匿藏也伺也隱也歷也釋名曰伏者何金氣伏藏之日金畏火故三伏皆庚日又姓

出平昌自伏犧之後漢有伏勝文帝蒲輪徵不至房六切三十三 復返也重也亦州名古竟陵縣春秋時屬楚秦屬南郡隋為江陽郡武德初為復州 虙古虙

犧字說文云虎皃又姓虙子賤是也 服服事亦衣服又行也習也用也整也亦姓漢有江夏太守服徹 𦨈古文 茯茯苓 馥香氣芬馥 鵩不祥

鳥 鞴韋囊步靫 蕧旋蕧藥名 輹車輹兔 ⿰車伏上同 澓澓流又姓漢宣帝時有東海澓仲翁 椱織椱卷繒者 洑洄流 ⿰王复

車笭間皮篋也 箙盛弓弩器 ⿰革复上同 ⿸疒复音譜云病重發也 ⿰复鳥鶝鶝即戴勝也 ⿰馬伏馬也 𥨍地室 棴木出崑崙山也 复

行故道也說文作𡕥 畐滿也 ⿰革伏車具 絥 ⿰韋伏竝同上 菔蘆菔菜也 匐匍匐伏地皃又蒲北切 鰒海魚名 ⿰立录見鬼

栿梁栿。縮斂也退也短也亂也所六切十二 茜說文曰禮祭束茅加于祼圭而灌鬯酒是爲茜象神歆之也一曰榼上塞也 飅風聲 趚趜趚體不伸趨浞六切 樎馬櫪 謖起也 䎘鳥飛 㩋擊聲 蹜文字音義云鳥鵲醜其飛掌蹜在腹下也 摍抽也顏叔子納鄰之嫠婦執燭燭盡摍屋以繼之 蝫蝍蝫蚇蠖 摵到也又子六切 謏小也又蘇了切。六數也力竹切二十二 陸高平曰陸又高也厚也亦陸離叅參差也又姓出吳郡河南二望本自古天子陸終後 戮刑戮說文殺也爾雅病也 剹上同 勠勠力併力也又音留 稑穜稑先種後熟曰穜後種先熟曰稑 穋上同 鵱鵱鷜野鵝 蓼蓼莪詩傳云蓼長大皃 𦺇上同 䮹騄良健馬 鯥魚名似牛蛇尾出山海經 䕻蔏陸 磟磟碡 𧍓䖳𧍓 淕凝雨澤也 𨋼轓𨋼車箱 坴大塊 𡎕地豐 踛翹踛也 僇癡行又音溜 䀘見也。逐追也驅也从也疾也強也走也直六切十二 軸車軸 碡磟碡田器又音禄獨 妯妯娌 舳舳艫 鱁鱁鮧 𧐑馬蚿蟲 筑水名出房陵漢有筑陽縣蕭何妻封邑也 蓫馬尾草 柚杼柚機具又由舊切 䮱馬驟獸名 篴竹名。菊草名禮記季秋之月菊有黃華說文曰大菊蘧麥也居六切二十三 鞠推窮也養也告也盈也禮記曰天子乃薦鞠衣於先帝鄭玄云鞠衣名蓋黃桑之服又姓出東萊平原二望漢有尚書令鞠譚又音麴又蹋鞠又渠六切 蘜爾雅曰蘜治牆郭璞云今之秋華菊也 𦻏說文曰日精也似秋華 㤛謹慎 𦥺說文撮也 掬上同 匊物在手 𤝘石𤝘獸名食猴 𥷚說文曰窮治皐人也 𥸧上同 鞫上同 𥷕說文窮也 𥸧上同 𪀚說文曰秸鞠鳴鳩爾雅作鳲鳩郭璞云今之布穀也 鵴上同 阮曲岸水外曰阮 坃上同 晭非田畦 鮈郭璞云魚各有兩乳 椈爾雅曰柏椈禮記云鬯臼以椈 鞠山高皃 曰

兩手捧物 鵴鳥名 𩜷饘也 諊法用 𩭹亂髮 踘蹋踘也 𨳮閑閭 梮木名 跼足也 淗水文 趜困人又巨

竹切。麴麴蘖又姓出西平漢有麴演驅匊切五 𥫨上同說文曰酒母也 鞫上同 鞠姓也又居六切 𥷂曲脊又渠六切。熟

成也殊六切八 孰誰也 淑善也 塾門側堂崔豹古今注云臣來朝君至門外更詳孰所應對之事塾之言孰也 𨵦同上 璹玉名 婌

後宮女官名 𥓓石聲。俶始也厚也作也動也昌六切五 柷柷敔祝作樂也俗作柷又音祝 琡璋大八寸曰琡又音祝 䖸至也 埱

氣出於地一曰始也。育養也長也余六切二十四 毓稚也本亦同上 鬻賣也亦作粥亦姓周鬻熊能為文王師案說文鬻本音糜鍵也 粥上同

鬻說文鬻也 緕青經白緯緕陽所織 賣賣也重也長也動也說文衒也或作櫝 儥上同 㮠車䡝復欄也 錥鎢錥溫器也

煜火光燿也 焴上同 昱日光 雈爾雅云萑山韭 淯水名出攻離山 蜟復蜟蟬未蛻者出論衡 𢍏兩手捧物說文音匊 堉

地土肥也 喅音聲 𤰞生田 𥈯望也又目明皃 逳步也轉也行也 䔡草名 𧁟茂也。驧馬跳躍也說文曰馬曲脊也渠竹切

十二 𩣡上同 趜趜趍 鮈魚名 鵴鶌鳩鳴鳩又音匊 𪁺上同 鞠蹋鞠以韋為之今通謂之毬子又菊蘜二音 𣯩皮毛丸也

蝌說文曰蝌𧓉蟾𧓉以脰鳴者也 踘蹴踘也 𧯁谷名在上艾 𥷂曲脊皃。𧓉蝌𧓉七宿切二 蹴蹴蹴 殧殄也。

肉骨肉如六切俗作宍二 衄鼻出血俗作衂又泥六切 鮞魚子一曰魚名。粥糜也之六切五 粥呼雞聲亦作咮 祝巫祝又太祝令

[illegible]又呪[illegible]六呪之辭以事鬼神祈福 祝柷敔又音俶又爾雅曰柷[illegible] 琡璋大八[illegible]

四

又音倐〇叔季父又亦姓左傳魯公子叔弓之後光武破虜將軍叔壽又漢複姓二氏後漢有犍為叔先雄左傳魯有大夫叔仲小式竹切十三儵青黑繒
倏倏忽犬走疾也透驚也又他豆切虪爾雅云虪黑虎又音育倐疾也長也鮛爾雅曰鮥鮛鮪郭璞云鮪鱣屬也大者名王鮪小名鮛鮪
掓拾也悠疾也翛飛疾之皃又音蕭尗豆也菽上同潚水波〇蓄蓄冬菜也許竹切又丑六切十稸同上字
畜養也說文曰田畜也淮南子曰玄田為畜又丑六許救二切𤲰上同說文云魯郊禮畜从田从茲茲益也[illegible]媚也鄐晉邢侯邑又姓漢有鄐熙
為東海太守苖羊蹄菜又丑六切蓫上同慉起也詩云不我能慉[illegible]細視〇竹說文作竹冬生艸也象形下垂者箁箬也史記曰渭
川千畝竹其人與千戶侯等亦姓本姜姓封為孤竹君至伯夷叔齊之後以竹為氏今遼西孤竹城是後漢有下邳相竹曾張六切六竺天竺國名又姓出東莞後漢擬
陽侯竺晏本姓竹報怨有仇以胄始名賢不改其族乃加二字以存夷齊而移於琅邪莒縣也又冬毒切厚也俗作竺筑筑以筝十三弦高漸離善擊筑說文曰以竹曲五弦
之樂也又爾雅曰筑拾也又音逐水名築擣也[illegible]古文茿萹茿也似藜赤莖生道傍可食〇蹙迫也促也近也急也子六切十七踧
踧踖行而謹敬[illegible]蝍[illegible]蚑蠖也[illegible]說文嘆也本音寂慼慼咨慼也噈歍噈口相就也摵到也槭木可作大車輮殧終也
鼀取氣皃說文本才六切鼁鼀也[illegible]笪也縬縮也又縬文也又側六切敊歘悲皃䐹脚䐹膏澤也顣顣頞鼻頣促皃[illegible]
好衣皃蹴蹋也又七六切〇珿齊也初六切六矗直皃又敕六切[illegible]皃齪廉謹閦衆也出字統或作閦[illegible]小豆[illegible]飛皃
〇肭朔而月見東方謂之縮肭女六切八恧慙也聏上同忸忸怩衄鼻出血又挫也又音肉[illegible]蚰蜒即蚰蜒也[illegible]刺也

沑踏沑水文張○縬縬文也側六切二𡍮塞也○蝮蝮蛇又姓乾封元年改武惟良爲蝮氏芳福切八覆反覆又敗也倒也審

也又敷救切蕧蕧葐草又音服𩭙廣雅曰假髻也副剖也又敷救切𡋯地室𥨍上同葍葍蔦草名又音富○郁文也

亦郁郅縣在北地又姓魯相有郁貢又虜三字姓二氏後魏書云蠕蠕姓郁久閭氏又北方有郁原甄氏後改爲甄氏於六切二十棫有文章也彧上同燠

熱也又音奧栯栯李又音有俗作𣘦噢噢咿悲也墺墺壤䐿鳥胃薁蘡薁澳隩也水內曰澳隩上同又音奧籅

可以漉米𦈏愁皃𨟵姓出姓苑黬羔裘之縫又于逼切稶黍稷盛皃懊貪也愛也又音奧𣢥吹氣也𠿬喉聲𨨏

盌器○肅恭也敬也戒也進也疾也又州名古月氏國地漢匈奴昆邪王殺休屠王并其衆來降遂置酒泉郡後魏以酒泉爲甘州隋分福祿縣置肅州亦姓出姓苑息

逐切二十三宿素也大也舍也說文作宿止也左傳曰一宿爲舍再宿爲信又姓風俗通云漢有鴈門太守宿詳又虜複姓後魏末有賊帥勤宿明達又虜三字姓後魏

書宿六斤氏後改爲宿氏又息救切蓿苜蓿史記云大宛國馬嗜苜蓿漢使所得種於離宮夙早也說文作𠨧早敬也从丮持事雖夕不休早敬者也丮音戟又姓

魯大夫季孫夙之後㑉𠈇並古文出說文玊朽玉又琢玉工又姓後漢有玊況字文作光武以爲司徒鷫說文鷫鷞也五方神鳥也東方發明南方焦明西方

鷫鷞北方幽昌中央鳳皇𪄀同上蟰蟰蛸俗呼喜子詩曰蠨蛸在戶又音蕭驌驌驦馬名䎘䎘䎘鳥羽聲又音縮䬃風聲鱐魚腊

䃤黑砥石又音篠𡎺朽玉又姓也潚深清也亦姓漢有潚河橚木長皃㩋擊也𦪇𦪇𦪇船名𠈇𠋒𠈇不伸璛

姓也𣀓打也○目釋名曰默也默而內識也說文曰人眼象形重童子也莫六切十一睦親也敬也又和睦也亦西胡姓穆和也美也敬也厚也清也

又姓漢有穆生 苜(苜蓿) 莜(莜蓿見爾雅注) 牧(養也放也使也察也司也食也說文曰養牛人也又姓風俗通云漢有越巂太子牧根) 坶(坶野郡近郊地名古文尚書作此坶說文作𡊅) 繆(禮記有繆公又姓也又靡幼切) 莤(莤菖菜) 𤽦(說文曰細文也今作𤽦同) 痏(痏病) ○囿(園囿于六切又于救切二) 唷(吐声) ○蓄(蓄冬菜詩曰我有旨蓄鄭玄云蓄聚美菜以御冬月乏無時也本亦作畜丑六切十) 稸(上同) 滀(水聚) 苖(蓨也又他六徒歷二切蓨音挑又音剔) 𦍩(羊蹄菜) 蓫(上同) 敊(病敊也) 傗(傗㑭不伸) 鄐(地名在晉) 矗(直也齊也) ○珿(齊頭皃魚翎切一) ○鼀(說文曰鼀鼀也才六切一)

二沃

○沃(灌也說文作洃又姓太甲子沃丁之後出風俗通烏酷切七) 鋈(白金) [illegible](魚名又音僕) [illegible](膏膜又音屋) [illegible](瞋目) 觷(治角也又戶角切) [illegible](馬腹下声) ○毒(痛也害也苦也憎也說文作毒厚也害人之草往往而生徒沃切八) 纛(見上注) 薵(薵竹草) 蝳(蝳蝐蛛) 瑇(瑇瑁又音代) 纛(左纛又徒号切) [illegible](同) 碡(碌碡田器) ○篤(厚也說文曰馬行頓遲冬毒切十一) 笁(地名說文厚也) 督(率也正也勸也說文察也一曰目痛也又姓風俗通云漢有五原太守督瓚俗作督) [illegible](衣服背縫也) [illegible] [illegible](並同上) [illegible](鱁舌) [illegible](瓠[illegible]) [illegible]([illegible]砥玉篇云落石也) 裻(新衣声又先篤切) 启(尻启俗) ○酷(虐也說文曰酒味厚也苦沃切六) 焅(熱也火氣) 稓(禾熟) 嚳(帝嚳高辛氏也說文曰急告之甚也) 硞(碌硞石狀) 峼(山皃) ○鵠(鳥名又姓姓苑云今東海人胡沃切八) 皬(鳥白也) 翯(鳥肥澤也詩云白鳥翯翯又音孝) 隺(高也) [illegible](灼也) [illegible](鼻高皃) [illegible](門声) 礐(石礐也) ○僕(僮僕說文曰給事者也漢書曰太僕秦官掌輿馬亦姓風俗通云漢有渾梁侯僕多又虜複姓後魏書僕蘭氏後改為僕氏蒲沃切六) [illegible](古文) 鏷(鏷鐸)

矢名案左傳曰魯莊公以金僕姑射南宮長万字不從金䗱䗱䗱又䗱螻蟲轐車轐兔也⿰菐鳥⿰菐鳥⿰菐鳥○洬雨声先篤切二䙕新衣声○

梏手械紂所作也古沃切九牿牛馬牢也鵠鳿鵠鳥名似鶴秸禾皮又地名告又音誥告上曰告發曰誥郜國名又音誥祰

說文云告祭也硞說文云大阜也⿰齒告治象牙也○瑁瑇瑁莫沃切又莫代切五⿰木冒門樞横梁媢夫妬婦艒艒艒船名萺

草○熇熱也火酷切四臛羹臛又音郝嚛食新也歊氣出皃又音顥○褥小兒愛一曰小兒也内沃切又而蜀切四傉

虜三字姓有庫傉官氏耨釋典云問耨搙捻搙○傶邑名又姓將毒切三𣫍穿也錊姓也○襮黼領博沃切三犦

犎牛出合浦郡鸔鴾鳥鸔水鳥名○濼水名在濟陽盧毒切又力各切一○⿰牛瞿白牛五沃切又音岳一

三

○燭燈燭也禮曰嫁女之家三日不息燭世本曰石季倫以蠟燭炊又姓左傳秦大夫燭之武之欲切十三屬付也足也會也官衆也儕等也經典作屬又音蜀属俗矚

視也⿰糸屬綴帶也囑託也鸀鸀鳿鳥⿺走蜀小兒行皃欼吹氣也噣噣鳴鳥名蠾蚤也方言云鼅鼄自關而東趙魏之郊或謂

之蠾蝓又音蜀韣弓衣又六欲切蠋螐蠋○玉白虎通曰玉者象君子之德燥不輕溼不重是以君子寶之禮記曰執玉不趨又烈火燒之不熱者眞玉也

說文本作王隸加點以別王字魚欲切四獄皐陶所造說文确也从犾从言二犬所以守也鳿鸀鳿鳥頊人項煩又音勖○旭說文曰日旦出

皃一曰明也許玉切五頊顓頊高陽氏也又謹敬皃勖勉也⿸鹿頁⿸鹿頁⿸鹿頁出声譜𩪏上同○輂禹所乘直轅車說文曰大車駕馬也居玉

切十二絭纕臂繩也又居願切鋦以鐵縛物挶持也𦥑斂手梮輿食器也⿱𦥑木舉食者名⿱𦥑車說文直轅車轒縛也⿱𦥑糸軌暴系字纏連者說文

約也桊两手共梏又巳奉切絭素屬𧤗曲角○局曹局又分也說文促也渠玉切五跼踡跼又曲也俛也促也駶馬立不定
侷侷促短小𥞤耕也○蜀巴蜀說文曰葵中蠶也淮南子云蠶與蠋相類而愛憎異也亦作蠋市玉切十二韣弓衣又韋徒谷切蠾蠾蝓
蜘蛛欘木似柳葉大也襡玉篇云長襦也連腰衣也襩上同㑿㑿倲動皃襡短衣又大口切屬附也類也又音燭属俗
𤩽玉𤩽鐲溫器又直角切○觸突也尺玉切四觕古文歜怒氣亦人名齊宣王時有高士顏歜或作斶臅狼臅膏也○辱
恥辱又汚也惡也又姓出姓苑而蜀切十一蓐草蓐又薦也說文曰陳草復生也一曰蔟也褥氈褥鄏郟鄏地名在河南縟文彩溽
溽暑濕熱㦺矛戟枝也媷懈惰也嗕嗕嗕鱗皃又西羌名䵠黑垢䰰大鼎○束縛也又姓本自踈氏避難除足姓束左傳晉有
束晳書玉切二倲㑿倲○欲貪欲也余蜀切九浴洗浴說文曰洒身也洒先禮切鵒鸜鵒𨿳上同鋊炭鉤又銅屑也漢書曰磨
錢取鋊輍車枕前也慾嗜慾𤞞獨𤞞獸谷山谷爾雅曰水注谿曰谷說文曰泉出通川爲谷亦虜三字姓吐谷渾氏又音穀○躅
躑躅直錄切三𨆌上同蠋蠋蠋蟲名○録采録說文曰金色也又録事職官要録云總録衆事力玉切十七淥淥水名在湘東又姓何氏姓苑
有淥圖爲頳項師䚄眼曲視也綠青黃色永徽二年始七品六品服綠飾以銀八品九品服青飾以鍮石至文明元年又改青服碧色醁美酒騄
騄駬駿馬名娽隨從又音鹿菉菉蓐草逯謹也又姓風俗通云漢有太司空逯並後趙録有金紫光禄大夫廣平逯明西征記有逯明壘云是石勒
十八騎中人𩶬魚名籙圖籙碌碌石綠色夲又音祿𨁊恭𨁊也𧩧謯也趢趢趗皃行睩日暗𣪊剝𣪊又声𣪊○

曲委曲說文作匚象器曲受物之形又姓晉穆侯子成師封於曲沃後氏焉漢有代郡太守曲謙丘玉切四䱡魚名苖蠶薄漢書周勃織薄苖爲生亦作笛

匡匡匣也○瘃寒瘡也陟玉切七瘯上同孎謹也又陟角切斸斫也又钁也钃上同欘枝上曲一曰斤柄𧰲

豕行皃又丑足切○足爾雅云趾足也又滿也止也從口止即玉切又將喻切二哫楚詞云哫訾慄斯王逸謂承顏色也○贖說文曰貿也神蜀切

又音樹三鸀鸀鸔也又似足切𢧵姓也梁四公子𢧵黹之後○幞帊也又幞頭周武帝所制裁幅巾出四脚以幞頭乃名焉亦曰頭寸房玉切二襆

上同○促近也速也至也迫也七玉切六誎飾也趗趗遠䟉迫也鋉弗鋉炙具𤞞宋良犬又七雀切○續繼也連也

又姓舜七友有續牙似足切四俗風俗說文習也藚藚斷藥名一曰牛脣又名水蕮鸀白鸀鸔也○粟禾子也淮南子曰昔蒼頡作書而天

雨粟又姓袁紹魏郡太守粟舉相玉切七㮚上同見說文僳慄斯涑水名在河東又蘇侯切𣯧𣰆罽毛玊西番國名亦姓又香救切又新

菊切𠛾細切○𩍳絡牛頭封曲切一○梀梀𣚍木名丑玉切七亍彳亍梀字書曰檽梀楨木趚𧼮趚皃行𧰲豖行

皃又知足切𡍜牛馬所跔之處豖說文曰豕絆足行豖豖也

四覺

○覺曉也大也明也寤也知也古岳切又古孝切十八斠平斗斛

角芒也競也觸也說文曰獸角也又角抵戲漢武帝故事曰未央庭中設角抵戲角抵者六國時所造也使角力相抵觸亦大角軍器徐廣車服儀制曰角前世書記所不

載或云本出羌胡以驚中國之馬也又姓後漢有角善叔桷椽也較車箱又直也略也又古孝切較說文曰車輢上曲鉤也珏二王相合爲一珏

㱿上同𩦊馬腹下聲觷飾杖頭骨又胡歷切榷以木渡水今之略彴也捔掎捔搉揚搉大舉又音確𥉻明也梏

直也又古沃切傕後漢有李傕騅馬白額鵦樂器○嶽五嶽也五角切八岳上同樂音樂周礼有六樂雲門咸池大韶大
夏大濩大武又姓出南陽本自有邾微子之後宋戴公四世孫樂莒為大司寇鸑鸑鷟鳳屬國語曰周之興也鸑鷟鳴于岐山俗作鸑⿰岳頁說文云面前
岳岳也觷爾雅云角謂之觷治角也或作礐又音學捳抨捳⿰牜隺說文曰白牛也○浞水濕士角切十二丵叢生草鋜鏁足也
灂瀺灂鷟鸑鷟捔攙捔組織亦作觳澩山夏有水冬無水篧魚罩又音捉汋說文曰激水聲也一曰井一有水一無水
爲灂汋齺齒相近兒⿱山馬速也或作⿺辶山簎取魚箔也○捉捉搦也側角切七穛早熟穀穛上同穱稻處種麥
斮斬又側略切篧魚罩蕉藥毒○朔月一日又幽朔也命和叔宅朔方北方也又姓何氏姓苑云南陽人俗作朔所角切十二欶口噏
嗽上同矟矛屬通俗文曰矛丈八者謂之矟槊上同蒴蒴藋藥也數頻數箾說文曰以竿擊人又舞者所執之又蘇彫切
⿱削糸纖也㮶木名揱纖也又長臂皃又音消⿱罒削捎罰罘罟○斲削也竹角切十九涿郡名諑訴也王逸注楚辭云
諑猶譖也㧻擊也推也琢治玉孎謹孎卓高也又姓蜀有卓王孫桌古文𠦝說文曰特止也啄鳥啄又丁木切斀
說文云去陰刑啅衆口噣鳥生子能自食⿰豖巳龍尾豚上同倬大也晫明也又敕角切⿰豖殳打也菿說文云草大也本音
到又陟孝切○剝落也削也割也傷害也北角切十四駮六駮獸名似馬鋸牙食虎豹駁馬色不純⿰音交指聲⿰月暴皮破嚗李頤
注莊子云嚗放杖聲又孚邈切箹箹手足指節之鳴者亦作肑肑上同爆火烈又北教切鸔鳥鸔鳥又博沃切髉⿰骨卜⿰骨占⿰暴皮⿰暴皮皻

皮起 𦢊 𦢊犖乱雜 趵 足趵擊 ○邈 遠也亦作邈莫角切九 藐 紫草 𢡱 說文美也 眊 目少精 皃 皃人類狀本又莫教切

覒 好皃 瞀 目不明也 𢹂 打也 䁒 目美目 ○雹 說文曰雨冰也蒲角切二十 𩂢 古文 撲 相撲亦作撲 跑 秦人言掠

駁 獸名似馬一角 駮 上同 骲 骲箭 鮑 魚名 箔 竹名 瓝 瓜瓝也 瓟 上同 㼎 文小瓜也 暴 上同出說文 㬥 唱暴大呼說文

作暴暴云大呼自冤也 爆 犎牛又甫沃切 豰 說文云小豚也 窇 廣雅曰窖也 箹 車篷帶也 曝 肉胅起 㦞 煩悶也 㩧 擊聲

又四角切 ○璞 玉璞四角切十五 撲 擊聲又蒲角切 樸 木素 朴 上同又厚朴藥名 犦 牛未𠕋 攴 楚也又普木切小擊也

墣 說文塊也淮南子曰水勝上也非以一墣塞江 圤 上同 颮 颮颮紛紛衆多皃 鞄 攻皮之工 暴 自冤本蒲角切 炇 火裂 襮

玉篇云久視 玣 批玣 䝯 盈財 ○殼 皮甲又說文曰从上擊下也一曰素也苦角切十九 毃 擊頭 愨 謹也善也原也誠也 搉

擊也又音角 確 靳固也或作碻 碻 上同 皵 皮乾 鷇 鳥卵 觳 盛脂器也 燩 廣雅云火乾物 嶨 爾雅云山多大石嶨也

礐 上同 塙 高也 𣣋 高至也 𣤶 上同 确 固也 肖 說文曰幬帳之象隸省作肖 埆 墝埆不平 圐 鞕聲 ○濁

不清也又姓漢書貨殖傳云濁氏以胃脯而連騎直角切十六 擢 拔也抽也出也 濯 澣濯又姓風俗通云濯輯之後 鸐 白鸐 鵫 鳥 嬥 好 櫂 直

蒻藋 鐲 似鈴又音蜀 擉 爾雅云拘擉謂之定擉鉏也拘音劬本亦作斵斸陟玉切 貛 獸名 鸀 小鳥似烏赤 蠗 小蜃 蠲 喙出西方 蠗 名

鸐 山雉長尾 䶳 龍䶳 㒔 不安 𩅹 大雨霪靄 𪆂 築也舂也本又敕角切 ○渥 霑濡於角切十七 握 持也 偓

渥促又姓列仙傳有偓佺箹小籥幄大帳三禮圖曰在上曰帟四旁及上曰帷上下四旁悉周曰幄楃說文曰木帳也喔雞聲又喔咿強顏皃鷽
山鵲又音學葯白芷也腛厚脂黰刑也又作剭齷齷齪相近媉好皃葹英蒻龏燭蘞嚳誇聲䮽馬腹
下鳴○搦持也女角切又女厄切六掉正也又杖弔切𧤗屋角一曰調弓也䚖同上搙搵也䚌握也○逴遠也一曰
驚夜又作趠敕角切五趠上同晫明也踔跛也戳授也刺也戳敊痛也枝丑六切○犖駁犖牛雜色又卓犖也呂角切三礐
礐確石相扣聲嚛哼嚛有才辯俗○學說文曰與斆同覺悟也斆今音效又姓出姓苑胡覺切九确磽确說文曰礐石也嶨山多大石又音㱿亦
作礐𦦨𦦨皷鷽山鵲赤喙長尾知來而不知往澩涸泉觷治角之工皠鳥白又胡沃切翯鳥肥澤○吒怒聲許角切十
豿豕聲鞷急束翯鳥肥澤㱿歐吐左傳褚師聲子韈而登席公怒辟曰臣有足疾君將㱿之說文从口䓓草聲謞譊隱瀥
瀥瀑水涌䣢醋味滈水皃○娖辯也測角切八䂐䂐礫齪齒相近聲娕恭謹皃擉司馬彪注莊子云擉鼈刺鼈又音踔
齱漢書云握齱急促也𥬔奞帶齪開孔具
五○質朴也主也信也平也謹也正也又姓漢書貨殖傳云質氏以洒削而鼎食注云理刀劍也之日切又音致九一十五字
眰大也郅郁郅古縣名又姓漢有郅都桎桎梏在足曰桎櫍椹也刑用斧櫍蛭水蛭博物志曰水蛭三斷而成三物
騭駁馬又書曰惟天陰騭下民傳云騭定也劕劕劑券也長曰劕短曰劑周礼曰作劕劑銍縣名膣膣胖刀箭瘡藥鑕斧也

嚌野人之言懫止也礩柱下石也偓堅也又牢○日說文曰實也太陽精不虧从口一象形人質切五馹驛傳衵
女人近身衣又女乙切忉枕巾也臸到也○實之也誠也神質切一○秩積也次也常也序也書曰望秩于山川直一切十二紩
縫紩帙書帙亦謂之書衣又姓出纂文袠上同柣門限抶抶抶飛皃出莊子姪兄弟之子又音迭妷上同豑說文云爵
之次弟也鉄帆索䟢走皃臷尖也○悉說文云詳盡也息七切九厀說文曰脛卻也膝上同蟋蟋蟀蛬也藤牛藤
又作藂本草作膝藂上同㮛㮛㯗聲僁僁倩動也窸从穴出也○一數之始也物之極也同也少也初也又虜三字姓後魏書一那婁氏
後改為婁氏於悉切三弌古文壹專壹又合也誠也輩也醇也又虜複三字姓後魏書云壹斗眷氏後改為明氏○七數也親吉切十漆水名
在岐又姓古有漆沈為魯相何氏姓苑云今豫章人又漢複姓孔子弟子漆彫開柒俗餘倣此𨛘地名在齊鶔鳥名桼膝桼說文曰木汁可以髹
物从木象形桼如水滴而下也經典通用漆𦯶俗㯃木名可為杖也䓙草似蘇也㯃秦有㯃娥臺○匹偶也配也合也二也說文云四丈也
從八匸八揲一匹俗作疋譬吉切四鴄鴄鴟鳥𠯈啞𠯈䏘牝䏘○吉吉利又姓出馮翊尹吉甫之後漢有漢中太守吉恪居質切八趌
趌趨怒走也佶狂也拮拮据手病詩傳云拮据撠挶也又音結𧽷走意郆郆城山洁水𪐨黒𪐨○暱近也尼質
切七昵上同衵近身服𪏹膠黏䵑上同蠠小蟲𢡉愧慝○逸過也縱也奔也說文曰失也從辵从兔兔謾訑善逃也夷
質切十二佚佚樂佾八佾之舞佾行列也溢滿溢軼車過又突也又同結切鎰國語云二十四兩為鎰又礼曰朝一鎰米注謂二十四兩

曰鎰泆淫泆齸廣雅云齸鹿反食処劮劮豫昳辥也駛馬走疾鴃餔䳀鳥也○詰問也責讓也去吉切四蛣
蛣蜣蜣蜋又蛣蝠蝎也䮠馬色趌趌趨怒走也又音吉○欯笑也許吉切五欪訶也又丑律切咭笑又巨吉切恄怖也佶
行也○抶打也丑栗切四咥笑也眣目不正也跮跮踱也又丑利切○栗堅也又果木也漢書曰燕秦千樹栗其人与千户侯等又姓漢長
安富室有栗氏力質切十九𠧪上同說文作此䙺古文慄戰慄懼也溧溧水縣在宣州颲颲颲暴風⿰栗刂斷也削也鷅鶹鷅
流離鳥凓凓冽寒風篥觱篥胡樂⿸鹿栗麕牡麌牡麋也軔剎也瑮玉之英華羅列皃⿰糸栗蒸栗色絲⿰土栗塞也搮
以手理物⿱艹栗草名㗚嘍㗚言不了也⿰山栗山○窒窒塞也陟栗切又丁結切十二挃撞挃庢盩庢縣在京兆銍刈也說文
曰穫禾短鎌也又古縣名在譙秷刈禾聲⿸厂至偺侄愛蠲許人也跌手拔物也⿰口窒⿰口窒咄叱呵也⿰齒至齧齒聲⿺辶窒近也螲螲蟷蛄
⿰矢至短也○疾病也急也秦悉切十一⿰氵疾籀文嫉嫉妬楚詞注云害賢曰嫉害色曰妬蒺蒺藜⿰亻疾廣雅云賊也⿸疒虫爾雅
云蒺藜蝍蛆郭璞云似蝗大腹長角能食蛇腦亦作蝨蟄揤揤拭⿰忄疾⿰忄疾毒苦也槉屋枅⿰口疾就⿰口疾⿰言疾語急○刺割聲也初栗切四
⿰率刂上同⿰齒卒⿰齒卒也⿰言桼謅⿰言桼陰私語也○失錯也縱也式質切三室房也易曰穴居而野処後世聖人易之以宮室釋名曰室實也人物實滿
其中也周書曰黃帝始作宮室呂氏春秋曰高元作宮室也⿰革室刀⿰革室○堲夏后氏堲周燒土葬也資悉切八⿰口截鼠聲喞啾喞聲汁
水瀆扯扯摘⿰虫止蜻蛚別名蝍蝍飛蟲又音即楖楖栗木名○蜜蜂所作食山海經云穀城之上足蜂蜜之廬亦蟲名彌畢切九蠠

上同謐靜也愼也安也醓飲酒俱盡樒木樒樹名㓖武器宓安也無也寧也止也淧淧瀄䁄䁄䁄不測○必審也然也說文

曰分極也從八弋畢竟也說文作畢曰罔也又姓出泰山本畢公高之後晉有畢卓篳織荊門也說文曰藩落也春秋傳曰篳門圭窬蓽

上同韠胡服蔽膝說文曰紱也所以蔽前也下廣二尺上廣一尺其頸五寸一命縕韠再命赤韍俗作鞸㻫上同趩漢書曰出稱警入言趩顏師古曰警言

者戒肅也止行人也蹕上同滭滭沸泉出皃亦作觱見詩俗作𣽡𣪘盡也鷝鷝鴓鳥名白面青色觱觱篥樂或作篳說文作觱觱云羌

人所吹角屠觱以驚馬也珌佩刀上飾㓖寒風熚火皃嬅廣雅云母也彃射也𣘩木名縪冠縫也說文云止也鮅

爾雅曰鮅鱒郭璞云似鱒子赤眼饆饆饠餌也𨫒簡𨫒爾雅曰簡謂之畢注謂簡札也俗從金𠦒弃糞器說文方于切箕屬𡸇道邊堂如牆也

𣪘畫韋曰𣪘𥛠竈上祭罼兔罟○姞姓一曰字史記云姞氏爲稷元妃巨乙切五佶正也閑也鮚說文云蚌也漢律會稽

獻鮚醬二升趌直行狤狂狤○邲地名在鄭又美皃毗必切二十一比比次又毗妣鼻三音柲偶也馝香也又虜複姓後魏

書馝邦氏後改爲邦氏苾說文曰馨香也詩曰苾苾芬芬鞸車革佖有威儀也鮅魚名駜馬肥坒相連飶食之香者縪

給也又必見切鮅魚名怭慢也泌水俠流又必媚切䤉飲酒俱盡𧈧黑蜂吡鳴吡吡亦作咇𣢁吹𣢁𣢁咇言不了妼

女有容儀○颮大風也于筆切五𣄿說文曰水流也汩上同䢦草名㧾揘㧾擊皃○率循也領也將也用也行也說文曰捕

鳥畢也象絲罔上下其竿柄也俗作繂所律切十帥佩巾又將帥亦姓本姓師晉景帝諱改爲帥氏晉本尚書郎帥昺又所類切蟀蟋蟀𧓅同上字切

達先導 刺割也斷也出埤蒼 襊裾襊短衣 啐啐飲酒皃 倅行皃 衛循也說文將衛也 ○吒呵也又虜複姓九氏夏錄有將

作大匠吒干阿利西魏有開府吒奴興南陽公吒羅協後魏官氏志有吒呂上門吒利吒李吒列吒盧等氏亦虜三字姓周有侍中吒伏列龜其傳云代郡西部人昌栗切一

○齣齣齣聲仕吒切一 ○密說文云山春旨也又靜也亦州名古姑幕城秦琅邪郡隋為密州因水以名之又姓漢有尚書密忠又漢複姓三氏何氏姓苑云密茅

氏琅邪人又密革氏密須氏俗作密美畢切十 𡸁山形如堂 蔤荷本下白 宓埤蒼云祕宓又音謐 滵滵汩水流皃 沕塺濁 樒香木

𥈛不見皃 鴓鳥密密名 瞔瞔瞔不可測量也 ○弼輔也備也房密切十 弻上同說文作此 㢸𢐇並古文 䎗䎗䣙

禾重生 怭輔也 駜馬肥 胇胇肸大皃 邲地名 佖威儀備也 ○乙辰名爾雅曰太歲在乙曰旃蒙亦姓前燕有護軍乙逸又虜複

三氏後魏獻帝命叔父之胤曰乙旃氏後改為叔氏前燕錄有高麗王乙弗利後魏有都督乙干貴又虜三字姓有乙速孤氏於筆切三 鳦燕也說文曰本作乙燕乙玄鳥

也齊魯謂之乙取鳴自呼象形本烏轄切或从鳥 𠃝貪也 ○耴聲耴魚鳥狀也魚乙切又女洽切七 䀢無知意也 𨿅斷也 𡿧水流皃

圪高皃 𦨶舟行 𠛱動𠛱 ○筆秦蒙恬所造爾雅曰不律謂之筆韓詩外傳周舍為趙簡子臣墨筆操牘從君之後伺君過而書之鄙密切八

潷去滓 鉍矛柄 柲柄也 泌泌瀄水流 𢯷方言刺也亦作秘 咇咇嗶多言 㻶天之所授 𨂜走也 ○茁

草牙也徵筆切又鄒律莊月二切一 ○肸肸蠁俗作肹羲乙切 ○暨姓也吳尚書暨豔居乙切又衆既二音一 ○蛭蛭蝚丁悉切又之日切一 ○

獝狂也況必切一

六

○術技術說文曰邑中道也又姓食聿切十一 述著述說文循也又姓風俗通云魯大夫仲述之後也 秫穀名也

术上同 沭水名在琅邪今沭陽縣在海州 噊爾雅曰危也又音聿 袕爾雅曰袕謂之褮衣謂衣開孔也褮音瑩 潏爾雅曰小沚曰坻人所爲

潏謂人力所作又音聿音譎 鱊小魚名爾雅曰鱊鮬鱖鯞又音聿 驈黑馬白髀又音聿 ⿰虫矞⿰虫矞蟥也又音聿 ○橘果名周禮云橘踰淮而北

爲枳居聿切八 ⿱艹矞草名 繘汲綆又餘律切 ⿺走夐走意 ⿺走矞上同 ⿰酉矞醬也 ⿰月穴姓也出韻譜 ⿰月矞月在乙也 ○崒山高慈卹

切四 踤摧踤又觸也駭也蹶也 誶讓也 捽把捽 ○聿循也遂也述也說文曰所以書也楚謂之聿吳謂之不律燕謂之弗秦謂之筆余律切二

十一 鴥飛快 燏火光 遹述也自也一曰遵也 鷸鳥名 驈黑馬白髀又音述 繘汲綆又音橘 ⿰矞風疾風 潏水流皃

矞說文曰以錐有所穿也一曰滿也 霱雲霱雲瑞雲本亦作矞 ⿰虫矞⿰虫矞蟥也 ⿺辶聿行皃 芛草木初生 欥詞也 鱊小魚名

噊鳥鳴 繂繂長 ⿰金聿針⿰金聿 ⿰羽矞飛⿰月矞 ⿰矞出⿰矞出出 ○卒終也盡也子聿切又倉没切又則骨切五 ⿰歹卒終也 ⿰魚卒儵鮪魚別名

⿰卒欠飲也玉篇云吮也 啐啐⿰口崒聲 ○卹分賑辛律切十五 恤憂恤 戌辰名爾雅太歲在戌曰閹茂又滅也 訹謏訹誘也謏訹

了切 珬珂屬 ⿰言盍靜也又音盍 ⿰⿱出示鳥小鳥⿱出示名 賉賑賉 ⿰氵术水流⿰氵术⿰氵术 ⿰口戌口鳴⿰口戌⿰口戌 ⿰虫戌海蜶 ⿰金戌鋸聲 ⿰血欠鳴⿰血欠⿰血欠

⿰瓦几不能行也 ⿰祟阝頹下 ○律律呂又律法也呂卹切八 寽持取今寽木是 繂繩船上用亦作䋺 膟腸間脂說文曰血祭肉也又作

膟 ⿱艹率音譜云草子串 葎葛草有刺 ⿱竹寽竹⿱竹寽也 ⿰口律鳴也亦作繂 ○黜貶下也亦作絀丑律切八 怵怵惕 ⿺走术走也

炪火光 跊獸跡 ⿰忄出憂心也又音出 ⿰犭术獸名 欪詞也又許吉切 ○⿰忄出憂心也竹律切八 窋物在穴皃又丁骨切 絀

縫也䂐短皃㤕上同𨓈走皃𦋐面短皃泏水出皃○朮藥名直律切三莍上同炢煙出○出進也
見也遠也赤律切又赤季切一○焌火燒亦火滅也倉聿切一○𪕔吳人呼短側律切二𪂷雛兒出㲉聲○崛危崛山皃魚勿切一○
𦐂飛去皃許聿切四怴狂也颰小風𥆨深目皃七○櫛梳也阻瑟切六楖上同見周禮瀄瀄汩水聲也
𡅏喞吺𥟝秲𥟝禾重生秲音𥠖擳擳揢○瑟樂器世本曰庖犧作瑟所櫛切六飋飋䬁風也蝨蝨𧕯又音悉虱蟣虱
淮南子云大廈成而燕雀相賀湯沐具而蟣虱相弔俗作虱璱玉鮮絜皃今爲之璱璱者其色碧也繸繸繸色也亦作𣯝○𪗕齒齧聲崱瑟切一○
八○物萬物也又旗名周禮雜帛爲物說文曰牛爲大物天地之數起於牽牛故从牛勿聲文弗切九勿無也莫也說文曰州里所建旗也象其柄有三
斿雜帛幅半異所以趣民故遽稱勿勿又作㫚㫚上同扨土爪岉崛岉高皃伆離也又武粉切𨒪遠也昒尚冥也又音忽沕
沕穆微也○弗說文撟也分勿切二十紱綬也黻黼黻綍大索葬者引車紼上同茀草木盛也市說文曰韠也上古衣
蔽前而已市以象之天子朱市諸侯赤市大夫葱衡从巾象連帶之形經典作芾韍上同不與弗同又府鳩方久二切郙姓也漢有九江太守郙脩
翇說文曰樂舞執全羽以祀社稷也周禮作帗拂連枷打穀者出方言𡘊大也髴婦人首飾冹寒冰皃帗毛毹也又音撥
䬍風皃笰輿後茀也烕熚烕火皃說文作烕由鬼頭○鬱香草又氣也長也幽也滯也腐臭也悠思說文曰木叢生者又姓出姓苑紆物
切十二欝俗灪灪㶿大水爩爩煙氣𩜺飴和豆也黦黃黑色也𥗰𥗰礇小石苑藥草又音菀尉說文

作尉从㞋又持火所以申繒也亦姓古有尉繚子著書又虜複姓有尉遲氏其先魏氏之別尉遲部因而氏焉後單姓尉唐有將軍尉遲敬德又於魏切 熨 火展帛也說文
本作㷉見上注 蔚 草名又曰無子菣也亦州名春秋時屬晉後入趙秦滅趙爲代郡東魏置北靈丘郡周宣帝置蔚州也 鬱 說文云芳草也 ○亥 無左
辟手也九勿切又九月切十 孑 上同說文作此 𦁗 翟衣 厥 夏曰獯鬻殷曰鬼方周曰獫狁漢曰匈奴魏曰突厥出漢書音義又音蕨 𡰪 屈産地名出良
馬亦楚姓有屈平又音詘 鶌 爾雅曰鶌鳩鶻鵃郭璞云似山鵲而小短尾青黑色多聲 趉 足皃 𧲝 豕𧲝土也 𠜾 剞𠜾曲刀 𨁈 律𨁈多力 ○
屈 物亦姓又虜複姓屈突氏又羌複姓有屈男氏區勿切三 詘 辭詘塞 蝹 蛣蝹蟲蝹 ○倔 倔強衢物切九 䠇 足多力也 崛 山短
而高 𡱈 短尾鳥 𧝎 衣短 𤜮 短尾犬 堀 說文曰突也引詩曰蜉蝣堀閱 𧲝 豕掘地 掘 掘地 ○佛 牟子曰漢明帝夢神
人身有日光飛在殿前以問群臣傅毅對曰天竺有佛將其神也學記曰其施之也悖其求之也佛符弗切九 怫 怫鬱 坲 塵起 岪 山曲說文作岪山脅道也
咈 戾也 𧼮 走皃 刜 斫也擊也 㪡 玉篇云斛理也 炥 火皃 ○颮 疾風許勿切六 颰 俗 欻 暴起 𡙇 疾也
𡅿 訶𡅿 㷔 火熛起皃 ○颵 風聲王勿切六 𢯾 擲也 䬐 羌人吹角 抗 揘抗 䁤 䁤䁤見 䍃 行也 ○拂 去也
拭也除也擊也敷勿切十二 帗 韜髮 崊 崩聲 茀 草多 祓 除災求福亦絜也又音廢 艴 淺色 刜 擊也斫也 乀 左戾曰乀 髴
額前飾也 𩬊 髣髴亦作仿佛 彿 仿佛俗 𨁎 跳也 ○崛 危崛山皃魚勿切一

迄第九

○迄 爾雅云至也許訖切九 仡
壯勇皃又魚訖切 釳 乘輿馬上插翟尾者曰方釳釳鐵也廣三寸又魚訖切 肸 肸蠁又許乞切 忔 喜也 芞 爾雅曰藒車芞輿郭璞云藒車香草

又音乞⿰言希語䫘聲⿱艹固吳王孫休長子字也汔水涸盡○訖止也居乞切五吃語難漢書曰司馬相如吃而善著書也扢

摩也曁姓也吳有尚書曁豔⿰魚乞魚游○疙癡皃魚迄切五屹屹崒山皃圪高土⿸虍乞虎皃仡壯勇皃○⿺走乞行皃

其迄切二⿰幾乞譏也○乞求也說文本作气音氣今作乞通爲乞取之乞又虜複姓晉有乞伏國仁太元十年稱秦王於金城去訖切三芞又許訖切契

契丹夷名出字林

十〇月

月范子計然云月者闕也尺者紀度而成數也王子年拾遺錄曰水精爲月魚厥切十一刖絕也斷足刑也又五刮切跀

跀並同上見說文軏車轅端曲木也又五骨切枂折也抈動也又五骨切枂鞍枂鈅兵器玥神珠⿰月山山也○

伐征也斬木也又自矜曰伐房越切十四筏大曰筏小曰桴乘之渡水栰上同罰辠罰元命包曰网言爲詈刀詈爲罰罰之言网陷於害也

閥閥閱自序垡耕土橃木橃說文曰海中大船也昁春米瞂盾也或作戭拔爾雅拔龍葛也似葛蔓生葉細莖赤也茷

茷茷皃藅葉藅葍坺名也醱酒一醱也○越墜也于也於也遠也走也逾也曰也揚也說文度也亦吳越又姓句踐之後又虜複三字姓後秦

錄有北梁州刺史越質詰歸五伐切十六⿺辶戉說文踰也粵辭也于也戉說文曰大斧也司馬法曰夏執玄戈殷執白戚周左杖黃戉又作鉞鉞上同

⿰糹戉紵布說文曰采彰也一曰車馬飾樾樹陰蚎彭蚎似蟹而小曰辭也於也之也⿰立戉竚立也⿰女戉輕也⿰王戉劒鼻玉熭

暴乾⿰木戉木名⿰虫戉蠊⿰虫戉蚌出魏書泧大水○厥其也亦短也說文曰發石也又姓京人也漢賜衡山王妾厥氏居月切十九氒古文也

蹶失腳又走也速也嘉也說文僵也一曰跳也亦作蹷又音橛⿰足闕說文上同⿺走厥⿺走厥跳⿺走⿸厂屰上同瀱氣逆劂刻刀蕨蕨菜也

蟨獸名走之則顛𪔶蛩蛩前足高不得食而善走蟨常為蛩蛩距虛取食蛩蛩負之而走也 蟩蟩蝆蟲 橜杙也又其月切 [石厥]發石 [厥力]強力也

欮發也 撅撅撥物也 鱖魚名 孓短也 亅說文曰鉤識也从反亅象形 ○嬮嬮嬮婦人貌於月切四 [夗食]飽和豆又作[食元]

說文作𡨟 噦逆氣又乙劣切 黦黃黑色說文作黦黑有文也 ○[角厥]以角發物其月切十三 鷢白鷢鳥一名揚鳥似鷹尾上白善捕鼠也

橛說文弋也一曰門梱亦作橜 撅採撅亦樗蒲三采名 蹷又音蹷 掘穿也 赶舉尾走也 [厥心]強也 鐝磨鐝 趉行越

橛橛株山名 [厥月]尾本 亅說文曰鉤逆者謂之亅象形 ○闕門觀也廣雅曰象魏闕也釋名曰闕在門兩旁中央闕然為道也又失也過也不供也又姓出下邳漢有荆州刺史闕翊去月切三 𣻈水名在義陽 [糸屈][糸屈]秋衣周礼作闕礼記作屈 ○髮頭毛也說文根也又姓漢有東海人髮福

治詩又有不毛之地莊子謂之窮髮方伐切六 [首犮]說文 [犮]上同 [犮頁]古文 發發起又舒也明也舉也闕也說文曰䠶發也 颰疾風 冹寒冰

又音弗 ○韤足衣漢張釋之与王生結韤望發切五 韈 𧞅並同上 [目犮]舉目使人 [亻蔑][亻蔑]貊東北夷名似高麗 ○颰小風

許月切六 [足戉]走貌 泧水貌 狘獸名又走貌 [羽戉]飛貌 [山戉]山貌 ○謁請也告也白也又姓風俗通云漢有汝南太守謁渙於歇切五

閼爾雅云太歲在卯曰單閼又於葛於連二切 暍傷熱亦作暍瘍 [厂曷]說文曰屋迫也 黦色壞也又於月切又紆物切 ○歇气洩也休也

自息也又竭也許竭切五 蠍蠍螫人蟲 猲猲獢短喙犬也 [舟歇]上同 [舟歇]艊䑐大船 ○訐面斥人以言論語注云訐謂攻發人陰私也居謁切又居

列切六 [走曷]走貌 鞨靺鞨 揭揭起說文曰高舉也 [扌歇]俗 鍻金鍻 ○擖擸擖物也本亦作揭其謁切五 揭上同 竭

盡也碣碣石海中山名今為碑碣字李斯造楬表楬䫂閜自序名○怫恨怒拂伐切一○钀馬勒旁鐵語訐切一十一○没
沉也又虜三字姓有没路真氏出後魏書莫勃切六歿死也說文終也又作歾⿰王殳王名⿰殳頁內頭水中又烏没切𠬛說文曰入水有所取也芟
孚草也○⿱日殳入水又出皃土骨切一○骨說文曰肉之覈也尸子曰徐偃王有筋无骨亦見史記又姓古忽切十六縎縎結鶻鶻鵃鳥又搰滑二
音滑滑稽謂俳諧也䮩䮩䯅獸馬出北海嗢憂口也淈說文濁也一曰滒淈又水出皃汩汩没愲心乱蓇不實草⿺走骨
膝病𤸰上同榾枸榾水也⿱艹屈刷也或從竹扢摩也⿱金出出也○勃卒也又姓世本宋右師之後又梁武帝改豫章王綜姓勃氏蒲
没切二十三渤渤澥海名又水皃䮧䮧馬獸名似馬牛尾一角又音雹⿲弓南弓說文曰吹釜溢也餑麩餑⿰土孛塵起馞大香也
悖逆也又音背⿰禾弗⿰禾弗稡禾所秀不成聚向上皃郣郣名浡浡然興作⿰孛毛⿰孛毛⿰卒毛毛短憝昏乱敦敦卒旋放之皃誖
言乱⿰火孛煙起皃桲榅桲果似樝孛星也又怪氣艴艴然不悅⿰扌孛拔也脖胅臍⿱艹⿰孛攵蘩母鵓鵓鴿鳥○
咄呵也當没切四柮榾柮木頭又五括切䯅䮩䯅獸出北海⿰出骨鳥鳴預知吉凶又長楊賦云西厭月⿰出骨服虔音窋○宊出皃他骨切六
⿰扌㐬大杖也又音拙𠫓不孝之子說文曰不順忽出也篆文从到子㐬說文曰士或从到古文子⿰忄隶⿰忄隶忽不悵也說文肆也⿰𧾷隶⿰𧾷隶也跌⿰𧾷隶
前不進也○突觸也欺也說文曰大从穴中暫出也一曰骨也陀骨切十四揬搪揬腯說文曰牛羊曰肥豕曰腯鼵鳥鼠同穴其鳥曰鵌其鼠
曰鼵如人家鼠而尾短葖爾雅曰葖蘆萉郭璞云萉宜為菔蘆菔蕪菁屬紫華大根俗呼雹葖鶟鶟鶝鳥名似突雉青身白頭堗竈堗漢書作突

云由突從新亡恩潭 突艒𦨴舟釣船 鈯鈍也又小刀也 ⿰耒突耕耒間也 ⿰木突瑣植又傳也 凸凸出皃 𠫓說文本他忽切義見上文也

鍎覆鍎 ○頞內頭水中烏沒切九 腽腽肭肥 殟心悶 嗢咽也又虜複姓後魏書有嗢盆氏又虜三字姓嗢石蘭氏 ⿰骨欠說文曰咽

中息不利也本一滑切 榅榅桲果似樝也 揾手捺物皃 淴水出聲 馧馧馞大香 ○忽倏忽又滅也忘也輕也又一蠶吐為一忽十忽為

一絲呼骨切十七 昒尚冥也 ⿸疒忽狂病又音欻 匫古器 寣睡一覺 笏一名手板品官所執天子以玉諸侯以象大夫魚須文竹士木

可也釋名笏忽也有事書其上以備忽忘也 乾急擷也擷呼結切 曶說文曰出气詞也篆文本作圖象乞出形 𨓬遠也 啒憂皃 ⿰木曶高皃

⿱毳心寢熟 ⿰糸忽微也 ⿱旦帚家屬 惚恍惚不作忽 ⿵風忽疾風皃 ⿸疒言睡多 ○兀高皃又姓後漢改樂安王元臨見為兀氏五忽切十六

扤動搖 杌樹无枝也 屼崛屼禿山皃又五屼山名在犍為 矹硉矹不穩皃 ⿵門乞閪括也又去卒者 鼿鼻也 ⿰舟刂說文曰船

行不安也 ⿰舟兀俗 ⿰危兀臲卼不安也 ⿸疒出說文曰病也 ⿸疒兀俗 軏輗軏又音月 ⿰虫兀蛤蟹 刖刮刖又音月 ⿱艹兀文先

○誖按物聲或作哱音沒切五 昢明旦日出皃 哱吹氣聲 ⿰女孛孛乳女字 馞香皃 ○柭筩射勒沒切五 ⿰足戾跌踈前不

進也 硉硉矹 ⿰石戾硤矹崖狀 ⿰戾殳㲸𢼛不穩又不利也 ○窟窟穴苦骨切十五 顝大頭皃 泏漚也 ⿰乞頁白禿 矻用心

矻矻 堀宋玉云堀堁揚塵又音掘 ⿰頁圣說文曰目突出也本胡八切 ⿰扌忽擊也 圣汝潁閒謂致力於地曰圣 ⿰乞攵𣪠𢻱不穩 ⿰土窟土塞也

⿰骨力作力 ⿰山窟崛屼禿山皃 [illegible]目突出[illegible] 朏朏殿骨俗又作𩩲 ○訥蹇言訥內骨切五 㕯㕯口又女滑切 肭腽肭 抐內物

水中殁殟殁○窣勃窣穴中出也蘇骨切七䞦麥屑䴭同上𣯤毟毛皃𪖐鼻鳴鵓鶻鳥䯧動進皃說文本

先節切○猝倉猝暴疾也倉没切五卒急也遠也又子没將律二切殌亡也扐摩也䘹素也○捽手捽也昨没切六

椊椊杌以柄內孔𪘳齸䚝角始生也崒崪屼山皃䯿小骨○麧麧糏漢書云食糠麧下没切三紇稅也春粟不潰也

齕齧也又胡結切紇絲下也又孔子父名又虜複姓三氏北齊開府紇奚永樂又有紇于氏紇骨氏又虜三字姓後魏有賊帥紇豆陵伊利又胡結切淈

淈泥又古忽切○搰掘地也戶骨切十扢摩也榾果手榾也出聲譜䵶耳聲扫牵物動轉鶻鳥名鶻鵃又骨搰二音䯊

膝病摑手推也䯊骨露出見字林滑滑亂也列子○卒說文隸人給事者衣為卒卒衣有題識者臧没切又將律切三倅百人為倅

周禮作卒稡稡稊十二○曷何也胡割切十一褐衣褐說文云編枲襪也一曰短衣毼毛布鶡鳥似雉鬬必至死

蝎蟲名爾雅曰蝤蠐蝎又曰蝎桑蠹餲餅名𩓥頡頢健也又音㰤䯦髂肩骨骱骨堅皃楬木轉鞨靺鞨蕃人名出

北土○頨許葛切八㰤訶也喝上同猲恐又音歇𦤷大臭氣曷白色暍熱害皃馤香氣又乎蓋切出字

林○怛悲慘也當割切十𢤎蘢制心妲妲己紂妃呾相呵炟火起黕莫黕縣在五原狚獦狚獸名似狼而赤出山海經

笪竹篰苴蒪苴靼柔革也又之列切○闥門內他達切十三㒓佅㒓撻打撻躂足跌躂達泥滑獺

水狗𩸿魚名𣥠文字音義云蹈也从反止羍小羊也亦作𦍋幸上同達佚達往來皃又唐割切汏汏過也㵣多言也○

遏遮也絕也止也烏葛切十一 鶡鼻鶡 頞上同 堨擁堨 閼止也塞也又於連切 胺肉敗臭論語作餲食臭也 餲食傷臭又
於介於罽二切 靄雲狀又於蓋切 噯小語 壓大呼用力 瘍屋迫 ○剌辟也戾也盧達切十六 揧研破 辢辛辢 莿
莿蒿 瘌癆瘌不調 攋撥攋手披也 糲糲麤糲 瀨疥瀨又音賴 𢉡廣雅曰庵也亦獄室也 轢車轢著又歷洛二音 𢃉佛著
𪘂齧齒聲 𤨏玉名 䁻目不正 楋木名 蝲蝲蛓 ○渴飢渴又虜複姓二氏後魏書渴侯氏後改為緱氏渴單氏後改為單氏亦
虜三字姓後魏書北方渴燭渾氏後改為朱氏苦曷切八 㵣古文 𤸱內熱病也 鶡鶡鴠 嵑嵑嶭山皃 磍石声 䯦肩髆 稭禾長
○達通達亦姓出何氏姓苑又虜複姓二氏後魏獻帝弟為達奚氏又達勃氏後改為袁氏周文帝達步妃生齊煬王憲唐割切二 薘草名馬舄 ○巀
巀嶭山名在右扶風才割切又才結切四 囋嘈囋鼓声或作啈 囐上同 攇擊也 ○嶭五割切又五結切十三 轍車載高也 屵
高山狀 枿伐木餘枿 𣟭頭戴皃說文曰伐木餘也 櫱上同書作櫱 不古文从木無頭 吽毀讀曰吽 攇擊也又才割切 啈
呼啈嘈嘈戒也說文曰語相訶距也 歺說文曰列骨之殘也凡从歺者今亦歹 𢰆無髮 齾獸食之餘曰齾 ○葛葛藟廣雅云苑童寄生葛也一
名寓木又名寄屑亦姓後漢有潁川太守葛興古達切十 䈓䈓簳桃枝竹名 獦獦狚獸也 割剝也害也斷也截也 𩢰馬走疾也 匃乞也亦作
丐又音蓋 輵轇輵戟形也又轇輵駈馳皃 𨞫鄉名在南陽 𥣗木長也 𤃬水名又膠葛波勢也 ○躠跋躠行皃桑割切九 薩
釋典云菩薩菩普也薩濟也能普濟衆生也 摋抹摋公羊傳曰宋萬臂摋仇牧碎首何休云側手曰摋 𥼶放也若𥼶米蔡叔是也說文曰𥼶𥼶散之也 𠴨

音變攃攃攃聲㪚篙㪚桃枝竹名蔱失薩蔱辝俗云辝辭○攃足動草聲七曷切三縩縠縩屬出淮南子磜麤磜石也○

㨘手按奴曷切三瘵痛也蛆蠚蠚○藒菜似蕨生水中矛割切一

十三末

末木上也無也弱也遠也端也亦姓姓苑云本姓秣氏後去禾又虜三字姓後燕録襄城公末那樓雷莫撥切二十二眜星也易曰日中見眜按音義云字林作眛斗杓後星王肅音妹䫌䫌頢健也䀛遠視又不正視又莫拜切䴲麩也醶醬也䬴馬食穀也秣上同筿捕鰌竹器靺靺鞨蕃人出北土韎韎韐大帶苜說文曰目不正粖糜也又亡結切䊳上同䅴米和細屑鮇魚名眜目不正也抹抹摋摩也妺妺嬉桀妻佅佅倢肥兒又西夷樂名怽忘也抹切也瀎塗拭䳮鳥名沫水沫一曰水名在蜀又武泰切⿰末色⿱癶色⿰末色色不深也袜袜肚○枂去樹皮又柮枂柱頭木五活切一○柮藏活切一○撥理也絶也除也北末切十六癶足刺癶也袚蠻夷蔽膝茇草茇鉢鉢器也亦作盋顏師古注漢書曰盋食器也盋上同䲠鳥名又音拔鱍魚掉尾也迊急走⿱髟發⿱髟發鬢多鬢貝兒襏襏襫蓑雨衣也

帗一幅巾怖意不悅兒⿰舟發大船名䮀馬怒筏箄筏○⿱髟貝姊末切六⿰扌癶逼⿰扌癶⿰氵癶⿰氵癶濺⿱癶刂刺⿱癶刂名淨也䟦蹷䟦行兒出新字林濊水湍頭起○括檢也結也至也古活切二十一活水流聲又乎括切㶝上同髺結髺檜木名柏葉松身又工外切栝上同見書聒聲擾菩說文曰菩蔞果蠃𦼮瓠瓠同上鴰鶬鴰韓詩云孔子渡江見之異衆莫能名孔子嘗聞河上人歌曰鴰兮鶬兮逆毛衰兮一身九尾長兮鶬鴰也萿爾雅曰萿麋舌郭璞云今麋舌草春生葉有似於舌适疾也銛說文曰斷也佸會計曰佸

頢小頭兒劊断也葀菝葀瑞草髺骨端懖愚懖無知說文曰善自用之意也引商書曰今汝懖懖䤬古文筈箭筈受弦

處○闊廣也遠也䟽也苦栝切六蛞蝦蟇子名筈箭筈又音括适疾也又音括䟰就䟰𤬯瓜𤬯○活不死也又

水流声户括切八潪水流聲祮祠也越鄭玄云瑟下孔又云翦蒲為席又音粤或作趏鬠以組束髮佸佸會秳舂穀不潰也

姡姡䩄也又音刮○奪左傳曰與一奪徒活切八𡙇上同敓強取也古奪字古周書曰敓攘矯虔亦姓脫肉去骨亦姓出姓苑又土活切

捝解捝茷活茷草生江南㾶馬脛傷也鮵爾雅曰鱧大鮦小者鮵○豁豁達呼括切八𧮫上同奯大開目也濊

水聲濊上同泧濊泧𣂂飲水䎀說文曰視高兒○斡轉也烏括切九焥火煙出䩊目開兒捾捾取𣂂

上同嬒方言云嬒可憎也或作儈又烏外切䁩目深黑兒䏦小嫵媚也取說文云捾目也○繓結繓也子括切三撮撮挽牽也

又七活切攥手把○鏺兩刃刈也普活切說文又讀若撥十三撥撥撥蹳蹋草聲𢫏推𢫏䣦酒氣醱醱醅酘酒也

潑水潑䀖目䀖昧不明兒鱍魚掉尾又音撥袚衣袚也𤼼𤼼艴無色𦍧牸羊𡄢譕𡄢人言○侻侻可也一曰輕

他括切五捝除也誤也遺也又解捝或作脫脫骨去肉又徒活切茷又徒活切棁大棒亦未棁又音拙捋手捋也取也摩也或作寽郎括

切五䂸削䂸也蛶蚵蛶蟲又音劣𤛗駁𤛗𣏁木名又音劣○掇拾掇也丁括切八剟削也擊也鵽鵽雀又當刮切

腏挑取骨閒肉也祋祋祤縣名又都外切咄又都骨切裰補裰破衣也敠敁敠知輕重也又敠𣫅食不噍自來○撮六十四柰

爲圭四圭爲撮撮手取倉括切二 襊緇布冠詩作撮○跋跋躠行皃又蹎也蒲撥切二十五 [illegible]行足皃 [illegible]上同 越上同 魃旱魃

废舍也 軷將行祭名 酦酒氣 馞香氣 炦火氣 颰風皃 癹除草說文音撥 妭鬼婦文字指歸云女妭禿無髮所居之處

天不雨說文曰婦人美皃 犮犬走皃 [illegible]弋鳥具說文音發 拔迴拔又虜複姓三氏後魏有都督拔略祖出賀拔勝傳又有夏州刺史拔也惡蚝官氏志

有柯拔氏又虜三字姓後魏書拔列蘭氏後改爲梁氏又蒲八切 胈夏禹治水腓無胈脛無毛韋昭云胈股上小毛也 鈸鈴鈸 [illegible]鳥名似梟 [illegible]

[illegible]䮶番中馬也 菝菝葀瑞草 坺一臿土也又音伐 [illegible]雲氣 茇草木根也 [illegible]肩髆

十四

○黠黠慧也又堅黑也胡八切四 齘齧齒聲 [illegible]麻莖 [illegible]門聲○札簡札釋名曰札櫛也編之如櫛齒相比也又牒也署也側八切六 [illegible]癘疾 蚻小蟬也

紮纏弓弝也 [illegible]鳥雜蒼色 扎扎拔也出家語○拔拔擢又盡也蒲八切又蒲撥切三 菝菝葀狗脊根可作飲 [illegible]䂒結短人○

[illegible]勁也恪八切十二 擖說文刮也一曰撻也 劼用力又固也慎也勤也 鬝禿鬝也 [illegible]上同 㓤巧㓤 [illegible]剝刮 硈石狀說文堅也一曰突也

[illegible]菝[illegible]草 [illegible]鈸結短人 咭鼠鳴 [illegible]擊也 滑利也亦州名春秋時爲衛國秦爲東郡後魏以東郡屬司州周改爲

滑州因滑臺以爲名又姓風俗通云漢有詹事滑興又音骨滑稽也戶八切八 猾狡猾書傳云猾亂也 䱻魚名鳥翼出入有光音如鴛鴦見則天下大旱出山海經

磆磆石藥 螖蟚螖似蟹而小 [illegible][illegible]名 趏走趏 鶻鶻鳩又音骨榾○八數也博拔切十 [illegible]馬八歲 朳無齒杷也 捌

上同 扒破聲 [illegible]玉名 釛金類 哵哵哵鳥 玐玉聲 釟治金○𥦒說文曰穴中見也丁滑切五 窡說文曰口滿食

娺嫸娺好皃鵽鵽雀聉無所聞也○婠烏八切六斡斡取物也嗢咽也又烏没切𣢈說文曰咽中息不利也穵
手穵爲穴嗗飲聲○豽獸名似貍蒼黑無前足善捕鼠說文作貀女滑切四貀上同㕯言逆下也又女骨切肭腽肭肥皃𪙊齒利
又磣鑯初八切七察監察也諦也知也至也審也案說文云察覆也詧言後親詧也今通用亦姓出何氏姓苑詧上同檫木名䕓草蔡䁻
視䁻𩴲羅𩴲鬼亦作魒○劀說文曰刮去惡瘡肉也周禮曰劀殺之齊古滑切三割俗鱊魚名○戛揩也常也禮也說文戟也古黠
切十八扴指扴物也稭說文曰禾槀去其皮祭天以爲席也鴶鴶鵴鳲鳩楔櫻桃又先結切秸秸槀圿垢圿骱骱䯊小骨
䅬草䅬砎礣砎小石忦恨也嘎嘎嘎鳥聲契刮也利也鶪鶪鷯鳥又音契袺執衽又音結樺鼓也磍鞨磍
揺目吐舌又感怨皃頡漢書有𡗣頡侯○軋車輾於黠切九扎山曲揠拔草心也嫼嫉怒𧳜猰貐獸名食人迅走猰上同
穵說文云空大也𥈒目相戲皃䰲魥䰲魚名窫窫窳國名○殺殺命說文戮也所八切七煞俗鎩鳥羽病又長刃矛也
𣽽水也帴二幅蔱茱萸樧似茱萸而實赤又山列切○𠐩𠐩僁健皃莫八切七𦕈惡視齂氣息𩪘𩪘骱小骨也
𪑓黑也睹視睹礣礣砎小石○傄呼八切二䀰視也埤蒼云怒視皃○疨瘡痛女黠切三瘵上同𧛒奴人衣
○䠳屈也五滑切三聉無知之意䫺無耳吳楚語也○𩨬力作也口滑切又音窟一○汃西極水名普八切四𪗂齒聲也
矶石破聲𨊻車破聲○茁草初生鄒滑切一

十五

○鎋車軸頭鐵胡瞎切十五舝上同出說文轄

上同說文車聲也一曰轄鍵也⿰齒吉齧聲鶷鶷鶡鳥名似伯勞而小砎礣砎硬也礣慕轄切⿱宀䖵螻蛄別名⿰王⿱艹幸石似玉也⿱艹害野蘇也

⿱窒貝囚突出也縖束物也鎋食飽⿱竹害拾⿱竹害⿰害力用力⿱害手手⿱害手○⿰害鳥乙鎋切五⿵門害門扇聲⿴囗害⿰馬舌駝鳴也

咀相呼聲又當轄切⿻九乚糺⿻九乚○齾器缺也五鎋切四聐聐頪無所聞也⿱髟害禿⿱髟害巀山中絕皃○刹刹柱也初鎋切

二⿱艹利掃𣖬惡草○⿱竹曷木虎止樂器亦名敔也枯鎋切四楬上同見禮磍剌也趏走皃○瞎一目盲亦作⿰齒吉瞎許鎋切四⿰齒吉

齒堅聲⿱髟曷髮鬘禿皃⿰曷力力作⿰曷力⿰曷力○獺獸名他鎋切又他達切一○刮刮削古頒切五鴰鶬鴰鳥毛逆九尾又音括剮利也

又古滑切祮祭祠名趏走皃又枯鎋切○頢短面皃下刮切七⿰氵頁言不了又不淨⿰自舌繒細敌盡皃舌塞口說文作昏

話栝之類从此姡面姡咶息也○⿰允頁⿰允頁頢強可皃丑刮切二⿰氵⿰允頁⿰氵頁⿰氵⿰允頁○鵽爾雅曰鵽鳩寇雉郭璞云鵽大如鴿似雌雉鼠脚無後指

岐尾為鳥憨急群飛出北方沙漠地下刮切又丁括切三窡穴中出皃錣策端有鐵○刷刷拭也數滑切又所劣切一○刖去足亦褺刖危

之皃五刮切又音月四⿰耳月說文曰墮耳也⿰歹月獸食殘皃⿰言月玥也○⿱篡黑黑也初刮切二⿰⿱竹算刂斷也又之芮切○礣礣砎莫鎋切四

帓帓帶帕帕額首飾搣打搣○妠婠妠小兒肥皃女刮切三⿰出尻⿰言尻也亦作⿱山尻⿰衤出下人帶襦名○捌方言云無齒杷百鎋

切二⿰木別木名○⿰𦯬鳥鶚鸛鳥名似梟古鎋切四擖刮聲也又揵也架也折也⿱髟契禿皃猰雜也○鏩秦人云切草查鎋切三⿰耒責農具⿰氵札⿰氵札⿰氵札水瀉

○哳嘲哳鳥鳴陟鎋切四⿸丁戔⿸丁戔好出證俗文⿰貝斤⿰貝斤貨也眣目露皃出聲類○⿱髟肙細毛也而轄切

十六屑動作

屑屑又清也敵也顧也勞也說文作屑先結切十一 楔木楔 揳攕楔不方正也 躃蹩躃旋行 楈木名說文限也 糏米麥破也 僁動草

聲又云鷙鳥之聲又僁僁呻吟也亦作屑 偰儀偰淨也 㴽瀐㴽水 [艹屑]草 [月屑]臆中脂 揟揲揟 ○切割也刻也近也迫也義也說文

刌也千結切八 嗏小語 [齒屑]齛齧也 竊盜也又淺也 柣爾雅曰柣謂之閾又音秩 沏水聲 [足切]趵跌 詧說文曰言微親

詧也又音察 ○結締也古屑切十五 絜說文曰麻一耑也 潔清也經典用絜 鍥鎌別名也 鐭上同 桔桔梗 㮮㮮槹

汲水具也 趌走兒 鴶鴶鵴鳥名鵴古鍇切 祮詩傳云執衽曰祮 拮手口共有所作詩曰予手拮据 狤狤据獸名 魝割治魚也 [吉大]

頭傾兒 [虫吉大]蛣蟩蟲名 ○節操也制也止也驗也說文曰竹約也子結切十三 卪說文曰瑞信也凡从卪今作卩 癤瘡癤 蝍蝍蛆蜈蚣

又音即 楶屋梁上木 瀸小灑 [火節]燭餘 岊高山兒 [髟截]說文曰束髮少小也 [魚節]魚名 幯幯拭 𠬝說文治也本房六切

[衤截]小衣 ○血釋名曰血濊也出於肉流而濊濊也呼決切十二 䀏瞲䀏惡兒 [穴矞]穿兒 [穴血]同上 [門夬]闋閱無門戶也 泬泬寥

空兒 疦磨裏空也又音玦 瞲鷸視兒 決莊子云決起而搶榆枋決小飛兒 [言穴]怒呵 [艹血]草兒 坹穴也 ○闋終也苦穴

切四 湀爾雅云湀闢流川又揆圭二音 鈌器破 [門刖]闋閱無門戶也 ○玦佩如環而有缺逐臣賜玦義取與之訣別也古穴切二十六 潏

泉出兒又水名在京兆又音聿 [目夬]目患 譎譎詐 訣訣別 [角矞]環有舌也 觼上同出說文 鐍亦同又扃鐍出莊子 駃駃騠良馬

生七日超母也 [艹決][艹決]明菜花黃 [艹夬]同上 趹馬疾行也 鴂鶗鴂鳥名關西曰巧婦關東曰鸋鴂春分鳴則衆芳生秋分鳴則衆芳歇 鈌刺也

又乙穴切 ⿱角夬 獸名似狸 決 流行也廬江有決水出大別山又斷也破也俗作决 觖 觖望怨望也又羌瑞切 駃 爾雅馬回毛在背曰駃䮿䮿音光亦

作闋廣 柣 梐也又小盂也 疦 說文瘍也 蚗 蛥蚗蟪蛄蟲名 趹 足疾 憰 憰妄語也 ⿰衤矞 衣袖 肤 孔肤 抉 縱弦彄也 ○

穴 窟也用穴山名鳳皇所出胡決切四 坹 空深皃 ⿰糸穴 說文纑一枚也 袕 鬼衣又長衣也 ○ 抉 抉出於決切六 ⿱穴夬 穿皃 妜

婣也 焆 火光也 窅 目深皃 ⿱穴夬 說文曰深抉也 ○ 姪 姪娣公羊傳云兄之子徒結切三十五 眣 目出 昳 日昊 胅 骨胅

凸 高起 垤 蟻封又曰冢前闕也 耋 老也八十爲耊亦作耋 迭 遞也更也道也 跌 跌踼又差跌也 絰 縗絰 驖 馬赤黑也 瓞

瓜瓞 嵽 嵽嵲高山 軼 車相過又音逸 ⿰馬失 馬行疾也 ⿵門失 閭⿵門失鄭城門也左傳作桔柣 咥 笑也又齧也易云履虎尾不咥人亨又火至丑栗二

切 墆 貯也上也 戜 利也又國名在三苗國東出山海經 苵 爾雅曰蒤苵郭璞云蒤似稗布地生穢草 ⿰去失 爾雅跌蝁汪云蝮屬大眼最有毒今淮南

人呼蝁子 鴩 爾雅云鴩餔敊 荎 剌榆又音治 ⿰齒至 ⿰齒至齧堅聲又作一切 ⿰扌窒 擿也 恎 惡性 詄 忘念 摕 捎取 駤 鳥名 ⿰口⿱至土

堅 ⿱山垤 嵽嵲山皃 泆 泆蕩 ⿰石失 砲⿰石失 趃 大走 怢 怢怢不自安也 ○ 鐵 說文云黑金也神異經云南方有獸名曰齧鐵大如水牛色如

漆食鐵飲水其糞可作兵器其利如鋼也又虜複姓赫連勃勃改其支庶爲鐵伐氏云庶朕宗族子孫剛銳如鐵皆堪伐人也又作銕俗作鐡他結切八 銕 古文 僣

僣侻佼猾 餮 貪食說文作飻貪也 飻 上同 蛈 爾雅曰王蛈蝪郭璞云即螲蟷似鼅鼄在穴中有蓋今河北人呼蛈蝪 擮 桶擮皃出字林 驖

馬赤黑也 ○ 纈 綵纈胡結切二十一 ⿵門吉 閭闋義見闋字 擷 將取又虎結切 ⿰扌絜 縛 頡 頡頏詩傳云飛而上曰頡飛而下曰頏說文曰頡直

頊也又姓風俗通有頡衛古之賢者 頁頭也 齕齧也又乎没切 紇絲下也又乎没切 襭以衣衽盛物也 絜爾雅河名即九河之一也又古

節切 [目絜][目戍][目絜]目赤 [艹頡]龍古草也 [鼠頡]鼠名又胡秋切 翓翓翓飛上下 [月絜]膜[月絜] [臤千]生很又口殄切 奊頭邪 籺屑米也

[門頁]門聲 [禾敫]麥[扌敫]不破 [覀男攵][辶敫][覀男攵] ○涅水名出東郡又水中黑土奴結切十二 揑揑捺 [艹呈]菜似蒜生水邊 坦塞也 呈

上同 篞爾雅云大管曰簥其中曰篞小者曰箹 苶苶然疲役又乃叶切 [石呈]礬石別名 [疒呈]疾病 [口呈][口呈]呵 [月呈]腫也 [艹太心]草也 ○

[巛截]廣雅云盛也斷也或作截餘倣此昨結切七 [走截]傍出前也 岊山峯又子結切 巀巀嶭山名又藏活切 蠞蠞似蟹生海中 [艹截]草[艹截]

[食截]食 ○齧噬也亦姓莊子有齧缺五結切十三 霓虹又音倪 蜺寒蜩又音倪 嵲嵽嵲 槷危槷 臬禮注云門橜也爾雅

云在牆者曰楎在地者曰臬 嶭巀嶭又五割切 臲臲卼不安書作杌隉 隉見上注 [衤見]禰視 𡵟山高皃說文作𡵟本亦音孼 闑門闑

中也 [山齧]屼[山齧]山皃 ○蔑無也說文曰勞目無精也从苜戍人勞則蔑然也苜音末莫結切三十三 懱輕懱 [目蔑]目赤說文曰眵也俗作[目蔑] [扌蔑]

[扌蔑]揳不方正也 蠛蠛蠓 篾竹皮 幭帊幞 鱴魛鱴魛今鮆魚也 [糸丏]細也出蒼頡篇 衊汙血也出說文 [面蔑][面蔑]尐小也尐即列切

㒽㒽偺多詐 [目盍]汙面 [艹目火]火不明皃 覕不相見皃 [蔑鳥]工雀 [禾蔑]莊子謂之禾也 [必鳥]繼英鳥名 瀎瀎滅 [米丏]糏[米丏]也

[目頁][目頁]頡 粖糜也又亡達切 [鬻南]上同 ○彌弓戾或作𢏜方結切九 [折糸]鞔又音蔑戍切 閉閟也塞也俗作閇又博計切 [革爾]

刀飾名 [大爾]大也 [敝糸]縕編紉帶 捌捌柲也 [衤爾][衤爾]袖褾袂也 [自力]大力之皃 ○噎食塞又作咽烏結切六 [米壹][麥壹]也

⿱宀契靜也又音翳 蠮蠮蛡 ⿰犭因獸名似牛白首四角出山海經 咽哽咽○猰猰杌不仁苦結切九 䫔頼䫔短皃 挈提挈又持

也 ⿱㓞乙⿱㓞乙瓶受一斗十也 ⿱吉大奊⿱吉大多節目也奊練結切 契契闊又苦計切 栔爾雅云栔滅殄絕也 鍥刻也又斷絕也又古屑切 蛪蛪蝘

蟲又蛪蚼似蟬而小○⿱大日肥狀虎結切六 ⿰革見急繫 擷又胡結切 擷擷束又下結切 褉褉襦 ⿱大見見○撆小擊又略也引

也亦作撇普蔑切十 丿左戾 憋憋然瞋也 瞥暫見亦作⿱敝見又芳蔑切 ⿰香㡀小香也 ⿱敝糸韻略云馭右迴又方結切 嫳輕薄之皃 ⿰風必

⿰風必小風皃 鐅江南呼鐅刃 瞥瞥日落勢也○蹩蹩躠旋行皃一曰跛也蒲結切十四 ⿰扌㡀反手擊也 ⿰㡀頁⿰㡀頁䫔 ⿸疒侖戾⿸疒侖不正也

⿰香㡀香也又音瞥 咇咇語也又口香 苾菜名說文曰馨香也又頻必切 馝香也 ⿰月必⿱大日肥也 飶香食 蛂蛂蟥蛢甲蟲也 柲

支秘 ⿰忄㡀醜氣 襒襒衣亦作⿱敝衣○窒塞也丁結切又陟栗切七 ⿰目窒⿰目窒⿰目曲 蛭水蛭又音質 ⿰口窒⿰口窒咄 咥蛭咥民畜姓 ⿵門至

門閉 ⿴囗至下入○奊奊⿱吉大多節目也練結切七 戾罪也曲也戾至 盭並又力計切 捩拗捩出玉篇 綟麻綟 唳嘍唳鳥聲 盭

綬色也 矢左曰矢也

十七○薛國名亦姓出河東新蔡沛國高平四望本自黃帝任姓之後奚仲居薛歷夏殷周六十四代為諸侯周末為楚

所滅後遂氏焉說文作薛艸也私列切十九 ⿱埶金田器 紲繫也左傳曰臣負羈紲杜預云紲馬韁也亦作絏俗作⿰車世 緤上同 褻衷衣 辥說文

辠也凡从辥者經典通作薛 泄漏泄也歇也亦作洩又姓左傳鄭大夫泄駕又余制切 渫治井亦除去又姓渫子古賢者出韓子 卨字林云蟲名也

又殷祖也或作偰又作契 禼古文 媟狎也慢也說文嬻也 齛亦作齥爾雅云羊曰齥 糏⿰米殺糏 ⿰氵貰⿰氵貰注 暬晦也 絬堅結也

[巾祭]殘帛又音雪　[疒冊]瘌也亦作[疒戔]　薛斷也。列行次也位序也文陳也布也說文作𠛱分解也亦姓鄭有列御寇著書八篇良辥切二十　𠛱上同　迾遮過　蛚蜻蛚蟋蟀　鮤刀魚也一名鱴刀今之鮆魚也　烈光也業也又忠烈又猛也熱也火也　洌水清也　冽寒　裂擘裂破也左傳曰裂裳帛而與之　茢禮注云桃茢可以為帚除不祥說文芀也　颲風雨暴至　鴷啄木　栵細栗爾雅云栵栭今江東呼為栭栗楚呼為芧栗也　烈憂心　挒埤蒼云挒捩也　[列馬]次第馳馬　[土列]膝也　𡿧水流皃　[列女]美也　[禾列]說文曰黍穰也　哲智也陟列切二　悊　喆並上同　嚞古文　蜇螫也亦作蛆　○傑英傑特立也又俊也渠列切十四　桀磔也又夏王名　竭盡也　碣說文曰特立之石也又東海有碣石山　楬有所表識說文楬桀也春秋傳曰楬而書之　榤雞栖於榤　揭高舉又揭許二音　渴水盡也　嵥嵲嵥高皃　滐水激迴出海賦　櫭木釘名　偈武也　杰梁四公子名[illegible]杰也　搩強暴　○熱釋名曰熱爇也如火所燒爇如列切二　苶疲役皃　○晢光也旨熱切九　晣上同　浙江名在東陽一曰浙米也　折拗折又虜複姓南涼禿髮傉檀立其弟名折屈氏為皇后又常列切　䩞柔皮　[革亶]古文　[革折]俗　[月折]脟皮也　[目折]目明　○舌口中舌也山海經云長舌山有獸名長舌狀如禺而四耳出則郡多水又姓左傳越大夫舌庸也食列切四　揲數蓍又思頰切　蛥蛥蚗蟪蛄別名　鞨治皮亦作剮　○折斷而猶連也說文斷也又作折常列切一　○孼臣僕庶孼之事謂賤子也猶樹之有孼生也說文曰庶子也魚列切十二　櫱麴櫱說文曰牙米也　讞正獄說文作𤅊議辠也與法同意　𤅊上同　蠥妖蠥說文曰衣服謌謠艸木之怪謂之祥禽獸蟲蝗之怪謂之蠥　[辥女]俗　闑門中礙也　[屮𠂤]山高皃說文作[屮𠂤]危高也又藝

哲切钀馬勒傍鐵櫱櫱餘又姓何氏姓云東莞人本姓薛避仇改之[illegible]龍鬐脊上鬣[illegible]龍又丁篋切[illegible]高皃○滅盡也絕也亡列切二搣

手拔又摩也批也捽也○朅說文去也丘竭切又去謁切五揭高舉也又擔也藒藒車香草愒息也絜玉篇云絜界也○鷩

雉屬似山雞而小周禮有鷩冕并列切七鼈魚鼈俗作鱉鼈虌虌菜鄨水名在牂牁[illegible]大皐憋急性皃鷩[illegible]○

絕断也作絶非情雪切一○蕝束茅表位子悅切又子芮切三[illegible]絕斷物也[illegible]隔[illegible]○雪凝雨也元命包曰陰凝為雪釋名曰雪綏

也水下遇寒氣而凝綏綏然下也又拭也除也相絕切四䨮上同出說文幯幯縷桃花今製衣綾花[illegible]滅[illegible]○[illegible]皮破丑悅切一○悅

喜也脫也樂也服也經典通用說又姓後燕錄有悅綰弋雪切七說姓傳說之後又失爇始芮二切閱簡閱又閲閱也蜕蟬去皮也又他卧他外舒芮三

切娧姚娧美好又他會切[illegible]草名似芹[illegible]草生而新達曰莌也○缺少也說文曰器破也傾雪切二蒛蒛盆草也○噦逆氣

乙劣切一○爇焼也如劣切五焫上同見礼蚋蚊蚋又如銳切[illegible]括也呐言遲聲○說告也釋名曰說者述也宣述人意也

失爇切又悅稅二音曰一○拙不巧也職悅切十炪說文曰火光也䂐短也棁梁上楹蝃蜘蛛準應劭云準頰權準也李斐

云隼鼻也又章允切[illegible]頭短[illegible][illegible]短皃䪜面秀骨[illegible]醎菹[illegible]蟲○歠大欲昌悅切二啜茹也○輟止也

巳也陟劣切十五畷田間道又竹芮切惙疲也憂也餟祭酹也又竹芮切罬捕鳥覆車罔一名罦剟說文刊也醊醊連祭也

啜言多不止蹳跳也綴連補也又竹芮切掇拾取又丁活切腏骨間髓也[illegible]車具叕連也蠿茅蜘蛛說文曰蠿蟊

作圂蛛蟊也又壯殺切 ○劣弱也鄙也少也力輟切十三 㤥上同 埒馬埒亦庢也還也堤也爾雅山上有水埒又孟康云等庳垣也 𨁊𨁊𨁊

跳踉見出字統 鋝說文曰十一銖二十五分之十三周禮曰重三鋝又音刷 脟脇肉 𤛙牛白脊出字林 蛶爾雅曰蛶蛶螪何 毟毛色班也 𠈢

隈隅也 哷雞鳴 桴木名又音捋 秃禾禾來知多少 ○瞥暫見亦作𥈖說文曰過目也又目翳也芳滅切又芳結切四 潎漂潎又匹

蔽切 憋怒也又卑列切 癟枯病 ○別異也離也解也說文作冎又姓何氏姓苑云楊州人皮列切又彼列切二 峢大峢山名書亦作別 ○轍

車轍直列切五 徹通也明也道也達也又丑列切 撤發撤又去也經典通用徹 澈水澄 ⿰木敝棗也 ○䇷分䇷一云分契方別切五 ⿰言別

上同 莂種概移蒔也 扒擘也 別分別 ○㕞掃也清也所劣切四 刷上同 ⿰口刷鳥理毛也 ⿰口率小飲 ○孑單也居列

切六 訐訐發人私 釨句孑戟也 趌趌趨跳皃 ⿰禾曷長禾 揭揭起 ○設置也陳也合也識列切二 蔎香草 ○吶吶吶

聲不出女劣切又女𤅡切一 ○⿱目又舉目使人許劣切六 ⿰風夬小風皃 ⿰歹戌盡也 烕滅也 ⿰走羽小飛鳥 吷歠也說文與歠同 ○

妜鼻目間輕薄曰妜妜也於悅切一 ○𨄅有所犯突紀劣切又居月居衛二切五 ⿰豕叕豕發土也 ⿰角叕角觸 ⿰走叕小跳 罬罟也又陟劣切

○茁草生兒側劣切又側滑切二 ⿱竹黑短黑皃也 ○膬耎而易破七絕切四 絟細布別名 ⿰石毳石破 ⿰叕殳斷叕絕 ○𧖣

茅𧍬似蟬而小㚻列切八 𧍬上同 ⿰截鳥小雞 ⿰卜止說文少也 批批摘去也 ⿰歹止木死 𩯤說文曰束髮少小也 吡鳴吡吡 ○摋

茱萸山列切又音殺一 ○焆煙氣於列切二 ⿰口肙怒⿰口肙 ○屮草初生兒丑列切七 撤抽撤 硩擿也周禮有硩蔟氏 徹徹通也

艓艓舣聅司馬法曰小罪聅聅謂以箭貫耳艥船行○娎喜皃許列切二焎火氣○啜說文曰嘗也爾雅曰茹也禮曰啜菽
飲水殊雪切一○劕割斷聲廁列切一○𢪃拈也寺絕切二蛶江蛶似蝤蛶生海中○掣挽也昌列切又昌制切二瘛瘛瘲小兒
病又昌制切○抴亦作拽拕也羊列切又余世切一○闑城門中板也七列切

十八

○藥說文云治病艸禮云醫不三世不服其藥
又姓後漢有南陽太守何內藥崧以灼切三十一躍跳躍也上也進也礿祭名禴上同龠燕麥鑰關鑰鬻內肉及菜湯中薄出
之瀹上同又漬也𤅢上同亦水名在泚陽亦作濼濼水名爚煜爚光明櫟櫟陽縣名在京兆又音歷龠量器名葯
白葯縞也𡵂岸上見也說文作屵敫光景流皃籥樂器郭璞云如笛三孔而短小廣雅云七孔𢅡幕𢅡屋也出新字林𥌊矐𥌊視皃也
䖃蜡䖃螢火別名纅絲色鸙鷚鸙鳥嬫嬫媄之皃𩐡仰也𧽫趯𧽫行皃𤸱瘧𤸱病也𨷲門𨷲𧡧視不定也
𨇤登也屐屨也䠯出走皃𦿆若𦿆若𦿆風吹水皃○略簡略謀略又求也法也要也又姓何氏姓苑云零陵人離灼切九䌎紩也擽
字統云擊也掠抄掠劫人財物䂮爾雅云利也晉有褚䂮䂮上同𧍰𧍰蜉蝣蟲朝生暮死亦作𧍄聕說文曰聕也方言云視之也
䜿約䜿歡美也○腳釋名曰腳卻也以其坐時卻在後也居勺切五脚俗蹻走蹻蹻皃卻節也又去約切屩草屩也○
灼燒也炙也熱也之若切十六斫刀斫又漢複姓有斫胥氏何氏姓苑云今平陽人彴橫木渡水𢘃痛也勺挹取也又周公樂名又音
杓酌酌酒又益也挹也行也取也霑也繳矰繳說文作繁生絲縷也焯火氣穛五穀皮又音梏妁媒妁說文曰酌也斟酌二姓也又音

杓譙欺也箹箕箹玉篇云盛米具犳獸名⿰鼠勺鼠屬袀玉篇云襌衣禚齊地○爍灼爍書藥切七鑠銷鑠

獡失驚嫐美好也爚倏爚光皃又音藥⿰目樂美目⿺走樂動也又音櫟○若如也順也汝也辝也又杜若香草亦姓魯人也又慮

三字姓後魏書若口引氏後改為寇氏而灼切十一弱劣弱鄀地名在襄陽箬竹箬蒻荷莖入泥之蒻又菜名楉楉榴安石榴也溺

水名出龍道山其水不勝鴻毛又奴歷切⿰月弱脆腝說文曰肉表革裏也惹諵惹叒搏桑叒木⿱叒足足下文○綽寬也昌約切四繛

古文婥婥約美皃⿰石脣大脣皃又魚偃切○約約束又儉也少也又姓韓子有古賢者約續於略切又於笑切二葯白芷葉○卻

退也去約切四却俗郤地名在河東⿸疒卻⿸疒卻食⿸疒卻疾○虐酷虐說文作虐殘也魚約切三⿰石脣大脣皃又音綽瘧病也○妁

媒妁市若切又音酌六勺周禮梓人為飲器勺一升又漢複姓郡人六族有長勺尾勺二氏又音酌汋瀱汋又士角切杓杯杓仢仢約流星也

芍芍藥蕭該云芍藥香草可和食芍張略切藥良約切又芍陂在淮南七削切又蓮芍縣名在馮翊之若切又蔦芘草名胡了切○㲋說文曰獸也似兔青色而

大象形頭與兔同足與鹿同丑略切六⿱㲋大上同婼叔孫婼魯大夫說文曰不順也逴略逴行皃辵說文乍行乍止从彳从止蠚蟲行毒亦

作蠚又火各切○削刻削息約切一○斮斬也側略切一○爵封也禮含文嘉曰殷爵三等周爵五等白虎通曰三等法三光五等法五行也淮南

子曰爵祿者人臣之銜轡也文字音義曰爵量也量其職盡其才也又禮器周禮曰耳先王以玉爵即略切七[illegible]古文雀鳥雀禮記云雀入大水化為蛤爝

炬火莊子云日月出矣而爝火不息又音嚼燋火未然也⿰扌爵捎也⿰鼠勺鼠似兔而小也○皭靖也埤蒼白色也在爵切三嚼噍嚼也

爝炬火○鵲淮南子云鵲知太歲之所字林作䧿七雀切十一舄人姓篡文云古鵲字趞行皃猎宋國良犬碏敬也又人名衛大夫石碏䒰皮名在壽春皵皮皵爾雅云棤皵謂木皮甲錯踖陵也駿也䇽也䱟魚名出東海○噱嗢噱笑不止其虐切九蹻舉足高又居勺切卻酒吏亦倦也䖼天神蟲又丘良切𧮫說文曰口上阿也一曰笑皃啣臄說文並同上醵合錢飲酒腇腇腇大笑皃○嬳作姿態也憂縛切四嬳同上彠度也又乙虢切臒大也善也○縛繫也符钁切一○矆大視皃許縛切四矆同上彏弓弦急皃又居縛切戄驚戄曰遽視○籰說文曰收絲者也亦作篗王縛切五䑳同上蒦䕶子菜籗筌取魚器䢲行不住䢲遷䢲遷天下○玃大猨也說文曰大母猴也居縛切十一貜上同說文曰穀貜也趯大步钁說文曰大鉏也方言云關東名曰鹵行也攫搏也矍說文云隹欲逸走也从又持之矍矍也一曰視遽皃𡚁健皃彏弓弦急皃躩盤辟皃鸜三首鳥轥車輣○芍芍藥香草張略切七著服衣於身又直略張豫二切磭說文云斫也櫡說文曰斫謂之櫡鐯钁也斮上同擆置也擊也○著附也直略切一○躩說文云足躩如也丘縛切二彏往也○戄大視具篗切五趯大步又居縛切𡚁健皃又居縛切𨟘鄉名貜大猨又居縛切○逽走逽皃略切三閰閰閰牽引也跿踐也○䨤美雨孚縛切一○謔戲謔虛約切一

十九鐸

○鐸大鈴也軍法用之又木鐸金鈴木舌釋名鐸度也號令之限度也又姓左傳晉大夫鐸遏寇徒落切十五剫治木也說文判也爾雅曰木謂之剫度度量也又音渡㦡忖度踱跣足蹋也凙楚詞云冬冰之凙襗褻衣𩑛

頊顲𧪄欺也韡蘀韡胡履也𦢊肔𦢊無撿限也恈徜也亦作侂𠻀口𠻀𠻀無度仛他𨍽輹輅○莫無也
定也說文本模故切日且冥也从日在茻中茻音莽又州名開元十三年改鄚州去邑亦姓楚莫敖之後又虜複姓五氏西秦錄有左衛將軍莫者羖羝南涼州刺史莫侯悌眷後
魏末有亂冦莫折念生又有莫輿氏莫盧氏又虜三字姓周太祖賜廣寧楊纂姓莫胡盧氏也暮各切十六幕帷幕又姓鄚縣名在河間又姓膜肉膜
鏌鏌鄉劒名摸摸㨚又莫胡切漠沙漠又施也茂也瘼病也寞寂寞說文作啾嗼瞙字統云目不明嗼[illegible][illegible]塻
舍塻亦塵塻㱄死也說文作𦵏云死宋𦵏也𢉖定也圁見文𠢇𠢇勤○落零落草曰零木曰落又始也聚落也左傳注云宮室始成
祭之為落亦姓出姓苑又漢複姓二氏漢有博士落姑仲異益部耆舊傳有閬中落下閎善曆也盧各切三十四絡絡絲又姓烙燒烙洛水名書曰導洛自熊
耳漢書作雒珞瓔珞酪乳酪樂喜樂又五角五教二切䨶說文云雨䨶也轢陵轢又音歷笿籠笿硌磊硌駱
白馬黑鬣曰駱又姓出東陽吳有駱統皠大皃𩋰生革𠜱去皮節又剔也鉻說文鬄也馲馲駝又音托驝上同鮥魚名
又王格切鼦鼠名又下各切雒宅林鵂鶹鳥又姓駱絡名並出姓苑㯅樆㯅出音譜䜨䜨謊狂言躒晉大夫名輔躒本又音歷鵅
鳥鷄水鳥𤻲治病又音料𣧩殂也皠大皃挌打也鸑似鷃黑文赤頭濼水名在濟南又音祿袼褔袼䀩大目也
轠磟轠車聲○託寄也他各切十八袥開衣領也槖無底槖囊魠魚名籜竹籜柝擊柝漢書曰宮中衛城門擊刁斗傳
五更衛士周盧擊柝也亦作拆欜上同拓手承物又虜複姓二氏周書王秉王興並賜姓拓王氏又有拓跋氏初黃帝子昌意少子受封北土黃帝以土德王北俗

二百八十　廣韻入五　二十三

謂土爲拓謂后爲跋故以拓跋爲氏跋亦作拔或說自云拓天而生拔地而長遂以氏焉後魏孝文大和二十年改爲元氏也馲馲駝驝上同蹠蹠弛不遵禮度之士蘀葉落胉胉脇也滴也澆也侘毀也說文寄也飥餺飥魄落魄貧無家業出史記本音柏洦緒也又𥓓也矺儀禮注王棘矺斤○作爲也起也行也役也始也生也又姓漢有涿郡大守作顯則洛切又則邏臧路二切六迮起也又側格切柞木名又音昨糳精細米也說文曰糲米一斛舂九斗曰糳鑿詩曰白石鑿鑿㗳強㗳又祖郭切○錯鑢別名又雜色也摩也詩傳東西爲交邪行爲錯說文云金涂也倉各切七厝礪石䱜魚名逪說文云迹逪也剒爾雅云犀謂之剒縒縒綜亂也莡草聲○各說文云異詞也古落切五閣樓閣亦舉閣漢宮殿疏曰天祿閣騏驎閣蕭何造以藏秘書賢才也又姓急就章有閣并許格樹枝胳胳腋袼袼袖也又袂也○恪敬也又姓晉有中郎令恪啓苦各切三㤩愙並上同○咢徒擊鼓謂之咢詩云或歌或咢說文作㖾譁訟五各切二十五愕驚也鄂國名在武昌又姓漢安平侯鄂君諤謇諤直言㓵說文曰刀劒刃也𧊜說文曰似蜥蜴長一丈水潛吞人即浮出日南蝉上同遻心不欲見而見曰遻萼花萼鍔劒端𧇊籀文崿崖崿鶚鳥名鰐魚名噩爾雅曰太歲在酉曰作噩亦作咢㗁口中齗咢出字統齶咢上同顎嚴敬曰顎㟧山峯鑩以鐵作鉤物也偔多也堮圻堮𡓷上同㮧穽也湂水名○䪙面大皃匹各切十五奅俗濼陂濼𩂻上同粕糟粕膊說文曰薄脯膊之屋上𦢊割肉䪚車覆軶搏擊也胉脅也蒪蒪苴大蘘荷名䈾䈾𡆤相𥫍也㒒蘀僕也䓿春也𦐇飛去也又步各切○惡不善也說文曰過也烏各切又

烏故切四惡俗堊白土蝁蛇名○泊止也傍各切十一亳國名春秋時陳地漢為沛之譙縣魏為譙郡晉為南兗州齊為亳州也
箔簾箔薄厚薄說文曰林薄也又姓漢文帝母薄氏礴盤礴簙蠶簙具⿰革溥⿰革溥軨[illegible]也鑮似鍾而大踄蹈也⿰魚溥魚似鯉一
目餺餺飥亦作⿺麥尃也○臛羹臛呵各切又火酷切十一鄗縣名漢光武改為高邑壑溝也谷也坑也虛也㕡上同蠚螫也
亦作蠚謞讒慝郝姓也殷帝乙時有子期封太原郝鄉後因氏焉鰝爾雅云大鰕也出海中似蝗長二三尺青州有之也熇熱皃又火沃切嗃
嚴厲皃易云家人嗃嗃也矐重目又失明也○索盡也散也又繩索亦姓出燉煌蘇各切又所戟切六㩋摸㩋溹水名在滎陽又所戟切⿰革索
⿰革索譯⿱艹索草名㮦白㮦木名○涸水竭也下各切十一鶴似鵠長喙左傳曰衛懿公好鶴有乘鶴軒貈說文曰似狐善睡獸也穆天子傳曰
天子獵於滲澤得玄貈以祭河宗周禮曰貉踰汶則死此地氣然也貉狢並同上洛洛澤水皃佫人姓出纂文⿰馬隺說文曰苑名一曰馬
白額⿰目隺望也⿰禾各似黍而小⿰鼠各鼠出胡地○昨昨日隔宵又羌複姓有昨和氏在各切二十酢酬酢倉頡篇曰主荅客曰酬客報主人曰
酢也莋縣名在越巂也怍慙怍⿱⿰丵殳臼又穿⿱⿰丵殳臼鑿鏨也古史考曰孟莊子作笮竹索西南夷尋之以渡水筰同上柞木名又音作㸲
山牛岝岝崿山高斮地名在蜀亦姓出蒼頡篇飵楚人相謁食麥饘曰飵也䌟草繩⿰巾乍⿰巾乍幭⿰糹乍絙也秨禾稼動搖砟
石上又人名葃茹草又士革切鈼鍑也吳人云也○博廣也大也通也从十尃亦州名春秋時齊晉之聊攝也秦為東郡地隋為博州因博平縣以名焉
又姓古有博勞善相馬也補各切二十髆肩髆搏手擊爆迫於火也鎛鐘磬上横木也又田器也詩曰庤乃錢鎛⿰口尃⿰口尃⿰口集雉皃⿰口集姊入切

𪘀上同 襮衣領 鑮大鐘 簙六簙棊類出說文世本曰烏曹作簙書本多單作博 蚹蚹蛦螗蜋卵也 猼犬名 䍸猼䍶獸名似羊九尾四耳其目在背出山海經䍶徒何切 欂欂櫨枅也 䪙車下索也 溥水名 䶈䶈鼠 餺餺飥 䙏短袂衫也 䈏蠶具名吳人用

○諾說文應也奴各切一 ○霍揮霍爾雅曰霍山爲南岳又姓武王弟霍叔之後虛郭切十二 䨥地名說文曰飛聲也雨而雙飛其聲䨥然 霩雲消皃 瞁驚視 藿豆葉又香草 矐目開 彉張也說文曰弩滿也又郭鄺二音 彍上同 擢擢盤手戲 瀖瀖汫衆波聲

劐裂也 癨吐病

○郭城郭也釋名曰郭廓也廓落在城外也世本曰鯀作郭亦姓出太原河南潁川東郡馮翊五望本自王季之後又云氏於居者城郭園池是也案說文作𩫏爲居𩫏是作郭郭爲郭氏也古博切凡十 𩫏郭並見上注 崞縣名在代州又山名 椁禮曰殷人棺椁又木名 槨上同 彉弓張說文曰弩滿也 彍上同 埻埻端國名又音蟈 𦖶耳𦖶

○艧舟也烏郭切六 蠖蚇蠖屈伸蟲名 𩟓味薄 臒羹美肉玉篇云善肉 鸌水鳥 嬳恐嬳

○穫刈也胡郭切十 鑊鼎鑊 𢥋心動 檴檴落木名 𤎖𤎖熱 濩說文曰雨流霤下皃 擭柞擭阱淺則施之 䨼䨴䨼大雨 𤻲𤻲𤻲癡 𢊍廓𢊍空遠

○廓空也大也虛也亦州名漢西羌地前涼揖河郡周爲廓州也苦郭切六 鞹皮去毛 漷水名在魯又許虢切 劆解也裂也 籗爾雅注云捕魚籠亦作篧又仕角切 噋敲噋敦聲也亦作嘟

○硑䃎硑石聲盧穫切䃎音廓一 ○嗥鳴嗥嗥亦作嗽祖郭切一

二十陌

○陌阡陌南北爲阡東西爲陌莫白切十八 帞頭巾 袹袹複 嫫靜也 𡝤上同 貘食鐵獸似熊黃黑色一曰白豹 蛨蚝蛨蟲 貊亦蠻貊 佰一伯爲一

佰也驀騎驀狛犵狛驢父牛卌亦作馲駱䮝上同嗼詩云盈盈一水間嗼嗼不得語貉北方獸洦水淺皃[扌百]擊也

趏趏越銆銆刀車器○磔張也開也爾雅曰祭風曰磔陟格切十一虴虴蛨蛨舴舴艋小船矺矺䂹鵅鷩鷟鳥雉屬馲

馲駝頟毛頟顱腦蓋䵑䵑黏皃嫡嫡嫷嫡䆿䆿䆿也杔杔櫨欂杔酒器也○白西方色又告也語也亦姓秦師有白乙丙傍陌切五帛

幣帛尚書大傳曰舜修五禮五玉三帛又姓出吳神仙傳有帛和舶海中大舶鮊魚名葍草爾雅曰葍似帛俗从卄○伯長也又侯伯周書曰

率衆時作謂之伯亦姓左傳晉有大夫伯宗又漢複姓二氏韓子有伯夫氏墨家流莊子有伯成子高博陌切八迫逼也近也急也附也敀上同百數名

又姓秦有大夫百里奚柏木名五經通義曰諸侯墓樹柏又姓晉趙王倫母曰柏夫人亦作栢洦洦洦淺水䒶藍之別名瓸甎瓸井甃○㦸

増也一曰䩰也又姓史記燕有㦸辛奇逆切六屐屐屐䩰䩰車䩰䩰卻卻倦卻卻也𢽳勞𠞰𠞰劇○戟刀戟說文作㦸有枝兵也釋名曰戟

格也傍有枝格也典略曰昔周有雍狐之戟出廬盧之矛狐父之戈几劇切八撠持也㦸藥名大㦸猈猈獸䚏䚏相踦也丮持也𢽳勞也

又其戟切鬛鬛鬣○索求也山戟切又蘇各切六索上同㯕傓也䑸水名碅碎石隕聲粸煮米多水○柵村柵

說文曰竪編木測戟切三踖踖踖䃭刺也國語曰○嚄嚄嘖大喚胡伯切二謋謋嚄誇皃○嘖側伯切八迮迫迮

窄狹窄笮矢箙又屋上版又迫也又姓吳有笮融亦作筰浩水䜺大聲亦作唶舴舴艋蚱蚱蟬○齚齧也鰿陌切五

齰上同咋呹咋多聲呹烏交切洓泩也聲岝岝䂢山皃○隙壁孔也怨也閑也綺戟切七郤姓出濟陰河南二望左傳

晉有大夫郤獻子俗从𧮫也 綌絺綌 郤廣雅云勞也極也疲也又大笑 𧮭嗛恨 𡮂西方小皃 𠳝大笑○額釋名曰額鄂也有垠

鄂也說文作頟頟也五陌切六 頟上同 鰂鱖鰂魚名 峉𡸇峉或作㟯 詻鄭玄云詻詻教令嚴 鞷補履○逆迎也卻也亂也芒韡

漢書周訪字偉公少孤微常修逆旅以後過客而不待其報宜戟切六 屰說文曰不順也 縌漢書古佩縌也 㦸說文云呻也 紼紱維 啈

嘔啈○客賓客苦格切四 喀吐聲也 𥖂堅也 揢手把著也○啞笑聲烏格切二 餩飢○虩懼也許郤切一○坼

裂衣也亦作拆餘倣此丑格切六 趚半步 頙腦蓋 皵皺皵 㡿㡿開 𣃔韄○韄佩刀飾乙白切一○拍打也普伯切十

魄魄魄 怕憺怕靜也 皛亦打出蜀都賦又白胡了切又莫百切 敀也大打 䨻疾也又音赴 珀琥珀 𧺆風入水皃 派

派破物也 洦淺水○赫赤也發也明也亦盛皃又虜複姓有赫連氏其先匈奴右賢王去卑之後劉元海之族也勃勃以後魏天賜四年稱王於朔方國號夏都

以子从母之姓非禮也乃云王者繼天爲子是爲徽赫實與天連因改姓曰赫連氏呼格切五 爀火色 嚇怒也 㦤𢢸憏赤紙 𥉐目赤○垎

土乾也胡格切四 趷趷𧻳倒也 㮝鞍格 𨊰輓車當胷橫木○格式也度也量也書傳云來也爾雅云至也亦格五博屬行箭但行梟以格殺漢

吾丘壽王善之又姓東觀漢記有侍御史東平相格班古伯切十四 佫至也亦作假 茖山葱 骼骨骼 觡鹿角 䲨鰅鰂魚名 鵅鵅鶹

鳥名 挌擊也鬭也正也正也 𢧢擊也鬭也亦作𢦒 蛒蟦蠐别名 麧碎麥 敋擊也 鮥海魚似鱣肥美 鉻陳公鉤也○謋

謋然虎伯切八 諕上同 漷水名在東海又音廓 砉又呼昊切出莊子 翽𦑌翽飛疾皃 澅淴波激水也 硅硅破 㤞心驚

○宅居也說文云宅託也人所投託也釋名曰宅擇也擇吉處而營之也場伯切十三　厇古文　擇選擇　澤潤澤又恩也亦陂澤釋名曰下有水

曰澤又州名秦為上黨郡後魏為建興郡周為澤州取濩澤以名之亦姓出姓苑　鸅鸅鸖鳥名毛備五色　翟陽翟縣名亦姓也唐有陝州刺史翟璋又音狄字

蘀蘀蘀葛藥草車前別名　檡檡棘善理堅刃者可以為射決出儀禮　鸅鸅鸆即護田也　韚韚韄刀飾　蠌蛸蠌　襗袴襗　澤

士得○虢國名周封虢仲於西虢秦屬三川郡義寧元年為鳳林郡武德初為鼎州又為虢州亦姓左傳晉大夫虢射也古伯切五　敋手打之類　漷水裂

譹譹譹多言皃　唬鳥啼○擭手取也一號切五　濩濩澤縣在澤州又音護　彠視遽　韄刀飾把中皮也　𡽴陂名又村

名在吳王舊城側也○蹃踐也女白切二　搦挻搦又正也○䖼天神蟲丘擭切二　劐解木○欂欂櫨尸上木弼戟切二　欂

說文曰壁柱也

二十一

○麥白虎通曰麥金也金王而生火王而死又姓隋有將軍麥鐵杖鎮南人俗作麦莫獲切八　衇說文曰血理之分衺行體

者又作脈經典亦作脉周禮曰以鹹養脈釋名曰脉幕也幕絡一體也　脉上同　衇籀文　霢霢霂亦作霡　䁀說文曰目繚視也　覛爾雅

云相也說文本莫狄切衺視也　𧢈籀文○獲得也又臧獲方言云荊淮海岱淮濟之間罵奴曰臧罵婢曰獲亦姓宋大夫尹獲之後胡麥切八　畫計策

也分也又胡卦切　嫿分明好皃　劃錐刀刻　鱯魚名　彠度也又烏虢切　嚍嚍嘖叫也　咟上同○蟈螻蟈蛙別名古獲切十六

馘截耳又獲也或作聝　聝上同　幗婦人喪冠　膕曲腳中也　𩪭上同　𡐛𡐛端國名出山海經　摑打也亦作敋　漍水

擳挻擳　䃒䃒砐　慖悖也　嘓口嘓嘓煩也　䫺䫺䫺赤氣熱風之怪　讗讗嚄疾言　䘸䘸大血○檗黃檗俗作蘗博

厄切五擘分擘薜爾雅云山芹當歸也又曰山麻也⿰片辟豆中小硬者糪飯半生皃○⿰糸辟織絲為帶蒲革切四繴

罿也⿱罒辟車䡹欂欂櫨又木名也○䁺擌䁺士革切七鰿爾雅曰貝小者鰿郭璞云今細貝亦有紫色者出日南又音迹⿱艹⿰耳乍茹菜又音藉

⿰彳責容尋常人措說文手取物也積灰中種也嘖嘖嘖叫也○責求也側革切十一⿰責頁⿰責頁頗頭不正皃簀牀簀幘

冠幘漢書曰幘古者卑賤執事不冠者所服之說文曰髮有巾曰幘嘖大呼聲謮謮怒說文同上債負財也⿰虫責小貝也⿰月責⿰月責子魚子脯出

新字林嫧鮮好咋大聲○趚急走也出字林査獲切二⿺走責⿺走責黠皃出方言○策謀也籌也釋名曰策書教令於上所以驅策諸下也

又馬箠也楚革切十四冊簡冊說文曰符命也諸侯進受於王也象其札一長一短中有二編之形笧古文嫧健急皃⿰齒責齒相值也筴

卜筮筴也⿱冊日告也措手也憡憡痛也⿰食責淨也⿰忄責耿介也蹟正也拺扶拺也栅竪木立栅又村栅○礊鞕皃

楷革切六⿴衣朿說文曰衺裏也⿰衤鬲同上緙紩也又織緯罊器空也諽謹也○剨破聲呼麥切二十一繣徽繣乖違⿰羽或

飛聲⿰忄畫不慧又⿰忄畫⿰忄畫辯快出音譜劃劃作事又音畫捇捇掘土又裂也掝裂也嘓大笑皃礊鞕聲又口莖切⿰月畫曲脚中也

焃赤⿰扌畫擘也又于馘切⿰巾畫裂帛聲⿰辛畫辛𨐨𨐨⿰目畫目病湱瀶湱水出西谿⿸疒或⿸疒或痛⿵門赤⿵門赤門⿰氵⿵門赤水皃也

⿺風赤熱⿺風赤⿰或刂刀破○覈覈實也下革切九繳衣繳衣領中骨又音酌⿰石鬲石地翮鳥羽⿰木卻木名核果中核崔豹古今注

云烏孫國有青田核莫測其樹實之須至中國者得其核耳大如六升瓠空之以盛水俄而成酒味甚醇厚炈燒麥滆湖名在常州義興縣蒚蒚薹頭名

○隔塞也古核切十六 膈胷膈 搹捉也出儀禮 鬲縣名在太原又鬲津九河名又姓夏末賢人膠鬲之後又音歷鼎屬也 槅車槅

革改也獸皮也兵革也亦姓漢功臣表有煑棗侯革朱 䈕䈕子竹障出通俗文 愅智也 諽謹也 [革赤]轡首 虢虎虎聲 霢雨下也

膈贖膈 [革羽]翅也 鰏魚名也 嗝雉鳴 ○摘手取也陟革切又他歷切九 讁責也又文厄切 謫上同 [犭易]大怒張耳也

棏替蝕棏或作槵 [囗亘]硬皃 [米啇]黏[米啇] 厇張厇 矺磓也 ○戹災也說文隘也於革切十四 厄上同 搤持也握也捉也

扼上同 軛車軛 阸限也礙也又危也迫也塞也 豟爾雅曰豕絕有力豟又云豕大五尺爲豟 呃呃喔鳥聲 鼳鼠屬 貖上同

蚅蚅鳥蠋大如指似蠶 餩飢皃 啞笑聲 [厄見]覞視 ○栜木名山責切十四 㴙小雨 瘷瘮瘷寒皃 [雨斤]霚散也 摵

殞落皃 愬驚懼皃又音素 [扌策]攡[扌策]捕鳥 捒捒擇取物也 索求也取也好也 𥿁上同 溹溹溹雨下皃 [革束]堅硬 虩

虎驚皃又許逆切 [氵昔]說文曰所以攡水也 ○[扌⿱雨电]射中聲也普麥切三 糪飯半生熟爾雅云米者謂之糪 ○虉爾雅云虉綬虉小草雜色似綬

五革切又五狄切四 鷊鶂鷊又音豎 鞷履頭 [弓鬲][弓束]補也 ○礐礐硞水石聲也力摘切二 [石蒦]礋打草田器出字林 ○[扌畫]

裂聲也虎摑切一 ○撼拂著又擭撼也出通俗文砂獲切一 ○䞄䞄趚走長皃求獲切一 ○疒疾也尼戹切又仕莊切三 [臥食][臥食]炙

餅餌名 聑耳目不相信出列子

二十二

○昔往也始也爲一昔之朝明日也說文作㫺乾肉也又姓漢有烏傷令昔登思積切十四 𦢊

籀文 腊乾肉見經典 惜悋惜說文痛也 潟鹹土 磶柱下石 舄履複也崔豹古今注云以木置履下乾腊不畏泥濕故曰舄也 [革舄]

上同蔦車前草鬄說文髲也⿰骨易髂骨間也⿰水鳥水鳥焟火乾棤皮甲錯也○積聚也資昔切又資賜切十八脊
背脊釋名曰脊積也積續骨節終上下也說文作𦟤背呂也踖蹐地小步借假借也又資夜切迹足迹跡上同速籀文踖踧踖
敬兒又秦昔切鵖鵖鴒一名雝鶏又名錢母大如燕頸下有錢文亦作鴄字鰿爾雅曰貝小者鰿郭璞云今細貝亦有紫色者出日南蟦上同鰿
魚名鯽上同蹟詩傳云不蹟不循道也瀐小水襀襞也碏碏硝厝縣在臨邛○益增也進也伊昔切八謚笑兒
嗌喉也漢宣帝崩昌邑王至京師不哭云嗌痛鄐地名齸爾雅曰麋鹿曰齸牛曰齝並吞芻而反出嚼之也膉肥也⿱艹益⿱艹益毋草爾雅注
只作益⿰鼠益鼠名○繹理也陳也長也大也終也充也說文云抽絲也羊益切三十三睪引縉兒說文曰司視也从目从卒令吏將目捕皋人也亦
惣也俗作冬弈弈弈美兒又博弈奕大也又輕麗兒又行也盛也帟小幕曰帟譯傳言周禮有象胥傳四夷之言東方曰寄南方曰象西方曰狄
鞮北方曰譯懌悅也樂也改也斁猒也驛驛馬嶧山名在魯醳苦酒腋肘腋掖持臂又縣名又掖庭也二曰正門之旁小
門也亦姓⿰衤夜縫掖易變易又始也改也奪也轉也亦水名出涿郡安閻山見水經亦州名漢書趙分晉得中山秦為上谷郡漢置涿郡隋為易州因水名之又姓齊大
夫易牙又盈義切液津液又姓急就章有液容調⿸疒易病相染也蜴蜥蜴埸壃埸圛說文云回行也商書曰圛者升雲半有半無也
襗衣襦射無射九月律墿道也焲火光⿰礻睪重祭名商曰肜周曰⿰礻睪亦作繹⿰氵弈潎⿰氵弈水兒燡火甚之兒⿰耒睪耕也又音
釋⿸尸易交文⿸尸易⿰口睪⿰口睪川⿰災睪炎火也出字林⿰光睪光兒○釋捨也解也散也清也發也服也又姓施隻切十六⿰米睪說文漬米檡

槫東適樂也善也悟也往也又姓奭盛也又驚視皃又邵公名說文作奭郝人姓又呼各切睗睒睗急視睗日無光嫡嫁也

釋耕皃螫蟲行毒亦作蠚鬄髢髮又音逖夾盜竊褱物也從亦入弘農陝字從此亘餅堅柔相著睪視皃襫襏襫雨衣

○尺家語曰布手知尺舒肱知尋說苑曰度量衡以粟生之十粟爲一分十分爲一寸十寸爲一尺昌石切十一赤南方色又姓出姓苑又漢複姓二氏莊子有

赤張滿稽晉郭象注云赤張姓也韓子曰智伯以種遺仇繇赤章枝諫仇繇令不受𨥁古文蚇蚇蠖蟲名易亦作尺㡿逐也遠也又㡿候說文曰郤行也从

屰屰音逆斥上同臭白澤郝鄉名滷鹵滷卥姓也奭獸也○石釋名曰山體爲石亦州名秦伐趙取離石因邑以

名州又姓左傳有衛大夫石碏又漢複姓二氏孔子弟子有石作蜀何氏姓苑有石牛氏常隻切七碩大也祏說文云宗廟主一曰大夫以石爲主鉐鍮鉐

䄷說文云百二十斤也鼫鼫鼠螻蛄䳭鳥名○隻一也說文曰鳥一枚也从又持隹持一隹曰隻二隻曰雙之石切十三適往也又施

隻切又都歷切炙說文曰炮肉也从肉在火上墌基址摭拾也拓上同蹠足履踐也楚人謂跳躍曰蹠跖上同說文曰足下也

䗪螽負蠜亦作蟅又音柘䨮霍䨮大雨𧻓行也廦从也𧝤袖也○擲投也搔也振也直炙切七擿上同出說文

麱麩麱躑躑躅行不進也蹢上同𧓉蠮蠋蟲名潪土得水也○皵皮細起七迹切八磧砂磧刺穿也又七四切

趚趨趚行皃涑水名在北𧼮倉卒𧝀袜膝帬衸嫧嫧婕齊謹○席薦席又藉也大戴禮曰武王踐阼有席銘亦姓出安定其先姓

籍避項羽改姓席名晉有席坦祥易切六夕暮也字从半月又姓漢書巴郡蠻渠帥七姓有羅朴督鄂度夕龔其也朴音卜切蜀有尚書令夕斌穸窀穸窀厚也穸

夜也汐潮汐鄐鄉名蔕大也○籍簿籍秦昔切十三踖踐也踧上同耤狼耤又姓左傳晉大夫耤談又慈夜切耤耤田耤借也說文曰帝耤千畮也古者使民如借故謂之耤也宋書耤田令古官也於周爲甸師塉薄也瘠病也瘦也厝縣名在清河又七削切猎獸名似熊出山海經䒾茄䒾草膌膌腹䣢地名在蜀錯打也○擗撫心也房益切九椑棺也躃躃倒闢啓也開也辟便辟又法也五刑有大辟从卩辛所以制節其罪也从口用法也𣩓𣩓𣩘欲死之皃髀弓彊䩛雨衣𣯛毛𣯛○役古從人今从彳說文曰戍邊也營隻切十二䓍燕人呼芡又羊捶切疫說文云民皆疾也𩷶魚名有四足出文字集略坄喪家塊說文曰陶竈窻也

㣦上同炈同亦䳭䳭鳩鳥鈠小矛䨏䨏䨟大雨豛豬之別名𧊅𧊅刺虫蟲名○瞁驚視許役切二𥈞眼也○辟爾雅皇王后辟君也亦除也又姓漢有辟閭彬必益切七璧白虎通曰璧者外圜象天內方象地爾雅曰肉倍好謂之璧肉邊好孔也鐴鐴土犂耳躄跛躄說文作璧人不能行也𨀣上同襞襞衣說文曰韏衣也擗治也○僻誤也邪僻也芳辟切四辟上同癖腹病見詩廦牆也○麝麝香也又食亦切又食夜切二射世本曰逢蒙作射又姓吳夫有尚書郎射慈又神柘切又羊謝羊益二切○碧色也說文曰石之青美者又入品九品服色代青也紀年曰惠成王七年兩碧孚郢彼役切一○䵂黏䵂竹益切一○彳說文云小步也象人脛丑亦切二甋瓶也○䕠䕠卷之役切一○𥄲小動土役切二𢕟小行

二十三○錫賜也與也亦鉛錫之玄中記曰鉛錫之清爲婢又姓吳志云漢末有錫光先擊切十三析分也字从木斤破木也又爾雅曰析木謂之津注云即漢津也亦姓風俗通云齊大夫析歸父㭊俗裼

祖衣皙人白色也緆細布𪎭說文上同蜥蜥蜴菥菥蓂大薺淅淅米惁敬也⿰虫朿⿰虫朿蜆𣨙癖𣨙欲死之皃○

激疾波又姓淮南王傳有激章古歷切九擊打也墼土墼轚舟車徼狠子敫敬也蘻草名竅楊皃鷔鳥名

似烏○霹霹靂普擊切七劈剖也裂也破也澼莊子洴澼絖漂絮者𢡃急速鎃裁木為器癖痃癖痛僻邪僻○

靂霹靂郎擊切四十五𧽘𧽘趚行皃趚七昔切酈縣名在南陽亦姓又力知切癧瘰癧轢車踐又音洛鎘鎘鎝鑈上同

礫釋名曰小石曰礫瓅珠瓅秝稀疎櫪馬櫪攊投攊櫟木名亦屬又音藥櫟陽縣名⿰目歷魚名亦作⿰角鬲歷經歷

又次也數也近也行也過也又歷日續漢書律歷志云黃帝造歷世本曰容成造歷尸子曰羲和造歷或作曆曆見上注藶亭藶子瀝滴瀝也

磿石声寥寂寥無人又深也又音聊鬲爾雅曰鼎款足者謂之鬲說文作𩰲鼎屬實五觳斗二升曰觳象腹交文三足今亦作鬲𤮍瓦器說文同上

又作𩰲蒚山蒜皪的皪白狀⿰目歷⿰目歷瞝視明皃𤍿羃𤍿煙狀躒動也𧾉上同⿰齒歷齒病𤩽說文云玉名厤

治也攊擊也䮥馬色𧝕纏裹𨣉𨣉䤈酪滓⿸尸歷屐下曆曆䁥強脂⿰酉鬲下酒𠠲劙開⿸厤鳥鳥名觻角鋒

⿰米樂雜糅食名擽捎也濼一名貫眾葉圓銳莖毛黑布地生冬不死一名貫渠又音藥蝷爾雅曰蟿螽螇蚸亦作蚸○的指的又明也說

文作的都歷切二十六適從也又之石始石二切嫡正也君也甋瓴甋摶也靮馬韁鏑箭鏃馰馰顙馬白額又作的滴

水滴也亦作適肑腹下肉也弔至也又音釣芍蓮中子也亦作的見爾雅蹢蹄也詩云有豕白蹢⿰鼠勺鼠名又音灼玓玓瓅明珠

色出說文樀屋梠鷸雉商屬罟魚擊網也磧磧磓矴上同杓引也斛量也啇本也魡魚名怕怕痛也
逷至也杓柄末橫大○檄符檄說文曰二尺書也胡狄切八覡巫覡男曰覡巫女曰覡薂的薂蓮實也見爾雅鼳鼠名⿱敫鳥
鳥似烏蒼白色獥狼子又音叫音獥椺鐘椺又胡老切⿱敫角以角用飾杖策頭○鷁水鳥也博物志曰鷁雄雌相視則孕或曰雄鳴上風雌鳴下風
亦孕五歷切五鶂上同說文又作鷊鷁艗艗舟舟頭爲鷁首𡰜石地惡虉虉綬草○荻萑也徒歷切二十九狄北狄又姓
春秋時狄國之後漢有博士狄山敵匹也當也輩也主也籊竹竿皃又他歷切翟翟雉又姓漢有上蔡翟方進迪進也道也蹈也覿
見也⿰至見上同笛樂器風俗通云武帝時丘仲所作也晉協律中郎列和善吹笛也篴上同出周禮糴市穀米又姓國語有晉大夫糴茂籴
俗邮鄉名在高陵滌洗也除也淨也蓧盛種器也蔋草木旱死也踧詩云踧踧周道⿰糸翟⿰糸翟緣色⿰魚狄東海有馬⿰魚狄魚
⿺麥適⿺麥適麴樀屋梠又音的頔好皃⿰木狄藏槔爾雅釋木曰⿰木狄藏槔是也⿰米翟穀粟之名⿺辶雷雨也⿰牛啇特牛苖苖蓨草滷
鹹也⿰彳由說文曰行⿰彳由⿰彳由也○逖遠也他歷切二十一逿古文倜倜儻不羈趯跳皃⿺辶翟上同剔解骨⿱狄力同上字
詆詆誘狡猾惕怵惕憂也又愛也⿰骨易骨間黃汁硩周禮硩蔟氏掌覆夭鳥之巢又丑列切擿發也動也說文曰拓果樹實也一曰指近
之也又張華切踢趺踢獸名左右有首出山海經䚐說文云目赤也又前歷切鬄說文云鬄髲也⿰火皀望見火也蓨苗蓨草籊竹竿
皃悐勞也⿱殺心敕也脊失意聙視皃○績緝也功業也繼也事也成也則歷切四勣功也積樫於別名鳥鳥名責也○

燩乾燥也苦擊切九擊傍擊毄攻也漢書云攻苦毄淡喫喫食嗷上同㢣弓也甏敫甏愸欺也鈠吹器

○惄心之飢也憂也思也大歷切四𧖴古文溺溺水古作休又音弱又姓也愵憂皃○寂靜也安也前歷切五𡧑宋

並同上㖢㖢嘆無聲𥈞音逖睍目赤又○覓求也莫狄切二十五覛上同說文曰衺視也幎覆也亦作冪幦車覆軨也

𧜀上同䮭馬多惡也糸細絲也微也連也鼏鼏鼎盖羃覆食巾又冪冪羅婦人所戴汨汨羅水名在豫章屈原所沉處漞

𤀻並上同冂文字音義云以巾覆從一下垂𧇀說文云白虎也蓂菥蓂𧢄白豕黑頭覭覭見小見𦃃綱繩䵒䵒黷黑青

篢筣篢𣿫瀝𤀻水浅𧐐蝀𧐐蟲名塓塗也○甓瓴甓瓶甎扶歷切四鷿鷿鷉鳥名似鳧而小足近尾或作鸊椑大棺

𣩠辟𣩠欲死之皃○壁說文云垣也釋名曰壁辟也辟禦風寒也漢官典職曰省中皆胡粉壁紫素界之畫古烈士亦州名本漢宕渠地武德初為壁州北激切

六鼊鼊鼊似龜而漫胡無指爪其甲有黑珠文如瑇瑁可飾物繴爾雅曰繴謂之罿罿罬也覆車鳥網又敷核切廦室屋緙給緙繁也𧳤豯邪

獸獸身鳥喙○闃寂靜苦鶪切二𨁊踞也○郹邑名在蔡古闃切七狊說文云犬視也亦獸名緩屬脣厚而碧色鶪伯勞湨水名

在溫縣鼳爾雅曰鼳鼠身長須秦人謂之小驢郭璞云似鼠而馬蹄一歲千斤為物殘賊犑爾雅云犑牛𠐼𠐼黠○戚親戚又姓漢有臨轅

侯戚鰓倉歷切十一慼憂也懼也䗩說文曰夜戒守鼓也鼜上同鏚干鏚鉞斧䵰䵰黷黑色敗梘視梘面柔詩太本或作慽施

慽憾也痛𧋊蟾蜍別名蔵草也磩碶磩石次玉也○赥笑聲許激切九鬩鬪也恨也戾也又相怨也𢏳弓也左思吳都賦云

長矟短兵亦作殺 [氵門見]潤沭溓遂也 訹私訟 䈝籮屬 怵心不安也 [鬼去]去涕 [忄門見]惶恐 ○殺矛也呼狊切七 砉砉然物相

雜聲 瞁驚視 眢眼也 狊犬視也 焱火華又火焰也 殈鳥卵破也 ○歡痛也丑歷切又丑力切二 禘福禘

二十四職

軄俗 戠

說文云闕職識字從此

四○職爾雅云職主也常也博雅云業也字林云記微也又姓周禮有職方氏其後因官為姓風俗通云漢有山陽令職洪之翼切九

織組織說文曰作布帛總名 職油敗 蟙蟙蠌蟲蝙蝠別名也 蘵草名似酸漿亦作蘵 膱脯長尺有二寸曰膱儀禮

作膱 樴樴杙 ○直正也又姓楚人直弓之後漢有御史大夫直不疑除力切四 犆牸犆牛也 䐈肥腸 [山直]山直 ○力筋也又姓黃帝

佐力牧之後六直切九 朸縣名在平原 屴屴崱山皃 仂不解 鳨似鳧而小亦作鳨 [棘力]趙魏間呼棘出方言 泐水凝合皃也

阞脛交 犳遼東犬名 ○敕誡也正也固也勞也理也書也急也今相承用勑勑本音賚恥力切十四 勑上同 飭牢密又整備也 淔

水名 趩行聲 栻局又木名 侙意慎侙又惕也 䳜鸂鶒 鶒上同 恜從也慎也 慗從也 遫張也 菫蒴藋別名也

畟田器又地名 ○陟升也進也竹力切二 稙早種禾 ○食飲食大戴禮曰食穀者智惠而巧古史考曰古者茹毛飲血燧人鑽火而人始

裹肉而燔之曰炮及神農時人方食穀加米于燒石之上而食之及黃帝始有釜甑火食之道成矣又戲名博塞又用也僞也亦姓風俗通云漢有博士食子公河內人乘力切二

蝕日蝕也說文云敗瘡也釋名曰日月虧曰蝕稍小侵虧如蟲食草木之葉也 ○息止也又娩息也說文喘也亦姓姓苑云今襄陽人又漢複姓前漢書有河

內息夫躬相即切十一 [木息]木名 鄎新鄎縣在豫州 瘜惡肉 蒠菲蒠菜 熄蓄火 [月息][月息]肉 [食息]食也 [氵息]水 [竹息]

箕意䳭鳥食○寔實也是也常職切八湜水清也殖多也生也植種植也立志也置也埴黏土戠古文植柱杖

曰植遈流行○識說文云常也一曰知也賞職切十式法也敬也用也度也又姓出何氏姓苑拭拭刷栻上同軾車前也

飾裝飾紝方言云趙魏間呼經而未緯者曰機紝鉽鼎鉽也烒火兒蘵草名○赩大赤也許極切五衋傷痛其心

䵡赤黑色奭斜視㥶瞋怒兒○崱崱屴山兒士力切四嵏莫疑溭溭減水勢荝草也○極中也至也終也

窮也高也遠也說文棟也渠力切一○匿藏也微也亡也隱也陰姦也女力切六𠥱蟲食病䘌上同㥾愧也恧慙恧也又女六切

鰯魚名○測度也初力切六惻愴也畟畟畟陳器狀說文曰治稼畟畟進也詩云畟畟良耜又音即稷耜也𡋯遏遮萴

草名○憶念也於力切十七億十万曰億又安也度也臆胷臆肊氣滿啻說文曰快也繶絛繩醷梅漿澺

水名在上蔡薏薏苡亦蓮心蒠上同螠小蜂䪰屨頭也出韻略檍木名一名木橿也𣝣梓屬抑按也說文作印从反

印𡊨地名㾊病也○色顏色所力切十五𣢥小怖兒嗇愛惜也又貪也慳也又積也亦姓說文作來亩愛歰也从來亩來者

亩而藏之故田夫謂之嗇夫亩音廩轖車馬絡帶穡稼穡種曰稼斂曰穡薔薔虞蓼也轖字書云車藉交革繬緯也縫也濇不滑

篒飾篒嬙女嬙字𧒀蟲也𢡯悲恨𩔰頰也勯助也○䩯皮鞭兒丘力切一○殛誅也紀力切十一極

急性相背說文曰疾也一曰謹重兒也襋衣領交也棘小棗亦越戟名又箴也亦羸瘠也又姓文士傳曰棗祗本姓棘其先避難改為棗氏衛大夫棘子成之後也

亟急也疾也趣也也又音氣𤨏埤蒼云垂蕀地名出美玉案左傳只作棘悈急也又音戒𡊶去官蕀遠志別名苟說文曰自急敕

也諈訥。弋繳亦弋射又姓出河東今蒲州有弋氏見姓苑與職切二十四翊馬翊郡又輔翊翌明日廙敬也又音異默早也

爾雅曰太歲在壬曰玄黓翼羽翼說文𦐊也又恭也美也助也亦州名在隴右因翼水爲名又姓晉翼侯之後漢有諫議大夫翼奉⿱飛異說文同上𦐊古文

⿺麥弋麥⿺麥弋隿繳射也或作弋蘒鷁翹⿰女弋婦官也漢有鉤⿰女弋夫人居鉤⿰女弋宮漢書亦作弋潩水名出密縣大隗山杙果名如梨亦𣗲也

芅今羊桃花或曰鬼桃葉似桃而花白⿷匚異說文云田器也𧾣趩進趩如也𨘢疾趨𥢶黍稷蕃蕪皃亦作翼蛡蛡蛡蟲行⿹弋瓦

瓴瓮骨也忕心動潩水聚⿺𠘧弋缺盆骨也⿱冖鼎大鼎熼火光鉽鼎附耳在外也⿸疒異痒癢淫癢⿰虫異蟲也⿰耒異耕也

⿰禾弋禾⿰禾弋代行代⿰衤弋衣⿰衤弋酞酒色。即就也今也舍也半也說文作即食也亦姓風俗通有單父令即費又漢複姓有城陽相齊人即墨成

子力切十六皀同上稷五穀之緫名一曰粢屬周禮注云社稷土穀之神有德者配食焉共工氏之子曰句龍食於社有厲山氏之子曰柱食於稷湯遷之而祀

棄俗作稷亦姓后稷之後⿰木畟木名似松⿰牛畟牛名蝍蝍蛆蟲名又子結切楖楖栗縣在魏郡裴房非切畟又初力切⿱畟足⿱畟足迫急

鯽魚名⿰犭畟犬生三子堲風即又子栗切⿰月即膏澤唧唧聲也鵖鵖鴔鳥亦作鴫揤捽也。逼迫也彼側切十一

偪同上皕二百幅行縢名楅束也又音福䮠駜䮠湢湢𣻶水𨶹起勢也⿵風必風也⿴囗必姓也又閉也皀

皀粒。域居也邦也雨逼切十四蜮短狐蟲又音或罭魚網棫木叢⿸或大字林云大力皃⿰或鳥鶪⿰或鳥鳥⿰金或瓦器琙

人名漢有公孫彧黬羔裘之縫又音洫緎縫也亦同上䮙馬走魊小兒鬼淢溭淢波勢𦯬叢也。洫溝洫況逼
切十四侐靜也閪上同閾門限闆古文𥄎舉目使人𣢏或聲吹皃𤸎頭痛黬羔裘之縫緎縫也亦同上
䎗羽聲嘪嘪聲淢疾流䞺赭色。堛士由芸逼切十三愊悃愊至誠踾蹋地聲牑坼也稫稫稄禾密
滿也䭮飽皃揊擊聲副析也禮云爲天子削瓜者副之巾以絺畐道滿也陟地裂也亦作畐敂敂皴䮠畐多心畐容也䮡
周禮曰以䮡辜祭四方百物。稄稫稄阻力切十一稷一本作此昃日昃又旁也傾也不正也捑打也仄仄陋說文云側傾也庂
日在西方汄湢汄水勢萴廣雅云附子一歲曰萴子二歲曰烏喙三歲曰附子四歲烏頭五歲曰天雄側傍側矢說文云傾頭也厍籀文
。愎很也符逼切八腷腷臆意不泄也䙑火乾肉也䊂上同䈏匐版出通俗文馥香又音復踾蹋地聲鶝鶝鵖
鳥。嶷岐嶷詩曰克岐克嶷魚力切五薿茂盛㘈說文曰小兒有知也引詩云克岐克嶷㠜有所識也觺疑觺角皃。堲
疾也秦力切又將七切又牆資切三垐以土增道捑打也又音側。𠝬丁力切又丁六切三毦毛少毦毦得得滴水少。竇
細視也二逼切一。瀷水潦積聚昌力切又音翼二𦔳字統云耕也

二十五。德德行又惠也升也福也亦州名秦爲齊
郡地漢爲平原郡武德初爲德州因安德縣以名之多則切九悳古文㥁䜌悳縣名在張掖漢書作得㝵說文取也今作㝵同得得失淂
水皃又丁力切𨁽行𨁽𨁽韄約也䫋取㝵也。則法則子德切二𠟭古文𠟭籀文。勒鄴中記曰石虎諱勒呼馬勒爲

纆盧則切十二肋脅肋釋名曰肋勒也所以檢勒五藏也扐筮者著著指間仂禮祭用數之仂艻蘿艻香草朸說文曰策之理也平原有
朸縣玏美石次玉玏上同泐凝合忇功大說文曰材十人也阞地脉理坼竻竹根○忒差也他德切六⿰扌㝵打也
慝惡也貣從人求物也聽聽黷貪欲臥也⿰忄㝵⿰忄㝵⿰忄㝵也○刻刻鏤又剝也苦得切五克能也勝也說文作亨肩也剋
剋已又必也殺也急也勊自強⿰女剋罵女老⿰女剋亦作娔○特特牛又獨也亦姓左傳晉大夫特宮徒得切九貣假貣謂从官借本貣也亦從人
求物也又音忒𧈠食禾葉蟲蟘上同樴杙也⿰牛㝵鈍也⿰木㝵木名鴏鴏鵙又徒戴切螣螣蛇○黑北方色呼北切三
潶水名在雍州默唖聲○墨筆墨又姓墨翟是也亦即墨縣名莫北切十二默說文曰犬暫逐人也又靜也或作嘿冒干也又莫報切
蠌蟙蠌蟲即蝙蝠纆索也万虜複姓北齊特進万俟普俟音其寨方言同上艒艒艐舠艇也嫼怒也窅暫視⿱默目聽⿱默目
欲歐也⿰目冒⿰目戈⿰目冒○賊盜也說文作賊敗也昨則切七戝上同鱡烏賊魚崔豹古今注云一名河伯度事小史鰂上同蠈食禾
節蟲亦作蠈⿰氵賊博雅云⿰氵賊測也⿱艹賊草○塞滿也窒也隔也蘇則切又蘇載切五𡫳上同見說文寨安也⿱寒心實也書曰剛而
⿱寒心𡫸上同見說文○北南北亦奔也又高麗姓又漢複姓七氏左傳衛大夫北宮貞子莊子有北門成漢有北唐子眞治京氏易世本云晉有高人隱於北唐因
以爲氏晏子云齊有北郭先生名騷古有北人無擇清身潔已疾世之溷自投清泠之淵姓苑有北鄉北野氏博墨切二⿱北虫蟲似蟹四足○菔蘆菔蒲北切十三
蔔上同僰僰道縣在犍爲又丁壯皃亦醜也亦作⿱罒服又符逼切匐匍匐⿹勹⿱畐寸上同踣斃也倒也足又作仆仆倒也菩草名又音

蒲垘塡塞趙僵也又孚豆切畐黍𥝩兒漬黍𥝩葉也罭農夫賤稱㧜擊也○或不定也疑也胡國切五惑迷惑蜮
蟲名短狐狀如鼈含沙射人入則為害生南方說文云有三足以氣射害人玄中記云長三四寸蟾蜍鷫鷞鴛鴦悉食之⿱或見兒⿱或見覓旋風或巜水流兒○國
邦國又姓太公之後左傳齊有國氏代爲上卿古或切一○餩噎聲愛黑切二殕殪殕○劾推窮罪人也俗作刻胡得切一○⿱能虫蟲名似蚕
而小青紅色齧人奴勒切三⿰耒寺穀耨見齊人要術⿱能目字統云獸也又日光也○裓釋典有衣裓古得切三⿰朿戒⿰耒戒耩草生爐蛛身
皃出玉篇○堿揩齒七則切一○覆四北切三⿰虫覆⿰虫覆蝗蟲名復𢕌匐○⿱或巾巾帛从風聲呼或切二⿱或目睡目廿二十
六○緝績也七入切六葺修補諿和也緁𧜀緣亦作縝聻敢無聲耳咠咠咠譖言也說文曰聶語也○十數名
是執切四什篇什又什物也拾收拾又掇也斂也褶袴褶○執持也操也守也攝也說文作𡙇捕辠人也之入切十汁瀋也又液也
瓡縣名在北海⿱執金廣雅云辛筆也⿱執女字統云至也慹怖也○習學也因也說文作習數飛也又姓出襄陽晉有習鑿齒似入切十三
襲因也及也重也合也入也又掩襲說文曰左衽袍也隰原隰亦州名左傳曰重耳居蒲即隰川縣故蒲城是也漢為蒲子縣後魏齊周之間為汾州隋為隰州以
州前有泉下濕蓋取下濕之義名之又姓齊有大夫隰朋鰼爾雅云鰼鰌今泥鰌也又山海經云鰼魚狀如鵲而有十翼鱗在翼端聲如鵲騽馬豪骭又驪馬黃脊
飁颯飁大風槢堅木名鳛鳩鳛鳥名⿰丰習習因水草出埤蒼⿱⺮習簷⿱⺮習日脩船具也⿰舟習同上褶袴褶霫霫霫大雨
○集聚也會也就也成也安也同也衆也本作雧[illegible]字林云群鳥駐木亦州名漢宕渠縣梁為東巴州恭帝為集州以有集水名之又姓風俗通云漢有外黃令集一秦入

切九輯和也檝舟檝又音接入一說文云三合也从入一象三合之形凡亼之類皆从此又子入切㗊說文云詞之集也蕺菩蕺也鏶
鐵鏶慹怖也⿱竹咠⿱竹咠覆也又子立切○入得也內也納也人執切二廿說文云二十并也今作廿直以為二十字○揖揖讓又進也說文曰
攘也一曰手着胷曰揖伊入切二挹酌也○溼水霑也失入切三濕上同見經典又他合切⿰耳㬎牛耳動也○⿰口集噂⿰口集皃子入
切噂音博十一潗泉出⿰糸集合也又蠻夷貨名湒雨皃咠又七入切蓻草生多皃⿰衤隶襍緣葺茨也⿰目咠眨瞷⿰禾咠
稠⿰禾咠⿰禾咠⿱山集負秦山名○及至也逮也連也辭也其立切七⿺辶及古文⿱艹瓝冬瓜苙白芷又力急切鴔鵖鴔鳥笈負書箱又
其劫切⿸戶及戶鍵○蟄蟄蟲又藏也直立切六䐶肉半生半熟俋俋俋然耕皃出莊子⿰土㬎下入又直輒切⿸尸及屆岌前後相次
也屆初立切譶譶譶言語言不止也○縶繫馬陟立切四⿱雨執水溼馽馬絆⿰口馽口⿰口馽⿰口馽○立行立又住也成也又漢複姓魯有賢
人立如子力入切九䶂䶂齧聲粒米粒笠雨笠本草呼破笠爲敗天公也鴗水狗爾雅謂之天狗注云水鳥青似翠食魚江東呼爲水狗苙
白芷又其立切𨽻臨也岦岦岌山皃砬石藥○急急疾說文作忣褊也居立切十一汲汲引也又縣名在衞州又姓漢有中尉汲黯河
東人給供給又姓出姓苑伋孔伋字子思級等級說文云絲次弟也亦階級禮曰拾級聚足俗作汲芨烏頭別名⿱艹急上同⿸疒及
病也彶彶遽也皀穀香鵖鵖鴔鳥名○岌高皃魚及切二⿰歹立危也○泣無聲出涕去急切三⿰目㬎欲燥湆羹汁
○⿰㱿及小兒履也先立切五卌字統云插糞杷說文云數名今直以爲四十字霫字林云雨皃又爲霫國東北夷名趿趿膝坐⿰口習⿰口習⿰口習忍寒

聲○澀說文曰不滑也色立切八 澀同 澁上止俗 鈒戟也鋋也 霎小雨聲 濇不滑 ⿰扌澀不止又及 翜疾飛也○

吸內息許及切十二 噏上同 歙說文曰縮鼻也後漢有歙來歙又舒涉切州名 翕火炙一曰起也又斂也合也動也聚也盛也 𧭬諭訶

語聲 潝水流兒 熻熻熱 嬆莊嚴 翖漢有翖侯 郃地名 闟戟名曰闟 ⿰翕鳥鳥名○戢止也斂也阻立切九 ⿰耳戢

淚出兒 觬角多兒 ⿰角戢上同 咠眾口 蕺菜名 濈和也 㗱喻也 霵雨下又士邑切○邑縣邑周禮曰四井爲邑又

漢複姓有邑由氏楚大夫養由氏之後避仇改爲於汲切八 悒憂悒 挹鳥短氣也 裛裛衣香又於怯切 浥濕潤 ⿱艹邑菖菜茹熟 䭲食飽

⿱艹邑⿱艹邑抐○湁湁潗沸兒丑入切三 ⿱雨立大雨 ⿱埶水汗出兒○煜火兒爲立切四 曄曄曄又筠輒切 熠熠熠螢火又羊入切

騽馬豪骭又音習○熠熠燿螢火羊入切三 ⿰習多多兒○孖戢孖聚兒尼立切五 ⿰氵孴湁潗水文兒 洇濕洇 ⿴囗乂囗囗私取

兒又女洽切 抐⿱艹邑抐○霵暴雨兒仕戢切二 ⿱馬⿰馬集盛眾兒○鴚鴚鵖亦鵖皮及切一○鵖彼及切二 皀穀香也

○𡳐屆足初戢切四 㙁㙁堙重累土也 𧛔重緣 ⿰彳歰行兒○斟字統云會聚也昌汁切一【二十七○合合同

亦器名亦六合天地四方對也又州名秦爲巴郡宋爲宕渠郡後魏置合州蓋涪漢二水合流之處因以名之又姓左傳宋有大夫合左師又漢複姓高帝功臣表有合傅博虞侯閤

切又音閤十一 郃郃陽縣在同州又虜複姓後魏書大莫干氏後改爲郃氏又音閤 榙榙㯓果名似李出埤蒼 迨迨遝行相及也 柗柗楷木也

詥諧也亦作食 耠耕也 匌會也 ⿰齒合⿰齒合齧齒聲也 莟草 盒合盤盒覆也○閤爾雅曰小閨謂之閤古合切十九 鴿

鳥名合合集又音迨欱合會也鉿二尺鋋鮯魚名六足鳥尾出山海經蛤蚌蛤郃水名又縣名又音迨浩浩亹地名
亹音門匌周帀也頜頜頷頤傍佮併佮聚㕉閉户曰㕉毼毼⿰毛及目睫長袷劒袷又丘業切帢以席載轂鞈
防捍韐韎韐大帶⿰市合⿰市合口亦同上○荅當也亦作荅都合切十二畣爾雅曰俞畣然也踏跛行皃搭打也出音譜荅
正名云小豆褡橫褡小被⿰女荅面⿰女荅⿰女荅皃瘩肥瘩疲出字林嗒舐嗒⿰犭合犬食⿱亼皮皮食⿱亼皮榙榙樑木名○趿進足蘇合
切十一颯風聲靸小兒履或作⿰韋及⿰韋及上同馺馬行疾霅廣雅曰雨霅霅又音讋卅說文云卅三十也今作卅直爲三十字
⿰女及姶⿰女及女字⿰毛及毼⿰毛及眼睫長⿰彳⿱及止止衆行皃鈒鈒鏤○沓重也合也又語多沓沓也又虜複姓後魏書沓盧氏後改爲沓氏徒合切十八
誻譐誻亦作沓誻遝迨遝⿰扌沓指⿰扌沓⿰木沓柱上木名涾沸溢⿰馬沓馺⿰馬沓馬行龖龍飛之狀⿰亻沓儑⿰亻沓不著事也譶疾言
⿰木遝榙⿰木遝⿰足翕[illegible]⿰足翕⿰石沓舂已復擣之爲⿰石沓⿰言遝妄言⿰糸叟⿰糸叟千絹出字林⿺辶荅東魯人呼盧蒱曰拉⿺辶荅⿰虫沓⿰虫沓蟲眔目相
見○錔器物錔頭他合切二十二⿰口遝[illegible]歠也沓菜生水中⿰女沓安皃說文曰俛伏也一曰意伏也踏著地⿰巾沓帳上罨覆鞜
革履⿰沓羽⿰沓羽⿰沓羽飛皃漯水名在平原濕上同⿰犭沓犬食⿰舌沓上同⿱鼓合鼓聲佮合也⿰黑沓晉書有兖州八伯太山羊曼爲⿰黑沓伯
⿰齒合食也⿰車沓車釭⿰車沓也⿰木沓柱⿰木沓頭⿱罒沓相⿱罒沓⿱罒沓出字林⿰重沓積厚⿰沓鳥鳥名⿱竹沓竹○雜帀也集也猝也穿也說文曰五
綵相合也徂合切七⿰音帀斷聲⿰石集礁碟山高雥羣鳥⿰杂隹户簾⿰足沓止也又才合切⿰沓阝亭名在具丘○帀遍也周也子荅

切十迊上同咂入口噆蚊蟲噆人䶍龜聲歘歘魳魚名䍧羊腌嘁欶嘁沶湆沶繞濕𧺝趿趿急走○拉

折也敗也摧也盧合切十一拹上同揄同摺亦敗也䎅翻翻飛習習礏鷃鷃鷃初飛皃菈菈蓮秦人呼蘿蔔歙

歙歘石習摺不滿岦聲牛粒○納內也又姓出何氏姓苑奴荅切八䪏腴皃䒣字統云香草異物志云葉如栟櫚而小子似檳榔可食軜

驂馬內轡轂繫軾前者衲補衲紩也魶魚名似鼈無甲有尾口在腹中妠始妠聚物㨥打㨥○溘至也奄也依也口荅切七𣩘死𥁋

見楚詞本作溘𡲋閉戶聲𡶶山左右有岸窨容合相當也匌匌帀也歁歁歁癡皃○姶美好皃烏合切十三𤹘

短氣罨網又烏劫切罯覆蓋也又烏敢切媕女有心媕媕也𥂕𥂕彩婦人髻飾花也庵庵底又屋𨂴跛𨂴䩎車具又小

兒屐履名䩎皷䗶調色畫縉出郭調字指搕以手盍也又搕搓糞也鞥皮褁角也佮姓○欱大歠也呼合切四㾀病劣

皃𣣔欱㰟瘩寒瘩○㬎日中見絲凡作㬎同五合切十礏礏哈魚多皃㒚俗㒚𪡏衆聲砐岦合砐𥗭

動礘礘亦作硆瘩寒瘩䑶船皃魥魚名○趿七合切二嫪嫪○遪褁遪十合切一○唈爾雅云倭唈也烏荅

一切

二十八盍

○盍何不也說文作盇覆也爾雅合也胡臘切十闔閤闔說文云門扇一曰閉也闔俗嗑噬嗑卦名蓋

苦葢譩靜也䈪篕篨也厃篡系文云姓也䣆說文云地名也熆吹火也○臘臘蜡廬盍切十四臈俗作也

𪘾齒巤聲𪙁上同鑞錫鑞蠟蜜蠟蝲俗擸折也又擸搚破壞也𪏘皺皺皮皃鱲鳥飛拹摺拹

相和䎝擸䎝飛初起皃䌬繒䌬邋邋遢行皃○𦔳皻𦔳都盍切十一耷大耳也搨手打也㩉上同矺擲地聲又

竹亞切亦作砝𠞩相著聲一曰剔鉤也箚竹相擊荅菜生水中又荷覆水褡橫褡小被𩜵𩜵䭆𩏂熱𩏂𩏂𩏂○榻牀也

吐盍切十九𣙷上同䑽兩槽大船毾毾㲪鰈比目魚別名魼上同鰨魚名似鮎四足𦶎𦶎布傝傝𠌲亦傝聹停

劣又傝𠌲不謹皃狧犬食䑜上同𧬞𧬞䛟多言䛟古盍切䎫飛皃鞳鞺鞳鐘聲又他合切塔浮圖搭摸搭嗒嗒然

忘懷也遢邋遢不謹事騔䮬騔馬行不進○㰲大啜呼盍切三䱝魶䱝魚名出山海經㾑肥㾑○魶魚名奴盍切三笝

纜舟竹索也䭆𩜵䭆○蹋踐也徒盍切十躢上同見公羊傳闒門樓上屋說文曰樓上戶也𤒉爛也墮也𧮜𧮜諡忘語也

譫多言又作誻𨥁瓶𪃿𪆥𪃿鳥飛𥳑窻扇𦒉擸𦒉○𠌲傝𠌲不謹皃蘇盍切七𠻵噆𠻵食皃𢶯搕𢶯糞又

才盍切卅三十𨆢𨆢𨆢行皃𩋐𩋐鞋𢿎𢿎攱起也出新字林○儑儑儑不著事也五盍切二䁁䁁睡○𡘙恐也又姓

出纂文今北海有才盍切二𢶯擸𢶯和雜○𩒔𩒔車頷骨古盍切八䛟多言又音盍嗑上同葢姓也漢有葢寬饒字書作𨜟閘

閉門鉀鉀鑪𧎾𧎾蜡𨜟地名○榼酒器也若盍切六磕石聲𧝎𧝎襠㕎㕎崩損也𪔅鼓聲鼛鼓合𨌺車聲

○鰪鰪鯆魚名安盍切四盦說文云覆蓋也𢋍山旁穴𤸷短氣又鳥盍切○囃助舞聲也倉雜切三䃰石多皃𪔐

鼓聲○砝石聲居盍切二𪀗鳥名○譫多言也章盍切一

二十九葉

○葉枝葉又姓吳志孫堅傳有都尉葉雄與涉切又

式涉切十楪楪榆縣名在雲中揲度揲鍱銅鍱偞偞偞輕薄美好皃茱薄也㯿栶端又力葉切惵惵惵𥳑篇簿

書葉說文篇也殜病也○接交也持也合也會也又姓三輔決錄有接昕子即葉切十一椄續木睫目睫釋名曰睫插也插於眶也說文作䀹

目旁毛也䀹上同楫舟楫檝上同婕婕好亦作倢伃菨菨菨水草可食淁淁溭繞有水皃鯜魚名箑竹箑又所甲切

○攝兼也録也書涉切八灄水名在西陽葉縣名在汝州又余涉切歙黟歙又許及切欇爾雅欇虎櫐郭璞云今虎豆纏蔓林樹而

生莢有毛刺又音涉䎖目動之皃弽射決張弓又童子佩之韘上同○涉歷也徒行渡水也亦漳水別名涉縣是也又姓左傳晉大夫涉佗時

攝切四㭘上同出說文欇虎櫐也又書涉切𨥵鐵𨥵○獵取獸白虎通曰四時之田總名為獵為田除害也尸子曰虙羲氏之世天下多

獸故教人以獵也良涉切二十二鬣須鬣說文曰髮鬣鬣也𣯝長毛說文同上又作獵躐踐也䁽目暗𣋲日暗擸說文曰理

特也儠說文云長壯儠儠也犣牛牡又旄牛名𩏡𩏡馬靼也𤭢蹈瓦聲耳䉭編竹為之鱲魚名𠼢齧齒聲𥪂褊狹也

𠟸削也擇也邋邋遢也㯿栶端木也䜲䜲谷名礏礏嵽山之接連鼶本也又鼠毛獦戎姓俗作田獦字非○捷獲也

佽也疾也剋也勝也成也說文曰獵也軍獲得也春秋傳曰齊人來獻戎捷又姓漢書藝文志捷子齊人著書疾葉切八疌說文疾也𡩠速也亟也倢斜出

也又利也便也崨崨礏山連延也踕足疾緁合也遠也方物也誱多言也又口誱○䐑細切肉也直葉切三𡑯下入也又直立切

殜殗殜病○𢻹𢻹𢻹於輒切四裛又於及於怯二切腌醃腌魚𦂳𦂳緤補衣○聶姓也楚大夫食采於聶因以為氏尼

輒切十六躡蹈也履也登也急也鑷鑷子疌纖疌㚔說文曰所以驚人也一曰大聲今作幸同睪圉報執之類从此睪伺視也說文云
今吏將目捕罪人本羊益切𦘒說文曰手之捷巧也䮰馬步疾也籋箝也緤紩緤補衣也聑也𤓐小煗𤓐同上踂足不相過
𥬳竹𥬳䮰馬飛𢿌𢿌○謵小語叱涉切九㯎樹葉動皃𡚦輕薄詀詀讘細語婡女子態又前卻婡媚唽
多口怗佸怗小人皃沰溓沰緩有水皃䐑䐑聶○讘詀讘又孤讘縣名在清河而涉切五顳顳顬鬢骨𠽺多言囁口動
䐑䐑動○讋多言也之涉切十二囁口動又而涉切懾怖也心伏也失常也失氣也亦作慴慴伏也懼也怯也慹司馬彪莊子注
云慹不動皃又音捻霅說文云霅言霅霅震電皃又蘇合胡甲文甲三切摺摺疊也㘝風動皃𧫷言疾慹拾人語也襵襞也
聶梁之獵良家○妾不娉七接切十緁連緁說文曰緶衣也緝說文同上𠝹續也鍱炙鐵淁水名鯜魚名𧑱
飯𥟖土𥟖農具也𨇨𨇨𨇨往來皃○鍤綴衣針丑輒切六𤞑𤞑𤞑怗怗休也出字書霅小雨䈉篇䈉
箑竹葉○𧘝禮記注云𧘝交領其輒切五极驢上負版笈負書箱也㭘㭘枷鴚鴚鵲戴勝別名亦作鵔○輒專輒
說文曰車相倚也陟葉切八耴耴耳國名說文曰耳垂也𧝨衣𧝨又之涉切䎎云䎎小葉㭘扸䲓鯆魚即䲓青衣魚㚗
說文曰衣領耑也𣏌木小葉○曄光也筠輒切又為立切七𥅂上同饁餉田爗煒爗火盛燁說文盛也皣草木白華
睫目不記○㾝少氣也云涉切一○萐萐莆瑞草山輒切萐莆扇也又所洽切六箑扇也歃歃血霎小雨唽

多言又齒涉切㰼悏欲○䌖縫也居輒切二鴶鳥名○魘惡夢於葉切又於琰切七擪持也指按也靨面上靨䩉㜸女

字⿰方⿱𠂉酉掩光名厭厭伏亦惡夢又於琰切檿葉動兒三十○怗安也代也靜也他協切十一帖券帖又牀前帷也

𩐨鼓无聲或作𩐨聲鉆鉆著物鞊鞍鞊貼以物之質錢跕跕屣又丁協切蝶蛺蝶䑜小舐曰䑜呫嘗也聑

衣領○協和也合也胡頰切十叶古文勰思也綊說文曰紅綊也挾懷也持也藏也護也俠任俠又姓戰國策有韓相俠累也

𠗨𠗨業冰凍劦同力𤚼𤚼犍愶束帶○頰頰面也古協切九⿰火⿱巛百籀文鋏長鋏劒名筴箸筴又古洽切梜

上同見禮莢蒷莢榆莢又姓出平陽世本有晉大夫莢成僖子也蛺蛺蝶唊唊唊多言也亦作⿰言夾䅊䅊穧音劑○愜心伏也又快也

苦協切八㥦上同悏快也㾜說文曰病息也匧藏也篋箱篋⿱夾心說文曰思兒婡得志婡婡又呼協切○牒書版

曰牒又虜姓後魏書牒云氏後改爲牒氏徒協切三十喋便語蹀躞蹀諜反間又譜諜也堞城上垣⿰⻊疊小走聲㲲細毛布

⿱罒毛上同褺重衣疊重也墮也明也累也積也說文云楊雄說以爲古理官决罪三日得其宜乃行之从晶从宜亡新以爲疊从三日太盛改爲三田亦州名

禹貢梁州之域自秦至魏諸羌據爲周武帝始逐諸羌乃置疊州蓋以山重疊爲名之曡上同鍱廣雅鋌也慴懾也說文懼也⿺走執說文曰⿺走執足也

怗安也又齒廉切䈎箕䈎牒牀版褋襌衣墊地名在巴中惵思懼兒褶袷也又似入切⿰車疊車聲蝶蛺蝶

喋唊喋又丈甲切⿰疊鳥鳥名狀如鵲赤黑色兩首四足可以禦火出山海經揲摺揲⿰扌疊掛疊⿰黑枼黔首出音譜䁋目䁋㸶㸶治

○苶病劣皃莊子曰苶然疲役奴協切又音涅十五 埝陷聲 暬晦冥又私列切 諗聲絶 捻指捻 鈙小釘 慹不動皃又之涉切 敜說文云塞也書曰敜乃穽 攝攝然天下安出漢書 㘨深也 籋小箝亦作鑷 鑷上同 惗相憶 韐鞍韐薄也出字林 惉草 ○燮和也說文从言又炎蘇叶切十六 屧屐也履也薦也 屟上同 躞躞蹀 韘韘鞲射具 𤩧石似玉 爕熟也文字指歸从辛又炎 鞢鞊鞢鞍具 䩞出新字林 徢徢行走皃 𦔻使也又人耴切 𤗉𤗉牒小契 蜨蛺蜨蟲名 𧕋上同 𦸗草名 婕婕洽 艓艓舟行也 ○㼭蹈瓦聲也盧協切四 𪑾竹裏黑也 𡅑𡅑㖖多言 耴耳而大垂 ○聑耳垂皃丁愜切十二 㖖多言 𢪛打也 笘折竹箠也 喋血流皃又田叶切 𥦶下也 跕墮落 鞊鞊鞢鞍具 䙝衣領 㑥低㑥也 䢌䢌䢒走也 涉血流皃又時攝切 ○𦿐草簾在協切一 ○浹洽也通也徹也浹辰十二日也子協切三 唊唊喋又音狎 㼪瓦半瓦 ○弽弓弽呼牒切四 䁋閉一目 㛸少氣皃 偞偞甲 ○䢒䢌䢒走也先劫切一

三十一○洽和也合也霑也侯夾切十四 䨐上同 狹隘狹 陜 陿並同上 祫祭名 峽巫峽山名 硤硤石縣亦州名秦將白起攻楚燒夷陵即其地魏武於此置臨江郡後魏為拓州取開拓之義周以居三硤之口因為峽州也 㢜辟也 𪘨齒曲生又缺也 䀹相著 烚火烚 珨蜃器 趇走皃 ○恰用心苦洽切 掐爪掐 䁍目䁍 㓣入也 䶢齧齒咋皃又噍聲 帢士服狀如弁缺四角魏武帝製魏志注云太祖以天下凶荒資財之匱擬古皮弁裁縑帛以為帢合乎簡易隨時之義以色別其貴賤本施軍飾非為國容 臽 㡊並同上 幍亦上同理蒼君云帽也 𣂊𣂊斫 ○𨗨行書士洽切六

煠湯煠騂騂騂馬騾渫水名出上黨郡牐下牐閉城門也𨆯行疾也○夾持也古洽切十五郟郟鄏地名也又郟城縣在汝州又姓左傳鄭大夫郟張筴箸也鋏箭具又音頰韐韎韐韋蔽膝帢上同跲礩礙袷複衣說文曰衣無絮也裌上同聕眼細暗餄餄餅𨅿𨅿蹄足病𪘁唶聲也又苦洽切鵊鳥名𩋳屐履根鞈又公合切○眨目動側洽切六㞚薄楔偛偛㑿小人皃又楚立切𧝎𧝎略絜束皃𪖮皺𪖮皮老𧬒齋諵多言○插刺入楚洽切十臿舂去皮也或作䟕俗作函疀上同爾雅曰𣂇謂之疀郭璞云皆古鍫鍤字鍤上同扱取也獲也舉也引也說文收也笈負書箱也又其劫切婕疾言失次也𤆍火乾喢喢口㹷狗食○㘡手取物俗作𡇊女洽切四𡤻𡤻𡤻美皃㗇偛㗇小人也言薄相也㑿偛㑿○𪖐𪖐齁鼻息呼洽切四欱欱嗇㰹氣逆𢿣盡也○霎小雨山洽切七歃歃血又山輒切箑扇之別名䈉上同萐萐莆瑞草王者孝德至則萐莆生於廚其葉大如門不搖自扇飲食喢喢㗇小人言也𧳜獸名○劄刺著竹洽切三偺偺㒈忽觸人也𧍲斑身小蟲○𨂊跛行皃烏洽切四凹下也或作容浥波下又溼溼皃圔圔窊聲下○聇埋著君云視皃五夾切一○盦五味調肉菜出文字音義丑図切一

三十二○狎習也說文曰犬可習也胡甲切十一翈翻上短羽霅衆言聲又丈甲切霅陽鄣在樂浪又音颯浹浹渫水凍相著柙檻也所以藏虎兕也出說文匣箱匣也虥虎習搏也鞥鞥韘㤿㤿喜炠火皃又呼甲切笚竹名○渫浹渫丈甲切六喋啑喋鳧鴈食也啑所甲切擖押擖重接皃霅霅陽縣名又水名在吳興䨦水名韘鞥韘○鴨水鳥或作鴨烏甲切六壓鎮也

降也笮也壞也庘屋壞也⿱穴甲人神脉剌穴閘開閉門出說文押押署文字指歸云押字才能也○甲甲兵又狎也涯也亦甲子爾雅曰太歲在甲曰閼逢又姓左傳鄭大夫甲石甫古狎切十胛背胛梜木理亂押押韓壁也⿰石甲山側鉀鎧屬今單作甲玾玉名⿺辶甲漢書人名㕉㕉辟⿰革盍⿰革盍鞦胡頟○翣翣形如扇以木為匡禮天子八諸侯六卿大夫四士二世本曰武王作翣所甲切八⿰豸疌豕毋啑啑喋⿰忄妾面衣⿱羽夾捷也⿰風夾風疾⿸尸甲薄⿸尸甲⿺走夾行⿺走夾○呷喤呷衆聲說文曰吸呷也呼甲切四譀誇誕⿰言甲譋⿰言甲語聲⿰甲欠⿰甲欠鼻鼻息

▲三十三○業事也大也敬也次也始也叙也嚴也說文作業大版也所以飾縣鍾鼓捷業如鋸齒以白畫之象其鉏鋙相承也詩曰虡業維樅又爾雅曰大版謂之業郭璞云築牆版也俗作⿰片業魚怯切十五⿰片業見上注鄴縣名在相州又姓風俗通云漢有梁令鄴風驜驜驜馬高大嶪岌嶪山皃⿰業刂續也⿰阝業危皃⿰口業業動皃⿰業乚引⿰音業樂也⿱業魚魚魚盛𢜽懼也⿰魚業魚名⿰業鳥鳥名知人言凶⿰氵業横水大版○脅胷脅虛業切九⿱劦月⿰劦欠人⿰劦欠氣⿰劦欠上同愶以威力相恐也⿰弓合弓皃嗋口嗋嗋莊子曰余口張而不嗋熁火氣熁上⿰氵脅水流拹說文曰摺也一曰拉也○怯畏也去劫切九㹤上同抾挹也呿臥聲又音去魥以竹貫魚為乾出復州界胠胠篋見莊子⿸厂去厓⿸厂去⿸疒去病劣⿸疒欠欠氣○劫強取也說文曰人欲去以力脅止曰劫或曰以力止去曰劫俗作刧居怯切九衱衣領袷上同蜐南越志云蜐生石上形如龜腳得春雨即生也跲躓也又巨業切也鉣帶鐵砝硬也⿰糸劫⿰糸劫緤縫也⿰耳劫視皃○腌鹽漬魚也於業切十四⿰魚邑上同罨魚網又烏合切裛書囊也文字集略云裛衣坌衣香又於及於輒二切⿰耒奄耕種殗殗殜不動皃⿰忄奄⿰忄奄頭也

浥潤也　㪑㪑歛相著　錇推錇甲器　鞥車具又於合切　鮑鮑臭臭也　餣餌也食菜也　䁆閉目　○殜殗殜亦作殜余

業切二　𩐨樂器　○䠑蹟也巨業切五　㭘劒匣　𦕃瞸𦕃　极极插　笈書笈又初洽其輒二切

〈三十四〉乏匱也

房法切三　泛水聲又孚梵切　姂好皃　○法則也數也常也又姓左傳齊襄王法章之後秦滅齊子孫不敢稱故以法爲氏宣帝時徙三輔代爲二千石後漢有扶風法雄法子真並有傳方之切二　灋上同　○鴩去矢皃孚法切一　○猲恐受財史記云恐猲諸侯起法切又呼葛切二　姂好皃

○颮飛上皃女法切三　㳘㳘㴔㳘水皃　㴔靜㴔　○插插颮飛上皃丑法切一字

鉅宋廣韻入聲卷第五

〈聲疊韻法〉

平聲章　灼良切　章略切　先雙聲　後疊韻　章灼良略是雙聲　灼略章良是疊韻　正紐入聲爲首　雙聲平聲爲首　到紐平聲爲首　疊韻入聲爲首

上聲掌　章兩切　掌良切　先雙聲　後疊韻　章掌良兩是雙聲　掌良章良是疊韻　正紐平聲爲首　雙聲平聲爲首　到紐上聲爲首　疊韻上聲爲首

去聲障　章餉切　障傷切　先雙聲　後疊韻　章障傷餉是雙聲　灼略章良是疊韻　正紐平聲爲首　雙聲平聲爲首　到紐去聲爲首　疊韻去聲爲首

入聲灼　章略切　灼良切　先雙聲　後疊韻　章灼良略是雙聲　灼略章良是疊韻　正紐平聲爲首　雙聲平聲爲首　到紐入聲爲首　疊韻入聲爲首

平聲廳　剔靈切　廳歷切　先雙聲　後疊韻　廳剔靈歷是雙聲　剔歷廳靈是疊韻　正紐入聲爲首　雙聲平聲爲首　到紐平聲爲首　疊韻入聲爲首

上聲頲 廳井切 頲精切 先雙聲 後疊韻 廳頲精井是雙聲正紐平聲爲首 頲井廳精是疊韻雙聲平聲爲首 到紐上聲爲首 疊韻上聲爲首

去聲聽 剔徑切 聽擊切 先雙聲 後疊韻 廳頲徑擊是雙聲正紐入聲爲首 剔擊廳徑是疊韻雙聲去聲爲首 到紐上聲爲首 疊韻入聲爲首

入聲剔 廳歷切 剔靈切 先雙聲 後疊韻 廳剔靈歷是雙聲正紐平聲爲首 剔歷廳靈是疊韻雙聲去聲爲首 到紐平聲爲首 疊韻入聲爲首

六書

一曰象形 象物之形作字日月之字是也 二曰會意 比類爲字止戈爲武人言爲信是也 三曰形聲 取譬相成江河之字是也

四曰指事 指事爲字上下之字是也 五曰假借 本無其字依聲託事令長之字是也 六曰轉注 左轉爲考右轉爲老是也

八體

一曰大篆 二曰小篆 三曰刻符 四曰蟲書

五曰摹印 六曰署書 七曰殳書 八曰隸書

鉅宋廣韻卷第五終

圖書在版編目(CIP)數據

鉅宋廣韻 /(宋) 陳彭年撰. —上海: 上海古籍出版社,2017.7 (2024.3重印)

ISBN 978-7-5325-8336-2

Ⅰ.①鉅… Ⅱ.①陳… Ⅲ.①韻書—中國—宋代 Ⅳ.①H113.3

中國版本圖書館 CIP 數據核字(2017)第 032002 號

鉅宋廣韻

(宋) 陳彭年 撰

上 海 古 籍 出 版 社 出版、發行

(上海市閔行區號景路 159 弄 1-5 號 A 座 5F 郵政編碼 201101)

(1) 網址: www.guji.com.cn

(2) E-mail: gujil@guji.com.cn

(3) 易文網網址: www.ewen.co

常州市金壇古籍印刷廠有限公司印刷

開本 890×1240 1/32 印張 14.625 插頁 5

2017 年 7 月第 1 版 2024年3月第5次印刷

印數: 3,951—4,750

ISBN 978-7-5325-8336-2

H·156 定價: 68.00 元

如有質量問題,請與承印公司聯繫